IL SUSSURRO DELLA MONTAGNA PROIBITA

SIBA SHAKIB

IL SUSSURRO DELLA MONTAGNA PROIBITA

PIEMME

Titolo originale dell'opera: *Eskandar*

Traduzione di *Roberta Cristofani / Studio Editoriale Littera*

Realizzazione editoriale: *Studio Editoriale Littera, Rescaldina (MI)*

La grafia dei termini iraniani corrisponde alla pronuncia locale.

I Edizione 2010

Per Tarek e Julian
per Arian e Omid

e tutte le altre figlie
e gli altri figli dell'Iran

affinché il ricordo
non vada perduto;
possiate essere liberi
e decidere della vostra vita

خدا اگر ز حکمت ببند د د ری

ز رحمت گشا ياد صد د ر ديگری

La saggezza di Dio chiude una porta,
la sua misericordia ne apre altre cento.

بنی آدم اعضای یکدیگرند   که در آفرینش زیک گوهرند
چو عضوی بدرد آورد روزگار   دگر عضوها را نماند قرار
تو کز محنت دیگران بی غمی   نشاید که نامت نهند آدمی

I figli degli uomini sono tutti legati l'uno all'altro
poiché sono stati creati tutti con lo stesso valore.

Se a qualcuno la sorte arrecherà dolore
anche gli altri non avranno pace.

Se il dolore degli altri non ti affligge
non meriti di essere chiamato uomo.

Con questi versi del poeta persiano Sa'di, il presidente americano Obama ha espresso al popolo e al governo iraniano il suo augurio per il nuovo anno.

1908, un villaggio senza nome nel sud dell'Iran

I bambini risparmiati dalla fame e dalla siccità corrono per il villaggio senza nome gridando *faack*. Lo hanno imparato da Eskandar, che a sua volta lo ha appreso dagli uomini che ha incontrato arrampicandosi sulla montagna proibita.

Il giorno successivo l'*arbab*, il potente proprietario di tutti i villaggi, i campi, gli animali e gli uomini, manda il suo mullah ad ammonire i servi.

Il religioso sa come incutere paura alle persone. Gli spiriti cattivi, *jinn* e *div*, dice, sono al servizio dell'*arbab*. Vivono nelle fenditure delle rocce e nelle caverne. Questa volta hanno risparmiato il ragazzo, ma la prossima lo divoreranno; nel migliore dei casi i cavalieri dell'*arbab* lo cattureranno e lo impaleranno, perché bruci al sole cocente e gli avvoltoi ne facciano scempio.

Eskandar si nasconde dietro sua madre Sahra, gli adulti fanno un passo indietro.

Il mullah ghigna soddisfatto. Spiega che gli uomini al di là della montagna sono *farangi*, stranieri. E poiché i contadini non conoscono niente al di fuori del loro villaggio e non ha senso spiegare loro dove sia il paese dei *farangi*, lo dipinge così lontano da non potersi neanche immaginare. Gli stranieri si chiamano anche *kafar*, infedeli, ed è vietato disturbare il loro lavoro e a maggior ragione rubargli qualcosa.

Il ragazzo sostiene che gli stranieri hanno l'acqua, dice l'anziano del villaggio E noi? Noi confidiamo in Dio; persino ora siamo umilmente devoti all'*arbab*; abbiamo svolto il nostro lavoro, abbiamo pagato i nostri tributi. Nonostante questo, la siccità ci colpisce e moriamo uno dopo l'altro.

Quello lassù è l'angolo della morte, mormora minaccioso il mullah.

I servi lo incalzano: spiegaci perché non abbiamo l'acqua.

Mi hai capito?, ringhia l'*akhund* a Eskandar. E tuo padre non ti ha insegnato a non fissare così sfacciatamente gli adulti, specialmente se sono al servizio di Dio e dell'*arbab*?

Eskandar si spaventa tanto da dimenticare il divieto di pensare e ancor più di parlare di una certa storia. Mio padre ha trascorso la maggior parte della vita a fumare oppio, gli sfugge. Poi incassa la testa nelle spalle e aggiunge mogio: intendo dire che da lui non ho imparato quasi niente.

Oppio? Ebbene, dove l'aveva preso?, tuona il mullah.

Eskandar recita la risposta come se stesse pronunciando un versetto del Corano. Glien'era rimasto un po' dai vecchi tempi, dice, e poco dopo averne fatto uso è morto. Ora giace sotto terra senza *kaffan*, e noi preghiamo per la sua anima peccatrice.

Il mullah sputa. Come ti chiami, figlio della sventura?

Eskandar.

E questo sarebbe un nome? Questo nome e chi lo porta dovrebbero essere maledetti. Quel buono a nulla di tuo padre avrebbe dovuto darti il nome del Profeta, o di uno dei dodici Imam, come ogni persona timorata di Dio.

Eskandar non sa cosa ribattere e guarda fisso in terra come fa sua madre.

I contadini approfittano del momento di silenzio. Di cosa dobbiamo vivere?, gridano in coro. Perché l'*arbab* non ci aiuta? Eppure spetta al proprietario terriero prendersi cura dei suoi servi, quando i campi inaridiscono, gli alberi non producono frutta e gli animali e i contadini stessi muoiono. Eravamo molti, forti e instancabili, mentre ora di noi è rima sta soltanto una misera parte.

È vergognoso, sbuffa il mullah scuotendo il capo. Sono deluso. La vostra insolenza e le vostre lamentele mi disgustano, grida, agitando il braccio così violentemente che uno sciame di mosche nere si solleva dagli occhi cisposi e dalle bocche dei servi e si accorge della nuova e ben nutrita preda. Si alzano in volo ronzando e si gettano avidamente dapprima sull'asino e poi sul mullah. Per non farle entrare in bocca, il mullah tiene il lembo del turbante davanti al viso e tenta furiosamente di scacciarle.

Stai solo peggiorando la situazione, dicono i servi. In questo modo si adirano e ti tormentano di più.

All'improvviso l'asino raglia, tira un calcio e si allontana di corsa nella direzione da cui è venuto. Senza aggiungere una parola, il mullah lo insegue, gli sale in groppa e trotterellano via.

Le gambe dell'agha sono così lunghe e l'asino è così piccolo che sembra che l'animale abbia sei zampe, dice Eskandar facendo ridere tutti.

Eskandar fa come il mullah, indica la montagna con il braccio disteso e si gode il momento in cui gli occhi di tutti seguono il suo dito. Là, quello lassù, non è l'orlo dell'abisso da cui ci si può sporgere per guardare giù.

Morad-kadjeh, il capo del villaggio, talmente ingobbito che senza bastone cadrebbe in avanti, si sforza di guardare verso la montagna. Ragazzo, lo avverte, sai che Dio non apprezza i bugiardi e li punisce.

Agha, giuro sulla mia vita che sono stato lì per davvero! È piatto come il vassoio di ottone che mia madre ti ha dato per un sacchettino di uva passa. L'anziano ricurvo ignora l'allusione allo scambio di cui si è avvantaggiato. È vero che questa nuova gente vive in un villaggio senza donne? Hanno davvero così tanto da mangiare? Morad-kadjeh batte a terra il bastone. È vero che hanno l'acqua? E i loro capelli sono proprio gialli?

Hanno la schiena dritta e non hanno bisogno di bastoni per camminare, racconta Eskandar, orgoglioso che gli adulti gli prestino ascolto. E gli stranieri usano parole diverse dalle nostre, dice.

Faack, mormora un uomo.

Sssh, silenzio!, lo zittiscono gli altri. Lascia che il ragazzo racconti.

È vero, hanno i capelli gialli, la faccia bianca come formaggio e sbarbata. Hanno scorte di cibo così abbondanti che persino ai loro cani danno da mangiare la carne.

Morad-kadjeh pesta di nuovo in terra con il bastone e tutti guardano Eskandar dubbiosi.

Questa è la verità, lo giuro sull'anima del mio defunto padre. Del resto, non c'è più alcuna punizione che Dio possa ancora infliggerci.

Tutti ridono e anche l'anziano ricurvo non può nascondere un ghigno.

Gli stranieri non coltivano i campi, non si occupano degli animali e per tutto il giorno non fanno altro che scavare buchi nella terra.

Si vede che cercano qualcosa, afferma Morad il Gobbo.

Eskandar scrolla le spalle. Sul capo portano un recipiente rovesciato. Lo fanno per sudare, poiché il loro sudore è prezioso. Lo raccolgono in fazzoletti bianchi che conservano nei pantaloni. Hanno pantaloni e camicie che non sono sottili come i nostri, ma così spessi che il vento non ci passa mai attraverso. E nessuno di questi uomini cammina scalzo. Le loro scarpe sono grandi e pesanti. Eskandar imita l'andatura dei *farangi*, con le schiene dritte e come se avessero dei ceppi ai piedi.

Solo quando sua madre, Morad-kadjeh e gli altri non ridono più, Eskandar risponde alla domanda più importante: è vero. Hanno l'acqua, dice. E così tanta che la usano addirittura per lavarsi i piedi.

Eskandar scopre che Dio ha in serbo per lui una missione

Il mullah ha mentito, dice Eskandar alla madre. È riuscito a farla franca anche al secondo tentativo di oltrepassare la montagna proibita e ha riportato un prezioso bottino, un vero pezzo di carne.

Sua madre non gli dà retta, ha occhi solo per la carne.

Ora so che starò al mondo ancora a lungo, spiega Eskandar. Vedi, né *div* né *jinn* mi hanno ancora divorato, e non mi hanno acciuffato nemmeno i cavalieri dell'*arbab*!

Sahra guarda fisso il pezzo di carne e prova a cucinarlo. Il fuoco è debole, freddo e morto come me, mormora.

Eskandar ha visto abbastanza e conosce l'aspetto di chi deve lasciare questo mondo: gli è chiaro che presto toccherà a sua madre. La prossima volta sottrarrò agli infedeli legna da ardere e ancora più cibo, dice, poi pesta il piede per terra e impreca: ho fame, *faack*.

Ragazzo, non esprimerti così. Se Dio avesse voluto farci parlare come questi scavatori di buche, ci avrebbe dato le loro stesse parole, brontola Sahra, non sapendo se sia la fame o il fumo denso a farle girare la testa.

Come se tu capissi qualcosa di Dio e di colpe, ribatte Eskandar.

E non dovresti neanche parlare come tuo padre, replica Sahra.

A Eskandar non manca suo padre, ma ora si rammarica che non sia lì a vedere come sa comportarsi da uomo. Posso parlare come mi pare, dice Eskandar. In fin dei conti, tu sei soltanto una donna.

Se non fossi una donna, non avrei potuto metterti al mondo, dice Sahra. Posa una mano sul ventre cadente, perdendosi nel ricordo di quando vi portava dentro il suo Eskandar. Quando eri nel mio grembo, i campi erano ancora verdi, mormora Sahra.

Eskandar si ricorda del ruscello, dei campi, dell'erba alta in cui si nascondeva, di quando guardava il cielo blu o si perdeva nelle sue fantasticherie. Raccontami dei tempi in cui l'acqua scorreva ancora, dice Eskandar. Se parli, sono sicuro che sei ancora in questo mondo e che resterai con me.

Voglio che tu ricordi, dice Sahra. Finché serberai le immagini del nostro bel villaggio nel tuo cuore, lui continuerà a battere. E sai come scorreva il ruscello in mezzo alla strada?, domanda.

Certo che lo so.

E sai anche come veniva deviato in ogni casa e nei giardini e nei campi attraverso le condutture nei muri d'argilla?

Certo che lo so, risponde Eskandar fiero. E so anche da dove veniva l'acqua. Eskandar chiude gli occhi, solleva il naso e dice: l'acqua rinfrescava l'aria.

Sahra sorride. È vero, sussurra.

Racconta ancora, dice Eskandar.

L'acqua scrosciava e gorgogliava, come se fosse felice. La si udiva in tutto il villaggio: si univa alle voci e al canto degli uomini e delle donne nei campi. Il dolce profumo dei fiori si diffondeva nelle strade e si mescolava al profumo del grano. L'intero villaggio odorava di capre, vitelli, mucche e cavalli. Un tempo. Sahra stringe i denti e non riesce a continuare.

Eskandar conosce la storia di sua madre e sa come va a finire. Il villaggio profumava di vita, dice.

Ciò che Sahra non gli ha mai raccontato è che in quel tempo un cavaliere giunse nel villaggio. E fu anche colpa di quest'uomo se la sua reputazione fu rovinata e il villaggio maledetto. L'acqua smise di scorrere e la gente cominciò a morire.

Dio clemente e misericordioso, tu che vedi tutto, sussurra Sahra guardando sopra di sé, come se Dio in persona sedesse lì, in attesa che lei gli rivolga la parola. Tu, che hai creato tutto ciò che è in cielo e in terra, risparmia mio figlio, prega. Donagli la vita che hai negato a suo padre e a me.

Eskandar osserva il punto sopra la testa di sua madre, dove siede il Dio invisibile. Sua madre non ha ricevuto neppure un cenno da Allah; in fondo Egli ha cose più importanti da fare che ascoltare e rispondere a gente come loro. Ma ora il ragazzo inizia davvero ad avere paura, poiché sua madre alza gli occhi al cielo, annaspa in cerca d'aria e a guardarla sembra che il Signore stia venendo a prendersi la sua anima.

Eskandar pesta i piedi e pronuncia la parola che, lo sa, restituirà certamente sua madre alla vita: *faack*!

Il cavaliere Hodjat entra nella vita di Eskandar

Solo per fare il suo dovere, Sahra pone la quarantesima e ultima pietra sul cumulo di terra che ricopre il suo defunto marito, Habiballah. Non aspettarti che io pianga per te, dice, rabbrividendo perché non ha potuto lavare il morto e ha dovuto adagiarlo nella terra senza sudario e senza riservargli un'ultima preghiera; è stata quasi costretta a gettarlo nella buca frettolosamente.

Ma non è colpa mia, dice Sahra. Da molto tempo non ci sono più acqua né sudari, e gli uomini non hanno più la forza di venire fin qui alle tombe, seppellire un morto come si conviene e recitare un'ultima preghiera per lui.

Sahra non conosce nessuna preghiera vera e propria, ma anche se la sapesse, a suo marito non servirebbe; in fondo, lei è soltanto una donna che in certi giorni sanguina e perciò è impura, *najess*, come i cani, come i maiali, impura come ogni specie di immondizia. Dunque, l'unica cosa che ha potuto fare per il defunto marito è stata legargli un cencio intorno alla testa, in modo che la bocca non si spalancasse.

Mormora involontariamente *faack* e le viene da ridere. Si scosta, in modo che la sua ombra non cada sul defunto marito e non sembri che voglia proteggerlo dal sole cocente. Dà un calcio alla quarantesima pietra del mucchio, ma poi la rimette a posto. Come se te la fossi meritata, dice. Hai trasformato la mia vita e quella di tuo figlio in un inferno, solo perché una volta questo cavaliere è comparso nel villaggio e mi ha vista. Cosa poteva fare il povero Eskandar? Ha dovuto pagare per una colpa non sua. È tua la colpa se le cose per lui non sono state facili e non lo saranno per il resto della vita. Perché gli uomini sono come gli alberi e gli animali: solo quando si ha molta cura di loro fin dall'inizio, crescono forti e sono utili a se stessi e al mondo.

Mentre fa ritorno al villaggio, Sahra si rammarica che suo marito non sia morto quando ancora scorreva l'acqua. A quei tempi, per non rimanere sola, sarebbe andata a trovare gli altri contadini nelle loro capanne, dopo il lavoro nei campi, la mungitura, la semina, la mietitura e la legatura delle fascine. Avrebbe portato con sé pane, miele, yogurt, albicocche, latte, e avrebbe bevuto con loro il tè con l'uva passa, per allontanare con qualcosa di dolce il sapore amaro della morte e del dolore. Le donne le avrebbero tenuto la mano, alleggerendole il peso dal cuore, e il quarantesimo giorno dopo la morte del marito lei avrebbe accettato la perdita. Ma oggi non c'è più lavoro e niente da portare con sé, e non ci sono più neanche gli animali, perché da tempo ormai l'*arbab* li ha fatti requisire, lasciando alla gente del villaggio solo pochi capi sofferenti per la fame e la sete.

Sahra è talmente assorta nei suoi pensieri che si distrae e scivola. Un piede le rimane intrappolato in una crepa della terra riarsa. Invano cerca di tirarlo fuori: peggiora soltanto la situazione e il dolore si fa più acuto.

Questa è la giusta punizione divina per i peccati che ho commesso contro il mio defunto marito, impreca Sahra, massaggiandosi la gamba, quando improvvisamente uno straniero compare dal nulla davanti a lei. In realtà non è un estraneo, Sahra lo riconosce subito. È proprio quel cavaliere, Hodjat, di cui ha parlato con il defunto marito.

Sahra sta davanti a lui con un piede incastrato e sa di avere un aspetto miserabile. Non ha carne intorno alle ossa, la pelle è solcata di rughe e screpolata come la terra del villaggio, gli occhi non brillano più e le trecce, che un tempo erano lucide come pece, sono sporche e opache. È interamente ricoperta di polvere; persino i fiori ricamati sul suo vestito sono sbiaditi.

Sahra vorrebbe che la crepa fosse abbastanza grande da inghiottirla completamente, così da risparmiare al cavaliere la sua vista. Lui non tenta neppure di nascondere la propria ripugnanza, e nulla nel suo sguardo ricorda i tempi in cui avrebbe fatto scivolare le dita sulla sua pelle. Ovunque. Anche dove soltanto il suo Habiballah l'aveva toccata. Sul viso, le gambe, il collo, i seni, il ventre e il grembo. Sahra ricorda come il seno si inturgidiva sotto il vestito e come si spaventava di fronte al desiderio sconosciuto che provava e alle immagini che balenavano nella sua testa; immagini che non aveva mai pensato di portare dentro di sé. Vedeva se stessa e lui, nudi. Lui la prendeva tra le braccia. Lei appoggiava la testa sulla sua spalla e gli si abbandonava. Sahra si mordeva il labbro, affondava le unghie nelle cosce, ma per quanto cercasse di liberarsi da quelle immagini peccaminose, non riusciva a scacciarle, e sapeva che avrebbe dovuto pagare per la sua colpa.

Hodjat guardava Sahra negli occhi e si leccava le labbra, si lisciava la folta barba nera, le sorrideva avvicinando il volto al suo. Un giorno, davanti a suo marito, alla madre, al padre e agli anziani, Sahra era avvampata, era balzata in piedi ed era fuggita lungo il ruscello, fino alla fine del villaggio. Dietro il muro dell'ultima casa era entrata nell'acqua per rinfrescarsi. Si era bagnata il viso e il collo. L'acqua fredda le scorreva sul vestito, sui seni, giù fino al ventre e più in profondità, tra le gambe, e le piaceva. Provava vergogna, ma il desiderio per il cavaliere era così grande che con la gonna fradicia era tornata di corsa sotto l'albero e quando lui le era andato incontro si sarebbe gettata tra le sue braccia.

Sahra si era ritratta, ma il cavaliere le aveva toccato la gonna e lei aveva sentito la sua mano, il suo profumo, il suo ardore. Poi lui aveva mormorato: i tuoi occhi sono più belli delle gemme che ornano la corona del re dei re a Teheran.

Del re dei re a Teheran Sahra ancora oggi non sa nulla,

ma allora aveva capito che lo straniero la desiderava. Ed era consapevole che tutti lo avevano notato. Più di ogni altra cosa desiderava dare la mano al cavaliere e fuggire con lui, dove nessuno la conoscesse. Ma poi si era ricordata di essere incinta e aveva sussurrato: signore, porto in grembo un figlio.

La luce negli occhi del cavaliere si era spenta come le lampade a olio di notte, il suo sguardo era diventato freddo e cupo e l'ardore aveva abbandonato il suo corpo. L'aveva rivisto soltanto una volta. Le aveva detto: se sarà un maschio, chiamalo Eskandar.

Eskandar, aveva sussurrato Sahra ed era ritornata sotto l'albero dove gli uomini contavano i sacchi del raccolto, gli animali, i tappeti e le stoffe, la frutta, li pesavano e li sistemavano in ceste e fascine, e ne caricavano i quattro quinti obbligatori per l'*arbab* sui carri e sul dorso degli asini e dei muli dei cavalieri.

Finché non furono di nuovo nella capanna da soli, Habiballah si era dominato. Aveva chiuso la porta con calma e aveva guardato fisso Sahra, come se la vedesse per la prima volta. Hai commesso adulterio e portato il disonore nella mia casa, disse, colpendole il viso con la mano pesante e callosa. Le ruppe due denti, lei cadde e sbatté la testa contro la parete d'argilla. Al tatto sembrava un melone troppo maturo.

Poi il dolore e il ronzio nel capo sparirono, ma il desiderio per lo straniero rimase e aumentò.

Poco dopo l'inizio della primavera e del nuovo anno Sahra si rannicchiò sul *djub*, il ruscello che scorre ai lati della strada, e partorì. Come faceva per gli agnelli e i vitelli, tagliò il cordone ombelicale con una pietra bianca, lavò il figlio, se lo legò con un panno sulla schiena e come ogni giorno andò da suo marito nel campo.

Finalmente è uscito, il bastardo?, le chiese lui. Mettiti al lavoro, la terra deve essere dissodata.

È tuo figlio e non un bastardo, rispose Sahra.

Sta' zitta, le intimò il marito.

Lo chiamerò Eskandar.

Il diavolo ha infuso l'anima in questo *harumzade*. Chiamalo come ti pare. È figlio della vergogna. Non mi importa se arriverà a fine giornata, se avrà una vita breve o non ne avrà affatto.

Sahra frantumava le zolle indurite e sorrideva. Fino a quel momento aveva dovuto fare attenzione a non schiacciare il bambino che portava in grembo, ma ora che lui era adagiato sulla sua schiena doveva badare a non perdere l'equilibrio.

Poi venne la sventura. Poco dopo la nascita di Eskandar, per la prima volta l'acqua non tornò. Quando riprese a scorrere, non era che un rivolo che diveniva più esiguo a ogni primavera, finché dopo il quarto inverno scomparve del tutto.

La gente diede la colpa a Sahra. In testa a tutti, suo marito la insultava come una peccatrice, la accusava di aver attirato su di sé e sull'intero villaggio la punizione di Dio. Egli urlò, in modo che tutti sentissero e sapessero che lui non era un uomo disposto a lasciarsi disonorare impunemente. Iniziò a picchiare Sahra e infine la esiliò insieme a Eskandar nella stalla, con le vacche e le pecore. E si prese una nuova moglie, che ottenne soltanto perché anche lei, non riuscendo ad avere figli, era stata ripudiata dal marito.

Sahra non aveva quasi più nulla da fare: non poteva andare nei campi a mietere il raccolto, non poteva mungere le bestie e produrre formaggio, burro e siero di latte, né filare e tingere la lana, annodare e tessere tovaglie e tappeti. Perciò si rimproverava di continuo, maledicendo Habiballah e il cavaliere straniero.

Nessuno dei due le ha portato benefici. L'uno giace sotto terra, non lavato, senza preghiera e *kaffan*, l'altro è riemerso dal nulla come un *jinn*, la guarda fisso e non riesce ad aprire bocca.

A causa tua mio marito mi ha trattato come uno straccio, lo accusa Sahra, sentendo ancora le mani pesanti e il desiderio brutale del suo uomo. Le ha seminato nel ventre un figlio dopo l'altro, la metà li ha presi Dio quando erano ancora nel corpo di Sahra, gli altri sono stati divorati dalla siccità.

Che cosa vuoi da me?, sibila Sahra, aggiustandosi il velo e vergognandosi che ormai sia solo un brandello logoro, con cui cerca di coprirsi i capelli e di conservare il poco decoro che le resta.

Sei la stessa serva?, chiede il cavaliere Hodjat, la stessa che ho visto otto o nove estati fa?

No, ribatte Sahra, meravigliandosi del coraggio con cui guarda in faccia l'uomo e lo rimprovera. No, un tempo avevo molto da perdere. Ero giovane e sciocca e non sapevo niente della vita e degli uomini come te. Oggi, mio signore, non ho più niente da perdere, ma so da dove arriva la vita e in che direzione va. E so che, dopo tutto quello che è successo, sarebbe stato tuo dovere occuparti di me e di Eskandar.

Dov'è tuo marito?

Senza abbassare lo sguardo, Sahra indica il cimitero dietro di lei.

Hodjat fa una smorfia. Ho immaginato l'incontro con te talmente tante volte che mi sembrava di averlo vissuto realmente.

Aiutami almeno ora, dice Sahra, indicando il piede.

Le piace il modo in cui il rispettabile cavaliere si inginocchia davanti a lei ed è costretto a toccare il suo piede sporco; immagina quanto sarebbe facile sfondargli il cranio con la pietra bianca.

Come se avesse preparato con cura quelle parole, Hodjat dice: volevo dimostrare a me stesso e al mondo che sono un credente e un uomo perbene, che osserva le leggi del Profeta. Volevo essere diverso dagli altri cavalieri, dal mullah e dall'*arbab*.

Perbene? Mi hai guardata e persino toccata davanti a tutti. Mio marito ha perso l'onore, i vicini hanno parlato alle nostre spalle. Che tu sia maledetto, hai distrutto la mia vita.

Tuo marito avrebbe fatto meglio a prendersi cura di te,

tuona Hodjat, così in collera che Sahra, impaurita, stringe più forte la pietra.

Hodjat impreca: in fondo è la legge di Dio. Il Profeta dice che l'uomo deve proteggere ciò che possiede e tenere sua madre, sua moglie, le schiave e le figlie sotto il *purdah* e l'*hedjab*, custodirle al sicuro dietro mura e porte. Così non incontrano lo sguardo di nessuno straniero, nessuno straniero le tocca, né può unirsi a loro. Se un uomo non è capace di far questo, le perde e la vergogna ricade su di lui.

Sahra si sforza ancora di estrarre il piede dalla crepa, ma scivola soltanto più in profondità.

Il Profeta ha annunciato questo per proteggere e onorare le donne. Hodjat continua con impeto: così gli uomini smettono di sfruttare le donne, di divertirsi con loro e di abbandonarle poi nel deserto, dove vengono divorate dalle belve o cadono vittime di altri uomini. Hodjat guarda Sahra furioso. L'uomo deve sposare una donna prima di unirsi a lei, anche se solo per un giorno o una volta. Ma tu eri sposata e portavi un figlio in grembo. Cosa avrei dovuto fare?

Non conosco profeti e ne ho abbastanza di tutti gli uomini della terra, ribatte Sahra. Aspetto soltanto che il Misericordioso mi liberi da questo mondo e da voi. E ora togli il mio piede di lì, tirami fuori.

Sei una donna semplice, non ti giudico, e anche Dio ti perdonerà, perché non sai cosa siano il mondo, il santo Islam, il venerabile Profeta e il Corano.

Che cosa vuoi da me, dunque?

Sto fuggendo.

Perché non mi hai portato con te, allora?

Non volevo che ti toccasse la stessa sorte di mia madre.

Tua madre? Che cosa c'entra tua madre?

Hodjat non guarda Sahra. Lei era una serva come te, dice. L'*arbab* l'aveva tenuta nella sua casa fin da quando era una bambina.

Finalmente Hodjat libera il piede di Sahra, lei cade per terra sfinita, si massaggia le caviglie doloranti e ha quasi compassione del cavaliere.

Ho visto molte volte con i miei occhi come rapiva a cavallo innocenti fanciulle, le cingeva alla vita con il braccio, toccava loro i seni con lussuria. I padri imploravano che risparmiasse le figlie e non macchiasse l'onore delle famiglie. In lacrime ricordavano all'*arbab* che Dio non guarda con benevolenza l'uomo che prende in moglie una bambina, ma lui li mandava via a calci. Altroché se a Dio piace, gridava. La bella Aisha, la moglie prediletta del Profeta, aveva solo sei anni quando lui se ne innamorò. L'*arbab* baciava il collo della fanciulla, infilava la mano sotto la gonna e gridava: sembra già abbastanza matura! Poi spronava il cavallo e se ne andava via con lei. In inverno i cavalieri la riportavano indietro. Sembrava una vecchia. Gli uomini le avevano rotto i denti, per appagare la propria lussuria nella sua bocca. e il corpo era coperto di ferite. *Div* e *jinn* prendevano possesso della sua anima e del suo spirito e lei parlava soltanto nel sonno. Sua madre diceva: l'*arbab* ha preso in moglie mia figlia e poi l'ha regalata ai suoi cavalieri.

Dovreste essere maledetti, impreca Sahra, gli uomini sono bestie.

Ora capisci?, chiede Hodjat. Non volevo essere come lui. L'*harram* in cui sono cresciuto era pieno di bambini come me. E fino a oggi non è cambiato nulla. Se i figli che concepisce con le donne sono femmine, l'*arbab* le regala ad altri, oppure diventano, come le madri, servitrici delle mogli ufficiali. I maschi rimangono nell'*harram*, finché non viene deciso se dovranno diventare lavoratori o cavalieri.

Ho fame, dice Sahra. Sei venuto a vedere la mia miseria e a raccontarmi storie, o puoi aiutarmi?

Sono un uomo, si difende Hodjat. Avevo e ho dei sentimenti e delle necessità. La tua bellezza mi incantava e sarei andato a prenderti le stelle nel cielo, dice guardando in terra. A causa tua ho passato notti insonni.

Notti insonni?, dice Sahra ridendo.

Ho imparato a lottare con il coltello e con la sciabola e sono diventato un tiratore esperto: con il fucile non sbaglio un colpo. L'*arbab* ha fatto recapitare a me ogni messaggio urgente. Ho cavalcato verso Teheran, nella capitale, e persino nei territori settentrionali della nostra patria, occupati dai russi. Non temevo né i soldati *farangi*, né le brigate cosacche dello zar. Da quando sono fuggito dall'*arbab* e dai miei precedenti compagni, ho combattuto con le belve feroci e ho sopportato l'arsura e il freddo.

Ho fame, ripete Sahra.

Dopo tutto questo mi inchino di fronte a te, una fragile donna, una serva, e non so cosa sarà di me e della mia vita, si lamenta Hodjat guardando Sahra smarrito.

Da me non puoi aspettarti alcuna consolazione. Lo vedi che in me non c'è quasi più vita, come in questi campi inariditi.

A un tratto Hodjat si alza, prende la mano di Sahra, così ruvida e callosa che deve sforzarsi di non lasciarla di nuovo, la aiuta a rimettersi in piedi e dice: non è mai troppo tardi.

Mentre Hodjat aiuta Sahra a montare a cavallo e poi se ne va con lei, arriva Eskandar dal villaggio, armato di una fionda per dare la caccia a uccelli notturni e altri piccoli animali. Vede sua madre e non riesce a credere che sia tanto sfacciata da andarsene in compagnia di uno sconosciuto. Le corre dietro più veloce possibile, inciampa, cade, si rialza, ma può soltanto rimanere a guardare mentre il cavaliere sparisce con lei. Eskandar torna di corsa alla sua capanna diroccata, si butta sulla paglia nell'angolo in cui dorme e piange a lungo, fino a addormentarsi.

Sahra torna nella capanna in rovina molto prima che gli sciacalli del deserto smettano di ululare e gli avvoltoi lancino nel cielo le loro prime grida; lo straniero è con lei. Eskandar non riesce a credere che quella che ha di fronte sia sua madre. Non odora più di fame, è pulita e indossa un vestito a fiori colorati, come Eskandar non ne ha mai visti. Le trecce linde e pettinate le ricadono sulle spalle, porta un velo nuovo e gli occhi sono limpidi e vivi.

Hai bevuto dell'acqua, dice Eskandar. Il tuo respiro profuma di cibo e sembri in salute come i *farangi* oltre la montagna.

La cosa migliore però è che Sahra ha portato con sé del cibo. Cibo vero. Nulla di rubacchiato, non radici secche, né topi o ratti morti. Quello che Eskandar infila in bocca è vero pane e vero formaggio.

Sahra sorride felice e per Eskandar è come se fosse accaduto un miracolo e la malattia di sua madre fosse scomparsa. Guarda l'uomo, guarda il cibo e l'acqua, si sente come stordito dai magnifici profumi e colori, e decide di non domandare chi sia lo straniero e con quale diritto abbia portato via sua madre a cavallo. Invece sorride e dice: da quando ho riportato il *faack* dei *farangi*, tu stai bene e siamo fortunati.

Due giorni prima
che la madre di Eskandar muoia

Ma ormai per Sahra è troppo tardi. Non appena manda giù un boccone, corre dietro la capanna a sputare tutto. Nel vomito e nell'urina c'è del sangue e i dolori sono così forti che vede lampi di luce.

Prima che la sua vita finisca, Sahra chiama a sé i vicini. Hanno il diritto di sapere chi sia lo straniero e quale sia la verità sull'acqua, la siccità e la morte. Mio figlio non deve portare per tutta la vita il peso della colpa di sua madre, dice.

All'inizio i vicini sono scettici nei confronti dello straniero, del resto non hanno mai avuto buone esperienze con i suoi pari, ma poi capiscono che questo cavaliere è una brava persona. Ha portato con sé tè, uva passa e pane, quattro anfore d'acqua fresca e legna da ardere.

Sotto la tettoia cadente della capanna di Sahra c'è silenzio, nel momento in cui le persone hanno finito di sorseggiare il tè all'uva passa e chiudono gli occhi con piacere.

Ho la coscienza pulita, dice Hodjat, sono un uomo d'onore e di fede.

Vieni ai fatti, esorta Morad-kadjeh. Con le belle parole non ci fai impressione. Guardaci, l'Onnipotente ci ha portato via tutto e così non ci è rimasto più niente da temere.

Fino all'alba, finché gli si secca la lingua e può a malapena tenere gli occhi aperti, Hodjat racconta ai servi che, oltre al loro, in Iran ci sono molti altri *arbab*: appartengono a tribù differenti e possiedono talmente tanti villaggi, campi, persone e animali, monti, acqua, deserti e foreste, che non sanno neanche loro dove inizino e dove finiscano i propri possedimenti. Sono talmente potenti che lo stesso re non può fare nulla contro di loro, spiega Hodjat.

Quando Hodjat racconta alla servitù che non è stato Dio a far seccare il ruscello, ma è stato l'*arbab* a deviare il corso dell'acqua per portarla ai *farangi*, loro non vogliono credergli.

Un mullah in persona ha percorso la strada lunga e pericolosa fino al nostro villaggio e ce lo ha spiegato, replica Morad-kadjeh. Ci ha detto che è la punizione di Dio, perché abbiamo peccato e dobbiamo assumercene la responsabilità. Dio ha mandato i suoi *div* e i suoi *jinn*, che hanno bevuto tutta l'acqua. Morad-kadjeh alza gli occhi dal pavimento mentre dice: ci siamo incolpati a vicenda, i vincoli di sangue sono stati infranti; ora dobbiamo credere che non è stato Dio a portarci via l'acqua?

Non ci sono *jinn* e *div*, afferma Hodjat abbassando la voce. Dio è responsabile di molte cose, ma non di intromette nelle questioni che hanno a che fare con l'acqua.

Io lo sapevo, dice Sahra. Se fosse stato lui a privarci dell'acqua, allora a chi potrebbero ancora rivolgersi i nostri figli nel momento del bisogno?

Eskandar salta su e grida: dalla montagna l'ho visto con i miei stessi occhi, che l'acqua scorre nel mondo nuovo che ho trovato.

Ragazzo, comportati bene, lo rimprovera sua madre. Stai buono.

Il ragazzo ha ragione, dice Hodjat. L'*arbab* ha deviato il corso dell'acqua per portarla agli stranieri.

Morad-kadjeh batte in terra col suo bastone. Non sa lo stimato *arbab* che tanti di noi sono morti e che anche chi è rimasto morirà presto?

Come se si sentisse colpevole, Hodjat evita lo sguardo del vecchio.

Se per lui né la nostra vita né quella dei nostri figli ha alcun valore, dovrebbe almeno pensare ai quattro quinti del nostro raccolto e a tutto quello che produciamo.

Quattro quinti del raccolto di un piccolo villaggio come questo per lui non significano niente. I *farangi* pagano con denaro a palate, dice Hodjat imbarazzato.

Denaro?, chiede Morad-kadjeh. Che cos'è? È qualcosa che ha un valore più alto dell'acqua o di una vita umana?

Hodjat non sa cosa rispondere, si limita ad alzare le spalle.

Perché questi stranieri non dividono l'acqua con noi? Non hanno proprio nessun timore di Dio?

Pregano lo stesso Dio che preghiamo noi, spiega Hodjat.

A quanto sembra, il Signore apprezza di più le preghiere dei *kafar*, degli infedeli, e dovremmo imparare a pregare come fanno loro, dice Morad-kadjeh amareggiato.

Sono *engelissi*, inglesi, spiega Hodjat. E hanno portato con loro canadesi e polacchi e, per sicurezza, soldati dall'India, la loro colonia. Queste sono altre nazioni, così come l'Iran è una nazione. L'*arbab* e il re hanno affidato la terra ai *farangi* e hanno venduto loro il diritto di cercare petrolio. Hodjat racconta del Trono del Pavone, della capitale Teheran, della Costituzione e del Parlamento, che in Iran c'è da poco, e del re, che è un vigliacco e un fallito.

Parlamento, petrolio, denaro... parla di cose che capiamo, suggerisce Morad-kadjeh triste. Per un momento guarda Hodjat senza parlare, poi dice: aiutaci.

Sto scappando, risponde Hodjat, e proprio da coloro che sono responsabili del vostro destino.

Allora dobbiamo prendere in mano la situazione noi stessi, decide il capovillaggio, anche se con poca convinzione. I più forti dei nostri uomini dovrebbero andare dai *farangi* a chiedere di dividere l'acqua con noi.

I *farangi* non accetteranno, risponde Hodjat. Hanno preso possesso non solo della vostra acqua, ma dell'intera provincia.

Una volta uno dei nostri uomini ha cacciato un montone, ricorda Morad-kadjeh. Allora sono venuti i cavalieri dell'*arbab* e hanno inseguito l'uomo. È la selvaggina del khan!, hanno urlato e hanno picchiato l'uomo fino ad ammazzarlo. Da quel giorno nessuno di noi ha osato mettere anche solo un piede al di là dei campi. Neanche sapevamo cosa ci fosse dietro la montagna. Ora tu ci racconti di una capitale, di un re che odia la sua gente e di sovrani stranieri che con i loro guerrieri invadono la nostra terra e se ne impadroniscono.

Morad-kadjeh guarda fisso Hodjat, senza vederlo realmente. Perché Dio ti manda solo ora? A cosa ci serve comprendere, adesso?

È importante per i nostri figli, fatelo parlare, dice Sahra e chiede: non esiste alcun luogo dove le persone siano buone?

Hodjat deve prima riflettere, poi racconta: un tempo nella nostra patria c'era un uomo grande e buono. È stato molti secoli prima della nostra epoca. Si chiamava Zartosht, Zarathustra, ed era un profeta. La sua teoria è semplice. Predica la purezza della terra, dell'acqua, della luce e dell'aria.

Anche per noi la terra, l'acqua, la luce e l'aria sono sacre, ribatte Sahra.

Il respiro delle persone non poteva mai toccare il fuoco sacro. E non seppellivano i morti nel terreno, per non contaminarlo, spiega Hodjat. Zartosht sostiene che ogni uomo porta Dio dentro di sé. Dice che il fuoco è sacro, perché è il simbolo del sole. Zartosht afferma che noi uomini dobbiamo farci guidare da buoni pensieri, buone parole e buone azioni.

I nostri pensieri, le nostre parole e le nostre azioni sono sempre stati buoni, risponde il capovillaggio storpio.

Conosci un luogo in cui l'acqua scorre ancora e i campi sono fertili?, chiede Sahra.

Con la punta del suo coltello Hodjat incide la sagoma dell'Iran nel pavimento d'argilla. Qui c'è la Russia, il regno degli zar. Questo è il Mar Caspio, dove ci sono campi e foreste, e tutto è verde e fertile.

Io andrò laggiù, mormora Eskandar abbassando la voce.

Sahra accarezza suo figlio sulla testa e dice: devi promettermi che lo farai. Mio figlio ci riuscirà?, chiede poi al cavaliere.

Non è vicino, dice Hodjat e aggiunge, mentendo: ma Eskandar può farcela.

Che cosa c'è da questo lato del nostro paese?, chiede Sahra.

La patria dei nostri fratelli afgani: parlano la nostra lingua e i *farangi engelissi* e russi combattono da secoli anche per la loro terra.

Cosa c'è qui sotto?, chiede Sahra.

La distesa d'acqua più grande della nostra terra, il Golfo Persico, e più su si trova il regno degli Ottomani, dove vivono i nostri fratelli arabi.

Sahra guarda il cavaliere. Prendi con te mio figlio.

La mia vita è minacciata, combatto perché il re riconosca la Costituzione, è pericoloso, dice Hodjat. Ma non preoccuparti, vinceremo, e presto tuo figlio e tutta la gente di questa terra avranno acqua e cibo a sufficienza e vivranno liberi.

È Dio che ti ha mandato a me e a mio figlio, sussurra Sahra.

Hodjat la guarda e dice: Dio, o chiunque sia stato, avrebbe dovuto pensarci prima.

Nell'accampamento dei cercatori di petrolio

Due giorni dopo la morte della madre di Eskandar, gli uomini più forti del villaggio si sono messi in cammino verso la fonte, per togliere le pietre dell'*arbab* dal sentiero e far scorrere di nuovo l'acqua. Né l'acqua né gli uomini sono tornati. Invece, Hodjat ha visto in lontananza una nuvola di polvere e ha capito subito che erano i suoi inseguitori. È saltato a cavallo ed è andato via.

Eskandar fa quel che gli ha detto sua madre: prende l'unico oggetto di valore che possiede, la pietra bianca di Sahra, e si arrampica sulla montagna dai *farangi*, che scavano buchi nella terra della sua patria e dicono *faack*, hanno una quantità enorme di cibo e di acqua e con essa potrebbero nutrire lui e tutti gli altri bambini ancora vivi del villaggio.

Solo la seconda sera, quando tutti gli uomini dormono e i cani giacciono stanchi e sazi accanto alle tende, e solo un alto straniero con i capelli gialli siede davanti al fuoco soffiando fumo dalla bocca come un *div*, Eskandar raccoglie il coraggio, passa silenzioso come una gazzella davanti alla guardia armata e addormentata, si mette di fronte allo straniero e dice con la mano distesa: *faack*.

Due cani, uno grosso e uno piccolo, si svegliano, annusano le gambe nude di Eskandar con i nasi umidi e gli fanno il solletico.

Lo straniero afferra il cane grande da dietro la testa, dice: *sit* ed entrambi i cani si mettono a sedere ubbidienti.

Sit, ripete Eskandar con lo stesso tono dello straniero.

Questo piace al *farangi* così tanto che ride e dice qualcosa che Eskandar capisce a malapena: *iuspiklish*. Poi posa la sua mano pesante sulla spalla di Eskandar, fischia tra i denti e altri due *farangi* arrivano di corsa con le sciabole sguainate. Hanno la stessa pelle scura di Eskandar. Si inchinano dopo che l'uomo con i capelli gialli ha impartito gli ordini e corrono alla prima tenda.

Soldiers from British colony, spiega il *farangi*.

Coloni, dice Eskandar.

I due coloni portano un iraniano con i capelli arruffati che si chiama *moteardjem*, traduttore, e conosce sia le parole dei *farangi* sia quelle di Eskandar.

Ahay. Ragazzo, i gentili signori vogliono sapere come fai a conoscere la parola che hai detto.

Invece di rispondere, Eskandar tende di nuovo la sua mano sporca e questa volta dice: *salam*, la pace sia con te.

Non importa, risponde il *farangi*, dica al ragazzo che fa bene a imparare parole inglesi, ma quella non deve mai più ripeterla.

Good? Khoob?, chiede lo straniero.

Gud, risponde Eskandar.

Pare che lo straniero si chiami Richard e abbia un figlio della stessa età di Eskandar. Prima o poi gli mostrerà una sua fotografia, fa tradurre.

Eskandar non rivela che non sa cosa sia una fotografia. Dice: allora rimango qui da te fino a quando non mi mostrerai tutto quello che hai da mostrarmi.

Invece di tradurre, il *moteardjem* picchia Eskandar sulla nuca. Ragazzo, comportati bene, lo redarguisce, al che Richard rimprovera il *moteardjem* e quello abbassa lo sguardo.

Gli sta bene, pensa Eskandar, tende la mano un'altra volta e dice: *salam, Richard*.

Il *moteardjem* si trattiene dal dare un'altra sberla a Eskandar. Chiamalo Mister o saheb Richard.

Mesterr saheb Richard, salam.

No. Devi dire uno dei due. O saheb o Mister. E non si dice Mesterr, si dice Mister.

Salam, Mesterr.

Salam, Mister Eskandar, risponde Richard e ride di cuore, mentre stringe la mano di Eskandar così forte da scuotere tutto il suo corpo.

Neanche suo padre aveva mani così grandi e tanta forza. Se non avesse appena saputo da Hodjat che non ci sono *jinn* e *div*, Eskandar crederebbe che Mesterr Richard sia uno spirito o un mostro. Chi altri soffia fumo da una bocca così imponente con denti enormi, ha un corpo tanto grande, capelli gialli e mani possenti?

Chieda al ragazzo dov'è la sua famiglia, dove vive e perché se ne va in giro da solo nel cuore della notte.

Mater ded, ripete Eskandar al *farangi.*

Invece di tradurre, il *moteardjem* dice che le persone semplici vengono portate via dal colera o dalla fame, o da entrambi, e muoiono come le mosche.

Let the boy speak.

Letteboi spiiikk, letteboi spiiikk, ripete Eskandar.

Good boy.

Gudboi.

You learn quick.

Iulernquic.

Smettila con le sciocchezze e racconta perché ti aggiravi da queste parti nel cuore della notte, dice il *moteardjem*. E sii breve. Per colpa tua sono stato strappato al sonno e a un bel sogno.

Eskandar racconta della siccità, della fame, delle mac chie e delle ferite che i suoi fratelli e le sue sorelle hanno ricevuto, prima che Dio li chiamasse a sé. Il traduttore fa un passo indietro. Lebbra!, grida. La cancrena ha ucciso la sua famiglia. Saheb, con rispetto parlando, dovremmo liberarci del ragazzo prima possibile. Le malattie di questi servi della gleba sono contagiose e pericolose.

Are you hungry? Lo straniero si infila in bocca del cibo invisibile.

Eskandar capisce subito, si strofina la pancia e dice: *Goshne.*

He is goshne, dice Richard e impartisce un ordine al traduttore.

Quello si inchina, corre nella tenda della cucina e torna con focaccia e formaggio di pecora.

Mangia, così ci guadagneremo la benedizione di Dio.

Eskandar si siede per terra, si riempie la bocca e mastica rumorosamente, con gli occhi mezzi chiusi. Poi si mette la mano sulla pancia piena, si accoccola ai piedi di Mesterr Richard, accanto ai cani, nella sabbia, mormora: *letteboi spiiikk* e si addormenta.

Eskandar risolve un problema di Mesterr Richard

Richard avrebbe voglia di stendersi a terra accanto al ragazzo, per dormire come lui. La testa, la nuca, le braccia, le gambe, tutto in lui è stanco e pesante. Perfino il sangue nelle vene sembra essere scuro e denso come il maledetto petrolio che Richard sta cercando da otto anni e non trova. Notte dopo notte giace sotto la sua zanzariera, si assopisce stremato soltanto per trasalire di nuovo, ogni volta allo stesso modo. È la cattiva coscienza che gli ruba il sonno.

Richard sbadiglia, ma non si stira, perché anche quello peggiora il bruciore alle spalle. Invece accende di nuovo il suo sigaro ormai freddo.

Il cuoco e gli aiutanti si sveglieranno presto e inizieranno il loro lavoro, e i soldati indiani, gli ingegneri, gli operai canadesi e polacchi e i superiori britannici chiederanno la colazione. Lui stesso deve tornare alla trivella e ai pozzi. Sarebbe meglio che si sdraiasse, anche se non riesce a addormentarsi. Ma rimane seduto, stende la coperta sul ragazzo e lo osserva.

A un certo punto Eskandar arriva con la testa vicino al grosso stivale del canadese e lui immagina che potrebbe schiacciare il piccolo cranio del ragazzo, che si spaccherebbe con un rumore secco, come un'anguria matura. E proprio in quel momento, accade qualcosa che aspetta da mesi. Si sveglia.

È solo per un attimo brevissimo, ma ha la sensazione che

un velo gli si sollevi dagli occhi. Richard respira l'aria pura del mattino a pieni polmoni, assapora il gusto acre del fumo nella bocca e se la sente impastata. Può quasi percepire il calore del sole che si leva sopra la montagna e risveglia tutto. E sopra ogni cosa riposa il respiro regolare e rassicurante del ragazzo. Come se in futuro potesse aver bisogno di una prova di questo momento di lucidità e di chiarezza, Richard scrive sul suo taccuino:

15 gennaio 1908, le quattro di mattina, Naftoun, accampamento britannico nel deserto dell'Iran meridionale. Ultima cenere del focolare. Per la prima volta dopo un'eternità sono realmente sveglio. Anche il bruciore e i dolori lancinanti alle spalle sono più tollerabili. Le tende, le rocce, il terreno desertico e arso risaltano come se guardassi attraverso una lente d'ingrandimento e vedessi tutto per la prima volta. È come se cogliessi le cose in maniera più nitida, quasi che fossero illuminate da una luce chiara. Il destino ha buoni propositi in serbo per me: mi ha mandato questo ragazzo nativo. Lo terrò.

Richard sorride e le lacrime gli scorrono sul viso come succedeva quando lui stesso era un ragazzino. Si abbandona a questa sensazione straordinariamente leggera, come a un cuscino su cui finalmente trova quiete.

La colpa della sua amarezza, che è diventata veleno nelle sue vene, è di sua moglie Margret e della sua indifferenza. Otto anni sono un periodo lungo e le lettere impiegano sei settimane e più per arrivare dal Canada all'Inghilterra e poi fin qui. Ma, mentre lui le ha sempre scritto della sua nostalgia, le parole di Margret sono diventate più fredde e vuote a ogni lettera. E questo sebbene lei sappia quanto Richard abbia bisogno del suo sostegno per sopportare il duro lavoro in questa terra cocente e inospitale. Dopotutto, Richard vive da otto anni in capanne primitive, in tende e sotto tettoie di paglia, dorme su scomode brande, mangia con i colleghi su tavoli di legno traballanti, senza la minima distrazione o possibilità di tirarsi indietro.

Tranne, naturalmente, nelle rare occasioni in cui il khan lo invita nella sua casa, dove Richard dorme in una vera stanza, ha un servitore a sua disposizione e il khan gli offre spontaneamente i servizi di fanciulle ancora vergini, oppure, nel caso lui lo preferisse, delle donne esperte e impetuose del suo *harram*. Donne che provengono dai villaggi, proprietà del khan, o dalla città, dove padri, mariti o loro stesse devono del denaro al proprietario terriero. Il khan ha proposto a Richard perfino fanciulle di Baghdad e dell'Oman, doni degli ospiti per il suo *harram*. Richard avrebbe dovuto soltanto servirsi; sarebbe stata una piacevole distrazione dalla vita monotona dell'accampamento. Ma ha sempre rifiutato con un sorriso, senza nemmeno aver visto le fanciulle.

Ma poi, quella maledetta sera di sei o sette mesi prima, Richard ha ceduto. Il khan aveva portato merce e posta per gli uomini dalla città, e lungo il cammino aveva fatto una sosta nella sua proprietà all'interno dell'accampamento. Dopo mangiato, gli uomini si erano seduti intorno al fuoco con i loro sigari e il brandy importato, avevano letto le lettere e contemplato le fotografie. Solo Richard non aveva ricevuto posta ed era rimasto semplicemente seduto a fissare il fuoco.

Richard non aveva avuto bisogno di guardare il khan, per sapere che lui lo stava osservando e rideva di lui. A differenza sua, il khan è pieno di forza. I capelli neri fluenti, la barba folta, il turbante, la splendida veste e il pugnale gli conferiscono un aspetto virile invidiabile, a cui presumibilmente neanche una donna fredda come Margret potrebbe resistere.

Quella sera, ridendo accanto al fuoco, il khan disse: con tutta la buona volontà non riesco a capire come a un uomo possa bastare una donna soltanto. Tanto più che quest'unica donna è lontanissima e tanto più che gli viene offerta una scelta di donne graziose su un piatto d'argento. Amico mio, è malsano e pericoloso, è un danno per la società, se un uomo, un vero uomo, reprime le sue necessità naturali. Necessità che è impossibile vengano soddisfatte da un'unica donna, aggiunse, ridendo compiaciuto e lisciandosi la barba. Quando, poi, la donna è diventata madre dei figli, che un giorno riceveranno l'eredità del padre, e deve occuparsi della loro educazione, come può continuare a soddisfare i desideri segreti di un uomo?, chiese il khan.

Poiché Richard era troppo contrito per contraddire il khan, lasciò semplicemente che continuasse a parlare.

Dio ha creato l'uomo forte e la donna dalla sua settima costola, dunque debole. Di conseguenza, è naturale e gradito al Profeta che un uomo possieda quante più mogli è possibile. Come esempio per tutti gli uomini, il Profeta ha preso così tante mogli che oggi nessuno sa più quante siano state. Io, amico mio, disse il khan piegandosi in avanti, non voglio e nemmeno posso immaginare una vita con una donna soltanto.

Richard sbadigliò e si ripromise di svignarsela il prima possibile, ma il khan si mise accanto a lui e perseverò nel tentativo di convincerlo.

Prima o poi, amico mio, anche lei cambierà atteggiamento, profetizzò il capo clan ed ebbe ragione prima di quanto egli stesso si sarebbe aspettato. La sera stessa, infatti, invitò il canadese nella sua tenda. Fumarono il narghilè e guardarono giovani fanciulle cantare e danzare per gli uomini.

Una delle ragazze non si limitò a offrire a Richard tè, uva passa e datteri, bensì, accidentalmente, gli concesse anche uno sguardo alla sua scollatura e ai seni giovani e sodi.

Richard era così catturato dallo straordinario spettacolo che, quando il khan e le altre donne lasciarono la tenda, non se ne accorse. La giovane si mise sul cuscino accanto a lui, lo accarezzò e gli rese impossibile resistere al suo gioco voluttuoso.

Invece di portarla con sé nell'*harram* come programmato, il khan fece riportare la fanciulla, che aveva nome Tajelmoluk, in città da sua madre, dove il canadese avrebbe potuto farle visita regolarmente.

Sebbene fosse ancora quasi una bambina, sedusse il *farangi* in un modo che lui conosceva soltanto attraverso le storie delle cortigiane greche e turche del Levante o di Baghdad. A Richard faceva comodo che lei l'avesse sedotto solo per pagare l'affitto e i debiti al khan, poiché voleva e vuole ancora tenere i sentimenti fuori dal gioco. Trovava vantaggioso anche che lei fosse una fanciulla semplice e che non parlasse la sua lingua, poiché così non avrebbe dovuto occuparsi di lei e della sua vita. La soddisfazione del suo desiderio era l'unico legame tra lui e questa piccola sgualdrina, e così le cose sarebbero rimaste.

Ma poi accadde quello che mai sarebbe dovuto capitare. La ragazza rimase incinta. Lei stessa disse di non sapere come fosse successo e sua madre minacciò di sollevare uno scandalo se il *farangi* non avesse continuato a pagare e non si fosse preso cura del bambino nella pancia di sua figlia.

Molti dei colleghi britannici e polacchi di Richard, e persino i soldati indiani, si avvalgono dei servizi delle donne iraniane; alcuni si sono persino dati da fare con dei ragazzini, ma anche questa consapevolezza non alleggerisce la coscienza di Richard. Da quando è accaduto soffre di incubi e di ansia, che gli procurano una brutta insonnia.

Fino a questa sera non sapeva come avrebbe potuto espiare la sua colpa e liberarsi facilmente della fanciulla e della canaglia nel suo ventre. Ma con la comparsa del ragazzino, che porta il nome del grande condottiero macedone Alessandro, tutto è cambiato. Anche se si tratta soltanto di un'idea vaga, Richard sa che questo ragazzino sudicio è lì per lavare il suo peccato e la sua coscienza sporca.

Il ragazzo deve restare

Il saheb dice che devi renderti utile, traduce il *moteardjem*. Se qualcuno te lo chiede, tu di' che sei il ragazzo di Mister Richard. Puoi farlo?

Eskandar sogghigna e annuisce: *boy Mesterr Richard*.

L'umore del canadese non potrebbe essere migliore. *Well done*, dice, sorridendo anche lui. Al che il traduttore alza gli occhi al cielo e segue lo straniero agli scavi.

Visto che non sa cosa significhi rendersi utile, Eskandar si rifugia all'ombra di una tenda e osserva il lavoro nell'accampamento. La prima cosa che deduce è che i *farangi engelissi* danno gli ordini e sono i più importanti fra tutti gli uomini del campo. Per il resto, per quanto Eskandar possa osservare, con tutta la buona volontà non capisce perché gli uomini rivoltino il terreno per tutto il giorno, spalino la terra qua e là, piantino aste.

I *farangi engelissi* esaminano accuratamente i secchi che contengono terra e pietre, le strofinano tra le dita e le annusano. Analizzano la terra sotto pezzi di vetri con cui vedono tutto più grande e a volte dicono: *disis gud*. È il segno per gli operai iraniani di continuare a spalare e a spaccare, finché i *farangi engelissi* non dicono che devono smettere e gli operai iraniani li seguono in un altro posto.

Già dopo un paio di giorni Eskandar porta agli *engelissi* acqua da bere senza che lo chiedano, scuote via la polvere dalle loro giacche, li aiuta a mettere e a togliere i pesanti stivali. Li lava e li spazzola con tanto entusiasmo che a volte gli stranieri attraversano di proposito la melma oleosa per stare a guardare il ragazzo che subito dopo pulisce i loro stivali. Trovano *very amusing* come lui muove la testa mentre strofina il cuoio, il modo in cui la lingua spunta fuori dai denti, il modo in cui sorride ed è felice di poter offrire loro questo servizio. Dicono: questo ragazzo è la prova migliore che il denaro non significa tutto. È povero e solo al mondo e nonostante questo è felice e sorride ininterrottamente.

Eskandar impara in fretta i nomi degli attrezzi e degli utensili riposti nel grande scaffale – sestante, abaco, binocolo, livella a bolla, microscopio, metro a nastro – e a richiesta li porta ai saheb. Può persino distinguere l'uno dall'altro i taccuini e i libri di ciascuno, sebbene non sappia leggere neanche una parola, ma li riconosca soltanto dalle forme e dai colori. A volte Eskandar porta un libro attraverso l'accampamento e si sente importante come i *farangi*.

A volte si rannicchia davanti allo scaffale e sfoglia i libri o un taccuino vuoto. Tocca con prudenza le pagine non scritte, come se fossero la pelle di una persona. Per Eskandar è esaltante che i fogli puliti siano legati insieme ordinatamente e che aspettino solo di essere riempiti di linee, curve e immagini dai *farangi*.

La conoscenza scritta ha un valore inestimabile, dice Mesterr Richard, e gli regala una matita e un quaderno nero.

Il ragazzo ha il senso dell'ordine nel sangue, pensano i *farangi*, e vogliono che apparecchi la tavola per loro, a pranzo e a cena, e che lavi i piatti. I nostri piatti e bicchieri non sono mai stati così puliti prima d'ora, dicono, e infine annunciano: *the boy shall stay*.

Eskandar sottopone le forchette a una pulizia particolarmente scrupolosa.

Arrivano tutti i giorni nella bocca di un saheb diverso, spiega a Mesterr Richard. Da parte sua continua invece a mangiare con le mani.

Non hai proprio nessuna cultura, dice il *moteardjem* infilandosi in bocca un cucchiaio colmo di riso.

E così Eskandar inizia a capire che cosa significhi la cultura: mangiare con le posate, sedere a una tavola di legno sbilenca con quattro gambe e su sedie traballanti, invece che su una comoda tovaglia per terra, portare stivali, cappello e vestiti pesanti malgrado il caldo, scavare buchi nella terra, dormire in un letto, invece che per terra, e correre il rischio di cadere giù, bere acqua aspra fino a non capire più niente, dominare su tutte le altre persone.

Cultura è anche che ai *farangi* non piace quando le mosche si posano sui loro piatti, perciò Eskandar si arma di un acchiappamosche e scaccia o uccide gli insetti, in modo che gli infedeli possano mangiare tranquilli.

Un'altra caratteristica ugualmente importante degli stranieri è che amano i loro cani.

Al suo villaggio Eskandar si è abituato a stare a contatto con i cani e non capisce abbastanza di religione per sapere che il Profeta li dichiarò *najess*, impuri, allo stesso modo del sangue, della carne di maiale, dell'acqua stagnante e di altre cose. I cani gironzolano quindi intorno a Eskandar, al contrario di quanto facciano con la gente della sua terra, e lo leccano persino.

Eskandar imita i *farangi*, tira un bastone e lo fa riportare indietro dai cani, oppure nasconde un pezzo di carne dietro la schiena, dice *sit*, *come*, *go*, *sleep* e lo dà loro solo se fanno quello che vuole.

What makes my dog happy, makes me happy too, dicono i *farangi*.

Non è per malafede che non vengono dati soldi a Eskandar per il suo lavoro. Semplicemente non ci pensa nessuno, tanto più che nel deserto non avrebbe comunque occasione di spenderli. Lo stesso Eskandar non ha mai visto il denaro e non sa nulla di cose come salari e guadagni. È contento perché ha da mangiare e ha più acqua di quanta ne abbia mai potuta bere. Ha un posto per dormire e di notte si scalda al fuoco degli stranieri, senza doversi preoccupare della legna da ardere, perché gli uomini del khan ne portano carri interi.

Dopo un paio di settimane non solo la pelle e le ossa di Eskandar sembrano meno legnose, ma anche i capelli, le braccia e le gambe non sono più ricoperti di croste. Questo rallegra soprattutto Mesterr Richard. Controlla la forza nelle braccia e dice: *real meat, good muscle. Khub, khub, good, good.*

Gud, ripete Eskandar distendendo le braccia per il suo nuovo amico.

Ahay, sembri un ragazzino straniero, gridano i suoi coetanei.

A Eskandar piace essere chiamato *batshe-farangi*, poiché in fondo i *farangi* sono importanti e comandano su tutto e tutti. Decidono dove debbano essere costruite vie, strade, capanne, dove debbano essere piantate le tende e scavati i buchi e in quale buco debbano essere infilati i tubi.

Perché lo fanno?, chiede Eskandar al traduttore.

Cercano nafta, petrolio, greggio, risponde lui. Non spiega tuttavia cosa sia il petrolio e perché gli stranieri vogliano averlo, così come non chiarisce la ragione per cui debba essere cercato nella sua terra e non in quella dei *farangi*.

Quando agli *engelissi* piace particolarmente un buco, a Mesterr Richard tocca infilare i suoi tubi e la trivella nel buco.

È un lavoro difficile ed è necessario fare molta attenzione a non rompere la trivella. Gli operai devono sentire con le mani quando lo strumento incontra una forte resistenza, perché non possono smettere di girare in tondo, ma devono farlo procedendo con molta più prudenza. *But veeery careful.*

Caaarfuul, ripete Eskandar.

Scavare buchi con la trivella è come la vita, dice Mesterr Richard. Bisogna capire quando è meglio non combattere contro gli ostacoli, ma arrendersi a essi. Ricordalo, dice il canadese, e scrive la frase sul quaderno che ha regalato a Eskandar.

Eskandar userebbe un asino per girare-in-tondo, come

facevano in passato suo padre e gli uomini del villaggio per macinare il grano. Ma il traduttore gli dice di tenere la bocca chiusa e di sparire. Eskandar ubbidisce e si dilegua dicendo piano *faack*, anche se ancora non sa che cosa significhi. Ma, oltre a *faack*, ha raccolto nella sua testa un gran numero di frasi diverse.

Dig the damn hole.
Where is the faaacking petroleum?
Open the brandy.
I need to piss.
Bunch of useless rocks.
These bloody boys have lice.
Water.
You are so stupid.
Dumb as a donkey.
I want to faack.

Di nuovo la parola proibita.

Una sera, dopo aver lavato i piatti e preparato il tè per tutti gli uomini, Eskandar si rannicchia accanto a Mesterr Richard e traccia la sua prima, prudente linea nel quaderno, poi ne fa una seconda, ancora una e un altro paio.

Ragazzo, hai disegnato un tavolo, dice Mesterr Richard.

Eskandar sogghigna come ha visto fare al suo amico straniero, con i denti stretti e la bocca larga. Questo è Morad-kadjeh, risponde.

Saheb, il ragazzo è matto, dice che il suo tavolo si chiama Morad il Gobbo.

Gli chieda chi è Morad il Gobbo.

Che Dio possa strapparti la lingua dalla bocca, se ci racconti di nuovo una lunga favola senza fine, minaccia il traduttore.

Morad-kadjeh era il nostro *kadkhoda*, l'anziano del villaggio. Eskandar fa di nuovo la stessa smorfia. Morad-kadjeh era a capo del nostro villaggio e decideva quando l'acqua doveva essere deviata e in quali giardini e in quali campi. Riceveva la semenza dall'*arbab*, la divideva tra i servi e sapeva quale grano andava nella terra e quando, per crescere bene. Sceglieva il bestiame da macello e decideva quale formaggio restava nel villaggio e quale mandare all'*arbab*.

Gli chieda di continuare a raccontare, dice Richard. È un narratore di talento ed è un piacere starlo ad ascoltare. Nel poco tempo da quando il ragazzo è con noi, ho scoperto più cose su questa terra che negli otto anni che ho passato qui.

Sì, saheb, ha talento. Ragazzo, sii breve, dice il traduttore.

Eskandar prende un bastone e cammina curvo come l'anziano capovillaggio, poi se lo infila nella camicia, alza la testa e passeggia dritto come i *farangi*.

Ragazzo, stai attento a quello che fai, ammonisce il traduttore. Se continui così, prima o poi una mattina ti sveglierai senza testa.

Lo lasci stare; gli ingegneri iraniani tranquillizzano il traduttore. L'importante è che i nostri amici *farangi* si divertano e siano di buon umore.

Conosci solo storie del tuo villaggio o anche di qualche altra parte?, fa tradurre il canadese.

Eskandar alza le spalle e racconta quello che ha sentito a tavola dagli ingegneri e dagli impiegati iraniani. C'è stata una rivoluzione del tabacco in Iran, dice. Il popolo ha trionfato contro il re traditore e lui si è dovuto riprendere indietro i diritti che aveva venduto ai *farangi*. All'improvviso tutti tacciono, solo il traduttore scuote lentamente la testa e chiede: non ti veniva in mente nessun'altra storia da raccontare?

Lasci perdere, lo rassicura il capo ingegnere iraniano. Non è un male che i nostri amici stranieri si facciano un'idea degli avvenimenti accaduti nella nostra terra. Quella di cui parla il ragazzo è la famosa rivolta del tabacco. Il re aveva venduto la concessione per il tabacco agli stranieri. Questo naturalmente non poteva far piacere al popolo, che decise di boicottarne il consumo, racconta il capo ingegnere. Me lo ricordo bene. Avrò avuto la stessa età di Eskandar, e mio padre mi aveva portato nel bazar in cui aveva una tabaccheria. Voleva che vedessi come lui e gli altri commercianti di tabacco distruggevano in pubblico i narghilè e chiudevano i negozi. In tutto il paese nessuno commerciò più tabacco e la gente smise di fumare, fino a quando il re fu davvero costretto a ritirare la concessione venduta agli stranieri.

Sebbene l'espressione dei *farangi* non lasci dubbi sul fatto che rinuncerebbero volentieri ad ascoltare simili storie sulla terra che li ospita, il capo ingegnere iraniano continua a raccontare. È importante capire, dice, che questo trionfo è stato l'inizio della lotta che noi iraniani proseguiamo oggi, la lotta per ottenere una Costituzione e un Parlamento.

So you think you are able to build a democracy in your country?, chiede il canadese con ostentata gentilezza, guardandosi intorno.

Sì, risponde il capo ingegnere Agha Shahi.

And next thing they will want to get us and the Russians out of their country, dice un saheb inglese.

Chi può condannarli?, risponde il canadese sogghignando.

Da che parte sta lei, in realtà?, chiede il britannico e, prima che Richard possa dare una risposta, l'*engelissi* fa un gesto sprezzante con la mano e dice: finché la maggioranza dei quindici milioni di abitanti di questo paese non saprà neanche scrivere il proprio nome, come questo ragazzo, non abbiamo nulla da temere.

Eskandar se ne sta a testa bassa, comprendendo soltanto che l'atmosfera è cambiata, e proprio a causa sua.

Credo che abbiate ragione, dice Richard ai colleghi britannici aspirando profondamente dal sigaro un'ultima volta e gettando il mozzicone nel fuoco. Va da Eskandar, si inginocchia davanti a lui, gli mette la mano sulla spalla magra e chiede: *you want to be engeneer like me?*

Eskandar non può più nascondere la paura e risponde con le solite parole di quando non capisce i *farangi*: *yes, gudgud saheb.*

You understand? You school engeneer saheb?

Yes yes, gudgud saheb, ripete Eskandar.

Nessuno parla. Soltanto il canadese inizia a ridere e non riesce più a smetterla, contagiando anche Eskandar, che piano piano si tranquillizza di nuovo.

Vedo già i titoli sul «Times», grida Richard. Sua Maestà, il re d'Inghilterra, è orgoglioso dei suoi sudditi nella lontana Persia. La spedizione britannica, che è affiancata da esperti polacchi e canadesi e che per la sua difesa ha portato in questa terra sperduta soldati della colonia reale indiana, dopo otto anni non ha ancora trovato il petrolio, ma aiuta i poveri servi della gleba a istruirsi.

Goodbye and good luck

Dopo una marcia di giorni attraverso il deserto, per monti e valli, derubati dei loro pochi beni dai banditi, ma comunque senza essere attaccati da animali selvaggi, Eskandar e il traduttore giungono in città. Il ragazzo non ha capito perché ha dovuto lasciare l'accampamento e non sa dove sta andando, né quanto starà via e se potrà mai ritornare dai suoi protettori stranieri.

La semplice vista della città lo spaventa tanto che si aggrappa inconsapevolmente al braccio del *moteardjem* e si stringe a lui. Eskandar non ha mai visto tante persone in una sola volta. C'è odore di animali, escrementi, acqua sporca, carne grigliata, verdura fresca e marcita, spezie, fuoco, fumo denso, argilla umida e polvere. Le grida dei commercianti che contrattano le loro merci si mischiano all'acciottolio degli zoccoli sulle strade di pietra, al tintinnare e allo sferragliare dei finimenti delle vetture, al nitrire dei cavalli, al ragliare degli asini, alle grida dei bambini. I falegnami battono e martellano, i fabbri colpiscono il metallo, le macchine per cucire dei sarti crepitano, i venditori di tè cantano e fanno tintinnare i bicchieri, e sopra a tutto si diffonde la preghiera del *muezzin*. Il bazar è pieno di colori, stoffe sgargianti e scintillanti, spezie gialle, verdi, rosse, arancioni, frutta, oro, ottone, ferro, legno, tessuti, vestiti; alle pareti e sugli ingressi dei negozi, sui banchetti, sui carri e sulle casse, enormi scritte e disegni. Eskandar e il traduttore passano davanti ai banchetti che vendono kebab, mais arrostito, *khoreshts*, *ashs* e altri cibi appetitosi.

E quando giungono di nuovo all'altro capo del bazar, il traduttore dice: ora anche noi odoriamo come se fossimo caduti in un pentolone.

Man mano che avanzano, Eskandar nota delle donne. Diversamente che nel suo villaggio, sono avvolte da capo a piedi in tessuti neri e nascondono il volto sotto veli bianchi.

Vedrai, dice il traduttore amichevolmente, qui c'è tutto, persino le cose che non si trovano nell'accampamento degli stranieri.

Oltrepassato il bazar, i due lasciano l'animata strada principale e svoltano in una stretta via sabbiosa, che a Eskandar ricorda il suo villaggio prima che arrivasse la siccità. Nel mezzo della strada si snoda un *djub* che porta l'acqua gorgogliante dei monti. Il traduttore si sfila le babbucce logore e vi immerge i piedi.

Peccato che i ladri ci abbiano rubato le scarpe nuove che ci hanno regalato i *farangi*, dice, godendosi l'acqua fresca a occhi chiusi.

Più avanti, il traduttore si ferma di fronte a un portone di legno a due battenti, ognuno con un batacchio di ferro. Il batacchio tondo, quello con il buco nel mezzo, viene usato esclusivamente dalle donne, spiega. Noi uomini ci serviamo del batacchio allungato, che sembra un bastone. Suona forte ed esigente come un uomo, mentre l'anello si sente tenue e dolce proprio come una *saifeh*, una debole donna. In questo modo le abitanti riconoscono se è un uomo o una donna a chiedere di entrare e possono coprirsi, afferrare un'arma, o nascondersi e non aprire affatto. Capisci?

Eskandar alza le spalle.

Il *moteardjem* annuisce soddisfatto, bussa con il bastone e una donna velata apre la porta.

Giunta in una stanza, si toglie il velo e grida: Tajelmoluk, porta il tè! La donna accarezza la testa di Eskandar e dice: dunque è questo il ragazzo con cui mia figlia e io dobbiamo ristabilire il nostro *namuss*, l'onore e la reputazione.

Il ragazzo che, con la retta e le spese di alloggio, permetterà a lei e sua figlia di restare in questa stanza, invece che andare a finire per strada o da qualche altra parte, corregge il traduttore.

A Eskandar la straniera piace, dalla morte di sua madre è la prima donna che può vedere in viso e che lo accarezza; avrebbe voglia di rannicchiarsi tra le sue braccia e addormentarsi.

Il ragazzo non è più un bambino, dice lei. Si riempirà la pancia a mie spese. La camicia e i pantaloni gli stanno troppo piccoli già ora ed è scalzo. Il saheb non avrebbe potuto dargli almeno un paio di scarpe?

I briganti le hanno rubate, risponde il traduttore.

Le lezioni del mullah non sono gratuite e tra poche settimane il *batshe-harumzade* verrà al mondo e anche lui avrà bisogno di cibo e vestiti.

Batshe-harumzade? Suo padre lo chiamava così. Quindi non sono l'unico di questa specie?, pensa Eskandar sorridendo.

Il gentile signore ha pensato a tutto, dice il *moteardjem*.

Il gentile signore avrebbe dovuto riflettere un po' prima di causare questa sventura, ribatte Khanum-Rohan.

Poiché nessuno dei due lo osserva, Eskandar si accoccola davanti al davanzale che gli arriva al ginocchio e ripensa alle capanne del suo villaggio. Anche lì le camere avevano grandi finestre che si affacciavano sul cortile e ci si poteva sistemare nei larghi davanzali, per sonnecchiare al sole in tutta tranquillità. Anche qui ci sono cuscini grandi e piccoli lungo la parete. In una nicchia nel muro sono accatastati piatti, bicchieri e scodelle, in un'altra sono appesi un paio di vestiti e in una terza ci sono due lampade a olio. La nicchia accanto alla finestra è vuota. Eskandar immagina come starebbero lì la sua pietra, la ciotola di latta, il quaderno e la matita.

Allora speriamo che tu possa mungere la pecora, esclama una ragazza che sembra comparire dal nulla davanti a lui e che è larga quasi quanto è alta.

Eskandar annuisce.

Perché la mia pancia è già troppo grossa per questo tipo di lavoro, sussurra.

Gli uomini da cui ho preso in prestito il denaro sono dei mostri, sospira la donna. Dio mi è testimone, camminano avanti e indietro davanti alla mia porta come cani randagi affamati, fino a che non cedo e li lascio entrare. Ma non voglio che i vicini abbiano una ragione in più per parlarmi alle spalle. Io stessa sono vecchia e sfiorita, il mio corpo ha visto giorni migliori, dice Khanum-Rohan. Ma da quando se ne va in giro con questa pancia, anche mia figlia ha perso la voglia di vivere.

Il traduttore interrompe la donna e si alza: khanum, io sono solo un messaggero. Si rivolge a Eskandar: comportati bene, gli ordina lasciando la stanza.

Dal suo posto alla finestra Eskandar osserva il *moteardjem* che si infila le vecchie babbucce in cortile, attraversa il portone di legno e scompare.

A Eskandar viene assegnato un giaciglio accanto al davanzale e alla parete con la nicchia vuota e il suo desiderio viene realizzato: può sistemare le sue cose nella nicchia.

Chiamami Khanum-Rohan; mia figlia si chiama Tajelmoluk, dice la donna. Poi spegne la lampada a olio e aggiunge: che Dio vegli sul nostro sonno, quindi inizia a russare. La mattina dopo Eskandar munge la pecora, raccoglie le uova delle due galline e pulisce la piccola stalla. Beve il tè, mangia la focaccia secca del giorno precedente e subito dopo Tajelmoluk lo accompagna dal mullah. Là deve imparare il santo Corano – il che probabilmente deve essere più utile nella vita che pulire le scarpe dei *farangi* all'accampamento, servire il tè la sera e provvedere a loro.

Tajelmoluk volge il viso velato verso Eskandar e dice: fai attenzione e guarda bene la strada, al ritorno dovrai ritrovarla da solo.

Un paio di traverse più avanti la ragazza si ferma davanti a un portone dipinto di verde. Ci siamo. E prima di andare, sussurra: mi piace il tuo nome, è grazioso.

Eskandar e la verità sulle donne e sugli uomini

Come l'*akhund* che venne al villaggio, anche questo mullah ha una folta barba nera e lunghi capelli ondulati, scintillanti come le penne delle cornacchie che si radunano nell'accampamento, infastidiscono i cani degli stranieri e rubano loro la carne e le ossa. Il mullah somiglia molto agli uccelli ladri anche per un altro motivo. Con il suo lungo mantello nero agita l'aria intorno a sé, come se stesse per distendere le braccia e levarsi in volo.

Oltre a Eskandar, altri sette o otto ragazzi vengono nella sua casa, si rannicchiano per terra intorno all'*akhund* sulle loro stuoie di rafia e cercano di non addormentarsi.

Eskandar scopre che, quando non dà lezioni ai ragazzi, l'*akhund* coltiva i campi come tutti gli altri, per quanto i suoi campi non appartengano a nessun *arbab*, bensì a lui stesso. Li ha ricevuti come ricompensa per i suoi servizi di officiante, insegnante, sensale, giudice, *hakim* e mediatore di matrimoni.

Diversamente dagli altri ragazzi, Eskandar sta ad ascoltare il mullah volentieri e, sorprendendosi lui stesso, impara perfino molte cose utili. Per esempio che i giorni non si susseguono l'uno dopo l'altro come in una catena, ma che saggiamente Dio ne ha creati solo sette che si ripetono e continueranno a farlo fino al momento del giudizio universale. ttavia nessuno, neanche lo stesso mullah, sa quando esso verà.

Poiché Eskandar ricorda tutti e sette i nomi al primo tentativo, impressiona il mullah e si fa nemici gli altri ragazzi.

Il mullah sostiene che probabilmente Eskandar è al mondo da meno di dieci anni e da più di sette. Hai otto anni, nove al massimo, sentenzia.

Da quando Eskandar sa che cosa siano una settimana, un mese e un anno, non dice più "un tempo" e "tra poco", ma "da quattro giorni", "tra due settimane".

Quando tra una o due settimane tornerai all'accampamento, afferma Khanum-Rohan, di' al tuo Mesterr che deve darti dei soldi.

Per due settimane Eskandar porta con sé ogni giorno un nuovo ciottolo della strada e lo posa nel suo angolo accanto al davanzale. Poiché Mesterr Richard non lo fa ancora venire a prendere per portarlo all'accampamento, sposta avanti e indietro le pietre e le conta per settimane, finché Tajelmoluk gli molla un ceffone, lo tira per un orecchio e lo costringe a riportare i sassi in strada. Puoi contare i giorni e le settimane quanto vuoi, lo rimprovera. Nessuno verrà a prenderti. In fondo, uno come il Mesterr non è stupido. È contento di essersi liberato di te.

Eskandar si abitua alla nuova vita. Fa il suo dovere senza lamentarsi. Svolge persino compiti di cui nessuno lo ha incaricato. Pota il gelso nell'angolo del piccolo cortile. Pianta un nuovo albero e mette nei vasi i fiori raccolti nei campi dietro la casa. Lascia un uovo alla gallina, ne esce un pulcino che di lì a poco diventa grande come la madre e depone altre uova. La sera, Eskandar beve il suo tè e mangia il pane avanzato della giornata, a volte con, altre senza yogurt. Mentre mastica ancora l'ultimo tozzo, porta in cortile il suo bicchiere e lo sciacqua. Intanto cerca di non spaventare i pesci rossi che nuotano tranquillamente nel catino.

Accendi la lanterna e mettila in camera, grida Khanum-Rohan. Siede per terra davanti al davanzale, cucendo o rammendando qualcosa, o sta a gambe distese, si massaggia il ginocchio gonfio e guarda nel vuoto. Tajelmoluk giace lì, con la sua grossa pancia, e russa. Eskandar si rannicchia nel suo angolo per terra di fronte al davanzale e dipinge linee e curve sul suo foglio, finché gli fanno male le dita. L'*akhund* ha detto infatti che, se lo farà abbastanza a lungo, un giorno sarà in grado di scrivere il nome di Dio e altre cose utili. E fin quando non sarà arrivato a quel punto, deve frequentare le sue lezioni e non può andare all'accampamento né altrove.

Quando l'*akhund* racconta le storie, Eskandar si dimentica sempre di pensare a Mesterr Richard. Quelle su un uomo di nome profeta Maometto gli piacciono così tanto che si ripromette di diventare come lui, un giorno. Il profeta Maometto era sempre coraggioso e caritatevole, aveva molti nemici, che ha sconfitto completamente, e ha combattuto molte guerre a cui è sempre sopravvissuto.

Eskandar ascolta volentieri anche le storie sui parenti del profeta Maometto e non può fare a meno di piangere quando l'*akhund* narra della malattia e della morte di Fatima, la figlia del grande uomo.

Prendetelo ad esempio, dice l'*akhund*, e gli altri ragazzi guardano Eskandar con disprezzo. Vogliono andare a casa, è tardi, e il profumo del *gheymeh* che ha preparato la moglie dell'*akhund* attraversa la stanza facendo brontolare loro lo stomaco. Ma Eskandar mostra tanto interesse per le storie del mullah che quello non riesce proprio a smettere di raccontare. Neanche quando fuori è buio già da tempo e la strada di casa per i ragazzi sarà spaventosa e pericolosa; per non parlare poi del fatto che non torneranno in tempo per la cena, il che per la maggior parte di loro significa che dovranno andare a dormire a stomaco vuoto.

Il grande profeta Maometto aveva quindici anni, racconta l'*akhund*, quando vide nella casa del suo benefattore, Abu-Bakr, la bella figlia Aisha, che aveva sei anni.

Desidero sposarla, disse a Abu-Bakr.

Avrai mia figlia, rispose lui. Ma ti prego di pazientare finché non raggiungerà l'età da marito. Fino ad allora nessun altro uomo avrà il permesso di guardarla in viso.

Il profeta Maometto aveva già alcune mogli nel suo

harram e accettò di aspettare. Ma tre anni più tardi non volle più attendere e portò con sé la bella e affascinante Aisha e la sposò.

Il mullah avverte i ragazzi: poiché prendere a modello il profeta Maometto è un sacro dovere per ogni musulmano timorato di Dio, dobbiamo seguire il suo esempio e non prendere semplicemente le donne che desideriamo, ma farle nostre legittimamente e adempiere tutti i doveri legati a questo. Come uomini siamo responsabili della sicurezza, del benessere e della buona reputazione delle donne che possediamo. Dobbiamo far sì che ci ascoltino. Il profeta Maometto ha stabilito che dobbiamo punire le donne che non ascoltano, dobbiamo picchiarle, rinchiuderle, o castigarle in altri modi, afferma l'*akhund*, e congeda finalmente i ragazzi dalla sua lezione.

Di ritorno alla casa di Khanum-Rohan, Eskandar riesce a pensare soltanto al profeta Maometto e alla bella Aisha. Deve essere stata felice di vivere sotto la protezione di quest'uomo buono e potente. Eskandar riflette così tanto sulla bella Aisha e sul profeta Maometto che gli sembra che non siano soltanto personaggi della storia, ma persone vive e reali. Persone che potrebbe incontrare in qualsiasi momento, con le quali potrebbe dividere il pane e che potrebbero essere sue compagne di viaggio.

Anch'io mi cercherò una Aisha, si ripromette. Mi prenderò cura di lei e deciderò per lei.

Perso in queste fantasticherie, Eskandar non nota subito la luce della lanterna e il tintinnio dei finimenti della carrozza ferma davanti alla casa di Khanum-Rohan e che riempie la strada in tutta la sua larghezza. Subito dopo vede un uomo alto, appoggiato contro il muro, che sta fumando un grosso sigaro straniero; capisce subito che è il suo Mesterr Richard.

Senza che abbia mai fatto né visto prima niente del genere, senza sapere per quale ragione lo stia facendo ora, Eskandar inizia a correre, si getta tra le braccia dello straniero e si aggrappa stretto a lui. Il cuore gli batte forte, il suo corpo trema, e poiché il Mesterr ride e a quanto pare non è contrariato dallo strano comportamento di Eskandar, stringe il viso a quello del *farangi* e sprofonda nel suo abbraccio forte.

How are you?, chiede il canadese.

Eskandar sorride e pronuncia le nuove parole *farangi* che ha imparato da Tajelmoluk.

Come fai a conoscere la lingua degli stranieri?, le aveva chiesto Eskandar. Lei aveva alzato la testa per darsi importanza. Ho anch'io i miei contatti, gli aveva risposto. Allora Eskandar si era impresso quelle parole nella memoria e pensa che questo sia il momento giusto per dirle: *you are mai frend. I loviuu.*

Il petrolio è denso e puzza

Eskandar pensa che poter restare all'accampamento soltanto un paio di giorni sia già abbastanza brutto. Ma poi scopre anche che sarà la sua ultima visita e che può stare lì soltanto per salutare definitivamente il suo amico *farangi*. Malgrado tutti gli scavi e gli anni trascorsi nel paese, gli stranieri non hanno trovato il sospirato petrolio. E ora il Mesterr che finanzia tutto vuole che facciano i bagagli e tornino a casa.

Verrò con te e diventerò amico di tuo figlio, dice Eskandar sorridendo come il canadese. Posso pulire le scarpe a casa tua, spazzare il pavimento e guadagnarmi il pane e un posto per dormire.

Non essere sfacciato, lo rimbecca il traduttore.

Cos'ha detto il ragazzo?

Che lei è l'unica persona che gli è rimasta, traduce il *moteardjem*.

Chissà, dice il *farangi* per consolare Eskandar. Forse accadrà un miracolo e troveremo questo maledettissimo petrolio. Il nostro capo, Mister Reynolds, sostiene che dobbiamo continuare a lavorare e rimandare la partenza fino all'ultimo momento. Crede di poter guadagnare almeno due settimane.

Il traduttore alza gli occhi al cielo. Ragazzo, non farti illusioni. Guardati intorno, sono felici di poter finalmente abbandonare questo inferno. Si preparano da molto tempo. Sono otto anni ormai che scavano buchi dappertutto e trascinano in lungo e in largo per questa terra bidoni di cianfrusaglie, macchine, tubi, trivelle, tende, soldati indiani, traduttori iraniani, ingegneri, operai, e ora anche te. Perché dovrebbero trovare il petrolio proprio ora? Non essere sciocco, lo rimprovera il *moteardjem*. Smettila di sognare.

A braccia conserte Eskandar lotta contro le lacrime. E vorrebbe essere grande e invincibile come il profeta Maometto, così impedirebbe al traduttore di parlargli in quel modo.

Per Allah, a volte credo che sia meglio non solo per noi e per la nostra terra, ma per il mondo intero, che questi *kafar* non trovino niente e ritornino da dove sono venuti, brontola il traduttore.

Il miracolo accadrà, ribatte Eskandar strizzando gli occhi. Poi pesta i piedi e scompare nell'oscurità del deserto.

Quando infine il canadese con i suoi due cani e il traduttore lo ritrovano, Eskandar giace sdraiato sulla pancia, preme l'orecchio a terra, trattiene il respiro e ascolta. Il ragazzo affonda un ramo di melograno nella sabbia del deserto come se fosse una trivella, si mette una mano sul petto, guarda il cielo e mormora la preghiera che ha imparato dall'*akhund* e che deve recitare quando vuole qualcosa da Dio con tutto se stesso.

Il traduttore scuote la testa. Saheb, credo che il ragazzo sia impazzito. E rivolto a Eskandar dice: *abay*, vuoi mettere in cattiva luce te e la tua gente di fronte ai *farangi*? Che cosa penseranno di te e di noi?

Richard posa la mano sulla spalla del traduttore: *please, stop calling me a farangi.* Non mi chiami *farangi*, in fondo non sono un francese.

Cerco il petrolio, perché tu possa restare qui, spiega Eskandar.

Gli dica che lo aiuteremo nella sua ricerca, risponde il canadese.

Guarda cosa hai combinato, figlio del diavolo! Ora anche il *farangi* è confuso e ha perso la ragione, inveisce il traduttore. Sia maledetto il giorno in cui hai trovato la strada dell'accampamento

Perfino i cani imitano Eskandar e il canadese, si sdraiano per terra, si alzano, annusano, camminano, si sdraiano, annusano di nuovo. Eskandar e il *farangi* ridono, vanno ora lenti ora veloci: prima o poi, chissà, perché no. Eskandar urla: *veery gudgud*. In questo buco c'è il petrolio.

Very good, good, grida il canadese. Prende in braccio felice Eskandar e lo fa girare vorticosamente.

Il traduttore si morde le labbra e poi azzarda: Saheb, con il suo permesso. Quello non è che un ragazzino, che non capisce nulla e non sa neanche cosa sia il petrolio.

Richard si mette le mani sui fianchi, e prima di parlare guarda il traduttore in un modo che lo fa indietreggiare e gli fa abbassare la testa: lei lo dice. È soltanto un ragazzino e in un momento non particolarmente felice. Per questo, maledizione, glielo faremo credere, gli lasceremo pensare che qui ci sia il petrolio. Inoltre ha ragione, è venuto il tempo che gli raccontiamo che cosa sia il petrolio.

Dobbiamo fare la guardia, dice Eskandar.

Il traduttore non crede alle sue orecchie. Ha già dovuto rinunciare alla cena e ormai è buio. Contro la sua volontà, deve essere amichevole con questo ragazzo abbandonato da ogni spirito del bene, un bastardo, che per giunta adesso è impazzito. Per lui deve rinunciare anche al suo meritato riposo?

Vado a prendere la legna e accendo un fuoco, esclama Eskandar correndo via.

Guardi queste magnifiche stelle, qui fuori dormiremo meravigliosamente, dice Richard.

Saheb, stimato saheb, questo significa che ha intenzione di passare la notte all'aperto?

Non avrà mica paura, ribatte il *farangi*. Si siede accanto al fuoco con Eskandar e dice: il petrolio è un liquido, lo sapevi? "Petro" significa pietra e *petr-olio* indica proprio l'olio che le pietre producono, capisci? Immagina di trovarti in un mare immenso o in un oceano.

Che cosa sono il mare e l'oceano?

Acque vastissime, spiega il canadese, indicando il deserto con il braccio teso. Tutto quello che vedi qui una volta era sommerso dall'acqua e pesci grandi e piccoli e minuscoli animaletti ci nuotavano. Sono morti e sono affondati nel letto dell'acqua e lì, insieme alle piante morte, sono stati ricoperti dalle frane e dai sedimenti.

Eskandar fissa il traduttore, vorrebbe chiedere cosa siano i pesci, i sedimenti, le frane, ma non ne ha il coraggio.

Ma poi succede qualcosa che equivale a un miracolo, dice il canadese con gli occhi brillanti. Questa sostanza morta si trasforma in petrolio sotto il peso e la pressione della pietra e dei sedimenti, e nel corso del tempo ne nasce un enorme deposito sotterraneo.

Con lo stesso tono con cui traduce, il *moteardjem* dice: ti avverto, non sognarti di fare anche solo una domanda.

Le trivelle americane hanno trovato il primo giacimento di petrolio per caso, circa cinquant'anni fa, e hanno scoperto che si può utilizzare per tutti gli scopi possibili.

Visto che non osa parlare, Eskandar annuisce con maggiore entusiasmo per incoraggiare il suo amico straniero a continuare il racconto.

Per accendere le lampade il petrolio è molto più adatto di oli e grassi animali e vegetali. Proprio qui, nella tua patria, le persone conoscevano il catrame da tempo immemorabile e presumibilmente già allora bruciavano il gas

E ora non farti venire in mente di chiedere cosa sia il gas, il traduttore ammonisce Eskandar sorridendo amichevolmente.

Con il petrolio i greci hanno fabbricato proiettili infuocati, che li hanno resi di gran lunga più forti dei loro nemici. Altri hanno usato il catrame per impermeabilizzare le barche.

Nella sua mente Eskandar vede guerrieri colpiti da fiamme volanti e persone che si muovono sull'acqua dentro tinozze di legno, senza andare a fondo. Ma più di tutto a Eskandar piace la storia del ragazzino chiamato Mosè, affidato al fiume dalla madre e sopravvissuto solo perché lei aveva spalmato la sua cesta con questo misterioso catrame.

Ti supplico, smettila di sorridere e di annuire, altrimenti il saheb continuerà a raccontare all'infinito, mugola il traduttore. Per favore, ragazzo, abbi pietà di un povero compatriota.

Veery gudgud, mormora Eskandar versando il tè in tutti e tre i bicchieri.

Il canadese si rallegra di tanto interesse per i suoi discorsi e racconta: a volte abbiamo molta fortuna. Il deposito sotterraneo esplode non appena lo colpiamo con le trivelle, e il petrolio zampilla dal terreno. Tutto quello che dobbiamo fare in quel momento è raccoglierlo. A volte ci vogliono anni, prima che smetta di salire in superficie da solo.

Gudgud, dice Eskandar e per la gioia del traduttore gli si chiudono gli occhi dalla stanchezza. Aggiunge soltanto: troverete il petrolio. Poi, si sistema sul cuscino e si addormenta.

Il giorno dopo Eskandar non può che essere deluso vedendo che i *farangi* lavorano a malapena e sistemano invece in scatole e valigie le cose che vogliono riportare con sé e regalano ciò di cui non hanno più bisogno. Un operaio a cui toccano persino un paio di stivali pesanti li indossa subito e marcia per l'accampamento orgoglioso. Anche Eskandar spera di ricevere dei pantaloni stranieri e una camicia con tante tasche e bottoni.

A mezzogiorno, quando il sole batte a picco sopra l'accampamento e brucia tutto e tutti con il suo calore, Eskandar vede un *engelissi* che si toglie il pesante cappello a cloche, lo posa su una sedia, va nella sua tenda, e torna con la faccia di chi ha incontrato un fantasma. Un operaio iraniano gli ha preso infatti il prezioso cappello e lo ha indossato. L'*engelissi* inveisce e grida così forte che un paio di altri stranieri e di soldati della colonia accorrono in fretta e circondano l'operaio con le armi spianate. L'uomo vuole restituire il cappello, ma ora lo straniero non lo vuole più e per punizione ordina all'operaio iraniano di portarlo e di non azzardarsi a toglierselo neanche per un momento.

Con il cappello in testa l'operaio spala e spacca la terra, finché ansima, respira affannosamente e gli manca l'aria, si rovescia come un sacco pesante e cade al suolo. Abbandona la pala ma tiene stretto il cappello, perché non gli cada dalla testa.

Questa è una bella lezione per te, dice il traduttore a Eskandar. Se uno come me o come te tocca o usa le cose degli stranieri, le conseguenze sono spiacevoli.

Per me e Mesterr Richard è diverso, risponde Eskandar con la voce di uno che non crede alle sue stesse parole.

Dopo la quarta notte che trascorre nel deserto sul presunto luogo del ritrovamento, Eskandar vede uno scorpione sotto la coperta. Lo schiaccia con la pietra di sua madre e lo butta nel buco che ha fatto col ramo. Poi prende le sue cose, torna all'accampamento e non spende altre parole sul fatto che qui o in un altro luogo ci sia il petrolio o comunque qualcosa che potrebbe interessare ai *farangi*. Voglio tornare in città alle mie lezioni, esclama.

Tra un paio di giorni la vettura verrà a prenderti, che tu lo voglia o no, ribatte il traduttore, con una certa gioia maligna.

Ma poi, come spesso è successo nella sua breve vita, accade qualcosa che Eskandar non si sarebbe aspettato. Si riscuote, perché la terra trema. Non ha paura, poiché non è il primo terremoto della sua vita, e nell'accampamento sotto il cielo libero di Dio in fondo non c'è nulla che possa cadergli in testa e ucciderlo. Ma quando poi il rumore e le scosse non cessano, e si aggiungono sibili e tuoni, tutti si riscuotono, uomini, soldati, cavalli, operai corrono alla rinfusa, trascinano da una parte all'altra cose, attrezzi, pentole, tubi, cappelli, scarpe; allora anche Eskandar ha paura e grida più forte che può.

I cani ringhiano e abbaiano, si mordono a vicenda e attaccano anche uno degli uomini della colonia; il cuoco grasso si è rifugiato sotto una pentola enorme, si vedono solo la sua pancia gonfia e le gambe; alcuni uomini si inginocchiano e pregano, altri corrono e scompaiono nell'oscurità del deserto. Ognuno urla e strepita nella sua lingua e nessuno capisce l'altro. Infine il Signore ha pietà e lascia che la terra torni tranquilla, anche se si sentono ancora sibili e scricchiolii.

Poi un operaio iraniano arriva di corsa, gridando e indicando in direzione della collinetta; salta su e giù, si batte sulla testa e ride. Non ha proprio alcun motivo di gioire, poiché è ricoperto da capo a piedi di una robaccia nera, appiccicosa e luccicante, e si vede soltanto il bianco dei suoi occhi. Tutti corrono da lui, lo toccano e iniziano a ridere anche loro. Battono le mani, saltellano su e giù e corrono insieme dietro la collinetta.

Proprio nel posto in cui Eskandar ha trascorso le ultime quattro notti, ora vede qualcosa che non dimenticherà per il resto della sua vita: un getto di liquido nero e denso sgorga dal suolo con impeto, con fischi e fragori, nel cielo notturno ricoperto di stelle.

Eskandar riconosce l'odore. A volte questa robaccia è venuta fuori nei campi e in altri posti, ha ricoperto il raccolto e lo ha reso inutilizzabile.

È finita per sempre, mormora Eskandar mentre le lacrime sgorgano dai suoi occhi. La robaccia nera del diavolo ricoprirà e seppellirà tutto e la ricerca del petrolio finirà per sempre. Eskandar vorrebbe gridare, spiegare agli uomini la brutta situazione, poiché quelli si lasciano cadere addosso, sulla testa e sul viso, la brodaglia densa senza capire. L'operaio che deve portare il cappello a cloche del *farangi* lo gira, ci raccoglie il liquido nero e lo rovescia su di sé e sugli altri. Lo straniero proprietario del cappello gli si fa accanto, si rovescia anche lui la robaccia sulla testa e si rimette il cappello. I due uomini si guardano, si abbracciano e altri fanno lo stesso. Si comportano come se fossero tutti impazziti, posseduti dal demonio, e gridano: petrolio, petrolio, petrolio, nafta, nafta.

Solo allora Eskandar incomincia a capire: dunque è questo ciò che cercavano. Tutti quegli anni, le mille macchine e gli attrezzi, i soldati, i traduttori, gli operai, una strada creata appositamente, inondata e poi ricostruita, le continue aggressioni dei banditi armati e dei cavalieri delle tribù, tanto denaro e tante seccature, solo per trovare questa schifezza nera e appiccicosa?

Mesterr Richard, i cui bei capelli biondi e la cui pelle

bianca come il latte sono ricoperti di petrolio come quelli degli altri, prende Eskandar per un braccio e saltella qua e là con lui sotto il getto nero, finché anche lui non diventa nero, appiccicoso e puzzolente, imbrattato di quella melma ripugnante.

Sembrano tutti uguali, grida Eskandar per sovrastare il fracasso. Tutti hanno lo stesso odore e nessuno sa chi sia *farangi* e chi iraniano, chi indossi stracci e chi veri vestiti, chi sia saheb e chi operaio.

You're right!, grida il canadese. *Whatever you say, you are damn right, boy.*

You stay?, chiede Eskandar.

Yes, I stay. Bloody sure I will stay.

Dopo che i *farangi* hanno trovato il loro petrolio, Eskandar trova la sua Aisha

In questa notte, che per il resto sarebbe silenziosa, si sentono solo i respiri profondi di Tajelmoluk. Non tira un filo di vento, nemmeno i cani selvatici e i lupi vanno a caccia nel deserto intorno alla città, e anche i cani nella strada tacciono.

Tajelmoluk si dibatte, finché il suo dolore è così forte che non può più soffocare le urla.

Che tu sia maledetto. Sbrigati, vieni fuori!, grida Khanum-Rohan. Si accuccia tra le gambe della figlia ed è così occupata a tirare e strappare qualcosa che non si accorge neanche che la testa di Tajelmoluk è caduta da un lato e che lei non emette più un suono. E poi Khanum-Rohan estrae dal corpo di Tajelmoluk qualcosa di viscido, che a Eskandar ricorda la capretta che sua madre tirò fuori dal corpo della mamma capra, per cui lui sa quello che deve fare: prende la pietra bianca di sua madre e si avvicina a Khanum-Rohan.

Colpisci, gli dice la donna tenendo fermo in terra il cordone ombelicale che parte dalla pancia del bambino e sparisce tra le gambe di Tajelmoluk.

Come ha imparato dal mullah, Eskandar recita un breve *be-esme-Allah*, alza il braccio e recide il cordone. Khanum-Rohan fa un nodo, massaggia e dà colpetti al neonato finché questi non emette versi come un gattino e tende le sue gambette magre. Lei lo avvolge stretto in un panno e poi, in un secondo, lo lega con un cordoncino come un fagotto e lo posa su un lato. Tajelmoluk non emette ancora nessun suono e ha l'aspetto della gente del villaggio la cui anima ha lasciato il corpo e questo mondo.

La bambina inghiotte aria e inizia a strillare.

Falla stare buona, ordina Khanum-Rohan.

Eskandar prende in braccio il fagotto e tocca con prudenza il minuscolo naso. Sembri un grosso bruco, sussurra accovacciandosi nel suo angolo con la neonata. Gira le spalle a Tajelmoluk mezza morta e alla sudata Rohan e sussurra: il Signore ti ha mandato da me, sei la mia Aisha.

Portala con te, dice Khanum-Rohan quando Eskandar va alla lezione la mattina seguente. La moglie del mullah ha lei stessa un neonato da nutrire, le offrirà il petto per un paio di monete.

Dalle il nome della figlia del profeta Maometto, chiamala Fatima, dice il mullah.

Non va bene, è il nome di mia sorella che è morta. La chiamerò Aisha.

Il mullah riflette, scuote la testa con energia. Non è assolutamente adatto. Abiti con lei sotto lo stesso tetto, in un certo senso è tua sorella e questo nome potrebbe condurti a pensieri errati. Chiamala Masuma. Anche lei era una santa.

Non va bene. Mi serve un nome che abbia forza.

Non ci sono nomi che abbiano più forza di quello di una santa, replica l'*akhund*. In ogni modo, è viva? È così silenziosa.

È contenta, dice Eskandar baciando la fronte della sua fanciulla senza nome.

Dopo la lezione, il ragazzo arriva nella stanza della moglie del mullah proprio quando lei sta togliendo il capezzolo dalla bocca della bambina con un forte schiocco. Eskandar ha imparato abbastanza dal mullah per sapere che è peccato guardare una donna, più che mai quando non è completamente velata, e le volta le spalle.

Stai tranquillo, dice la moglie del mullah ridendo. Il profeta Maometto ha spiegato che il petto di chi allatta è un'eccezione e ha spiegato che non è peccato che sia visto da un estraneo.

A Eskandar questo fa piacere e ci mette molto tempo per portare via la fanciulla alla moglie del mullah, così come lei si concede altro tempo per riporre i suoi meravigliosi seni nel vestito. E poiché non è peccato, Eskandar cerca di fissare nella mente con precisione questa visione straordinaria, per potersi rallegrare del suo ricordo ogni volta che ne abbia voglia.

Eskandar è così contento della sua piccina, che persino le aggressioni dei ragazzi che lo aspettano in strada per ridere di lui lo lasciano indifferente.

Non abituarti troppo alla fanciulla, avverte il mullah: è pur sempre una bambina *harumzade*. Sua madre dovrà separarsene, poiché con la bambina in casa non troverà mai un marito. Chi mai vorrà una donna che ha generato un figlio con il seme di un altro uomo? Visto che Eskandar non dice nulla e si limita a sorridere semplicemente tra sé e sé, il mullah aggiunge: lo capirai quando sarai più grande.

Anch'io sono un *harumzade*, dice Eskandar orgoglioso, andando con la bimba in braccio verso casa, dove con sua gioia e sorpresa è già tornata davanti alla porta la vettura del canadese.

Girl, dice Eskandar orgoglioso, mostrando la bambina al suo amico *farangi*. Lui si toglie la giacca impolverata, la lascia cadere al suolo, prende la bambina e la stringe forte a sé, come se appartenesse proprio a lui.

Questo Eskandar non lo avrebbe immaginato. Anche se Richard pagasse cento volte le lezioni dell'*akhund* e la sistemazione da Khanum-Rohan, in fondo la bambina non è sua. Cercare il petrolio nella sua terra è un conto, ma prendere in braccio una bimba così facilmente, come se gli appartenesse, questo è troppo.

Come sta sua madre?, chiede il canadese.

Eskandar non capisce: la madre di chi?

Sei veramente tonto, dice il traduttore. Intende la madre di questa bastarda.

Come fa il saheb a conoscere Tajelmoluk? Ridammi la mia bambina, grida Eskandar con un tono acuto, strappandola dal braccio dello straniero così improvvisamente che lei si spaventa e inizia a piangere forte.

Eskandar, speak. How is the mother?

Sliiiping.

Dorme, traduce il *moteardjem*, infastidito perché Eskandar usa parole inglesi.

Why sleeping?

Eskandar alza le spalle.

Go get a doctor, ordina il canadese al traduttore e si siede con Eskandar e la bambina sul gradino del portone di legno.

Se Eskandar conoscesse la parola traditore nella lingua del *farangi*, ora la direbbe.

What is her name?

Noname.

No name, why?

Noname.

We need a name for her. A beautiful Iranian name.

Eskandar capisce "nome", "iraniano" e "bello" e dice: *yes.*

Eskandar means Alexander, spiega il *farangi.* Alessandro Magno era un re, che conquistò il regno di Persia e sposò la principessa iraniana Rossane. Rossane. *Good name?*

Eskandar non comprende nulla.

Rossane?, chiede lo straniero sfiorando il petto della bambina.

Rossane, ripete Eskandar. *Gud*, dice. *Gudgud name.*

Eskandar bacia la sua bambina e ghigna come il canadese: denti stretti e labbra larghe.

Chi si chiama così non si fa mettere i piedi in testa facilmente da nessuno. E neanche si fa portare via facilmente da un *farangi* qualsiasi.

Alessandro e Rossane, dice il *farangi.*

Ma non è un nome islamico, sottolinea il traduttore, quando torna a casa da Khanum-Rohan con l'*hakim*, il guaritore.

Ha in sé la vita, ribatte l'*hakim.* E quando, più di duemila anni fa, Alessandro Magno conquistò la nostra patria e sposò Rossane, la figlia del re, fu lei che, con la sua intelligenza e la sua bellezza, fece sì che Alessandro amasse e stimasse la nostra terra e il suo popolo, invece di ridurre a un cumulo di macerie altre cose oltre al palazzo.

L'*hakim* mette sotto il naso di Tajelmoluk tutte le fialette e le erbe medicinali possibili, le versa in bocca un decotto, le mette degli impacchi sulla fronte finché finalmente lei si sveglia.

Inizia subito a piangere. Sono stanca, lasciami in pace, voglio dormire, dice.

Hai dormito otto notti e otto giorni, ribatte Khanum-Rohan. La tua schiena si irrigidirà, le gambe si indeboliranno, devi mangiare. Tirati su, siediti, devi dare il latte alla bambina.

Non potrà farlo, il suo latte si è seccato, dice l'*hakim* con rammarico di Eskandar. Non gli sarebbe dispiaciuto vedere i seni di Tajelmoluk, dopo quelli della moglie dell'*akhund*.

Il ragazzo ha dato un bel nome a tua figlia, guardala almeno, le chiede Khanum-Rohan.

Tajelmoluk nasconde il viso tra le mani e piange ancora di più.

Ragazzo, esci, lo invita Khanum-Rohan. Non è bene che la bambina senta piangere sua madre.

Il traduttore sta rannicchiato accanto alla parete di argilla e osserva il canadese, che cammina avanti e indietro di fronte alla porta, fuma il suo sigaro scuro e mormora parole nella sua lingua.

Quando Eskandar esce dalla porta, lo straniero si ferma e lo guarda fisso.

Sliiping finish, annuncia Eskandar.

Good. Good, approva Richard.

Di' al Mesterr che Rossane resta qui, dice Eskandar timidamente.

Che vuoi dire?, chiede il canadese.

Quello che ho detto. Lei rimane qui con me. La tengo io.

Ragazzo, non fare lo sfacciato, avverte il traduttore.

Eskandar stringe a sé Rossane ancora più forte. Non sono

sfacciato. Discuto. Non voglio essere amico di qualcuno che vuole portarmi via la mia Rossane.

Cosa ha detto?, chiede Richard.

Il traduttore tentenna e invece di tradurre dice: non parla sul serio, saheb.

Quando infine scopre cosa ha detto Eskandar, lo straniero si meraviglia.

Naturalmente la bambina resta qui. Nessuno ha intenzione di portarsela via.

Fino all'ultima goccia di sangue

La stessa notte in cui scopre di poter tenere Rossane, Eskandar viene svegliato dai passi e dalle voci ovattate che provengono dalla strada; pensa che lo straniero abbia cambiato idea e ora stia venendo a prendere la sua Rossane.

Esci e va' a vedere cos'è successo, sussurra Khanum-Rohan rimanendo nel cortile dietro il portone.

Ci sono dei cavalieri che parlano tra loro, riferisce Eskandar. I nazionalisti sono tornati dalla capitale, ci sono stati dei feriti, il re e gli invasori russi hanno bombardato il Parlamento iraniano.

Cosa sono i nazionalisti?, chiede la padrona di casa.

Anche il mio amico, il cavaliere Hodjat, è un nazionalista, risponde Eskandar. E se fossi già un uomo vero, darei anch'io fino all'ultima goccia di sangue.

Molto bene, molto bene, mormora lei. Appena sorgerà il sole, andrai a casa dell'*akhund*. Voglio sapere cosa succede.

Davanti alla casa del mullah sono attaccati così tanti cavalli che Eskandar riesce a malapena ad arrivare al portone. Nel cortile giacciono due morti, coperti dai loro scialli. Le donne hanno sollevato i veli bianchi dal viso e si occupano dei feriti. Invece delle solite babbucce degli scolari, davanti alla porta della stanza del mullah ci sono i pesanti stivali col tacco dei cavalieri. All'interno l'aria ha l'odore pesante degli uomini sfiniti. Stanno rannicchiati per terra uno accanto all'altro, sembrano stanchi e sconfitti. Alcuni si sono tolti il turbante, altri stringono tra le mani i fucili, i pugnali, le sciabole, come se dovessero subito tornare a combattere. Il ritmo del cuore di Eskandar accelera, perché i valorosi guerrieri hanno esattamente lo stesso aspetto degli uomini delle storie che racconta il mullah sul profeta Maometto e sui suoi compagni di viaggio. E, proprio come il profeta Maometto, anche questi uomini sono pronti a uccidere e persino a morire per quello in cui credono.

Eskandar?, chiede uno degli uomini. Il mio Eskandar? Il ragazzo del villaggio senza nome?

Eskandar riconosce subito l'uomo. È il cavaliere Hodjat. Sei vivo, dice, si alza di scatto, abbraccia e bacia Eskandar. Questo è il più bel regalo che Allah avrebbe potuto farmi.

Dal modo in cui il mullah e gli altri guerrieri trattano Hodjat, Eskandar capisce che il suo amico deve essere un uomo importante e rispettato. Mentre tutti lo guardano, Hodjat racconta che i delegati si sono fidati del re, hanno creduto che volesse discutere con loro della Costituzione. Ma quando si sono radunati tutti nel suo giardino, con l'aiuto dei soldati degli invasori *farangi* il re li ha arrestati e li ha fatti mettere in catene. Come se questa umiliazione non fosse stata già abbastanza, ha fatto un loro ritratto con uno di questi nuovi congegni *farangi* e lo ha fatto esporre nel bazar e in città, in modo che il popolo veda che il potere appartiene a lui e a nessun altro. L'uomo accanto a Hodjat, che porta infilato nella fusciacca un magnifico pugnale, scintillante come Eskandar non ne ha mai visti, si alza. Lasciaci partire non appena i nostri feriti saranno guariti e avremo accumulato le provviste, grida. Lasciaci cavalcare fino alla capitale per fare i conti con il traditore, quel re figlio di un cane.

Sono pronto, grida Hodjat. Voglia Allah che io e i miei valorosi fratelli sacrifichiamo fino all'ultima goccia di sangue per la patria e giungiamo come martiri di fronte a Dio.

Gli altri uomini sono d'accordo con il cavaliere, alcuni alzano il pugno in aria. Ben detto fratello, dicono raccomandandosi a Dio.

Più di tutto Eskandar vorrebbe saltare su, alzare il pugno anche lui e gridare qualcosa.

Per tre settimane noi cavalieri ci siamo trincerati nel Parlamento insieme ai nazionalisti. Era l'alba, racconta Hodjat abbassando la voce. Abbiamo affrontato con sprezzo della morte le brigate cosacche dei russi e più di mille soldati e ufficiali. Hanno circondato l'edificio e preso posizione con i loro cannoni, prosegue Hodjat. In tutta la capitale gli uomini hanno chiuso chioschi e negozi e a grandi gruppi sono avanzati verso il Parlamento, per sostenere noi e i propri rappresentanti. Perfidamente i russi hanno permesso a tutti di entrare nella zona.

Parlaci del colonnello, chiede l'uomo con il pugnale.

Un ufficiale russo è arrivato su un cavallo bianco, ha impartito degli ordini ed è sparito di nuovo. Hodjat batte le mani davanti alla faccia, facendo venire la pelle d'oca a Eskandar: e poi hanno aperto il fuoco su di noi, dice. Hanno sparato con sei cannoni.

Eskandar guarda fisso il cavaliere e osa appena respirare.

Ragazzo, portaci il tè, ordina il mullah. Ma Eskandar rimane impalato e non riesce a muoversi.

Gli stranieri hanno occupato la nostra terra, dice Hodjat. Arrestano e uccidono chiunque si schieri a favore della Costituzione e di un Parlamento libero. Senza il sostegno dei miscredenti *farangi* il re non avrebbe né il coraggio né il potere di spezzare la volontà del popolo e di far uccidere la sua gente

Ragazzo, e il tè?, chiede il mullah.

Su, racconta un po', dice la moglie dell'*akhbund* quando Eskandar entra in cucina.

Nelle province è tutto sottosopra, narra Eskandar come se l'avesse visto con i suoi stessi occhi. Uomini di tutto il paese sono in cammino verso la capitale. Più di un migliaio di russi hanno circondato il Parlamento, afferma Eskandar con voce tremante. Alla moglie del mullah si drizzano i capelli.

Su, sbrigati, dice lei, porta il tè nella stanza; poi torna subito fuori a raccontarmi cosa stanno dicendo gli uomini.

Eskandar riceve un regalo

Passano quaranta notti e quaranta giorni, e infine Tajelmoluk rompe il silenzio e per la prima volta da quando è nata Rossane vuole parlare di nuovo, e proprio con Eskandar, che si sente in qualche modo importante. Con Rossane in grembo, il ragazzo si rannicchia per terra accanto a Tajelmoluk e cerca di non guardare i suoi occhi tristi.

Mia madre non vuole che ti racconti la verità sulla bambina, inizia Tajelmoluk. Ha paura che poi non te ne occuperai più e che dovrà pensarci lei stessa. Ma io credo che tu debba sapere in cosa ti stai invischiando, in fondo nelle sue vene non scorre il tuo stesso sangue e non è colpa tua che la bastarda sia venuta al mondo.

Eskandar vuole chiedere cosa significhi bastardo, vuole dire che lui stesso lo è e che è contento che Rossane sia al mondo, ma non ne ha il coraggio.

Quando mia madre e io non sapevamo più come avremmo potuto mangiare, e il khan, il proprietario della nostra casa, ci voleva mettere per strada, mia madre gli suggerì, invece di reclamare l'affitto, di prendere lei in moglie. Tuttavia il padrone non voleva lei, ma me, continua Tajelmoluk. Ho pianto e implorato, ma nonostante questo lui mi ha portato con sé. Sulla strada verso la sua casa, la carovana ha fatto una sosta dai *farangi* e il khan ha detto che c'era un modo per tornare a casa da mia madre: avrei dovuto sedurre questo Mesterr *farangi*.

Eskandar non sa di cosa stia parlando Tajelmoluk, ma capisce che, se lui fiatasse, lei smetterebbe di parlare.

Un giorno il mio sangue si è interrotto, continua Tajelmoluk. Allora mia madre ha detto: ora sei una donna. Poi la mia pancia si è ingrossata e mia madre ha detto: ora c'è un bambino nella tua pancia. Avevo paura, non volevo che ci fosse un'altra persona dentro di me, non sapevo come ci fosse arrivata e neanche come avrei potuto fare per tirarla fuori, dice Tajelmoluk. Poi si volta dall'altra parte e non parla più.

Eskandar sta lì accucciato, aspetta e aspetta, finché gli si addormenta prima una e poi l'altra gamba. Fuori è già buio, la piccola si agita, perciò Eskandar raccoglie tutto il suo coraggio e dice: voglio tenere Rossane.

Non mi importa, risponde Tajelmoluk. Puoi averla. Te la regalo. Fa' di lei ciò che vuoi.

Eskandar diventa narratore

Il ragazzo può tornarci molto utile, dice l'*akhund*. Dovremmo portarlo con noi a Esfahan. Ripeterò con lui i versetti del Corano sulla guerra santa finché non saprà recitarli a memoria. Con la sua innocenza giovanile e la voce simile a quella di un usignolo, impedirà di disertare a chiunque abbia dei dubbi.

Voglio portare Rossane con me, si lamenta Eskandar. Ma, nonostante supplichi e implori, è costretto a lasciarla dalla moglie dell'*akhund*.

Più di mille uomini, Hodjat, il mullah, cavalieri, capi di diverse tribù, servi della gleba reclutati con la forza, servitori, volontari a cavallo si muovono con gli asini, i muli e persino a piedi nell'enorme carovana. Eskandar sta seduto in mezzo a loro in groppa a un vecchio asino e impara per tutto il giorno versi del Corano. La sera, quando arriva all'accampamento, che è così grande da non vederne la fine, va di focolare in focolare e recita quello che il mullah gli ha messo in testa durante il giorno.

Ma ben presto è evidente che il mullah ha fatto male i suoi conti. Gli uomini non si interessano minimamente agli incomprensibili versetti arabi recitati dal ragazzo. E pensano anche che i suoi strilli non somiglino affatto al cinguettio degli usignoli.

Devo gridare così per farmi sentire da loro, si difende Eskandar.

Dopo quattordici ore di marcia forzata, dopo aver inghiottito la polvere, dopo aver sofferto la fame e la sete, dopo aver cercato la legna, acceso il fuoco, aver montato le tende per i membri più illustri della carovana e aver preparato i nostri giacigli per la notte, dicono gli uomini, è un fastidio che un ragazzo, anche se sembrasse davvero un uccello, ci cinguetti nelle orecchie stanche.

Il mullah è indignato e tace offeso.

Eskandar è sollevato di non dover più gridare davanti agli uomini infastiditi.

Hodjat, che è responsabile di un gruppo di circa cento uomini e deve istruirli al combattimento, ha una buona idea. Invece di recitare i versetti del Corano, di cui nessuno conosce il significato, Eskandar dovrebbe raccontare storie di combattenti, eroi e *pahlewan*, come sono e come vogliono diventare gli uomini in marcia.

Io conosco solo storie del santo Corano e del santo Islam, risponde il mullah, ma poi acconsente controvoglia e insegna a Eskandar quello che è successo nella battaglia di Ashura.

Lo stimato, santo imam Hossein avanzò come voi verso il combattimento, grida Eskandar. Ma diversamente da voi guerrieri, che siete temerari e coraggiosi, gli uomini di quel tempo dimenticarono la loro fede e abbandonarono Hossein.

Che cosa ha fatto l'imam?, vogliono sapere gli uomini aspettando la risposta in silenzio.

L'imam non rinunciò a combattere, dice Eskandar.

Dunque, di' un po', che cosa ha fatto poi?, insistono gli uomini.

Portò in battaglia contro il nemico i suoi parenti e i suoi congiunti, settantadue di numero, comprese anche donne e bambini.

E poi?, chiedono gli uomini.

Morirono tutti come martiri, dice Eskandar avvicinandosi al fuoco del gruppo successivo. E ogni volta che racconta la storia dell'eroico imam, prende coraggio e la abbellisce un po' di più. Alla quarta o quinta volta inventa tanto che piange anche lui e si lamenta, lasciandosi andare alle sue stesse descrizioni. I musulmani abbandonarono Dio, grida Eskandar, si alza di scatto, poi crolla drammaticamente e nasconde il viso tra le mani. I codardi si nascosero nelle vesti delle loro donne, esclama Eskandar, perché non si vedesse che erano uomini e potessero svignarsela inosservati. Il nemico afferrò il figlio dell'imam e lo fece a pezzi, inventa facendo piangere due uomini; altri saltano su, brandiscono le sciabole e gridano: morte al nemico.

Il mullah se la prende con il ragazzo, perché inventa cose che lui non gli ha insegnato.

Invece fa bene, dice il grande *arbab*, il khan. Così sprona gli uomini e crea l'umore giusto per l'imminente battaglia.

Non ho altre storie pronte tratte dal Corano, obietta il mullah.

Allora insegna al ragazzo i racconti dello *Shah-nameh*, il Libro dei Re di Firdusi, ordina il capotribù, prima di alzarsi per lasciare la tenda del mullah.

Il mullah si rialza in fretta, inciampa nel suo stesso mantello e rischia di cadere per terra ai piedi del khan. Ai suoi ordini, borbotta ossequioso.

Ragazzo, vieni nella mia tenda, ordina il khan, poi gira i tacchi e si allontana a una velocità tale che Eskandar fa fatica a seguirlo.

Sai il mio nome?, gli chiede il capotribù, quando siedono su comodi cuscini davanti alla sua tenda.

Eskandar scuote la testa.

Mi chiamano Palang-Khan, il capo tigre, dice il khan. Sai cos'è una tigre?

Eskandar scuote la testa di nuovo.

Il khan allunga la mano per prendere una cornice dietro di lui e mostra a Eskandar l'immagine di un enorme gatto.

Eskandar non proferisce ancora parola, si limita a guardare l'immagine.

Se un giorno verrai a Teheran, ti mostrerò che cos'è una tigre autentica, continua Palang-Khan sorridendo, come se parlasse a un amico. Nella mia tenuta ho una tigre maschio e una femmina, rimarrai colpito vedendole.

In realtà Eskandar è colpito già ora dal khan come da nessun'altra persona prima di lui. Non ha mai visto un uomo così alto e pieno di forza. Neanche Mesterr Richard è così alto e forte. Più Eskandar guarda Palang-Khan, più nota un'effettiva somiglianza tra lui e l'animale con gli occhi scintillanti dell'immagine.

Il khan scosta i suoi riccioli neri, estrae dalla fusciacca il pugnale con le pietre sfavillanti e subito accorrono tre o quattro servitori, che gli girano intorno come se stessero eseguendo una danza. Il primo prende in consegna il pugnale. Un altro svolge la lunga fusciacca dal ventre del khan e lo aiuta a indossare la pesante veste con i ricami variopinti e luccicanti. Un terzo porta una brocca e versa l'acqua in una ciotola, perché Palang-Khan possa lavarsi le mani, mentre il primo servitore gli toglie cinque o sei pesanti anelli scintillanti dalle dita e gli sfila prudentemente dal collo una catena che sembra un uomo con le ali.

Bene, bene, dice Palang-Khan. Ora sediamoci a mangiare; ti racconterò la storia di Rostam, il più coraggioso di tutti i nostri eroi persiani.

La sera successiva Eskandar va di focolare in focolare e annuncia: c'era qualcuno, non c'era nessuno, oltre a Dio non c'era nessuno. Eskandar chiude gli occhi e immagina che Palang-Khan sia quel Rostam di cui sta narrando la storia.

C'era un *pahlewan* di nome Rostam, grida Eskandar. Era più energico e vigoroso di qualsiasi altro uomo e persino più forte dei *div* e dei *jinn*. Rostam poteva sollevare dal suolo una roccia più grande di lui e scagliarla contro il suo nemico. Possedeva uno stallone che chiamava Rakhsh, cavalcava con lui e combatteva contro i cattivi e gli ingiusti. E fu sempre il vincitore, persino contro il più pericoloso di tutti i *div*, il mostro bianco.

Alcuni uomini sono così colpiti da Eskandar e dalle sue storie, che dimenticano di continuare a masticare e lo fissano a bocca aperta.

Il successivo eroe iraniano di cui Eskandar racconta la storia è Arash-Kamangir, Arash l'arciere.

Quando il re fu troppo vecchio per combattere, non volle più guerre. Fece un accordo con il suo nemico: una freccia avrebbe stabilito i nuovi confini tra le rispettive terre. Chiamò a sé Arash-Kamangir e lo incaricò di scoccare una freccia dalla vetta della montagna.

Arash raccolse intorno a sé i guerrieri e si immerse con loro nella preghiera, poi si scoprì il petto, fece appello a tutta la sua forza e scagliò la freccia. E la freccia volava e volava, fino a che gli uomini potevano vederla. E mentre la freccia stava ancora volando, Arash crollò al suolo ed esalò l'ultimo respiro, donando la sua vita per la patria.

Come era successo con la storia dell'imam Hossein, alcuni uomini piangono, altri si scoprono il petto, prendono l'arco e scoccano le frecce.

La storia successiva di Eskandar è quella di Sahhak, il re senza pietà. Per punire i suoi eccessi e le sue ingiustizie, Dio lo castigò e fece crescere su ognuna delle sue spalle un serpente, perché lo divorasse. Ma Sahhak non si lasciò sottomettere così facilmente. Trovò un espediente affinché le bestie affamate risparmiassero la sua testa. Ogni giorno dava loro da mangiare il cervello di due dei suoi sudditi, affinché la loro fame si placasse, racconta Eskandar in un modo che fa rizzare i capelli anche a lui e che gli procura un grande rispetto da parte degli uomini.

Eskandar racconta storie e favole di santi, eroi, esseri reali e inventati. Recita versi e poesie di pensatori e poeti persiani come Hafez, Rumi e Khayyam. Racconta avvenimenti del passato dell'Iran. E inventa immagini meravigliose di un futuro in cui la Costituzione entrerà finalmente in vigore e l'Iran avrà un Parlamento.

I servi della gleba e i cavalieri si affollano intorno a lui, gli tributano applausi e lo acclamano. Gli preparano un posto sopraelevato sulla paglia e sui cuscini, per poterlo vedere e sentire meglio, e chi può arriva persino a retribuirlo. Con carne di selvaggina, con graziose pietre dei nomadi trovate lungo il cammino, con pane, tè, sale e persino denaro.

Eskandar si alza di scatto e brandisce la sua spada immaginaria, mentre racconta come il santo Profeta in persona abbia staccato la testa a quaranta statue di dee pagane a Kerbala e abbia annunciato al loro posto la sua santa religione. Eskandar leva le mani al cielo e declama: si alzino in piedi tutti coloro che credono nell'unico e onnipotente Dio, nel Profeta e nel dodicesimo imam e nel suo ritorno, coloro che hanno fede nel combattimento e nella vittoria.

All-allah o *wa aale wa sallam*, gridano gli uomini all'unisono, facendo tremare la valle. Alzano in aria le spade, i bastoni, o semplicemente i pugni; a Eskandar viene la pelle d'oca.

Per la prima volta si sente importante, ma è più di questo: Eskandar scopre che persino un ragazzo insignificante come lui, che viene da un villaggio senza nome, ha qualcosa da dare agli altri.

Quando si lasciano alle spalle le montagne e raggiungono il Dasht-e Kavir, il Deserto di sale, hanno di fronte a loro giorni e giorni di caldo e polvere. E poi una mattina, proprio quando il sole si leva all'orizzonte, compaiono due torri. Si stagliano nel cielo come due braccia alzate.

Alcuni uomini si lasciano cadere in ginocchio e pregano in raccoglimento, altri incitano i cavalli per raggiungerle più in fretta.

Quelli sono i minareti della Moschea dello Scià. Lo vedrai da te, dice il mullah, da nessun'altra parte si è più vicini a Dio che quando si prega.

E chi ha visto Esfahan, la Piazza Metà del Mondo e i ponti con i trentatré archi e cupole, interviene Hodjat, può smettere di viaggiare, perché, come dice il proverbio, Esfahan è metà del mondo.

Grandi re hanno governato qui e molti uomini vi hanno lasciato il loro sapere e la loro esperienza, conferma il khan.

Qui vengono prodotti i tappeti, le ceramiche, i dipinti, le stoffe e i legnami più belli, si entusiasma Hodjat.

E nelle sale da bagno della città ci sono i migliori *dallack* del mondo, gli fa eco l'*akhund*, spostando il suo turbante da un lato e grattandosi la testa. Sfregano e strofinano la tua pelle così a lungo, ti massaggiano e frizionano i muscoli così forte che dopo ti senti rinato, dice spronando il suo asino.

Questa sera sono tutti eccitati, che siano cavalieri o contadini, giovani o vecchi. Eskandar ha un lieve tremore nella voce; gli uomini raddoppiano spontaneamente la guardia. Suonano i tamburi e i loro strumenti più forte che mai, fino a cadere in estasi, cantano e danzano intorno al fuoco, come se non fossero in un campo aperto ma nello *zur-khaneh*, nella palestra del loro acquartieramento a fare esercizi per rinforzarsi. Sollevano pesi, fanno flessioni sulle braccia; girano su se stessi come i dervisci; fanno ruotare l'arco di ferro con le sue catene sferraglianti sopra la testa ritmicamente e vigorosamente; si stendono sulla schiena e sollevano gli scudi di legno di quercia; brandiscono le pesanti clave, le gettano nell'aria e le riprendono. Il *morsched* scandisce il tempo per i tamburi, le esercitazioni ritmiche e i movimenti; Eskandar tiene il conto ad alta voce e annuncia ogni nuovo giro con le campane.

L'avvicinarsi della truppa a Esfahan rassomiglia a una festa. Molto prima che raggiunga le porte della città, le si fanno incontro acclamandola uomini armati e non, alcuni provvisti soltanto di bastoni, pale e forconi.

Eskandar e altri garzoni, i cuochi, gli *hakim* e i loro aiutanti, i semplici trasportatori e un paio di *morsched*, che sono troppo vecchi per la battaglia, restano fuori. Di tanto in tanto il vento porta nell'accampamento le grida degli uomini, il nitrire eccitato dei cavalli, il cozzare dei pesanti scudi, i colpi dei fucili, il fracasso, lo strepito dei cannoni oltre le mura. Dopo non molto tempo, i primi feriti vengono portati dall'*hakim*.

Eskandar strizza gli occhi per non vedere il sangue, le mani mozzate e i corpi trapassati, si tappa le orecchie per non sentire le grida. Alcuni uomini sono feriti gravemente e devono restare all'accampamento. Altri muoiono. Due si fanno curare le ferite, bevono, mangiano e tornano subito alla battaglia.

Eskandar porta ai feriti acqua fresca, cibo, tè e unguenti.

Si occupa dei cavalli, spazza le tende, scava le fosse per i morti. La sera finalmente torna il suo amico Hodjat. Stanco e ferito solo lievemente, ma scosso e inorridito.

Quanti ne hai uccisi?

Vorrei non averne ucciso nessuno. Ognuno di loro come noi ha una madre, un padre, una moglie, dei figli.

Voglio tornare dalla mia Rossane, dice Eskandar, ma sa che dovrà restare.

Alcuni giorni più tardi Hodjat torna dalla battaglia con una grossa ferita alla coscia, ma è raggiante. È fatta, dice. Abbiamo sconfitto le truppe russe e quelle del re, sia lode a Allah, non abbiamo riportato troppe perdite e la città è in nostro potere. Viva la lotta per la Costituzione e per il Parlamento!, grida Hodjat, poi perde conoscenza.

La mattina seguente Eskandar può finalmente entrare in città, insieme al mullah, ai due migliori *morsched*, ai *pahlewan* più vigorosi e a un manipolo di cavalieri. E vede con i suoi occhi ciò che ha entusiasmato Hodjat, il capotribù, il mullah e tutti gli altri che sono stati lì prima di lui. La Piazza Metà del Mondo, come sarà chiamata, è magnifica. Le moschee blu, le straordinarie facciate e le cupole enormi, il bazar coperto e i palazzi con i loro spaziosi *eywan*, i saloni, le terrazze a cui sedevano i re: Eskandar trova tutto così bello che non riesce a credere che sia opera degli uomini.

Perché, chi altri avrebbe mai costruito tutto ciò?, chiede Hodjat sorpreso.

Allah in persona l'ha costruito, sussurra Eskandar con venerazione e poi dice qualcosa che rallegra particolarmente il mullah: avverto la sua presenza.

Mentre sempre più gente si raduna attorno a loro, i *morsched* battono sui tamburi. I *pahlewan* fanno gli esercizi rituali e dimostrano la propria forza, brandendo i pesanti scudi e gli archi e danzando al ritmo del canto del *morsched*.

Poi viene il turno di Eskandar. Come il mullah e Hodjat gli hanno insegnato, proclama: riporteremo in vigore la nostra Costituzione e avremo un Parlamento. Allora saremo liberi e non patiremo più alcuna privazione.

Gli abitanti abbracciano i guerrieri, gli battono sulle spalle, ne baciano le mani, regalano loro fiori e persino pietre preziose e stoffe.

I capitribù fanno portare dalle case da tè, dai forni e dalle taverne circostanti tè, dolci, riso, carne allo spiedo e altre prelibatezze e li dividono generosamente con i propri uomini e con i ragazzi e gli uomini della città. Fanno venire gli scrivani e registrano coloro che si uniscono spontaneamente alla truppa e che sono pronti a muovere con essa verso la capitale Teheran.

Il re e i suoi lacchè hanno annunciato che mozzeranno le mani ai ladri, canta Eskandar a pieni polmoni. Ma non è ladro chi ha fame e non vuole stare a guardare i suoi figli che muoiono! Nobili cittadini della città di Esfahan, ladro è chi ha la pancia piena, abita in un palazzo e nonostante questo ruba. A costui si dovrebbero mozzare le mani!

Possa Dio proteggere la tua vita!, gridano gli abitanti di Esfahan con la loro tipica cantilena, acclamando Eskandar.

Dobbiamo sfruttare questo entusiasmo, dice il khan soddisfatto e contro il volere del mullah ordina che il giorno seguente Eskandar monti un magnifico cavallo, invece dell'asino, verso la Piazza Metà del Mondo.

Lo stallone nero è adornato di campanelli, perle e veli. È un animale vigoroso e due uomini devono tenerlo per impedirgli di partire al galoppo con Eskandar sul dorso.

Eskandar da un lato ha paura, dall'altro è pieno d'orgoglio. La folla si accalca, tocca il cavallo, le gambe di Eskandar, la sua mano, tutti vogliono baciarlo. Il ragazzo ricorda il santo imam Hossein, dicono con profondo rispetto. Il quarto giorno, persino le donne vengono dal narratore di favole, poiché si dice che chi lo vede, sente la sua voce o lo tocca riceverà la benedizione di Allah.

Per un paio di giorni Eskandar si crogiola nell'entusiasmo e nell'estasi della folla, ma tanto in fretta quanto si è sparsa la voce della sua forza misteriosa, altrettanto in fretta svanisce. Avrebbe voglia di mettersi in strada e gridare a coloro che gli passano davanti distrattamente: sono io, sono il ragazzo del villaggio senza nome, che vi porta la benedizione di Dio.

Hodjat non dice niente.

Il khan vuole riavere indietro il suo stallone.

E con una certa gioia maligna il mullah commenta: l'avevo detto subito io, è presunzione mettersi sullo stesso piano dei santi. E ordina a Eskandar di restare all'accampamento, portare l'acqua, spazzare la tenda del mullah, mungere le pecore e le capre, preparare il tè, lavare i vestiti e fare ciò che deve essere fatto, perché la vita del mullah lontano da casa sia il più possibile gradevole.

Voglio tornare dalla mia Rossane, ripete Eskandar. Ma su questo nessuno degli uomini sentirà ragioni. Due giorni più tardi a Eskandar viene la febbre, una tosse violenta, i brividi e dei piccoli puntini rossi in rilievo sul viso, sul collo e sulle braccia. Per quattro notti e quattro giorni l'*hakim* gli somministra tutti i farmaci e le erbe medicinali possibili, ma Eskandar sta sempre peggio.

Il ragazzo qui non è utile a nessuno, afferma Hodjat. Dovremmo rimandarlo a casa.

Dio dà, Dio prende, sentenzia il mullah.

Cosa vi spinge a dare tanta importanza alla vita di un ragazzino?, chiede il khan.

È nel nostro stesso interesse, risponde Hodjat. Ci ha reso un buon servizio e quando starà bene di nuovo potremo impiegarlo nella battaglia della capitale.

Va bene, allora, acconsente il khan. In nome di Dio, mandiamolo dunque al sud con il prossimo messaggero.

Gli uomini hanno appena annunciato la loro decisione a Eskandar, quando improvvisamente, così come si è ammalato, il ragazzo torna di nuovo sano. Di conseguenza, non solo lui stesso, ma ora anche gli uomini intorno a lui credono che Allah lo stia tenendo d'occhio e gli riservi una protezione particolare.

Quando qui sarà tutto finito, dice il mullah, e, se Dio

vuole, la nostra lotta avrà avuto successo e avremo avuto un Parlamento e una Costituzione, ti accoglierò come mio allievo particolare e ti istruirò per diventare mullah.

Sarà ciò che Dio vuole, risponde Eskandar, si stira le membra irrigidite dall'immobilità e si rallegra al pensiero di rivedere Rossane.

Non voglio che gli uomini sappiano della sua partenza, ordina il khan. Finirebbero per desiderare di tornare a casa anche loro, e correrebbero via.

Ora che stai di nuovo bene, fino alla tua partenza potrai lavorare, dice il mullah, e guadagnarti onestamente il pane e un posto dove dormire.

In occasione della celebrazione del nuovo anno gli faremo raccontare la storia della più antica di tutte le festività persiane, propone Hodjat. In questo modo gli uomini saranno di buon umore e in più saranno anche incoraggiati a tenere puliti l'accampamento e se stessi e a vivere insieme senza litigare.

Ascoltate, ascoltate, uomini, oggi vi narro la storia di un tempo in cui i re erano ancora giusti, grida Eskandar. Sulle dodici colonne che si levavano incontro al cielo e al sole, il sovrano fece piantare dodici tipi di grano. Il re divideva tra il popolo e i contadini ogni semina che era andata a buon fine il primo giorno dell'anno, in modo che essi seminassero ancora in tutti i campi dell'amata patria. Con il ricco raccolto riempirono i magazzini del regno e nel freddo periodo invernale nessuno dovette patire la fame. Allora come oggi, racconta Eskandar, come se lui stesso l'avesse fatto innumerevoli volte, allora come oggi gli uomini spezzano secondo l'usanza le brocche di terracotta usate, buttano nel fuoco la vecchia paglia e preparano nuovi giacigli. Tengono pulite le loro capanne e se stessi, prendono vesti nuove, pregano e accendono fuochi in ogni luogo, per entrare nel nuovo anno puri e migliori.

Meraviglioso, grida Hodjat, vedendo che il suo piano funziona. Gli uomini ravvivano i giacigli, rimuovono l'immondizia, vanno al fiume a lavare se stessi e i propri vestiti, decorano le loro tende e le tettoie di rami e paglia con ghirlande di foglie e fiori di campo, lavano e adornano persino i loro cavalli.

L'ultimo martedì prima del nuovo anno, seguono l'antica usanza descritta da Eskandar: bruciano la paglia vecchia e mentre saltano sopra il fuoco cantano: il giallo della tua fiamma lo ricevi da me, il rosso della mia vita lo ricevo da te.

Tredici giorni dopo l'inizio del nuovo anno, il giorno del *Ssies-bedar*, Hodjat si comporta misteriosamente e chiede a Eskandar di accompagnarlo al fiume. Ma non dire niente agli uomini, poiché non vogliamo che si confondano e si facciano idee sbagliate.

Che facciamo al fiume?, chiede Eskandar.

Cercheremo una *saifeh* non sposata, spiega Hodjat.

È proibito finché una donna non ti appartiene, dice Eskandar, così come gli ha insegnato il mullah.

Non lo definirei in questo modo, risponde Hodjat infastidito, lisciandosi la barba tinta di rosso con l'henné. Se si ha l'intenzione di prendere in moglie la *saifeh*, è più che decoroso.

Vuoi prendere moglie?

Ogni uomo prima o poi deve contrarre il matrimonio, dice Hodjat.

Eskandar non osa contraddire il suo maestro, ma si ripromette che, in futuro, quando Rossane sarà una giovane fanciulla, le proibirà di recarsi al fiume.

Smettila di fissarmi, borbotta Hodjat. E non raccontare niente al mullah e agli altri.

Il viso di Hodjat si illumina, quando un gruppo di giovani donne compare al fiume. Le fanciulle ridacchiano e la maggior parte di loro regge davanti a sé un piatto o una scodella con *ssabsi*, grano o riso. Sebbene i loro volti siano coperti dai veli bianchi, Eskandar capisce che rivolgono lo sguardo a lui e a Hodjat.

È proibito, ripete Eskandar.

Lo capirai quando sarai più grande. Il cavaliere sogghigna dicendo: la stoffa verde è un segno inequivocabile che i loro padri hanno intenzione di far sposare le figlie nell'anno appena iniziato. Vedi?, dice Hodjat. Le giovani *saifeh* fanno nodi al loro grano germogliato e pregano Dio che mandi loro l'uomo tanto sospirato. Chissà, grida Hodjat alzandosi di scatto, proprio nel momento in cui una fanciulla mette in acqua il suo *ssabsi*. Magari sono io quest'uomo tanto desiderato. Hodjat corre al fiume, insegue il *ssabsi* trascinato via dalla corrente. Inciampa, rischia di cadere in acqua, riprende l'equilibrio e ricomincia a correre. Il *ssabsi* si ritrova in una forte corrente e lì Hodjat si butta in acqua. Compare e scompare sotto i flutti. Eskandar corre dietro al suo amico, per metà eccitato e per metà spaventato per lui. Ma poi Hodjat recupera il *ssabsi*, lo pesca dall'acqua e lo porta a riva. È fradicio ma felice come Eskandar non lo ha mai visto prima. Aiutami a togliere gli stivali, dice ridendo.

Eskandar svuota l'acqua dalle scarpe e aiuta Hodjat a indossarle di nuovo.

Vieni, accompagnami, così mi riuscirà più facile.

Cosa ti riuscirà più facile?, domanda Eskandar.

Non hai ancora capito?, replica Hodjat. Andrò dal padre della fanciulla a chiedergli la sua mano.

Come fai a sapere se ti piace? È velata da capo a piedi.

Guarda con attenzione e dimmi cosa vedi.

Ha un'andatura dritta e vigorosa, risponde Eskandar, e malgrado il suo velo posso vedere che ha le braccia e le gambe più lunghe e flessuose delle altre *saifeh*. Tiene la testa alta, con una sorta di orgoglio, e sembra più seria delle altre.

Però ti guarda continuamente, aggiunge Eskandar sogghignando e alza brevemente la mano, dopo di che la fanciulla muove anche lei la mano sotto il velo e risponde al suo saluto.

Che ne pensi?, chiede Hodjat.

Prendila, risponde Eskandar. È la migliore.

Inizio dell'anno 1909, Anglo-Persian Oil Company

La fanciulla si chiama Zarrin e suo padre è felice di dare la figlia in moglie a un uomo perbene, onorevole e coraggioso come questo cavaliere; e non solo perché Hodjat ha riscattato la fanciulla usando una parte consistente della sua ultima paga. Un buon investimento, come risulta, poiché quando, dopo il matrimonio dal mullah, Zarrin solleva i suoi veli e Hodjat può vederla in viso, constata che è persino più bella di quanto avesse osato sognare.

Quando sorride è come se sorgesse il sole e quando alza i suoi grandi occhi scuri e le lunghe ciglia, gli sembra che due farfalle si levino in volo, gli si posino sul cuore e lo bacino.

A Eskandar piace subito Zarrin e si rallegra che lei tornerà al sud nella sua stessa carovana; in un certo senso sente su di sé la responsabilità che nessun estraneo la veda e che il suo onore non venga danneggiato. Eskandar le racconta del villaggio senza nome, di Mesterr Richard e non si stanca di parlare della sua piccola Rossane.

Diversamente che durante il viaggio verso Esfahan, questa volta oltre a Zarrin ci sono parecchie altre donne nella carovana, poiché, come Hodjat, anche altri uomini in quei mesi hanno preso nuove mogli e ora le mandano a casa dai genitori o dalle mogli precedenti.

Dal momento che nessuno sa se e quando le tribù delle altre parti del paese si uniranno a loro e si dirigeranno di nuovo nella capitale Teheran, viaggiano verso sud anche due capitribù, scortati da un gran numero di cavalieri.

Ma per la maggior parte la compagnia si compone di uomini feriti o troppo deboli per continuare a combattere e di cammelli e muli carichi di grano e altri beni che gli uomini hanno comprato con la paga e mandano a casa alle famiglie.

Quando Eskandar finalmente raggiunge la casa del mullah e stringe Rossane, lei vuole tornare subito tra le braccia protettive della moglie del mullah e grida e piange così a lungo che diventa rossa in viso; Eskandar ha quasi paura che scoppi.

Non prendertela, si abituerà a te di nuovo. La attaccherò al seno, questo la calma, dice la donna scoprendo il suo straordinario petto bianco e morbido.

Eskandar fissa incantato il seno, in fondo lei stessa ha detto che non è peccato guardare una donna che allatta. E sembra che lo ricordi anche lei, perché sorride amichevolmente a Eskandar e si volta persino verso di lui in modo che possa vederlo meglio.

Eskandar è tornato da poco, quando il suo amico canadese manda un carro per portarlo all'accampamento.

Non voglio andare via, dice Eskandar. Resto con la mia Rossane.

I *farangi* celebrano una festa importante, spiega il traduttore. La fondazione della Anglo-Persian Oil Company, la Compagnia petrolifera anglo-persiana. Loro e lo stimato khan vogliono che tu serva gli ospiti. E se fossi in te, consiglia il *moteardjem*, mi terrei stretta la loro amicizia, altrimenti finirà che non rivedrai mai più la tua Rossane.

È una piccola celebrazione e né il cibo né le decorazioni sono all'altezza delle feste dei combattenti per la Costituzione, pensa Eskandar. Nessuno balla e la musica non viene suonata dagli uomini giusti con gli strumenti giusti, ma proviene da una cassetta con una manovella.

Allo stesso tempo la ragione dei festeggiamenti è così importante che i *farangi* hanno fatto cucire al sarto una giacca bianca in più per Eskandar, che deve indossarla insieme a guanti bianchi per servire gli ospiti.

Eskandar non ce la fa più a ripetere *drinksit*, *pliiiiss*, *tankiu* e deve evitare di fissare gli ospiti in qualsiasi circostanza. Ma nel frattempo si fa un'idea di quello che dicono. E anche senza chiedere capisce che i *farangi engelissi* stanno festeggiando un grosso affare che è dovuto al petrolio iraniano e renderà loro moltissimi soldi.

Tutto ciò che nella terra degli *engelissi* ha un motore, dice Palang-Khan, viene alimentato con il petrolio iraniano. Le automobili, le macchine nelle fabbriche e tanto più l'intera flotta, con cui gli *engelissi* espandono il loro dominio mondiale e le loro colonie, funzionano con la nostra nafta. Solo per questo gli *engelissi* sono molto più forti di tutti gli altri eserciti, spiega il khan.

Eskandar capisce dalle facce dei *farangi* che non gradiscono le parole del khan, ma nonostante ciò lui continua tranquillamente nel suo discorso.

Si guarda intorno e dice: gli *engelissi* guadagnano una montagna di soldi, poiché quasi tutto il petrolio di cui l'Europa ha bisogno viene dall'Iran. E il profitto, aggiunge guardando improvvisamente Eskandar e chiedendo: che ne pensi, ragazzo? A chi va il profitto?

Sebbene sappia che il capotribù non aspetta sul serio una risposta da lui, Eskandar sussulta.

Ma il khan sorride amichevolmente e afferma: la nuova impresa degli *engelissi* porta profitti per tutti. La APOC, la Anglo-Persian Oil Company, assicura guadagni a tutti.

La maggior parte degli uomini scuote la testa e si volta. Soltanto Mesterr Richard rimane fermo, fa un gran sorriso e dice: tra poco il vostro profitto sarà ancora più grande. Per ora trasportiamo il petrolio in piccole taniche quadrate che fabbrichiamo sul posto, con macchine semplici. Le carichiamo sui carri, sulle vetture, sui cammelli e sui muli e le facciamo portare fino a Abadan: là vengono caricate sulle navi inglesi. Ma non faremo così per molto, perché presto il petrolio scorrerà in grossi tubi per centinaia di chilometri attraverso il deserto, le valli, e oltre le montagne fino a Abadan, dice il canadese disegnando montagne e valli con le sue braccia lunghe.

Eskandar sa che è il suo amico canadese in persona ad assemblare il grosso tubo che si snoda come un lunghissimo serpente nelle valli e sulle montagne.

Dunque sono vere le voci che dicono che i nostri amici britannici stanno costruendo nel Golfo la raffineria più grande del mondo, replica il khan sembrando così irritato che Eskandar fa involontariamente un passo indietro.

Il canadese vuota il bicchiere e aspira profondamente dal suo sigaro. Mi è noto, dice, che molti capitribù e nazionalisti si oppongono ai britannici perché gli iraniani non prendono parte ai grandi profitti che gli stranieri ricavano dal petrolio persiano.

È così, brontola la Tigre, e chi può biasimarci? Tuttavia il vero delitto è che gli *engelissi* sostengono il re nell'ostacolare la nascente democrazia nella nostra terra, in modo che nessuno li intralci e possano continuare a estrarre il nostro petrolio indisturbati.

Ma lei stesso è tra quelli che hanno affittato la terra agli *engelissi*, si meraviglia il canadese.

Sa meglio di me che non avevamo e non abbiamo scelta. Il nostro re ha lasciato ai britannici la concessione petrolifera per un prezzo talmente basso che il mondo ride di noi e della nostra terra, risponde il capotribù. Almeno affittiamo le nostre proprietà ufficialmente e ne riceviamo del denaro, invece di lasciarle sfruttare gratuitamente agli *engelissi*.

Mentre prende un altro bicchiere d'acqua gasata, il canadese strizza gli occhi. E lei e gli altri nazionalisti volete liberarvi del vostro re e al suo posto avere un Parlamento e una Costituzione?

E i *farangi* vogliono ostacolarci, poiché, finché il re detiene il potere assoluto, loro possono continuare a prelevare il nostro petrolio. Come lei sa, il nostro sovrano non è che una marionetta dei *farangi*.

Mesterr Richard vuota il bicchiere e dice: la questione è chiara. Di conseguenza lei e i suoi amici siete inevitabilmente nemici degli *engelissi* e dei russi.

Lei definirebbe amiche delle nazioni straniere che venissero nella sua terra con i loro soldati, la occupassero e rubassero le vostre ricchezze?, chiede Palang-Khan.

Evidentemente il canadese non si aspettava una risposta tanto franca, poiché il suo quarto o quinto bicchiere di acqua gasata gli va quasi di traverso. Guarda intorno a sé nervosamente e fa tradurre al *moteardjem* che il khan deve essere prudente, in fondo si trova nella fossa del leone.

Invece di tacere, Palang-Khan replica con un tono che a Eskandar fa drizzare i capelli: signore, una tigre non ha paura di un leone.

E poi il suo sguardo cade di nuovo su Eskandar, che è stato tutto il tempo accanto a lui e al canadese porgendo loro il vassoio. È mio dovere cercare di rimediare alle mie stesse mancanze. Questo ragazzo – grida la Tigre, e Eskandar sussulta –, questo ragazzo e quelli come lui ne hanno diritto. Perché una cosa è certa: se vogliamo impedire che gli *engelissi* e i russi continuino a occupare la nostra terra o, ancora peggio, ci trasformino in una delle loro colonie, allora non ci rimane altra strada che combattere contro l'occupazione e lo sfruttamento dell'Iran!

Dopo che il *moteardjem* ha tradotto per il canadese, il *farangi* aggrotta la fronte e ribatte: o lei ha capito male, o io ho bevuto troppo... o il khan non sa quello che dice.

Saheb, devo tradurlo?, chiede il *moteardjem*.

No, risponde il canadese. Naturalmente no.

Per un momento regna il silenzio, poi il capotribù dice: ragazzo, ti prenderò nella mia casa. Vorrei che lavorassi per me, invece di prestare servizio qui – Palang-Khan fa un gesto sprezzante intorno a sé –, in mezzo al deserto, per questi *farangi* senza Dio. In fondo non vogliamo che i *farangi* finiscano col trasformarti in un cristiano. Palang-Khan guarda il canadese e dice: come all'epoca delle crociate, quando avete rubato i figli dei musulmani ai loro padri, li avete allontanati a centinaia e a migliaia dalla retta via e da allora sono stati privi di volontà al vostro servizio, hanno tradito i loro stessi fratelli e il loro stesso popolo e così avete potuto prendere possesso dei nostri averi, della nostra terra. Mi dica qual è il prezzo del ragazzo, conclude Palang-Khan. Poi posa la mano sull'elsa scintillante del suo pugnale, mette un piede dietro l'altro e guarda il canadese con aria di sfida.

Eskandar vuole protestare che non desidera nient'altro che restare con la sua Rossane e occuparsi di lei. Fa molta fatica a rimanere dritto e il pesante vassoio con i bicchieri inizia a vacillare proprio nel momento in cui il canadese e la Tigre, per suggellare l'accordo, si danno la mano e se la stringono brevemente.

È il mio ragazzo e lei può averlo, dice il canadese. Ma per favore, non dimentichi che sono canadese e non britannico: devo ammettere che ne sono un po' orgoglioso.

Palang-Khan annuisce e i due uomini posano contemporaneamente una mano ciascuno sulla spalla di Eskandar.

Non preoccuparti, dice Palang-Khan a Eskandar. Chi è al mio servizio è anche sotto la mia protezione. Vedrai, molto presto tutto questo – indica di nuovo intorno a sé con un gesto sprezzante – non sarà più che un pallido ricordo.

Guarda al futuro, ragazzo mio, dice il canadese, toglie il vassoio di mano allo sconcertato Eskandar, lo dà al *moteardjem* e gli stringe la mano. La tua terra ha bisogno di persone come te.

Ai suoi ordini, risponde Eskandar cortesemente, senza avere idea che questi saranno l'ultimo incontro e l'ultima stretta di mano con il suo amico canadese.

Quattro giorni più tardi due cavalieri di Palang-Khan bussano alla porta di Khanum-Rohan e vogliono portare con sé non solo Eskandar, ma anche la piccola Rossane.

La borsa di cuoio che portano come pagamento del riscatto è così gonfia di denaro che le due donne non chiedono neanche dove saranno portati Eskandar e la bambina.

Senza parlare, pongono le loro impronte digitali sotto il documento con cui dichiarano che in futuro non avranno alcuna pretesa nei confronti di Palang-Khan.

Eskandar ringrazia Khanum-Rohan e Tajelmoluk, bacia le mani di entrambe, dopodiché scompare per sempre dalla loro vita.

Eskandar e Rossane in viaggio verso Teheran

Davanti a tutti, con molto vantaggio, cavalcano Palang-Khan, i suoi consiglieri, i cavalieri più fidati e i migliori guerrieri, insieme a cuochi e servitori. Hanno con sé tende, provviste e tutto il necessario. Assicurano il cammino contro banditi e briganti, allestiscono l'accampamento, si occupano del cibo e predispongono ogni cosa, in modo che le mogli, le figlie e i figli del capotribù e le loro balie, gli eunuchi, i servitori, il mullah e il monsieur francese, che per strada dà lezioni ai bambini, Eskandar e Rossane e tutti gli altri membri della carovana siano a loro agio una volta raggiunto l'accampamento notturno. Di un caravanserraglio, per quanto sia sicuro, non se ne parla neppure per il khan e la sua famiglia. Le stanze sono piccole, sporche, rozze, e il cibo è cattivo. Gli estranei potrebbero lanciare occhiate alle sue mogli e alle figlie, o volersi arricchire dei beni che ha portato con sé; il risultato sarebbero invidia, liti e nel peggiore dei casi risse e omicidi.

L'umore dei viaggiatori è gaio e spensierato. I musicanti interpretano canzoni, danzatori e attori mettono in scena piccoli spettacoli e intrattengono la compagnia. A volte Eskandar racconta storie, recita versi del Corano, canta con i musicanti e in questo modo rallegra il cuore delle mogli di Palang-Khan.

Lo apprezzano tanto che lo ricoprono di lodi e gli fanno piccoli e grandi regali. Eskandar è felice soprattutto dei nuovi pantaloni e della nuova camicia, poiché nel frattempo le sue braccia e le sue gambe sono cresciute tanto che si sentiva ridicolo nei suoi vecchi vestiti troppo corti.

Un'altra novità per Eskandar è che deve tagliarsi i capelli corti, in modo che non vi si annidino i pidocchi, deve badare che le sue mani siano pulite e deve persino togliere la sporcizia da sotto le unghie.

Il suo compito è di servire i figli di Palang-Khan. Per Eskandar è naturale eseguire gli ordini dei ragazzi, assisterli giorno e notte e chiamarli saheb, sebbene alcuni siano più giovani di lui. Li serve spontaneamente, riordina le loro cose, porta in braccio i più piccoli, li segue quando corrono nel deserto o si avventurano troppo vicino ai cavalli. Dà loro da mangiare, li lava e a volte siede accanto a loro finché non si addormentano.

Appena ha finito il suo lavoro, su incarico del khan, Eskandar prende parte alle lezioni dei ragazzi, dove continua il suo studio del Corano con il mullah, o impara dal monsieur francese il francese, l'inglese, la matematica, la geografia e altre nozioni utili. La lezione si svolge sempre dove si trova la carovana, che sia in tenda, all'ombra di un muro crollato o di un albero, o anche mentre viaggiano, a cavallo o sul carro.

Un compito che a Eskandar piace particolarmente è riempire le molte lampade con l'olio, accenderle e distribuirle nelle tende e nei giacigli. Ogni giorno, quando apre le taniche di metallo quadrangolari e l'odore del petrolio gli arriva alle narici, Eskandar chiude gli occhi per un momento e immagina come, sotto la spinta della terra e della pietra, piccolissimi animaletti vengano trasformati in petrolio. Oppure si ricorda del rumoreggiare e sibilare della fontana di petrolio nero, mentre zampillava dalla terra, ed è orgoglioso di esserci stato e in un certo senso di aver persino previsto il luogo in cui sarebbe uscita dal suolo.

Della sua Rossane Eskandar non ha molte notizie, poiché è stata quasi completamente sequestrata dalla bella Mahrokh, la moglie più giovane della Tigre. Eskandar non sa molto di lei, sa soltanto che ha circa quattordici anni e che dunque è solo poco più grande di lui, che non può avere bambini suoi e che si annoia per la maggior parte del tempo, perciò è contenta di avere qualcosa di carino con cui giocare.

Ogni volta che la vede, Mahrokh-Khanum ha messo a Rossane un nuovo, grazioso vestito; le dà da mangiare personalmente, la notte la porta nel suo letto e la chiama la mia piccola principessa, la mia bambolina, il mio zuccherino, il mio angioletto.

Da un lato Eskandar è felice che alla sua Rossane non manchi nulla, dall'altro tuttavia ne sente la mancanza. E quando la carovana raggiunge Esfahan e Palang-Khan e i cavalieri si uniscono ai nazionalisti, le cose vanno ancora peggio. Le mogli, i figli, le figlie, gli eunuchi, i servitori e anche Rossane proseguono verso Teheran. Ma Eskandar deve restare con Palang-Khan e i nazionalisti.

Nel frattempo l'accampamento è diventato così grande che Eskandar non riesce più a vederne l'inizio e la fine. Altri uomini, appartenenti ad altre tribù, e combattenti da tutto il paese si sono uniti a loro. Ogni tribù ha i suoi alloggi, le sue guardie, il suo mullah, il suo *hakim*, i suoi servitori, i suoi cuochi. Ma nessuna delle altre tribù può vantare un *qessegu*, un narratore, che è il ruolo di Eskandar.

Gli uomini che lo conoscono lo salutano come un vecchio amico, un eroe, una persona importante. Eskandar stringe loro la mano, si fa abbracciare e portare sulle spalle e quando riconosce il suo vecchio amico Hodjat fa quello che ha fatto soltanto una volta prima d'ora, con Mesterr Richard, e si getta tra le braccia del cavaliere. Hodjat gli dà un bacio, come se fosse un figlio perduto tornato a casa. E quando due giorni più tardi la grossa compagnia si incammina in direzione della capitale, Hodjat ottiene che Eskandar venga posto al suo servizio.

A causa del caldo asfissiante dell'estate, i combattenti e il loro seguito avanzano con lentezza. Per molti giorni l'inizio e la fine dell'enorme carovana sono distanti l'uno dall'altra. Nella città santa di Qom, centotrenta chilometri a sud di Teheran, l'avanguardia dei nazionalisti respinge le truppe russe con una battaglia sorprendentemente breve e prende il controllo della città.

La sera, mentre gli uomini si occupano dei cavalli e del bestiame e i portatori d'acqua riempiono le anfore e le brocche con acqua fresca della sorgente sotterranea, Eskandar va di focolare in focolare.

La nostra vittoria a Qom è un segno di Dio, grida. In un batter d'occhio e senza perdite i nostri uomini hanno riconquistato la città santa.

Perché Qom è una città santa?, chiedono gli uomini.

Perché qui è sepolta la santa Fatima al-Masuma.

Chi è la santa Masuma?, vogliono sapere.

La sorella del santo ottavo imam degli sciiti, l'imam Resa, grida Eskandar. E proprio qui avete sconfitto le truppe del re, gli infedeli russi ed *engelissi*.

Eskandar fa una pausa e declama: questo è un segno di Dio. Come gli ha insegnato il mullah, indica la pianura con le braccia tese. Guardatevi intorno, dice, il deserto è un mare di prodi guerrieri che sono riuniti intorno al fuoco, festeggiano il loro successo e sanno che usciranno vincitori anche dalla battaglia nella capitale.

Nonostante questo, nei giorni successivi per Eskandar diventa più difficile tenere alto il morale degli uomini e incoraggiarli a nuove battaglie, poiché gli esploratori che arrivano dalla capitale non portano altro che cattive notizie: i russi hanno chiuso i giornali, occupato l'ufficio postale e decretato il coprifuoco. Nelle strade, nel bazar, nella città intera, ci sono combattimenti sanguinosi e sparatorie. Le persone vengono ferite e uccise.

Come sempre, prima di tutti vengono perseguitati i membri del Parlamento e i loro sostenitori. Molti si sono dati alla clandestinità o sono già in cammino per espatriare, diretti verso il Libano, Kerbala o altri luoghi. Gli esploratori riferiscono che i russi avrebbero concentrato lì le truppe da tutte le direzioni e starebbero già aspettando i combattenti per la libertà.

Ora puoi imparare come funziona la politica, dice il mullah ridendo. In realtà, con il loro comportamento i russi ci hanno reso un servizio. Non lasciano al popolo altra scelta che schierarsi dalla nostra parte.

Palang-Khan di solito non è della stessa opinione del mullah, ma ora concorda con lui. Il popolo si unirà a noi, dice sorridendo, nonostante nessuno abbia idea di cosa siano una Costituzione o un Parlamento, i nazionalisti o i combattenti per la libertà.

A Teheran Eskandar può vedere con i suoi occhi che Palang-Khan e il mullah hanno ragione. Mentre le truppe dei combattenti cavalcano attraverso le porte della città, infatti, succede come a Esfahan e nelle altre città che hanno conquistato sulla strada per Teheran: i nazionalisti sono già attesi e acclamati come liberatori.

Eskandar desidererebbe non entrare in città su un asino, ma su un magnifico cavallo adornato come quella volta a Esfahan; e immagina di non essere un ragazzino, ma un soldato, un nazionalista, che invece di portare il Corano con il mullah, ha un'arma e va in battaglia.

Alle porte della città, il mullah, il *morsched*, un paio di musicanti, due scrivani e Eskandar si fermano, chiamano gli uomini a raccolta e cominciano subito a scrivere i nomi dei volontari, degli aiutanti, dei cuochi, degli *hakim* e di chiunque altro possa essere utile per la battaglia. Alcuni volontari possiedono armi, altri per prima cosa devono ricevere cibo e vestiti, perché la fame li ha debilitati e indossano solo stracci.

Nel frattempo dalla parte opposta della capitale cavalieri e volontari, contadini e uomini del popolo, Hodjat e i suoi amici e persino l'uno o l'altro mullah combattono contro gli occupanti russi, le truppe del re e la sua guardia del corpo, le brigate cosacche conquistano un quartiere dopo l'altro, ottengono una vittoria dopo l'altra, sebbene i soldati degli invasori siano addestrati. Hanno le armi più efficaci, le tecnologie più moderne, le strategie belliche adeguate, le uniformi più belle, i cavalli e il vitto migliori. Sono guidati da uno degli ufficiali più dotati dell'esercito russo, il famigerato colonnello

Ljachow. Lo stesso che aveva dato l'ordine di puntare i cannoni sul Parlamento.

Nonostante ciò, dopo pochi giorni nel bazar e nelle piazze della città, Eskandar può proclamare, in alternanza ai versi del Corano, la lieta notizia: il terribile colonnello Ljachow ha abbassato la testa. Come un topo che si rintana nel buco, è fuggito nella caserma al centro della città e lì si è trincerato.

La folla applaude, grida e acclama, solleva Eskandar sulle spalle, lo porta in giro per la piazza in modo che ognuno possa sentirlo. Eskandar si sente un eroe, un re, come se non fosse soltanto colui che annuncia la novità, ma l'avesse prodotta lui stesso.

Nei giorni seguenti gli eventi si susseguono. Eskandar rende noto che lo scià, insieme ai membri più stretti della sua famiglia e ai suoi alleati, si è rifugiato nell'ambasciata russa di Zargondeh, fuori dalle mura della città.

Dunque, ascoltate, fieri combattenti e abitanti della capitale, il re ha abdicato, grida Eskandar. Sogghigna nel modo che ha imparato dal suo amico canadese e dice a gran voce: il re ha deposto la corona, ed è merito vostro. Trionfa il popolo, trionfa la democrazia, trionfa la libertà. E mentre Eskandar solleva di colpo il braccio e sorride, la folla scandisce: vittoria, vittoria, vittoria! Libertà e autodeterminazione! Vittoria per la Costituzione e per il *Madjless*!

Che significa tutto questo?, chiede Eskandar al mullah.

Che vuoi dire, ragazzo?

Madjless, Costituzione, re, invasori, che significa?, ripete Eskandar con lo stesso sorriso felice.

Taci, ragazzo, sibila il mullah. Te lo spiegherò più tardi.

Appena arriva una notizia fresca, il mullah la riveste di parole adeguate e Eskandar la proclama. Il re si trova ancora nella residenza del ministro russo, grida.

Il lacchè corre dai suoi signori e padroni, gli fanno eco gli uomini.

I russi hanno issato la loro bandiera. Ma ascoltate, uomini valorosi dell'Iran, i russi si sono uniti ai loro nemici mortali, gli *engelissi*. Sulla residenza dei russi, accanto alla loro bandiera, ora sventola anche quella dei *farangi engelissi*.

I traditori stranieri mostrano il loro vero volto, gridano gli uomini.

E poi Eskandar può annunciare la notizia più importante: il re ha deposto la corona.

Chi sarà il suo successore?, chiedono tutti.

I nostri coraggiosi cavalieri riferiscono che il successore dello scià sarà suo figlio, grida Eskandar e non ha idea del perché questa sia una buona notizia e la gente lo acclami. Il vecchio tiranno ha abbandonato il campo e noi possiamo guardare al futuro con fiducia.

Alcuni ridono. Con i suoi miseri dodici anni il principe ha quasi la tua età, gridano, e Eskandar sorride loro felice, immaginando, tra il giubilo collettivo, di essere lui stesso il figlio, il principe che salirà al trono.

Per mostrare che accettano il loro nuovo re, gli uomini accendono lanterne, fiaccole e fuochi per tutta la città, nelle case, nelle strade, agli incroci e nelle piazze pubbliche. Una capitale illuminata a giorno festeggia il suo nuovo sovrano. Nell'accampamento tutti scambiano la notte col giorno e Eskandar cade in un sonno profondo, sognando di essere celebrato e acclamato come nuovo re.

Tutto potrebbe andar bene, ma la gioia e la speranza hanno breve durata: presto tornano la paura e il terrore, poiché il passaggio del potere dal padre al figlio non porta alcun miglioramento nella vita del popolo.

I russi non lasciano tranquillo il nord e i britannici continuano ad avere in loro possesso il sud. Sollecitano persino il governo iraniano a riparare le piste sabbiose e a costruire nuove strade. Il governo deve disporre posti di blocco e sorvegliare le strade, in modo che gli invasori possano muoversi liberamente e sicuri da banditi, briganti e combattenti per la libertà. Ma visto che non si fidano dei soldati iraniani, gli *engelissi* esigono insolentemente di essere protetti dai soldati indiani, che sono sotto il loro comando diretto.

Quando Eskandar annuncia questa notizia, gli uomini vengono presi dalla rabbia. Possa Allah punire con la morte ogni singolo invasore, urlano. Possa arrivare il dodicesimo imam a liberarci da loro.

Galvanizzato dall'incoraggiamento della gente, Eskandar trova il coraggio di dire qualcosa di cui il mullah non lo ha incaricato, ma che è venuto a sapere ascoltando un discorso di Hodjat e Palang-Khan. Come fossimo cani, grida Eskandar. Come pulci e pidocchi, gli *engelissi* e i russi si sono annidati nella nostra pelliccia. E ora vogliono che paghiamo per farci dissanguare da loro. La prossima cosa che pretenderanno da noi sarà che li ricordiamo nella nostra preghiera serale, grida Eskandar con un largo sorriso, denti stretti e labbra spalancate.

Ragazzo, questo dove l'hai sentito?, lo apostrofa il mullah tirandogli l'orecchio.

Da me, risponde la Tigre soddisfatto di sé e del ragazzo. E poiché oggi ha svolto il suo compito particolarmente bene, come ricompensa potrà sedere al mio focolare e avrà il suo piatto preferito. Parla, ragazzo, di che cosa hai voglia?

Di focaccia calda con uova cotte nel burro, risponde Eskandar felice, già con l'acquolina in bocca.

Eskandar e i suoi nuovi compiti

Mentre le battaglie volgono al termine, la maggior parte dei servi della gleba, dei contadini, dei cavalieri, dei cuochi e dei servitori tornano nei loro villaggi e dalle loro famiglie. La voce e il talento di Eskandar non servono più. Per questo motivo Palang-Khan lo manda nella sua proprietà a Teheran, dove verrà posto alle dipendenze del *mobasher*, l'amministratore.

Agha-Mobasher è un uomo anziano, serio, rispettato da tutti, sempre attento ad andare in giro per il mondo con la schiena dritta, vestiti puliti e scarpe *farangi* ineccepibilmente linde. Un mondo che per lui coincide né più né meno con la tenuta del suo padrone. Agha-Mobasher parla volentieri e sceglie le parole con cautela.

Eskandar lo capisce fin dal loro primo incontro: l'anziano sembra severo, ma in fondo è mite e sensibile e non vuole male a nessuno. Anche quando lo rimprovera, Agha-Mobasher gli dà un colpetto affettuoso sulla testa e lo guarda con occhi benevoli. Eskandar scopre in fretta che la severità del *mobasher* è soltanto una maschera per non apparire debole e non farsi mettere i piedi in testa.

Come Agha-Mobasher e tutti gli altri uomini e donne, ragazzi e fanciulle, che sono al servizio di Palang-Khan e delle sue mogli ufficiali, Eskandar vive nella tenuta della Tigre, circondata da mura alte e lunghissime. La proprietà è così grande che da un'estremità del parco non si vede l'altra, il che vuol dire che è tre o quattro volte più grande del villaggio senza nome da cui viene Eskandar. Ci sono così tante piazze, giardini, sentieri e padiglioni, che Eskandar per molto tempo ci si perde. Ci vuole un po' prima che conosca tutto, i molti edifici, le stalle grandi e piccole, le case per gli ospiti, le piazze coperte con e senza mura, gli alloggi per i servitori, i magazzini, la piccola moschea, la caserma, le cisterne d'acqua, alberi, fiori, arbusti, cani, gatti, uccelli, serpenti, lepri, scimmie, caprioli e infine le due tigri adulte di cui il khan gli ha raccontato. Nella proprietà di Palang-Khan vivono così tanti servitori, cavalieri, guardie, giardinieri e cuochi che nessuno sa quanti siano; Eskandar incontra ogni giorno persone nuove.

Palang-Khan risiede nel palazzo più grande. Quattro gradini portano a una terrazza arredata con sofà, sedie, tavoli, tappeti, pouf e cuscini. Da qui si entra in un enorme salone dalle pareti decorate con specchi, dipinti, pietre e persino oro. Diverse porte conducono nel resto della casa, nello studio, nella biblioteca e nella sala per il fumo. Nella grande sala da pranzo *farangi* c'è un lunghissimo tavolo di legno scuro e pesante, con intorno innumerevoli sedie. Qui Palang-Khan intrattiene gli ospiti stranieri. Subito accanto c'è la sala da pranzo vera e propria, destinata a ricevere gli ospiti iraniani. Sotto le basse finestre sono sistemati cuscini e pouf; si mangia per terra e su una tovaglia spiegata, secondo l'uso persiano. A volte le porte tra le due sale vengono spalancate, cosicché centinaia di ospiti trovano posto in uno spazio enorme.

L'edificio principale è riservato agli uomini e ai ragazzi. Se la Tigre deve andare a trovare una delle sue otto o più mogli e i figli, o vuole trascorrere la notte con loro, oppure se le mogli hanno ospiti che Palang-Khan desidera vedere, va a far visita alla moglie stabilita nello spazio che è riservato solo alle donne, l'*harram*, il luogo nascosto, proibito, che occupa un'ampia parte del parco.

Non fa mai visite a sorpresa: si fa sempre annunciare, in

modo che le donne abbiano la possibilità di presentare se stesse, i figli e la casa in ordine.

Palang-Khan visita stabilmente almeno cinque delle sue mogli principali, in ordine di rango e di età, e a seconda di dove si reca e pe1 quanto tempo, stabilisce quali componenti della famiglia debbano accompagnarlo.

Il khan si tiene fuori dalle faccende della vita quotidiana delle sue mogli e dei suoi figli. Ogni moglie decide della sua casa, della sua compagnia, di balie, cameriere ed eunuchi.

Le donne sono responsabili dell'educazione dei figli; soltanto i figli più grandi sono sotto la custodia diretta del khan. Egli convoca i maggiori a mezzogiorno nella grande sala da pranzo, in modo che i suoi ospiti li conoscano e i figli imparino a trattare adeguatamente con uomini di rango e di fama, con soci d'affari e postulanti d'ogni genere.

Oltre a ciò, tutti i suoi numerosi figli devono presentarsi da lui ogni pomeriggio alle cinque in punto, lavati e pettinati, vestiti ordinatamente e con i loro taccuini.

Finora ricordare ai ragazzi in tempo le visite al padre, aggiustare il colletto ai più piccoli, togliere una ciocca di capelli dal loro viso, presentare in ordine i quaderni scolastici e le matite, disporli in riga e con le scarpe pulite di fronte alla porta dello studio e ammetterli alla presenza del padre, tutto questo era compito di Agha-Mobasher. Da quando Eskandar è al suo servizio, il *mobasher* affida sempre più spesso a lui queste incombenze.

Agha-Mobasher dice al suo nuovo aiutante: hai fiuto per le persone. Prima ti renderai conto di questa forza, meglio sarà per te e anche per me. Chi conosce il suo talento può affinarlo, usarlo di proposito e trarne grandi benefici. Agha-Mobasher dà un colpetto sulla testa a Eskandar e ride, perché gli legge in faccia che non sa di cosa stia parlando il vecchio. Ricorda bene quello che dico: arriverà il giorno in cui le mie parole avranno un significato per te. E tieni a mente anche questo: usa sempre il tuo talento per il bene, poiché ogni atto che commetti di proposito e con intenzione a svantaggio di qualcuno ti si ritorcerà contro.

Rifletterò su quello che lei mi dice e per scrupolo lo scriverò anche, risponde Eskandar coscienzioso e anche un po' fiero. In fondo, in pochi sanno leggere e scrivere.

Eskandar comprende subito la ragione per cui il vecchio amministratore gli ha affidato questi compiti di responsabilità. Gli ci vuole infatti più di un'ora prima di trovare i figli della Tigre nelle molte case delle donne e per riuscire a portarli nella dimora principale dal padre.

Eccetto che al severo padre, né i grandi né i piccoli sembrano ubbidire ad alcuno. E perciò è solo una questione di tempo prima che un pomeriggio accada ciò di cui l'amministratore aveva avvisato Eskandar. Il ragazzo non riesce a disporre ordinatamente i figli in orario, ognuno fa quello che vuole. Saltellano in giro, si siedono per terra, si tolgono le scarpe. Uno dei piccoli deve fare la pipì, due dei grandi si azzuffano, quando improvvisamente la porta si apre e Palang-Khan appare rimanendo in silenzio, finché i suoi figli, uno dopo l'altro, si accorgono di lui, ammutoliscono e si dispongono in fila rigidissimi.

Dov'è Agha-Mobasher?, chiede Palang-Khan nel silenzio generale.

Agha, con rispetto parlando, Agha-Mobasher sta facendo il suo lavoro.

Il suo lavoro, ripete la Tigre. E tu che fai qui?

Agha, con il suo permesso, faccio il mio lavoro.

Il tuo lavoro, ripete la Tigre come una tigre in gabbia. E quale pensi che sia esattamente il tuo lavoro?

Agha, con il suo permesso, risponde Eskandar con voce tremante. Il mio compito, saheb, è di assicurarmi che gli stimati giovani saheb siano pronti per la visita al loro stimato padre e che se ne rallegrino.

La Tigre sposta il peso da una gamba all'altra, allontana le mani congiunte dalla schiena, se le posa sul ventre e annuisce. Rallegrarsi della loro visita al padre. Bene, bene, dice, devono entrare. Poi borbotta: che i miei figli si rallegrino della loro visita al padre è effettivamente una prospettiva interessante. Non l'ho mai vista in questo modo. Ancora con le mani sulla pancia, Palang-Khan va da uno dei figli più piccoli e si piega verso di lui. Tutti trattengono il respiro mentre solleva il bambino da terra, lo scuote amichevolmente e chiede: mio figlio si rallegra dunque della visita a suo padre?

Con il dito in bocca, il piccolo guarda fisso il padre, è sul punto di piangere, tende le braccia e vuole tornare dai fratelli più grandi.

Dopo la trafila con il padre, Eskandar riporta i ragazzini dalle rispettive madri, poi si affretta nella piccola casa della preghiera dietro le stanze in cui hanno luogo le lezioni quotidiane, stende i tappeti e pone su ognuno una pietra fatta con l'argilla della santa Mecca. Eskandar riempie le *aftabeh*, i bricchi, con l'acqua di una piccola sorgente esterna e prepara dei panni puliti, in modo che Palang-Khan, i suoi figli e chi lo accompagna sempre nella preghiera possano eseguire le abluzioni rituali.

Dopo aver raccolto e riposto di nuovo tutti i tappeti e le pietre, Eskandar deve andare all'ufficio postale a vedere se qualcuno ha lasciato lettere importanti o messaggi urgenti per il suo padrone. Infatti, da quando esiste questo nuovo ufficio, molti non si fanno scrupoli e non provvedono più a distribuire i messaggi e le comunicazioni ai loro messaggeri personali, ma li lasciano tutti quanti all'ufficio, il che provoca non di rado ritardi ed errori.

Eskandar si gode le escursioni fuori dalla tenuta, specialmente quelle nel bazar, dove l'amministratore lo manda sempre più spesso a fare spese per le mogli della Tigre. Poiché è giovane e innocente, è perfettamente adatto per cercare i prodotti per la cura del corpo, esaminarli, rigirarli apertamente, toccarli con le dita e provarne la qualità: un compito di cui è impossibile che si incarichi un uomo adulto. Di un ragazzo semplice come Eskandar, al contrario, nessuno pensa male e dunque non rappresenta un pericolo per la reputazione delle signore e di conseguenza per il buon nome del grande capotribù.

Eskandar intuisce immediatamente la differenza tra profumi, oli, essenze, erbe medicinali, saponi e unguenti di cui hanno bisogno le donne. Distingue tra il refe buono e quello cattivo, sa quale henné si adatta meglio al colore dei capelli, delle mani e dei piedi e quale sia la mistura di essenze preferita delle rispettive dame nella casa del khan. Riconosce il cotone pulito, soffice, bianco, assorbente e quello cattivo. E ben presto le donne lo incaricano persino di procurare le stoffe con cui faranno confezionare sottogonne, camicie e sottovesti per sé e le proprie figlie.

Un giorno, la maggiore delle mogli della Tigre manda Eskandar dal sarto per farsi cucire una gonna. Per non sbagliare, Eskandar fa un disegno secondo la sua descrizione. La sua padrona, ma soprattutto il sarto, sono entusiasti.

Così non devo modificare il mio lavoro dieci volte, dice l'uomo dando a Eskandar una mancia adeguata.

Ora tutte le donne vogliono vedere disegni dei loro vestiti, delle loro giacche e persino della loro biancheria, prima di commissionarli.

Incoraggiato dal suo successo, Eskandar porta con sé dal bazar fermagli per capelli, fiocchi, polvere di rosa e altre cose per le mogli e le figlie del suo signore, senza che lo chiedano. Le donne adulte lo amano per questo, lo coccolano, gli danno mance extra e gli regalano i vestiti smessi dei loro figli. Le più giovani non possono certo toccarlo, ma lo elogiano e parlano di lui all'amministratore tessendone le lodi.

Tutto ciò che fa felici le donne riempie di gioia anche me, dice Agha-Mobasher riservando a Eskandar un trattamento di favore.

Così il ragazzo diventa l'unico aiutante che, senza accordi prestabiliti con Agha-Mobasher, può entrare nell'*harram*. Può far visita alla sua amata Rossane in ogni momento e giocare con lei. E la cosa migliore è che Eskandar è uno dei pochi giovani servitori che possono andare in città o al bazar a dorso d'asino invece che a piedi. Visto che la sua merce è particolarmente preziosa e deve arrivare alle donne intatta, ma soprattutto durante il cammino non deve essere esposta allo sguardo di estranei, Agha-Mobasher gli ha persino dato del denaro per comprare una coperta con grandi tasche su entrambi i lati per l'asino.

All'entrata del bazar Eskandar dà una moneta a un ragazzo, perché custodisca l'asino, in modo che l'animale, la coperta e i finimenti siano ancora lì al suo ritorno. Il ragazzo porta l'asino all'ombra e, se Eskandar ha da fare più del solito al bazar, gli mette davanti un sacco di foraggio, perché non inizi a ragliare a squarciagola per la fame e non tenti di correre a casa.

Nel bazar Eskandar si sente come in un mondo irreale, dove ogni desiderio può essere esaudito. Qui è padrone di se stesso, è stimato e rispettato dai mercanti e dagli artigiani che contrattano le merci nei negozi e sulle bancarelle; in fondo, è uno dei loro migliori clienti, che lavora per uno degli uomini più ricchi e potenti della città.

Eskandar ama le strade tortuose, rischiarate da fasci di luce che provengono dalle aperture circolari nei tetti. Con il sole i coni di luce si muovono, illuminano ora un lato, ora il centro, poi l'altro lato della strada. La polvere sollevata dai piedi danza nelle strisce di luce, a tempo con il richiamo dei mercanti che gridano forte, con il picchiare di chi lavora la latta e il legno. Ogni strada odora di una cosa diversa: di spezie, di carne cruda e cotta, di pesce, di cipolle, di kebab grigliato e pomodori, di oli preziosi che provengono da Baghdad e da Istanbul, di persone, animali, di acqua fresca sul terreno polveroso, di fumo e incenso.

È vero che i cuochi nella cucina della Tigre preparano quotidianamente piatti deliziosi, ma mangiare alla locanda del bazar carne allo spiedo, zuppa di testa di pecora o kebab che nuota nel suo stesso sugo, con il pane che vi si ammolla, è un piacere che Eskandar non si lascia sfuggire. E, mentre mette in bocca con voluttà la carne sugosa e il pane, gli uomini che da tutto il paese vengono nel bazar a mangiare, bere tè e fumare il narghilè, raccontano storie dei loro viaggi in luoghi e terre lontani, di persone e costumi stranieri.

Sono mercanti, studenti, *hakim*, guaritori, uomini a guida

delle carovane, mullah, uomini nel mezzo di un cammino ora lungo ora breve. Uomini che vogliono abbandonare una vecchia vita o cercarne una nuova.

Eskandar va in giro per le strade sempre alla ricerca della merce più nuova, proveniente dal resto del paese e dall'estero; se qualcosa è di suo gradimento, ne compra subito in gran quantità.

Mi servono pettini di legno buono, dice Eskandar al falegname, il legno dei tuoi pettini è filamentoso, strappa e rovina i capelli dei miei padroni.

Ne farò di nuovi, risponde il falegname. Ma dovrai prenderne almeno quattro, altrimenti non vale la pena di fare il lavoro.

Ne prendo quaranta, afferma Eskandar.

Cosa ci fai con quaranta pettini?, chiede il falegname incredulo.

Vivo insieme a quaranta fra le più belle signore della città, ribatte Eskandar ghignando. E già che ci siamo, fammi anche quaranta bastoncini di kajal per le quaranta paia di occhi più belli.

Sempre al suo servizio, conclude il falegname esageratamente ossequioso.

Bene, bene, approva Eskandar posando la mano sul suo pugnale invisibile e sentendosi un po' come la Tigre in persona.

Le mogli e le figlie di Palang-Khan sono incantate dai pettini, dai bastoncini per gli occhi, dal finissimo kajal nero, dalle diverse polveri per le guance nei differenti toni del rosso e del rosa e dai nuovi profumi che Eskandar ha fatto confezionare di sua iniziativa.

Eskandar fa preparare filati e gomitoli di una lana di pecora estremamente pregiata, che fa tingere secondo il proprio gusto, poi li porta alle donne in modo che possano lavorare a maglia e all'uncinetto scialli e panni.

Un giorno, mentre Eskandar in ginocchio e con un braccio teso imita un elefante, facendo cavalcare Rossane sulla sua schiena, Mahrokh-Khanum grida estasiata: alla nostra

Rossane piacciono gli elefanti. Vorrei che ne disegnassi uno, puoi farlo?

Saheb, non lo so.

Vorrei avere tovaglie e fodere per i cuscini decorate di elefanti. Rallegrerebbe il cuore della mia piccola principessa, e anch'io mi compiacerei, dice Mahrokh-Khanum sbattendo le lunghe ciglia nere come se fossero farfalle.

Quello stesso pomeriggio Eskandar si affretta al bazar e incarica lo stampatore di stoffe di creare un timbro con un elefante.

Lo stampatore è offeso. Il mio lavoro è arte, i miei timbri sono opere d'arte, un elefante è indegno di me.

Allora mi rivolgerò a un altro stampatore di stoffe.

Questo mai, grida lo stampatore e ordina due tè dalla casa da tè a fianco. La rivoluzione e la guerra hanno lasciato tracce, l'economia e il commercio soffrono, si lamenta l'uomo. Nessun mercante può permettersi di rifiutare un incarico. Sorseggia il tè con aria sofferente: e così bisogna stampare elefanti sulla stoffa.

Rossane batte le mani, salta felice qua e là, quando vede gli elefanti sulle tovaglie e sulle fodere dei cuscini. E Mahrokh-Khanum è talmente incantata che, invece di chiedere il prezzo della stoffa, dà subito a Eskandar una manciata di monete.

Non passa mezza giornata che anche le altre mogli e figlie di Palang-Khan vogliono avere stampati su tovaglie, fodere dei cuscini e copriletti elefanti e tutti gli animali preferiti possibili.

Lo stampatore di stoffe si sente sempre a un livello che non gli si addice, a stampare sulla stoffa cammelli, uccelli e animali selvaggi, invece che motivi tratti dal *Diwan*, dal canzoniere del poeta Hafez o quantomeno versi del Corano. Ma la situazione è difficile, dunque si affretta a intagliare i timbri richiesti. Deve persino assumere due aiutanti, per portare a termine il lavoro entro i tempi previsti.

Eskandar ha ancora una sorpresa per Rossane: un elefante imbottito, venuto un po' troppo magro, ma che è grande quasi quanto lei.

Rossane si getta al collo di Eskandar, lo ricopre di baci e grida: raccontami la sua storia.

Sai certamente, esordisce Eskandar, che ogni uomo, ogni animale, ogni albero e ogni pietra ha una storia, dunque anche questo elefante ha la sua. Lo stimato stampatore di stoffe del bazar ha sognato tutta la notte elefanti e giraffe, scimmie e asini, cani e gatti, uccelli, topi e tutti gli altri animali creati da Dio. Quando poi la mattina si è svegliato, ha avuto un'idea. Ha intagliato un secondo timbro, ci ha stampato la stoffa, ha tagliato due elefanti, ha cucito insieme le loro zampe, i corpi, le proboscidi, e ha riempito tutto di paglia. E dunque, tesoro mio, tu hai l'onore di essere la padrona di questo elefante.

Rossane corre dagli altri bambini con l'elefante, il che naturalmente ha come conseguenza che tutti ora vogliono avere un animale di stoffa. Le femmine desiderano uccelli, pesci e scimmie, e i maschi, per la gioia del padre, delle tigri.

Nel bazar si sparge la voce dell'insolito incarico che svolge lo stampatore, così l'intagliatore va a fargli visita per esaminare gli animali.

Ci ho riflettuto, dice. Questi animali di stoffa non hanno solidità. Il legno si adatta molto meglio, dice presentando a Eskandar un elefante, un cammello e una tigre che ha fabbricato con il legno di cedro. Ma poiché nel frattempo Eskandar ha imparato a conoscere il bazar come nessun altro, si trova a dover sbrigare anche faccende serie, questioni da uomini veri.

Mobasher-Agha gli chiede aiuto quando Palang-Khan vuole organizzare una festa particolare per i suoi amici *farangi* e per gli uomini dell'alta società. Eskandar deve scoprire chi siano i migliori danzatori e musicanti della città.

Nel bazar di Teheran c'è tutto; e quando una cosa non si trova, è qualcosa che comunque non ti serve, ripete Eskandar ai mercanti.

Che tipo di danzatori cerchi?, chiedono gli uomini nel bazar con un sorriso a fior di labbra. Eskandar capisce che intendono qualcosa che lui ignora. Il tuo padrone cerca probabilmente ragazzi giovani e graziosi, con cui lui e i suoi ospiti possano divertirsi...

Avrei dovuto sapere che sei troppo giovane e inesperto per questo compito, brontola il vecchio amministratore irritandosi per la sua stessa sconsideratezza.

Stimato agha, con il suo permesso, il mullah dice che con i miei dodici o quattordici anni sono quasi un uomo.

Il mullah è uno stolto, brontola Agha-Mobasher e assegna l'incarico a un servitore adulto. Ordina a Eskandar di cancellare l'intera faccenda dalla sua memoria e di non farsi mai sfuggire una parola a riguardo.

I suoi desideri sono ordini, dice Eskandar, ubbidisce e cerca di dimenticare la faccenda dei danzatori. Ma più prova a non pensarci, più si ritrova a farlo. Fino a che, dopo un paio di giorni, attirato dal picchiare e dal martellare, scopre subito dietro il bazar, là dove vanno in pochi, qualcosa di così triste e spaventoso che può finalmente smettere di dover riandare con rammarico ai graziosi danzatori.

In un passaggio scuro stanno rannicchiati in fila ai tavoli venti o trenta ragazzini che picchiano per raddrizzare vecchi chiodi. Hanno le dita nere, blu, verdi e sanguinanti. Hanno il naso che cola, si grattano le croste della testa finché sanguinano. Le larve delle mosche del deserto si nutrono della loro carne, piccoli lembi di pelle pendono come straccetti dal loro viso sporco e incrostato. Sono vestiti di stracci, alcuni hanno solo il pube coperto. Hanno la pelle sottile come pergamena e Eskandar può contare le loro costole.

Da quel momento Eskandar va più spesso che può in questa parte del bazar, porta ai ragazzi pane, resti del suo pasto, le sue mance e tutto ciò di cui può privarsi, tra le poche cose che possiede.

Un giorno l'amministratore lo sorprende mentre stipa in fretta nelle tasche della coperta dell'asino i vestiti logori che riceve dalle signore. Poiché crede che voglia rivendere la merce e arricchirsi e non che abbia intenzione di regalarla ai ragazzi poveri del bazar, lo accompagna ed è inorridito alla vista dei piccoli vestiti di stracci.

Non avrei mai creduto possibile che sotto il cielo di Dio e nella mia terra esistesse una tale miseria. L'amministratore posa il braccio sulla spalla di Eskandar e dice: a chi fa del bene Allah fa del bene. Poi dà a Eskandar tutte le monete che ha con sé, perché possa comprare ai ragazzi pane e acqua fresca da bere.

Fuori in strada, tra le persone, i cavalli, i carri, i cammelli, i mercanti che gridano e cantano, Eskandar vorrebbe che l'amministratore non avesse visto i tristi ragazzi nella parte oscura del bazar. Finora sono stati soltanto una delle sue storie non raccontate, come se non esistessero nella realtà ma solo nella sua testa. Ora sono stati portati alla luce della sua vita quotidiana. Sa che non potrà più smettere di pensare ai loro corpi magri, ai loro occhi vecchi e stanchi e all'odore della fame, che conosceva anche troppo bene nella sua vita al villaggio senza nome. Eskandar si volta disgustato, gli viene da vomitare, perché risente in bocca il sapore della carne dei ratti.

Come segno della sua riconoscenza e per chiedere di non dover soffrire la fame mai più, Eskandar fa un *nazr* all'entrata del bazar e dà al ragazzo che ha custodito l'asino una moneta supplementare e i biscotti che in realtà voleva portare a Rossane.

Grazie, mio agha, che tu possa restare sempre in salute, dice l'asinaio.

Stimato asinaio, sono io che ti ringrazio, dice Eskandar. Non ti dimenticherò per il resto della mia vita, poiché sei la prima persona che mi abbia mai chiamato agha.

1915, Mahrokh-Khanum e i primi segreti

Due o tre anni dopo più nessuno gli si rivolge chiamandolo solo Eskandar. Tutti mettono un agha prima o dopo il suo nome. Signor Eskandar, cosa ci hai portato dal bazar?, chiedono le figlie e le mogli della Tigre. Eskandar-Agha, qui ci sono un paio di pantaloni e di camicie logori per i ragazzi poveri del bazar. Agha-Eskandar, i figli più giovani di Palang-Khan avrebbero bisogno ancora una volta di una rasatura, ma per favore con una disinfezione con il mercurocromo in aggiunta, in modo che la loro testa non si infiammi.

Rossane è l'unica che lo chiami ancora Eskandar. Da molto tempo anche lei, come tutti gli altri, vede in lui solo un servitore che è alle sue dipendenze ed è lì pronto per eseguire i suoi ordini e rendere la sua vita piacevole.

A volte per Eskandar è una piccola pugnalata, quando lei gli dà ordini e si fa servire da lui. Ma quando è ammalata, o non ha voglia di bere o di mangiare, oppure quando non dà retta a nessuno, Eskandar si rende conto che gli vuole sempre molto bene: è l'unico a cui lei ubbidisca. Fa quello che lui le chiede senza replicare. Eskandar la prende per un braccio, le dà un bacio e la stringe forte a sé. Lei gli si getta al collo, lo guarda con i suoi occhi blu acciaio, stringe a lui la sua testa di riccioli neri e cessa ogni resistenza.

Non c'è da meravigliarsi se a volte si comporta come una bambina viziata, considera Eskandar. In fondo vive come una principessa nella casa della bella Mahrokh-Khanum. Ha le sue stanze, una sua *kanees*, una donna di servizio, una bambinaia, un *gholam*, un servo che si occupa sempre dell'acqua fresca, che in inverno procura la legna per il camino e che la porta in giro quando è stanca o non vuole mettere i piedi a terra. Rossane possiede i vestiti più belli, ricamati con perle, pietre e oro. Mahrokh-Khanum le fa il bagno, olia il suo corpo, la pettina, gioca con lei, la mostra a coloro che la vogliono vedere e anche a quelli che non vogliono.

Ognuno ha un'opinione di Mahrokh-Khanum e qualcosa da dire su di lei. Non ha una buona influenza sulla bambina, mormorano alcuni servitori. Questa donna è diversa dalle altre, fa quello che vuole. Visto che con i suoi quindici o sedici anni è non solo la più giovane, ma anche la più bella di tutte le mogli della Tigre, gode di una posizione privilegiata. Vuole sempre distinguersi e si permette cose che le altre mogli del Palang non osano neanche pensare.

Agha-Mobasher dice che Palang-Khan sarebbe pronto a dare tutta la libertà del mondo alle sue mogli, le manderebbe persino in strada senza *hedjab* o altri veli, se non ricoprisse un ruolo così importante. Ma un uomo come lui deve prestare attenzione a ciò che la gente dice alle sue spalle.

Le altre mogli del Palang – che sono più vecchie, più grasse e più brutte di Mahrokh-Khanum – non le risparmiano critiche nemmeno quando lei è presente, si scambiano sguardi, alzano gli occhi al cielo, si alleano contro la bella, la rimproverano, la riprendono. Questa donna non ha nessun *aberou*, nessuna educazione?, sussurrano, perché Mahrokh-Khanum si copre solo con un fazzoletto per la testa, ma senza veli per il viso, passeggia per il frutteto tenendo per mano Rossane, la rincorre, ride forte, si scatena sul prato. No davvero, non si fa così, i frutteti non si trovano nell'*harram*, brontolano le donne. Ci sono in giro scrivani, giardinieri e persino cavalieri. Con la sua sfacciataggine questa donna rischia non solo che Dio e il mondo la vedano, ma gioca con la reputazione di tutti gli abitanti di questa casa. Che ne sarebbe di noi e dei nostri figli se, Allah ci preservi, l'onore del nostro Palang-Khan fosse danneggiato?

Ma Mahrokh-Khanum non ascolta le punzecchiature, o comunque, se anche la feriscono, non lo fa vedere e continua a fare quello che vuole.

Eskandar si tiene fuori dalla situazione e anche quando gli parlano della giovane padrona, alza le spalle dicendo: io faccio solo il mio lavoro e a parte questo non ho nulla a che fare con nessuno.

Tuttavia le cose cambiano, quando una notte, prima che sia arrivato il momento di cominciare il lavoro, una domestica si introduce nella casa dei servitori e sveglia Eskandar. La padrona vorrebbe uscire a cavallo e tu devi accompagnarla.

Uscire a cavallo?, Eskandar non capisce.

Fai presto, insiste la domestica. Vuole uscire prima che ci sia luce e tutti possano vederla.

Eskandar non accende la lanterna per sellare i due cavalli. Tra il rumore degli zoccoli sul selciato, lo sbuffare degli animali e il tintinnio metallico dei finimenti è già un miracolo che nessuno si svegli e scopra il pericoloso segreto. Quando esce dalla stalla con i cavalli sellati, Mahrokh-Khanum lo sta già aspettando avvolta nel suo velo nero.

Saheb, nobile Mahrokh-Khanum, perdoni se mi permetto un'osservazione, ma Eskandar non riesce a proseguire, perché Mahrokh-Khanum si è tolta il velo e lui non può sostenere il suo sguardo.

La giovane donna sta in piedi davanti a lui e ha un aspetto simile al suo. Porta pantaloni, giacca e stivali da cavaliere; indossa anche un alto cappello da uomo ed è quasi irriconoscibile. Dà il velo alla domestica e ordina: tieniti pronta, sarò di ritorno prima che faccia giorno.

Come ti sembro?, chiede Mahrokh-Khanum mentre procede lentamente con Eskandar sulla strada di ghiaia, in direzione della Tup Khaneh, la Piazza dei Cannoni, e verso la caserma militare.

Eskandar deve dominarsi per non ridere. Saheb, con rispetto parlando, sembra un ragazzo.

Bene, molto bene. Nulla in me ricorda una donna?

No, saheb. Un vero ragazzo.

A mano a mano che si allontanano dalla tenuta di Palang-Khan, Mahrokh-Khanum si rilassa. Se dovessimo incontrare qualcuno, io starò zitta e tu parlerai.

I suoi desideri sono ordini, saheb.

Ti rendi conto per davvero della libertà di cui godi?, chiede Mahrokh-Khanum.

Saheb? Come dice?

Giorno dopo giorno, e per tutta la mia vita, sono esiliata dietro le mura e le porte di casa mia. Vedere la città e il bazar, i giardini, il deserto, le montagne, guardare in viso la gente: io non posso farlo. Non parlo con nessuno, non incontro estranei, non vedo mai la merce esposta, non contratto sul prezzo e non compro niente. Non vado da un posto all'altro, non mi faccio largo tra la folla, non richiamo nessuna vettura per strada, non saluto nessun passante. Niente. Non vivo niente di tutto questo. Solo perché sono una donna, dice Mahrokh-Khanum furiosa, voltandosi per nascondere le lacrime.

Cavalcano per un po' l'uno accanto all'altra, in silenzio, poi Mahrokh-Khanum dice piano: Eskandar-Agha, raccontami come sono queste strade di giorno.

Dal modo in cui lei pone la domanda, Eskandar ha la sensazione di essere per la sua padrona una persona fidata. Saheb, dice disinvolto, è affollato e rumoroso. Vetture, cavalli, asini e cammelli delle carovane con merci per il bazar si fanno largo nelle strade e nelle vie. Si trova tutto ciò di cui si ha bisogno. E perfino cose che non servono, dice Eskandar-Agha e gli viene da ridere.

Perché ridi?

Saheb, quando sono arrivato per la prima volta in un grosso villaggio, il traduttore che mi accompagnava mi ha detto la stessa cosa. Trovi cose di cui non hai bisogno. Di giorno ci sono in giro così tante persone che non si riesce a contarle e i negozi e le botteghe su entrambi i lati della strada sono aperti e i mercanti offrono le loro mille merci colorate. Asini e cavalli tirano carri con frutta, verdura, legna, stoffe, lana, cuoio, fieno e altre cose. La gente porta continuamente qualcosa da una parte all'altra della città. Solo Allah sa perché lo fanno.

Racconta bene, lo invita Mahrokh-Khanum, e Eskandar si accorge che la voce di lei è diversa e gli arriva direttamente nella pancia, dove rimane calda e tenera come se fosse una mano che lo accarezza.

Eskandar guarda fisso nell'oscurità della strada, malgrado avverta lo sguardo della sua bella padrona, che sembra toccarlo dapprima sulla testa e in viso, poi giù fino ai piedi. Eskandar si aggrappa forte alle briglie e alla criniera del cavallo, non sa cosa dire, sa solo che non deve smettere di guardare avanti.

Eskandar, sussurra Mahrokh-Khanum, quanti anni hai?

Sono al mondo da quando i *farangi* sono arrivati nella nostra terra e hanno iniziato a cercare il petrolio. Il mullah dice che dovrei avere quindici o sedici anni.

Allora hai quasi la mia età, dice la voce vellutata. Mahrokh-Khanum si avvicina sempre più a Eskandar e chiede: nel bazar incontri anche delle donne?

Non uguali a lei, saheb, risponde lui sperando che Mahrokh-Khanum non possa sentire il suo cuore che batte.

Non uguali a me?, chiede lei con una risata che a Eskandar ricorda il mormorio dell'acqua fresca del ruscello ai due lati della strada. Vorrei avere abbastanza coraggio per cavalcare di giorno attraverso la città vestita così, afferma poi senza più ridere.

Eskandar non capisce più di cosa stia parlando la sua bella padrona, perché ora gli salta agli occhi per la prima volta che non cavalca da donna, ma siede con le gambe divaricate, la sua coscia preme sul cavallo, i suoi fianchi spingono avanti e indietro sulla sella e lui può vedere il suo grembo. Eskandar si volta dall'altro lato e sente il sudore che gli cola giù per la schiena.

Mi sembra che tu abbia il fiato corto, sussurra Mahrokh-Khanum. La cavalcata ti affatica?

Affaticarmi? Cosa? No, saheb!

Mi accompagneresti?, chiede la bella padrona cavalcando così vicino a Eskandar che il suo ginocchio tocca quello di lui.

Saheb, con il suo permesso, soltanto le donne del basso popolo vanno in pubblico per le strade. Soltanto chi non ha servitori, fratelli, padri o figli e deve occuparsi da sola dei propri interessi. E persino queste donne sono velate da capo a piedi e portano il velo bianco sul viso. Nessuna *saifeh* va da sola in strada o al bazar.

Saifeh, la debole, che brutta parola. Penso che non siano le donne, ma gli uomini a essere deboli in questa terra. Così deboli che non sanno dominarsi e diventano animali se una donna rivolge loro lo sguardo. Guardami, dice aspettando che Eskandar si volti e posi gli occhi sulla sua persona.

Vedi? Io monto a cavallo e ho l'aspetto di un uomo. Possiedo terreni, so leggere e scrivere, so farmi le mie opinioni, allevo una bambina, mi occupo della mia casa, organizzo la servitù, do ordini. Con quale diritto, dunque, un qualsiasi uomo può definirmi *saifeh*?

Le donne hanno bisogno di protezione, le risponde Eskandar.

Mahrokh-Khanum richiama il cavallo, parla tranquillamente. Su questo hai ragione, concorda. Ma rispondi a questa domanda: da chi devono essere protette le donne?

Dagli uomini, risponde Eskandar, alzando le spalle e guardando fisso in terra. Senza averne l'intenzione, dice: saheb, con rispetto parlando, lei è una donna meravigliosa.

Davvero? Lo sono?, chiede Mahrokh-Khanum non sembrando affatto sorpresa o indignata. Solleva il capo e ride, senza tenere la mano davanti alla bocca, e così confonde completamente Eskandar-Agha. Rivelami cosa ti ha spinto a dire che sono una donna meravigliosa.

Eskandar non riesce a fare altro che alzare le spalle.

Non mi contraddici, questo è bene, dice la sua bella padrona. I pensieri e le convinzioni sono come i vestiti: bisogna ripararli, cambiarli e qualche volta anche gettarli via.

Saheb, con il suo permesso, chi è povero come me non ha molti vestiti a disposizione.

La voce di Mahrokh-Khanum diventa di nuovo come velluto, mentre dice: con i tuoi modi poetici riesci ancora a impressionarmi.

Poetici? Io sarei un poeta? Questo a Eskandar non l'aveva mai detto nessuno, tantomeno una donna. Un brivido caldo gli attraversa il corpo e con la coda dell'occhio vede che la sua padrona lo scruta ancora. Ma poi Eskandar si spaventa, perché nella traversa successiva vede la luce di una lanterna.

Saheb, silenzio, sussurra lui. È il guardiano notturno.

Mahrokh-Khanum tira le redini così bruscamente che il suo cavallo sbuffa nervosamente, alza la testa e la abbassa, fa tintinnare i finimenti e con gli zoccoli fa un baccano infernale. Già da un po' il guardiano notturno sta prestando attenzione a ogni rumore. Ha oscurato la lanterna e si è fermato. Specialmente in questa zona, dove ci sono le grandi case e le tenute dei benestanti, i guardiani notturni sono armati. Basta che gridino per far comparire altre guardie, i soldati del re e nel peggiore dei casi persino i soldati russi e britannici.

Senza pensarci troppo, Eskandar inizia a cantare a bassa voce. Abitanti della città, dormite tranquilli. Si interrompe, ascolta il silenzio. I guardiani notturni sono svegli, lui continua a cantare, e non sa se sia un segno buono o cattivo che la luce della lanterna, che dalla via si diffonde sulla strada principale, ricominci a muoversi.

Continua, mormora Mahrokh-Khanum.

Allah ci protegge, dice Eskandar. Dormite. Dormite. Abitanti della città, la pace è intorno a voi. Mentre canta, volta il cavallo senza fretta. Mahrokh-Khanum cavalca con lui lentamente nella direzione da cui sono venuti. Svoltano nella strada successiva. Nonostante l'oscurità, Eskandar capisce che Mahrokh-Khanum è pallida e trema. Lui smonta dal cavallo, aiuta la sua padrona a scendere e non riesce a contenere la sua gioia poiché non le reggono le gambe e si lascia cadere tra le sue braccia.

Lei appoggia la testa sulla sua spalla, il suo respiro si calma, ma deglutisce silenziosamente. Eskandar non può fare altro che prenderla tra le braccia e tenerla stretta, finché il corpo di lei si alleggerisce e si abbandona completamente al suo abbraccio. Quanto più si rilassa, tanto più si stringe a Eskandar, finché anche lei lo abbraccia e gli posa una mano sul petto. È più piccola ed esile di quanto lui avesse pensato, più sottile, più fragile, come un uccellino.

Nello stesso tempo Eskandar si accorge di non essere più un ragazzino e che nelle sue braccia c'è abbastanza forza per dare protezione a una donna, abbastanza da poterle piacere, abbastanza perché lui capisca di essere un uomo.

Come se potesse leggergli nel pensiero, lei sussurra: sei un giovane vigoroso e di bell'aspetto, lo sai? Tra le tue braccia una donna come me può sentirsi protetta. Alza la testa e, senza che Eskandar sappia come e perché accada, le sue labbra toccano quelle di lei. È un tocco lievissimo, delicato, appena percettibile, ma i loro corpi tremano.

Mentre Eskandar non dice una parola, Mahrokh-Khanum si rimette in piedi velocemente. Tu e Agha-Mobasher siete gli unici uomini a cui, sebbene non siate *mahram*, sia permesso entrare nell'*harram*. Palang-Khan ucciderebbe me e te all'istante, se sapesse... Non dice altro.

Saheb, mi dispiace.

Mahrokh-Khanum gli posa un dito sulle labbra. Zitto. A me non dispiace. E poi sale a cavallo, fa schioccare la lingua e si mette in movimento, come se lei non fosse una donna e per di più la moglie favorita del suo padrone, la potente Tigre, come se lui non fosse un servitore e non fosse accaduto nulla, come se non avessero infranto alcuna regola. Nessuno saprà cos'è successo oggi, sussurra lei. Nessuno. Mi senti?

Sì, saheb, sempre ai suoi ordini. Eskandar raccoglie tutto il suo coraggio e mormora: saheb, con il suo permesso, lei mi dice cose che nessuno mi ha mai detto.

Mahrokh-Khanum lo guarda con aria maliziosa. Chissà, ammicca sorridendo. Forse farò presto cose che nessuno ha mai fatto con te. Quando tornano nella tenuta, Mahrokh-Khanum si piega in avanti, avvicina a sé Eskandar e gli dà un bacio sulla fronte.

Lei scompare nel giardino, alla prima luce dell'alba, mentre Eskandar rimane lì a lungo, con gli occhi chiusi, e desidera con fervore di non perdere questi momenti straordinari e di tenere stretta la sensazione del bacio sulla sua fronte, fino a che non sia affondata nel suo cuore.

1916, la Grande Guerra e la prima automobile

Palang-Khan si muove sferragliando attraverso il parco in un'insolita vettura, che scoppietta rumorosamente ed emette un'enorme quantità di fumo denso puzzolente. Il trabiccolo non è trainato da cavalli, né guidato da un vetturino.

Tutte le autorità, gli impiegati, i cavalieri, gli innumerevoli ospiti della casa, tutti sono venuti ad ammirare il nuovo giocattolo del padrone. Che, come Mesterr Richard all'epoca, è arrivato con la nave dal paese dei *farangi*, e Hodjat e un manipolo di cavalieri sono andati a ritirarlo al porto nel Golfo Persico e l'hanno fatto trainare per settimane fino a Teheran.

Agha-Mobasher ha incaricato i servitori di stendere tappeti, servire frutta e datteri, disporre samovar e bollitori e preparare il tè, in modo che il pubblico possa ristorarsi mentre il padrone di casa sferraglia per il parco nella sua carrozza senza cavalli e si pavoneggia a bordo della sua nuova conquista *farangi*.

Palang-Khan porta due piccoli vetri che sembrano minuscole finestre davanti agli occhi, ride come un ragazzo e fa cenni a tutti. Alcuni acclamano il mostro ansimante, altri si spaventano e si buttano persino a terra, pregano o fuggono. Alcuni dei suoi figli corrono dietro alla carrozza senza cavalli. I più coraggiosi saltano su e vi restano per un po'.

Persino le mogli di Palang-Khan sono venute, coperte e con il velo per il viso. Una grida e gesticola, qualcuno deve sbrigarsi ad aiutare la povera Tigre, altre trattengono i rispettivi figli e figlie: il mostro potrebbe far loro del male.

Mahrokh-Khanum è l'unica che non porta un velo davanti al viso e sta in piedi in prima fila con Rossane in braccio. Grida forte in modo che tutti sentano che anche lei vuole essere portata in una vettura simile, poi guarda verso Eskandar, il quale avvampa subito in viso, sperando che nessuno lo noti.

Agha-Mobasher e Hodjat siedono su un tappeto, bevono tè dal samovar e mangiano datteri freschi. Non è una carrozza, spiega l'amministratore informato. È un'automobile. E si muove perché beve petrolio. Agha-Mobasher afferma che lo stimato saheb ha acquistato questo nuovissimo prodigio della tecnica durante il suo soggiorno all'estero. E tenendo la mano davanti alla bocca aggiunge: vorrei che non l'avesse fatto. Poiché senza dubbio si verificherà questo: il nostro onorato padrone ora troverà imitatori dappertutto in città. Ma poiché la maggior parte delle persone non dispone come l'onorato khan di una grande tenuta per farci andare in giro questo giocattolo rumoroso, dovranno volenti o nolenti farlo girare per le strade. Agha-Mobasher sospira, mentre profetizza: in un batter d'occhio le nostre belle, nuove strade saranno piene di queste autovetture puzzolenti e rumorose. Appesteranno l'aria, disturberanno la quiete e infine renderanno inutili cavalli, asini e muli. E tutto questo solo perché vogliamo metterci sullo stesso livello dei *farangi*. Ma la preoccupazione più grande di Agha-Mobasher è che il saheb non userà il suo nuovo giocattolo con modestia, lo mostrerà a tutti e attirerà l'invidia e la malevolenza della gente su di sé e sugli abitanti della sua casa. Le persone che soffrono la miseria non sono ragionevoli, dice Agha-Mobasher. Allah ci protegga, sguardi cattivi potrebbero colpire il saheb e la sua famiglia, e anche noi che viviamo sotto il suo tetto e mangiamo il suo pane. La gente potrebbe lanciare maledizioni su questa casa e sui suoi abitanti. Specialmente da quando è scoppiata questa spaventosa grande guerra, gli affari vanno male e la gente ha poco denaro, si lamenta l'amministratore. Non è così?, chiede guardando Eskandar.

Saheb, lei ha ragione. Molte botteghe e attività artigianali hanno già dovuto chiudere.

Durante il cammino per venire qui l'ho sperimentato in prima persona, dice Hodjat. Le grandi strade e i valichi non sono mai stati tanto malsicuri, neanche al tempo in cui combattevamo per la Costituzione. I mercanti e i viaggiatori devono temere per la propria vita. Chi non può unirsi a una carovana con cavalieri armati viene aggredito e derubato. Neanche nei caravanserragli ci si può sentire sicuri. I briganti e i malintenzionati saccheggiano e derubano i viaggiatori, prendono ostaggi e li uccidono.

Saheb, c'è una cosa che non comprendo, dice Eskandar, che di recente osa prendere la parola anche quando nessuno si rivolge a lui o gli fa una domanda. Questa guerra dei *farangi* non riguarda l'Iran, il Parlamento ha dichiarato la nostra neutralità, tuttavia i russi e gli *engelissi* hanno inviato altri soldati nella nostra terra...

È un'osservazione intelligente, lo loda il vecchio amministratore. In questo frangente russi ed *engelissi* si sono alleati, sebbene in realtà siano nemici. Non si curano del nostro Parlamento e dell'autonomia della nostra patria. Hanno diviso l'Iran in nord e sud, se lo sono spartito e schierano sempre più truppe.

Ma perché lo fanno?, chiede Eskandar che capisce ancora meno.

Lo fanno per impedire che gli *almani*, i tedeschi, che in questa grande guerra sono loro nemici, occupino l'Iran; se ciò succedesse, infatti, finirebbero i buoni affari e la loro supremazia in questa parte del mondo, spiega Agha-Mobasher al suo ascoltatore.

Dobbiamo smetterla di comportarci come se fosse sempre colpa degli altri, interviene Hodjat. In fondo è stato il nostro re ad aprire le porte ai *farangi* e alle loro truppe, a farli venire nella nostra terra e a portarci la guerra.

Naturalmente noi, la gente semplice, siamo impotenti

contro il nostro re, dice Agha-Mobasher. Gli unici che potrebbero avere la meglio su di lui e salvare la nostra terra dalle grinfie degli stranieri sono i potenti e i rappresentanti del Parlamento, gente come il nostro *arbab*, sussurra l'amministratore. Guarda Eskandar e si comporta come mai aveva fatto prima: gli posa il braccio sulla spalla e assume un'aria cospiratoria. Raccontaci qualche novità che senti nell'ufficio del saheb, quando porti da lui i suoi figli.

Saheb, deve credermi, non origlio.

Va tutto bene, dice Agha-Mobasher strizzando l'occhio. Siamo tra noi.

Saheb, non so se sia una buona notizia, ma ho sentito che le truppe e gli agenti turchi e tedeschi muovono contro gli inglesi e i russi dall'Iraq. L'*arbab* ha detto che c'è un *farangi almani* di nome Wassmuss, che i più chiamano Lawrence.

L'amministratore alza le sopracciglia.

Saheb, è un agente degli *almani*. Anche gli uomini del bazar parlano di lui. Dicono che Wassmuss e i suoi addestrano membri delle tribù, li pagano, li riforniscono di armi e li mandano in battaglia contro gli *engelissi* e i loro alleati.

Qui tra noi, in Iran?, chiede l'amministratore.

Saheb, nel bazar si dice che tutti i *farangi* – *almani*, *engelissi* e russi – reclutano i servi e gli operai più forti e persino chi si è macchiato di gravi delitti nelle prigioni.

Li reclutano?, vuole sapere l'amministratore. Li reclutano per fare cosa?

Stanno mettendo insieme un esercito.

Un esercito?, esclama Hodjat indignato. Al massimo sono mercenari e banditi.

Danno loro armi *farangi*, aggiunge Eskandar.

E contro chi dovrebbero combattere?, chiede l'amministratore.

Per rendere il racconto più avvincente, Eskandar beve con calma un sorso di tè prima di rispondere. Saheb, con rispetto parlando, mandano in battaglia questi mercenari contro altri iraniani.

Altri iraniani? Ragazzo, parla in modo che possa capirti, dice l'amministratore impaziente.

Saheb, gli *almani* e questo Wassmuss fanno esattamente come gli *engelissi* e i russi. Dunque ogni contendente recluta e paga i propri iraniani e li manda in battaglia gli uni contro gli altri.

Lo penso anch'io, concorda Hodjat. *Engelissi*, russi, *almani*, *torki* comprano, corrompono, pagano gli iraniani e ci aizzano l'uno contro l'altro.

L'amministratore aspetta teso che il cavaliere continui a parlare, ma ora tocca a lui rendersi importante. E noi?, dice Hodjat sospirando e mettendosi un dattero in bocca. Ma prima che possa esprimersi, Eskandar conclude il pensiero al suo posto.

Lasciamo che ci facciano questo, dice Eskandar ricevendo dal cavaliere Hodjat uno sguardo di rimprovero.

Bravo, ragazzo mio, approva l'amministratore. Hai detto bene. Lasciamo che ci sfruttino, che ci comprino e ci rendano traditori dei nostri stessi fratelli.

Con la coda dell'occhio Eskandar si accorge che la sua padrona Mahrokh-Khanum guarda ancora verso di lui e deve dominarsi per non sorridere compiaciuto, poiché è orgoglioso che lei capisca che è seduto in compagnia dell'onorevole amministratore e del cavaliere Hodjat e conversa con loro di cose importanti, come un vero uomo.

Dominano il caos e l'ingiustizia, brontola l'amministratore. I viveri sono diventati così cari che persino io ogni settimana devo fare economie per far quadrare i conti dell'amministrazione. Quando l'amministratore vede lo sguardo nervoso del cavaliere e del suo servitore, sorride. Per la mia e per la vostra paga non c'è da preoccuparsi, li tranquillizza.

Per dire qualcosa di importante e suscitare un'impressione ancora più profonda negli uomini, ma soprattutto nella bella Mahrokh-Khanum, Eskandar dice: di me e della mia paga non mi preoccupo affatto. Ma se penso a tutte le persone che hanno la pancia vuota e figli affamati, allora non so come la nostra patria possa tenere il passo con il progresso e con lo sviluppo del resto del mondo, conclude Eskandar meravigliandosi lui stesso delle parole intelligenti che ha appena proferito.

I più poveri tra i poveri non hanno neanche più pane secco, perché in tutto il paese manca la farina, aggiunge l'amministratore e incoraggia Eskandar a raccontare la storia dei battitori di chiodi nel bazar.

Un paio di giorni fa, dice Eskandar, quando sono stato dai ragazzi, uno di loro aveva crampi allo stomaco. Si contorceva dai dolori e aveva un aspetto tremendo. Quando finalmente ho trovato un *hakim* e sono riuscito a convincerlo a venire con me a visitare il ragazzo, era già troppo tardi. Giaceva per terra morto, racconta Eskandar. Gli altri ragazzi si erano rannicchiati intorno a lui, lo fissavano silenziosi e si rosicchiavano le dita sporche.

Anche senza guardarla, Eskandar sa che Mahrokh-Khanum lo osserva e cerca di capire di cosa stia parlando.

E poi? Cos'è successo?, chiede Hodjat.

Alcuni di loro piangevano, altri no. Il medico ha spiegato che il poveretto aveva i vermi che arrivano nella pancia dei bambini con l'acqua sporca. Per calmare gli altri ragazzi ho detto che forse era ancora vivo, ma l'*hakim* ha replicato che l'unica cosa ancora viva in lui erano i vermi nella sua pancia.

Che miseria e che ingiustizia, sospira l'amministratore, come se non si fosse già fatto raccontare questa storia da Eskandar tre o quattro volte. Di' quello che hai fatto dopo, lo sollecita.

Sono andato dai mercanti del bazar e li ho pregati di aiutarmi a comprare pane e acqua pulita per i ragazzi. Ma non ho messo insieme più di un'elemosina. Alcuni ce la fanno a stento loro stessi. Il proprietario dell'*hammam* ha una clientela così scarsa che riscalda la sala da bagno solo il giovedì e il venerdì; la locanda è chiusa ormai da settimane, perché non vengono più viaggiatori. Invece di darmi un paio di monete per i ragazzi, lo stampatore di stoffe ha persino colto l'occasione per chiedere a me, un semplice servitore, un anticipo. E il fornaio ha insistito perché chiedessi all'onorevole Agha-Mobasher se nel forno della casa dell'onorato khan non ci fosse lavoro per lui.

Ringrazio Allah di essere vecchio e non dover più uscire in strada, mormora l'amministratore asciugandosi le lacrime. Darei la mia ultima camicia ai mendicanti e agli affamati.

Se non si dà loro niente, alcuni diventano così furiosi che si deve fare attenzione, dice Eskandar. Ieri uno mi ha tirato una pietra gridando a squarciagola che dovevo vergognarmi di non aiutare un povero come lui.

Tuttavia non conosco nessuno che abbia un cuore tenero e buono come il nostro giovane amico qui, dice l'amministratore dando un colpetto sul braccio di Eskandar. Raccontaci, lo incoraggia. Raccontaci perché siedi qui senza giacca.

Non vale la pena parlarne, si schermisce Eskandar rallegrandosi che l'amministratore insista perché racconti come ha perso la sua giacca.

Era il giorno che faceva quel freddo spaventoso e tirava vento. Mi stavo affrettando a tornare a casa, quando improvvisamente una bambina mi ha stretto la mano con la sua, che era ghiacciata. Aveva cinque o sei anni e indossava solo una pancera di cotone e un velo sulla testa. Le gambe, i piedi e le braccia erano nudi, aveva la pelle blu e screpolata per il freddo e tremava come un piccolo salice piangente. Mi è venuta vicino, mi ha guardato fisso e non ha detto una parola. Lei cosa avrebbe fatto al mio posto?, chiede Eskandar. Naturalmente mi sono tolto la giacca e l'ho messa sulle spalle della bambina. Ho riflettuto anche sull'idea di portare qui la fanciulla, oppure su dove avrei potuto procurarle almeno un pezzo di pane o delle scarpe, ma lei mi ha sorriso e ringraziato, poi è crollata a terra.

L'amministratore gli posa di nuovo la mano sul braccio, si morde le labbra e scuote la testa.

E poi? Cos'è successo poi?, chiede Hodjat.

Ho avuto una paura terribile e ho cercato aiuto. Ma era così freddo che tranne una mendicante non c'era nessuno.

La donna ha guardato fisso per un po' la bambina morta, poi si è chinata su di lei, le ha tolto la giacca e se l'è infilata. Sono rimasto seduto accanto alla piccola finché è arrivato il becchino. Quando l'ha posata sul carro e l'ha spinta da parte, un braccio della bambina ha dondolato come se mi stesse facendo un cenno di commiato, mormora Eskandar.

Sì, ripete l'amministratore. Sono tempi difficili.

Da allora un pensiero terribile mi perseguita: forse la bambina non è morta e cerca di uscire dalla tomba con le sue manine fredde.

Dovresti dimenticare queste storie spaventose, dice il mullah, che si è seduto con l'amministratore, Hodjat e Eskandar. Non è bene che perdiamo la nostra fede in Dio.

Quale fede? Quale Dio? Muoiono bambini innocenti, brontola l'amministratore.

Il mullah alza l'indice e ammonisce: Dio punisce coloro che abbandonano la fede.

Ma stia un po' a sentire. L'amministratore guarda il mullah con avversione. Quali peccati può aver commesso una bambina di pochi anni? Di quali peccati sono colpevoli i mendicanti, i mercanti e gli uomini d'affari del bazar?

Questo lo sa solo Dio, risponde il mullah annuendo soddisfatto di se stesso e del modo in cui difende Dio.

Mi risparmi la sua retorica, brontola Agha-Mobasher. Cos'ha a che fare Dio con tutto questo? La situazione difficile della nostra terra è da imputare soprattutto al nostro re, che permette ai *farangi* di rubare il petrolio. In secondo luogo è colpa degli stranieri che sfruttano senza vergogna questa opportunità.

E i terzi colpevoli siamo noi, il popolo iraniano, colpevoli perché lasciamo che tutto questo accada, interviene il cavaliere. Alcuni dei nostri proprietari terrieri, burocrati e persino qualche deputato sono corrotti. Se noi iraniani non permettessimo la rapina della nostra terra, *engelissi*, russi, *almani* o altri *farangi* non potrebbero arrecare alcun danno a noi e al nostro paese.

Ma cosa possiamo fare?, chiede Eskandar. Che potere ha

il popolo? Onestamente, uno come me è contento se ha un lavoro, cibo a sufficienza e un tetto sulla testa.

Questa è riconoscenza, dice Agha-Mobasher annuendo verso Eskandar in segno di apprezzamento.

Se avessimo almeno un esercito ragionevole, brontola Hodjat. Abbiamo capitribù, cavalieri, guerrieri, combattenti, tutte le armi possibili, ma nessuna gerarchia, nessuna disciplina, nessuno scopo comune. Non abbiamo una guida e lo scià è giovane e incapace. È bene che il nostro Parlamento abbia finalmente approvato una legge per l'introduzione del servizio militare obbligatorio. È giunta l'ora che anche nel nostro paese i giovani uomini vengano addestrati in un esercito centrale e che portino come i soldati *farangi* le stesse armi e la stessa uniforme. Vivranno nelle caserme e saranno sottoposti al comando di un unico generale. Giovani come il nostro Agha-Eskandar verranno reclutati e saranno addestrati a diventare buoni soldati, che difendono la madrepatria.

Saheb, ho sentito che lo stimato khan manderà i suoi due figli maggiori in questo esercito, dice Eskandar. Dovrebbero diventare ufficiali della guardia reale.

Non tutto ciò che decide il Parlamento è buono, afferma il mullah in un modo che fa infuriare il vecchio amministratore. Si dice che i deputati abbiano approvato una legge per l'istituzione di un ministero delle finanze.

E cosa c'è di male?, chiede l'amministratore. Tutti gli Stati moderni hanno questo ministero.

Che cosa dovrebbe esserci di male? Dunque, non ha saputo? Chiunque possieda una terra dovrà pagare al re una somma proporzionale alla grandezza della sua proprietà, risponde il mullah, soddisfatto di essere il più informato tra i presenti.

Lei dice solo sciocchezze, brontola Agha-Mobasher. L'imposta di cui parla si chiama tassa e non sarà pagata al re, bensì al governo, cioè allo Stato, alla fine dunque al popolo. Quindi, lei e io e ogni altro cittadino di questa terra siamo beneficiari di questa imposta; poiché sarà usata per ricostruire il paese e per occuparsi del bene del popolo. Il suo bene e il mio bene, capisce? Agha-Mobasher scruta il mullah come un caso senza speranza, poi dice qualcosa che Eskandar non ha mai sentito dire da nessuno. Il re non è certo il padrone del paese. Il paese appartiene a Dio e al popolo, non a un'unica persona, soltanto perché ha una corona sulla testa.

L'amministratore è così furioso che non solo il mullah ma anche Eskandar e il cavaliere ammutoliscono.

È importante che si informi meglio sulle questioni che hanno a che fare con il nostro paese, le leggi e il nostro governo, esorta l'amministratore. In fondo l'ho assunta non solo come officiante, ma anche come maestro. E dopotutto lei è responsabile della preparazione dei figli di questa casa alla loro vita futura. E poi la smetta di comportarsi come un martire. Si guardi, che modi sono?, dice l'amministratore. Si sieda dritto, signore. Un uomo deve sedere, stare in piedi e camminare dritto.

Non solo il mullah, ma anche Eskandar e il cavaliere si tirano su. Con un tono abbastanza amichevole, Agha-Mobasher chiede se il samovar sia ancora acceso. Eskandar infila subito un altro pezzo di legno nel fuoco, versa il tè nei bicchieri e li porge agli uomini.

Ragazzo, spero che tu abbia ascoltato con attenzione e che tu abbia capito qualcosa di quello che è stato detto qui oggi, gli si rivolge Agha-Mobasher.

Sì, stimato agha, l'ho fatto, risponde Eskandar sperando che l'amministratore non gli chieda esattamente che cosa ha imparato e compreso.

Se la mancanza di scrupoli, l'ignoranza e le mani legate della nostra gente non sono nulla di buono, facciamo in modo che almeno siano un insegnamento per noi, continua l'amministratore. Come ha già detto il poeta Sa'di: da chi hai imparato la tua cortesia? L'amministratore sorride a Eskandar e gli porge il suo bicchiere vuoto.

Da coloro che ne sono privi, risponde Eskandar terminando la frase dell'amministratore, che questi ripete più volte al giorno, e versa il tè.

Agha-Mobasher annuisce soddisfatto. Terremo d'occhio il nostro giovane qui, dice, ti incoraggeremo e ti sosterremo, perché un giorno diventi un membro utile della società. Sei intelligente e inoltre hai la stoffa per imparare una vera professione. Verrà il tempo in cui non soltanto i figli dei ricchi e dei khan riceveranno un'istruzione, ma anche le persone semplici e, a buon diritto, andranno nelle accademie e nelle caserme, diventeranno ufficiali e deputati, conclude l'amministratore drizzando ancora di più la sua schiena già dritta.

I dolori del giovane Eskandar-Agha

Dalla fine della Grande Guerra, che la gente chiama guerra mondiale, Eskandar non si rasa più la testa come un ragazzo, ma si fa crescere i capelli come un vero uomo, li liscia con l'olio e porta, come i mercanti del bazar, un bel cappello alto di feltro nero, sotto il quale i suoi riccioli risaltano. Segue il consiglio della sua padrona Mahrokh-Khanum e si friziona il viso con olio d'oliva, in modo che non diventi screpolato e smorto per via della tipica carnagione scura degli uomini del sud dell'Iran. Inoltre di recente Mahrokh-Khanum coglie ogni occasione per ripetergli che i suoi occhi sono i più belli che abbia mai visto in un uomo. Bagnali nell'acqua limpida, o ancora meglio nel decotto di camomilla, in modo che rimangano sani e non perdano il loro splendore, lo esorta lei.

Come desidera, saheb, risponde Eskandar perdendosi a sua volta negli occhi della sua padrona, che lo guardano languidi e lo incantano.

Hai lo sguardo di una tigre, dice lei che assomiglia a uno dei suoi gatti con il pelo lungo, che si stiracchiano al sole tutto il giorno sul davanzale e aspettano che qualcuno venga ad accarezzarli per strusciarglisi addosso facendo le fusa. Mahrokh-Khanum inclina la testa da un lato, osserva Eskandar da capo a piedi e mormora suadente: con gli occhi che hai nessuna donna è al sicuro, fai girare la testa a tutte.

Eskandar non sa più dove guardare o cosa fare. Sente caldo e freddo, e questo lo fa rabbrividire. La sua confusione è più grande che mai, quando una mattina, dopo essere stato in giro per la città segretamente con la khanum, per congedarsi lei lo bacia sulla fronte. Dapprima crede che la signora Mahrokh dica queste cose perché vuole averlo a sua disposizione, in modo che la porti ancora una volta a cavallo di nacosto, o perché le procuri dal bazar qualcosa che in tempi duri come questi non è facile ottenere. Ma quando lei non smette di guardarlo, non dice niente, sorride soltanto, respira con una specie di affanno e il suo petto si solleva e si abbassa, e Eskandar non può staccarle gli occhi di dosso, inizia pian piano a capire che cosa voglia da lui. La khanum non vuole uscire a cavallo e neanche qualcosa dal bazar. Vuole me.

Lo sai?, chiede Mahrokh-Khanum bagnandosi le labbra con la lingua.

No, saheb. Con rispetto parlando, io non so niente.

Non ci credo, ribatte lei. Credo che tu sappia fin troppo. Ma naturalmente non puoi dire quello che pensi e che sai; e a maggior ragione non puoi rivelare quello che senti e i desideri che hai.

Eskandar vorrebbe mostrarsi educato e abbassare lo sguardo, ma non può fare altro che continuare a fissare la sua bella padrona.

Dimmi, con i tuoi diciannove o vent'anni hai raggiunto da tempo l'età in cui altri uomini hanno moglie e figli, dice la khanum. Come stanno le cose? C'è una fanciulla che desideri, che ti fa sognare? Chi ti causa notti insonni?, incalza la sua padrona. C'è qualcuna che desideri diventi la madre dei tuoi figli?

Eskandar ha la sensazione che il suo cuore vada in mille pezzi e cada ai piedi della sua padrona in frantumi.

Come se avesse capito perfettamente il suo disagio, Mahrokh-Khanum è clemente con il suo servo, riempie d'acqua un bicchiere, glielo mette davanti e va alla finestra, in modo che lui possa riprendersi. Ma Eskandar non ha nemmeno finito di bere che lei lo interroga di nuovo: ora parla, per quale motivo non c'è una donna nella tua vita?

Saheb, non lo so, risponde lui. Non ho ancora considerato me stesso in questo modo. Intendo, come un...

Come un uomo?

La signora Mahrokh torna ai suoi cuscini e tira fuori dalla tasca della gonna il piccolo specchio tempestato di perle che Eskandar le ha portato dal bazar. Gli lancia uno sguardo ammaliatore, si bagna un dito con la lingua e gli liscia le folte sopracciglia nere. Sei così impegnato a essere un bravo servitore, a non perdere il tuo posto per poter rimanere accanto alla tua amatissima Rossane, che non capisci dove sia la vita vera. Guardati, dice Mahrokh-Khanum porgendogli lo specchio, il che lo costringe ad avvicinarsi. Solo quattro passi lo separano dallo specchio, dalla sua mano, dal suo braccio, dal suo respiro e dal suo seno. Ma per questo breve cammino Eskandar ha bisogno di più coraggio di quanto gliene sia servito per salire sulla montagna proibita. E quando finalmente riesce a prendere lo specchio, le loro dita si toccano. È un contatto lievissimo, ma lo fa tremare così forte che non può nasconderlo.

Per quanto riguarda il genere femminile sembri completamente privo di esperienza, afferma Mahrokh-Khanum sorridendo. È tempo che una donna, una donna esperta, ti istruisca, gli dice mordendo voluttuosamente un succoso grappolo d'uva. Tiene prigioniero Eskandar con lo sguardo mentre prosegue: a maggior ragione devi imparare a gestire i tuoi rapporti con una donna. Devi imparare a riconoscere e a sviluppare le tue capacità.

Saheb, con rispetto parlando, io sono solo il suo servitore.

È vero, risponde lei. E come tale sei alle mie dipendenze e devi seguire le mie direttive. E come tua padrona, vorrei che tu ti sedessi accanto a me e mi raccontassi la tua vita. Mahrokh-Khanum fa capire a Eskandar che deve prendere posto accanto a lei sui cuscini.

Visto che non può fare altro e che è il suo più profondo desiderio, un desiderio grande come nessun altro, Eskandar non indugia e fa ciò che lei chiede. In questo momento non gli importa nulla che questo sia proibito e anche pericoloso, che possa costargli il posto e persino la vita. Perché quale valore avrebbe la vita se rinunciasse a questo momento? Eskandar si siede sui cuscini accanto alla sua padrona e si immerge nella delicata nuvola di profumo e calore che si sprigiona dal suo bel corpo.

Ho fatto venire Zarrin, la moglie di Hodjat-Agha e le ho parlato di te, continua Mahrokh-Khanum. Mi ha riferito che ti eserciti quotidianamente con Agha-Hodjat per rinforzare il tuo corpo e che sei sulla buona strada per diventare un vero *pahlewan*. Mahrokh-Khanum sfiora il proprio corpo, guarda Eskandar in un modo nuovo e dice: questo spiega perché le tue braccia, le gambe e le spalle siano così vigorose e ben fatte.

Il desiderio che Eskandar prova per la sua padrona è così forte che fa fatica a trattenersi dal gettarsi su di lei.

Come se potesse leggergli nel pensiero, la moglie della Tigre continua: se non fossi il mio servitore, ma un uomo libero, che può decidere da sé cosa fare o non fare, non soltanto sapresti ciò che vuoi, ma lo faresti. Saresti un uomo che prende quello che vuole. Ho ragione?

Saheb, il mio dovere è ubbidire, risponde Eskandar. È mio dovere occuparmi di quello che è vostro e del bene dei miei padroni e fare sempre quello che lei mi chiede.

Te ne darò subito l'opportunità, dice Mahrokh-Khanum. Voglio che mi porti un nuovo profumo dal bazar. Mi serve nuovo sapone per i capelli, olio di rose e di mandorle per il corpo e anche del *safran*, dello zafferano, per purificarmi. E di' al giardiniere di cercare per me le rose e i giacinti più belli. Mahrokh-Khanum non batte ciglio, mentre aggiunge con lo stesso tono: voglio che tu vada nella sala da bagno, ti faccia lavare e ti massaggi con gli oli che ti procurerai. Voglio che oggi dopo la preghiera serale tu venga da me e mi consegni tutto personalmente.

Eskandar si serra le cosce con le mani, vuole dire qualcosa, ma Mahrokh-Khanum si volta dall'altra parte e guarda verso la finestra. E quando si gira di nuovo verso di lui, ogni traccia di incanto e di seduzione è scomparsa. È rimasto soltanto uno sguardo freddo, freddo come un fuoco spento.

Ora vai, ordina.

Sulla strada del bazar Eskandar guarda la propria ombra sulla ghiaia e si sente ridicolo. Un giovane uomo vigoroso non dovrebbe starsene seduto su quest'asino troppo piccolo, dalle zampe storte e dall'andatura goffa, si dice a bassa voce. E ha la sensazione che tutti lo stiano fissando; si vergogna delle sue lunghe gambe ciondolanti, che toccano quasi la strada.

Poi gli viene in mente che ha già visto questa scena pietosa, quando l'*akhund* venne nel suo villaggio e ammonì la gente a non arrampicarsi sulla montagna proibita. A quel punto Eskandar non sopporta più di stare seduto sull'asino, deve saltare giù e continuare a piedi. Un cavallo, uno stallone alto e vigoroso mi si adatterebbe molto meglio, pensa irritandosi con l'asino che trotterella accanto a lui e muove le lunghe orecchie goffamente per scacciare le mosche. Dovrei venderti al mercato del bestiame dietro il bazar, borbotta dando all'asino un colpetto dietro la testa con il bastone. Un cavallo andrebbe bene per me, dice Eskandar. Ma non ho abbastanza denaro neanche per una sella, meno che mai per un cavallo.

Quando quattro donne vengono verso di lui dall'altro lato della strada, nonostante i loro veli bianchi Eskandar non ha dubbi che lo stiano guardando, proprio come le fanciulle al fiume di Esfahan hanno guardato il cavaliere Hodjat. Lo sguardo delle donne si fissa su di lui con insistenza. Una donna incassa la testa nelle spalle, ridacchia e smette soltanto quando un'altra le dà uno scappellotto sulla nuca.

Involontariamente Eskandar gonfia il petto, raddrizza la schiena e sorride.

Ma non solo le donne, anche il venditore di profumi nel bazar lo guarda in modo diverso. Perdonami, amico mio, dice, da anni prendi le essenze che preparo per te senza fare domande e sei soddisfatto. Ma oggi le stai provando tutte.

Il venditore di profumi sorride eloquentemente, si tocca il naso che non lo inganna mai e ride sotto i baffi: il mio naso mi dice che sei innamorato.

Innamorato?, Eskandar-Agha non perde la calma così facilmente. Per essere onesti, amico mio, io dell'amore non so niente, dunque, se la tua supposizione fosse giusta, ne sapresti più di me.

È una tragedia, geme il venditore di profumi. A parer mio, la nostra terra potrebbe essere più progredita di tutti i paesi *farangi*, se gli uomini della nostra patria se ne intendessero di più di faccende di cuore. Ma stai tranquillo, in fondo io sono tuo amico e l'amore è affar mio. Credimi, con gli anni ho imparato a fiutare l'amore appena entra nel bazar. E dunque lasciatelo dire: sei innamorato, mio giovane amico, sento che lo sei.

Eskandar armeggia impacciato con le bottiglie e i flaconi, evitando di incontrare lo sguardo del profumiere. Bene, dunque, risponde con simulata tranquillità. Tu sei l'esperto, allora io sono innamorato.

E chi è la fortunata *saifeh*?, chiede il venditore di profumi con fare cospiratorio, a bassa voce, per non farsi sentire dai mercanti dei chioschi vicini.

Eskandar si concentra sul viso del venditore di profumi, sulla sua barba nera e sul turbante, sulle labbra sottili e il naso grosso. Sorride distaccato e mente. Non lo so, amico mio. Forse sono soltanto innamorato dell'amore e di nessuna *saifeh*.

Il venditore di profumi strizza gli occhi, come se leggesse le immagini e i pensieri nella mente di Eskandar. Improvvisamente non sorride più e le sue labbra diventano ancora più sottili. Spero però che non si tratti di qualcuno che appartiene già a un altro uomo, dice.

Eskandar si spaventa tanto che il flacone con l'olio di narciso gli scivola di mano, ma lo riprende abilmente e gioca di nuovo a fare il disinvolto. Non è nessuno. Ma visto che sei mio amico, ti rivelerò un segreto. Se devo essere onesto, non mi dispiacerebbe che qualcuno mi regalasse il suo amore. In fondo altri uomini della mia età hanno da tempo moglie e figli. Credo sia tempo che anch'io ci rifletta. Che ne pensi?

Vuoi la mia opinione? Il profumiere non cerca nemmeno di nascondere la sua disapprovazione. Ti dico quello che penso. Penso che tu sia un pessimo bugiardo. E penso che tu stia giocando con il fuoco e che sei sulla strada migliore per bruciarti le dita e chissà che altro. E ora, amico mio, dimmi quale profumo preferisci, poiché per me è tempo di andare alla moschea, per pregare, lodare e ringraziare Allah e il Profeta.

Li prendo tutti, dice Eskandar sperando così di riconquistare il favore del venditore di profumi, e non si sbaglia.

In nome di Dio, esclama infatti l'uomo. Non ci è dato di sapere prima del matrimonio chi sarà la madre dei nostri figli. Mio padre è il fratello del padre di mia madre, la madre dei miei figli è mia cugina e siamo stati promessi l'uno all'altra ancora prima di venire al mondo. Ma oggigiorno non è raro che un uomo abbia la fortuna di scegliere da sé la madre dei suoi figli e persino di darle un'occhiata prima delle nozze. Dunque, dimmi, amico mio, se Dio vuole, quando avrà luogo il matrimonio?

Il matrimonio? Questa volta Eskandar lascia cadere la ciotola di terracotta con i saponi e non riesce a riprenderla; si rompe in piccoli pezzi sul pavimento di pietra.

Non te la prendere! Rallegrati, in fondo è solo una ciotola di terracotta a essersi spezzata, e non il tuo cuore. E chi rompe il vaso vecchio, fa posto a qualcosa di nuovo.

Il profumiere rimette insieme i pezzi e dice: sei un giovane a modo e qui nel bazar hai la reputazione di essere onesto. E fai la tua figura, non c'è dubbio, in fondo lavori nella casa dello stimato khan. Il profumiere si piega in avanti e sussurra: credimi, amico mio, ad alcuni di questi mercanti e artigiani non dispiacerebbe se tu chiedessi la mano delle loro figlie. Ma sembra che tu ti sia già recato da qualche padre fortunato, sorride il venditore indicando gli oli e i profumi che impacchetta per Eskandar. *Mobarak*, *mobarak*, congratulazioni, caro, stimato, Agha-Eskandar. Possano i tuoi figli avere la forza e la dignità del padre. E nel caso prossimamente cercassi una seconda o una terza moglie, fammelo sapere. Conosco molti uomini che sarebbero felici di averti come genero.

Il *dallack*, il maestro della sala da bagno, massaggia, insapona e lava Eskandar da capo a piedi, gli tinge mani, piedi, capelli e anche la barba sottile con l'henné rosso, in modo che il temperamento si plachi, e infine lo friziona da capo a piedi con gli oli che Eskandar ha comprato.

Quando dopo molte ore il giovane torna a casa profumando come un'intera aiuola di fiori, Agha-Mobasher lo scruta con occhio severo. Figliolo, spero che tu non abbia dimenticato quali siano il tuo posto e il tuo compito. Mi aspetto che tu faccia il tuo dovere in maniera umile e modesta e che anteponga il bene e i bisogni dei padroni ai tuoi stessi bisogni.

Agha, con il suo permesso. Non ho alcun bisogno, risponde Eskandar come si conviene.

Agha-Mobasher annusa la nuvola di profumo che lo avvolge. E questo? Che cos'è? Per me qui si tratta proprio di bisogni personali.

Stimato agha, io eseguo soltanto gli ordini che lei stesso mi ha dato.

Ti ho forse detto di fare il bagno e cospargerti di tutte le essenze disponibili nel bazar?

Con rispetto, saheb, lei si aspetta da me che io sia sempre pulito e ordinato e che non emani spiacevoli odori corporali. Lei vuole che io sia vestito bene, per non disonorare la casa dello stimato Palang-Khan, di cui sono servitore. Lei stesso dice che dal mio aspetto e dal mio comportamento la gente trae conclusioni sull'intera casa e sul padrone.

Il vecchio amministratore non riesce a nascondere che lo diverte il modo in cui Eskandar riporta il suo sermone sulla pulizia dei servitori e sul loro aspetto, tenendo la schiena dritta e muovendo persino le mani e la testa come lui. Bene, bene, dice l'amministratore con lo stesso tono del khan.

Ricordati solo che non puoi lavarti così tanto e avvolgerti nel profumo. L'amministratore si liscia la barba. Sei quello che sei. Un servitore.

Certo, agha. Non lo dimenticherò.

Sono anni che l'amministratore chiede a Eskandar dove va. Lo fa anche oggi.

Con permesso, agha, vado dal maestro Agha-Hodjat.

Vai con Dio, dice l'amministratore guardando Eskandar con sospetto.

Anche se Eskandar non ha mai visto né tantomeno fatto niente del genere, all'improvviso nella sua mente affiorano immagini che gli rendono impossibile mettere insieme anche un solo pensiero coerente. Immagini di pelle, seni nudi, uomini e donne che si uniscono, carne sulla carne. Immerso nelle sue fantasie proibite, Eskandar si spaventa quando il mullah compare all'improvviso accanto a lui, gli poggia il braccio intorno alle spalle e annusa. Oggi non è certo giorno di bagni, osserva l'*akhund*. Che significa questa scia di profumo?

Oggi l'*hammam* era più economico, ne ho approfittato, mente Eskandar.

Sì, sì, dice il mullah sospirando. Sono tempi duri e ognuno deve cercare di cavarsela come meglio può. Ma non dimenticare di conformare il tuo comportamento al volere di Allah.

Davanti alla stanza in cui Hodjat abita con sua moglie Zarrin e i suoi figli, il mullah è infine costretto a lasciar andare Eskandar; in fondo non è un *mahram*, né un parente e perciò sarebbe peccato se vedesse la moglie di Hodjat.

Quando Eskandar arriva davanti al maestro e a sua moglie, nota che anche qui niente è uguale a com'era ieri. E sa che non è stato il bagno, né sono stati i profumi a cambiarlo: sono state le parole di Mahrokh-Khanum.

Hodjat-Agha e sua moglie Zarrin sono nella veranda e lo fissano come se fosse un estraneo. Il sorriso sul volto di Zarrin-Khanum scompare mentre gioca imbarazzata con il suo velo. A Hodjat-Agha sale il sangue alla testa, perché all'improvviso deve riconoscere che il suo allievo non è più un ragazzo, ma un uomo. Il cavaliere si para davanti a lui e mette le mani sui fianchi, nascondendo così la vista di sua moglie.

Dopo tutti gli anni, la vicinanza, la confidenza, all'improvviso è proibito, è peccato vedere la moglie del suo maestro senza il velo. Come se avesse fatto qualcosa di male, Eskandar abbassa lo sguardo.

Ma proprio quando Eskandar vuole andare via, la moglie di Hodjat alza la voce. Caro Agha-Eskandar, voglio essere onesta con lei. In fondo non è un estraneo per Hodjat-Agha e me. Siamo vicini come se fossimo parenti. Ci siamo affezionati a lei come a un figlio, dice avvertendo come le sue parole alleggeriscano il cuore di tutti. Mentre parla, Zarrin-Khanum si tiene la mano davanti alla bocca, sorride e abbassa lo sguardo di nuovo imbarazzata. Da un giorno all'altro lei è diventato un uomo, dice. È diventato un uomo splendido. E io sono orgogliosa di essere stata in questi anni come una madre per lei e vorrei pregarla di poter continuare a esserlo, dice Zarrin-Khanum compiendo un gesto che la rende più coraggiosa di entrambi gli uomini. Oltrepassa delicatamente il marito, si pone davanti a Eskandar in punta di piedi e lo bacia sulla fronte.

Il giovane fa un profondo inchino, non nasconde le lacrime, bacia la mano della moglie del suo maestro in un modo che si usa solo tra le persone di alto rango. Possa Allah concederle una lunga vita. I due uomini sanno che con i suoi ventisei o ventisette anni Zarrin-Khanum ha al massimo sei o sette anni più di Eskandar e non potrebbe essere sua madre: ha dunque oltrepassato un confine proibito. Ma le sono comunque grati per ciò che ha fatto, poiché ha salvato l'amicizia tra loro e l'onore di suo marito.

La khanum ha ragione, approva Hodjat-Agha: in te era celato un uomo splendido e prestante. L'hai portato alla luce. Non so come tu abbia fatto, ma mi riempie d'orgoglio poter dire che sei mio allievo.

Allah misericordioso mi ha condotto da lei, risponde Eskandar.

Hodjat-Agha lo stringe tra le braccia, come ha sempre fatto. Anche per me sei come un figlio, dice, entra, la khanum ha preparato il tuo piatto preferito, riso e lenticchie, e per festeggiarti ho comprato persino un pezzo di carne di agnello e pomodori freschi e li ho arrostiti sulla brace. Hodjat-Agha tasta i muscoli del braccio di Eskandar. Buon Dio, quando è passato tutto questo tempo? Ieri eri ancora un ragazzo.

Eskandar osserva il cavaliere e pensa a sua volta: e tu, mio amato maestro, da un giorno all'altro sei diventato un uomo anziano, che potrei sconfiggere nella lotta anche adesso.

Dovremmo parlare del tuo futuro, riprende Hodjat-Agha. Sei un servitore accorto e fedele, un lottatore agile e atletico e sul ring ti comporti bene. I lottatori più anziani nello *zur-khaneh* ti stimano. È tempo di affidarti alla custodia di un altro *pahlewan*.

Stimato maestro, il suo giudizio è sempre corretto, dice Eskandar. Ma con il suo permesso, non voglio andare da nessun altro e da nessun'altra parte. Mi sta bene il luogo in cui sono. Qui, accanto a voi e alla mia Rossane, sono soddisfatto e felice. E quando faccio i miei esercizi di forza nello *zur-khaneh* non chiedo a Dio se non che lei, stimato maestro, mi guidi e mi mostri la strada. Questo è tutto ciò che voglio dalla vita.

Non dire così, interviene Zarrin-Khanum. Naturalmente vuoi di più dalla vita. Sei da tempo in un'età in cui dovresti avere una famiglia. Nessun giovane dovrebbe restare solo. Non è bene per te, ne soffrirai, e la gente ti eviterà. Vedono i giovani senza una moglie come una minaccia per il loro *namuss*, il loro onore.

La moglie di Hodjat-Agha si infervora tanto da non accorgersi né dello sguardo ammonitore del marito, né dell'imbarazzo di Eskandar. La prossima volta che andrò all'*hammam* cercherò una fanciulla adatta a te. Preparerò dei dolci e invierò il nostro Hodjat-Agha dal padre della fanciulla a chiedere la sua mano. E poi, se Dio vorrà, non passerà molto prima che tu abbia dei figli, una famiglia e una vita indipendente. Zarrin-Khanum sorride felice e si accorge solo ora di essere andata troppo oltre, questa volta.

Con un piccolo gesto, un fugace sguardo, Hodjat-Agha le fa capire che deve sistemarsi il velo e tacere.

Quando Eskandar fa loro visita, il suo maestro e sua moglie in genere ridono, fanno domande, rispondono; ora mangiano in silenzio. E a ogni boccone che manda giù, Eskandar si allontana di più dalla sicurezza e dall'affetto che questa stanza e queste persone gli hanno offerto in tutti questi anni. Si ricorda ciò che ha imparato da ragazzino.

"Chi non ha altra scelta, deve prendere quello che Dio e la vita gli offrono" diceva sua madre.

Eskandar ringrazia Zarrin-Khanum e Hodjat-Agha per il pasto e l'ospitalità, beve il suo tè in silenzio e a capo chino e poi si congeda.

Il giardino di Mahrokh-Khanum è buio e silenzioso, non come al solito, quando brillano fiaccole, lanterne, candele profumate, quando *kanees* e servitrici suonano il *tar*, il liuto. L'unica musica è quella degli usignoli sugli alberi e nelle gabbie e il lieve gorgoglio dell'acqua del *djub*. Nessun eunuco e nessun *gholam* compare ad aprire e chiudere le porte della casa.

Proprio quando il coraggio lo abbandona e sarebbe persino sollevato al pensiero di non doversi buttare in un'avventura sconsiderata, proprio quando vuole ritornare sui propri passi, la sua padrona esce dalle tendine svolazzanti della veranda della sua stanza da letto. Sta lì, in piedi, con una candela in mano e lo guarda. Poi si gira, entra e sussurra: vieni, ti stavo aspettando.

È la prima volta che vede Mahrokh-Khanum senza velo e con i capelli sciolti; le arrivano fino alla vita. La sua voce e il suo profumo lo avvolgono come un foulard di seta e lo rendono suo prigioniero. L'ardore nello stomaco gli sale alla testa, poi torna giù allo stomaco, travolge tutto il suo corpo e lo fa tremare.

Visto che Eskandar non si muove, non riesce a muoversi, lei va da lui, gli tende la mano e alla luce della candela lui vede che il suo seno è coperto soltanto da una camicia leggera. Ha procurato lui stesso la stoffa al bazar, immaginando che lei ne avrebbe fatto un velo o un copricapo.

Vedendo la sua sorpresa, le sfugge una risata roca e questo accresce la sua virilità; spera che Mahrokh-Khanum non se ne accorga.

Vieni, lo invita lei facendo le fusa come i suoi gatti.

Come in un sogno, Eskandar alza il braccio e posa la sua mano in quella di lei, seguendola nella sua stanza.

Hai paura?

Eskandar tace, fa appello a tutte le sue forze per non gettarsi su di lei, prenderla tra le braccia, stringere i suoi seni e baciarli.

Siamo soli, ho mandato via i servitori e il khan è in viaggio al sud.

A Eskandar comincia a girare la testa, quando lei gli bacia ogni singolo dito e infine posa la mano di lui sul suo seno sorridendogli. Il primo seno che tocca. La sua mano diventa umida e sempre più pesante mentre scivola via goffamente dal petto della sua padrona. Eskandar fissa immobile la stoffa umida che aderisce al seno, ora offerto al suo sguardo in modo ancor più evidente.

Mi perdoni, saheb, mormora. Mi perdoni. Eskandar distoglie lo sguardo dalla sua bella padrona discinta ed esce con passo maldestro sulla veranda, poi nel giardino e infine torna al suo alloggio. Eskandar si riprende solo quando apre la porta della sala da pranzo dei servitori e sente le voci degli uomini.

Che ti è successo?, chiede Agha-Mobasher. Stai bene?

Con rispetto, agha, ho avuto troppo da fare, risponde.

Bevi un tè, lo esorta allora l'amministratore e non fa più caso a lui.

Eskandar siede al suo posto accanto al samovar, sorseggia il tè e fissa dritto davanti a sé in silenzio. Per dissolvere le immagini nella sua testa e il fuoco nello stomaco, cerca di concentrarsi sull'amministratore, sul cavaliere e sul loro discorso. Tutto quello che capisce è che Hodjat-Agha si lamenta del khan, perché sacrifica sempre più servi nei suoi villaggi per arricchirsi cedendo la terra agli *engelissi*.

Agha-Mobasher si drizza e sospira: come dice il poeta, "un uomo è intelligente se riconosce la sua fortuna, è forte se sa andarsela a prendere".

Eskandar finisce il tè, sciacqua il bicchiere con calma, decide: andrò a prendere la mia fortuna, ed esce. Non va nel suo alloggio, ma torna nel giardino e attraversa la grande porta a vetri della stanza di Mahrokh-Khanum. Lei giace nel suo letto, indossa ancora soltanto la camicia leggera. Eskandar chiude le pesanti tende rosse, sale sul letto della bella moglie della Tigre completamente vestito, non si chiede come fa a sapere cosa fare, lo fa e basta, stringe a sé la bella, respira il suo profumo e per la prima volta nella sua vita si unisce a una donna.

Svegliandosi al primo canto del gallo, non capisce cosa ne sia stato dei suoi vestiti, sa solo che non si è mai sentito tanto bene, tanto leggero prima d'ora. Completo. Pieno di vita e allo stesso tempo di calma e pacatezza.

Un mondo in cui è possibile una tale felicità non può essere un mondo cattivo, afferma sorridendo.

E ora che conosci questa felicità non potrai mai più farne a meno, risponde la signora Mahrokh ridendo.

Da questo momento in poi, la bella lo convoca sempre quando ne ha voglia. Un po' alla volta i due mettono da parte anche le ultime paure e inibizioni e Eskandar resta tutta la notte dalla sua amata e torna nella sua stanza, che divide con altri due servitori, solo al mattino.

Questi naturalmente notano le sue assenze notturne, fanno osservazioni allusive sul suo aspetto mutato, sui capelli sempre in ordine, sulle unghie linde e le camicie pulite. Tuttavia credono che abbia una relazione con una delle numerose servitrici e *kanees*, forse anche con un servitore. A nessuno viene in mente che la sua amante sia la stimata padrona Mahrokh-Khanum. Alle servitrici e alle *kanees* di lei naturalmente non sfugge che le visite di

Eskandar-Agha diventano sempre più frequenti. Nessuno potrebbe aver bisogno di così tante stoffe, seta ed essenze profumate come quelle che lui le procura al bazar. Si aggiunga il fatto che lui, diversamente da quanto faceva prima, non consegna la merce alla servitù, ma porta tutto personalmente nelle sue stanze. Le servitrici sono abituate alla loro giovane padrona, ma notano gli sguardi tra lei e il servo Eskandar-Agha, le loro risate, che sono sempre un po' troppo rumorose, e il loro segreto sfiorarsi. E presto le servitrici iniziano a parlare, poi ne parlano le altre mogli della Tigre, i giardinieri, i vetturini, i cavalieri, e infine ne parlano tutti.

Agha-Mobasher vieta a Eskandar di andare nell'*harram* e pone un altro domestico al servizio delle signore. Ma la signora Mahrokh si lamenta e si impone. Vuole Eskandar-Agha e nessun altro.

Chi desidera il bene di Eskandar gli consiglia di non giocare con il fuoco. Oltre agli eunuchi e al vecchio Agha-Mobasher, sei l'unico uomo che può entrare e uscire dall'*harram* dello stimato Palang-Khan, lo ammonisce Hodjat-Agha. Basta anche solo un piccolo errore e ci rimetterai la testa.

Faccio visita alla stimata padrona solo quando le porto qualcosa dal bazar o trascorro del tempo con la mia Rossane, mente Eskandar guardando il suo vecchio maestro dritto negli occhi.

Questo è bene, ribatte Hodjat-Agha distogliendo lo sguardo dal suo allievo, per non dover leggere la menzogna nei suoi occhi. Voglio soltanto che tu non faccia qualcosa di cui poi dovrai pentirti, conclude, ben sapendo che è esattamente ciò che sta accadendo da tempo.

La fuga

La Grande Guerra, che ha coinvolto molte nazioni, tra cui l'Iran, dopo quattro anni è finalmente giunta al termine; il commercio e il bazar riprendono le loro attività; la gente torna alla vita quotidiana e la buona società di Teheran è entusiasta di ogni pettegolezzo a cui può dedicarsi, sempre che riguardi un'altra persona.

La gente dice che la Tigre non è più quella di una volta. Perché altrimenti non dovrebbe far lapidare la giovane moglie e decapitare l'amante? È un uomo moderno, fa affari con i *farangi*, pensano altri. Sa che loro non approverebbero un simile comportamento. Sciocchezze, rispondono altri ancora. Per quale ragione ai *farangi* dovrebbe interessare se uno di noi tratta male o bene sua moglie, la lascia in vita o la uccide? Per loro contano solo gli affari.

Quelli che conoscono meglio Palang-Khan e la sua situazione dicono che non prende provvedimenti perché in realtà i suoi averi, la sua intera ricchezza, appartengono alla moglie. Se le accadesse qualcosa, lui potrebbe ritrovarsi a mani vuote.

Non si crucci, dice Eskandar-Agha baciando gli occhi della sua bella amata, nel modo che a lei piace e che gli ha insegnato, delicatamente e tuttavia con ardore.

Lei toglie i capelli umidi dal viso del suo Eskandar, gli bacia il petto e le spalle: lascia che mi preoccupi io delle chiacchiere della gente, tu non te ne curare. L'unica cosa di cui devi interessarti è soddisfare il mio desiderio.

La riporterò da suo padre e dai suoi fratelli, e insieme ci assumeremo la responsabilità di ristabilire l'onore e la reputazione dello stimato Palang-Khan. Gli daremo del denaro e una giovane donna non sposata per compensare l'adulterio.

Mio piccolo sognatore, dice la bella Mahrokh ridendo. Sei ancora più ingenuo di quanto pensassi.

Sono le parole del Profeta, protesta Eskandar.

Il mio amato è anche un *akhund* istruito, lo prende in giro lei. Non ho né un padre, né fratelli a cui qualcuno possa restituirmi. No, mio signore, sono cresciuta con un tutore, che era uno dei più grandi e ricchi proprietari terrieri del paese. Era l'unico a sapere da dove vengo e si è portato questo segreto nella tomba.

Mi racconti la sua storia, prega Eskandar.

Il mio narratore vuole che gli racconti la mia storia? Bene, dunque, un giorno, quando avevo più o meno la stessa età di Rossane, ho chiesto al mio tutore chi fosse mio padre.

Eri una goccia di rugiada sulla più bella di tutte le mie rose, nel più bello di tutti i miei giardini, ha risposto lui. Una notte la luna ha scoperto la tua bellezza, si è rispecchiata in te, tu l'hai imprigionata e non l'hai più lasciata andare. Una fata buona ti ha scoperto e, poiché mi doveva un favore, ti ha regalata a me. Ti ho dato un nome che significa "viso di luna", Mahrokh, ho avuto cura di te e ti ho amata. Fino a che un giorno il mio amore è stato così grande che non eri più una goccia di rugiada, ma una bella fanciulla.

Non sopporto di sentirla parlare di altri uomini, dice Eskandar. Voglio essere l'unico, il primo, l'ultimo uomo della sua vita.

Non essere sciocco, lo apostrofa Mahrokh-Khanum. Me l'hai chiesto tu, quindi taci e ascolta. Il mio tutore mi ha amata e io ho amato lui. Per me era allo stesso tempo padre, madre, insegnante, maestro e anche amante. Tutto quello che so, che posso, che ho, l'ho avuto da lui. Mi ha fatto diventare la persona che sono oggi. Mi ha fatto sempre sentire una creatura speciale, la più bella di tutte le sue mogli.

Lei è bella, dice Eskandar accorgendosi di avere una voce fredda.

E quando la sua vita è giunta al termine, mi ha lasciato tutte le sue ricchezze.

Ha lasciato tutto a lei? Una donna?

La bella ride. Vedi? Era diverso da tutti gli altri. Unico, coraggioso, il solo uomo vero che conosca.

Dio abbia in gloria la sua anima, dice Eskandar irritandosi perché in lui il desiderio è svanito lasciando il posto a una cocente gelosia.

Ha cercato a lungo, finché ha trovato mullah e *akhund* che padroneggiassero la scrittura e la lettura.

Anch'io so leggere e scrivere, dice Eskandar.

Lei lo ignora di nuovo. Ne ha trovati otto. Giovani e vecchi.

Otto *akhund*? Che esagerazione! Due o tre sarebbero bastati.

Pensavo che te ne intendessi, risponde la bella con cinismo. Comunque il Profeta ha deciso che la femmina, il sesso debole, come anche tu chiami noi donne, deve presentare quattro volte il numero dei testimoni dell'uomo. Inoltre il mio stimato tutore voleva assicurarsi che un mullah controllasse l'altro e che a nessuno venisse in mente di ingannarmi.

Di certo io sono povero e non possiedo niente, ma anch'io le darei tutto ciò che possiedo, cioè la mia vita, dice Eskandar.

La bella si alza dal letto nuda, va alla finestra e guarda fuori. E a cosa servirebbe che dessi la tua vita per me?

Eskandar vorrebbe alzarsi, andare da lei, stringerla tra le braccia, ma lei torna a letto, posa la testa su un cuscino e non sulla sua spalla e dice: fino al giorno della sua morte ho trascorso ogni minuto della mia vita al suo fianco. Mi ha portato ovunque, mi ha viziata e protetta, ma mi ha anche insegnato a vivere. Dall'inizio mi ha concesso di farmi un'idea dei suoi affari; mi ha spiegato le ragioni di ogni decisione e ha chiesto il mio parere. Ha assunto un maestro, mi ha fatto insegnare a contare, a leggere, a scrivere e persino a leggere il Corano e a spiegarlo.

Lei è la sola donna che conosco che sappia tutte queste cose, replica Eskandar sperando che smetta di parlare.

Vedi?, dice lei ridendo amaramente. Anche tu sei indignato che io, una donna, possieda conoscenza e ricchezza. Provvedo a me stessa, prendo decisioni e stabilisco con quale uomo condividere la mia vita. Il mio amato tutore e marito mi ha paragonato a Khadija, la prima moglie del Profeta. Diceva che, se il Profeta aveva concesso a una donna autonomia e libertà di decidere, allora lui, una persona semplice, non poteva rifiutarmi tutto questo. E dunque Khadija, la capace, valente, donna d'affari, colei che possedeva carovane, terre, schiavi, uomini e operai, diventò per me un modello.

Khadija?, interviene Eskandar. È la donna che assunse il profeta Maometto come cammelliere, prima di innamorarsi di lui anni più tardi e di sposarlo.

Mahrokh-Khanum sorride soddisfatta e si rallegra del piccolo trionfo del suo povero amante. Te ne intendi, commenta.

Eskandar sorride, vorrebbe raccontare delle sue lezioni dal mullah e di come abbia capito solo anni più tardi che Profetamaometto non era il nome di una persona qualunque. Ma mentre sta ancora riordinando le parole nella sua testa, Mahrokh-Khanum ha già ripreso a narrare.

Tra i molti ospiti che frequentavano la casa del mio tutore e marito c'era anche il nostro stimato Palang-Khan. Mio marito mi presentò a lui e mi consigliò di sposarlo quando lui stesso avesse lasciato questo mondo.

Suo marito l'ha spinta tra le braccia di un altro uomo?

Sapeva che i tempi del Profeta e della potente Khadija sono lontani. Sapeva che in un'epoca come questa, per quanto una donna possa essere scaltra e possedere denaro e ricchezza, ha bisogno di un uomo che la protegga e che curi per lei i suoi affari. La Tigre era un giovane di bell'aspetto, un amante straordinario, che disponeva ancora di forza, coraggio e potere: il suo nome era meritato.

Eskandar rinuncia a chiedere se la Tigre sia un amante migliore di lui e non guarda neanche Mahrokh-Khanum.

La Tigre non ha ereditato molto e il poco che possedeva l'ha giocato, dilapidato o perso a causa della cattiva amministrazione, a quanto ne so. In ogni caso gli ho dato il denaro di cui aveva urgente necessità e sono diventata sua moglie.

Questo significa che i villaggi, i campi, i servi...

È tutto mio.

E questa tenuta?

Tutto ciò che vedi qui mi appartiene. Ho la sua firma e il sigillo e gli stessi otto mullah e *akhund* hanno certificato che non avrebbe rivendicato diritti su alcuna delle mie proprietà. Solo allora gli ho permesso di diventare mio marito.

Eskandar sta per chiedere a Mahrokh-Khanum per quale ragione gli stia raccontando tutto questo, quando lei gli domanda: puoi immaginare il motivo per cui ti sto narrando la mia storia?

Se il coraggio non lo avesse abbandonato, Eskandar avrebbe risposto: perché mi ami, vuoi che io sia parte della tua vita, del tuo mondo, del tuo cuore. L'avrebbe presa tra le braccia, l'avrebbe baciata e si sarebbe unito a lei, prima di dover tornare al suo alloggio e al suo lavoro. Le avrebbe detto che non vuole ascoltare i racconti sul suo tutore né quelli sulla Tigre, e che non vorrebbe affatto sentire quanto se la cavi bene la sua amata senza un uomo, e dunque anche senza di lui.

Non parli, dice Mahrokh-Khanum guardandolo sprezzante. Ti rivelerò perché ti sto raccontando tutto questo. Desidero che tu scriva quello che hai sentito oggi. Voglio che ogni uomo e ogni donna sappiano che ancora oggi nel nostro paese ci sono donne che, come l'intelligente Khadija, che visse 1400 anni fa, sanno quel che fanno e perché lo fanno. Voglio che il mondo sappia che una donna può essere intelligente e capace quanto un uomo.

Scrivere? Eskandar si sarebbe aspettato tutto tranne questo. La sua voce si incrina. Avrebbe voglia di dirle in faccia che è presunzione paragonarsi alla moglie del Profeta, ma tace e non replica neanche che nessuno si interesserebbe alla storia di una Mahrokh-Khanum, per quanto sia bella, ricca e affascinante.

Come narratore naturalmente lo sai meglio di tutti, continua la sua padrona. È bene che i posteri non ricevano solo storie di profeti, di re e delle loro mogli, ma anche di persone come te e me.

Eskandar si fissa i piedi nudi. Il mattino si avvicina, è stanco di stare ad ascoltare, vuole possedere ancora una volta la sua amata, prima di andarsene di soppiatto e tornare al lavoro.

Vieni, lascia che ti ami ancora una volta, dice lei.

Ormai Eskandar non si meraviglia più che lei intuisca i suoi pensieri e i suoi desideri segreti. Sorride riconoscente e le cinge la vita sottile con il braccio.

Amami come non hai mai fatto prima, poiché questa sarà l'ultima volta che ci uniamo. Poi ti darò una somma adeguata. Lascerai questa tenuta e cavalcherai verso il nord, nei territori occupati dai russi, oppure verso Baghdad, dagli Ottomani, o altrove, ti terrai nascosto e tornerai da me fra un anno.

Il desiderio di Eskandar scompare immediatamente. Scioglie l'abbraccio. La fissa. Non va bene. Non posso farlo, balbetta. Non può essere. Voglio restare con la mia Rossane e con lei.

Non preoccuparti. Non accadrà niente né a me né alla nostra piccola Rossane.

Nostra? Rossane è mia, gli rimbomba nella testa. Deve fare appello a tutto il suo coraggio per dominarsi e dire: non andrò da nessuna parte. Lei è la mia padrona e se me lo ordina io devo andare, ma porterò con me la mia Rossane.

Lei non dice né sì né no, rimane tranquillamente sdraiata, poi sorride e replica: non ci vorrà molto perché la Tigre scopra che lo inganni e voglia vendicarsi. Dovrà farlo, continua Mahrokh-Khanum fredda. Allora non rivedrai mai più la tua Rossane. È meglio che tu ti metta al sicuro.

Prima che Eskandar possa anche solo aprir bocca, lei aggiunge: voglio che ti fidi di me. Ho affrontato ben altre sfide. Ora che la gente chiacchiera sul mio conto, non può sbarazzarsi di me così facilmente. Sa che tutti direbbero che l'ha fatto solo per impadronirsi della mia proprietà e della mia ricchezza. Le malelingue non aspettano altro: lo considererebbero un ladro, un codardo, lo eviterebbero, perderebbe la faccia, e anche la sua posizione politica e sociale.

Ma come farò senza la mia Rossane?, chiede Eskandar.

Finché vivo non le mancherà niente e vedrai che il tempo passerà in un baleno; prima che tu te ne accorga sarai di nuovo con lei. Credimi, è la cosa migliore, insiste Mahrokh-Khanum. Perché mai dovresti restare qui e mettere a rischio la tua vita?

Le parole di Mahrokh-Khanum gli arrivano come coltellate.

La cosa più importante è che tu scriva tutto ciò che ti ho raccontato oggi, ripete lei. Farò sapere alla Tigre che conosci la verità fin nei dettagli e che la racconterai a tutti, nel caso dovesse succedermi qualcosa. Mahrokh-Khanum sorride ammaliante, mentre dice: sei il mio salvatore. Volevi essere proprio questo. Mio e della nostra piccola Rossane.

A Eskandar inizia a girare la testa, come se fosse nello *zur-khaneh* e ruotasse su se stesso come un derviscio.

Sarò il salvatore della bella Mahrokh, mormora fra sé. Sono l'unico che conosce il tuo segreto e lo custodirò. Se dovesse succederti qualcosa, ti vendicherò e consegnerò la grande Tigre allo scherno della gente. E se dovesse servire, lo ucciderò con le mie stesse mani.

Lei getta indietro la testa soddisfatta. Oh, ti prego, non è necessario che arrivi a questo, dice fredda. Non devi sfidare la Tigre a causa mia. Basta che dopo la tua partenza resti lontano da qui almeno un anno, e che scriva tutto ciò che ti ho confidato. E nel caso lui dovesse comportarsi in modo diverso da quanto credo, desidero che tu non esiti e renda pubblico ciò che sai. Mi fido di te, conclude.

Prima che Eskandar possa rispondere, Mahrokh-Khanum gli posa un dito sulla bocca e gli si abbandona un'ultima volta. Ma il suo cuore resta freddo.

Subito dopo la partenza di Eskandar, Mahrokh-Khanum manda i suoi eunuchi dalla Tigre e lo fa invitare da lei.

Appena lui entra nella stanza, gli dice: la informo che il servitore è fuggito e conosce tutta la storia. Se dovesse accadere qualcosa a me o alla sua amatissima fanciulla, ha l'incarico di portare ai cavalieri e ad altri uomini importanti della città una disposizione sulla mia proprietà, firmata da me e con il mio sigillo. Nel caso io morissi in modo violento o prematuro, lei perderà tutto.

Mahrokh-Khanum non lascia parlare la Tigre. Inoltre il servitore ha il compito, nel caso mi succedesse qualcosa, di rendere pubblico il motivo del nostro matrimonio.

Fin da quando l'ho sposata ho saputo che lei è più scaltra di me e di tutti gli altri uomini messi insieme, risponde Palang-Khan.

Io ho deciso di sposare lei, lo corregge Mahrokh-Khanum. Ero pronta a rinunciare a molto, anche alla mia libertà. L'ho fatto perché la desideravo, continua. E perché mi ha dato ciò che attendevo da un vero uomo.

Palang-Khan posa le mani sul ventre che col tempo si è arrotondato. Mi desiderava? Per lei probabilmente era più importante non perdere l'accesso alla società e non restare sola e priva della protezione di un uomo. Aveva bisogno di qualcuno che sbrigasse i suoi affari in pubblico.

Mahrokh-Khanum parla in tono professionale, mentre replica: può essere che sia andata così. Ma i tempi e le cose sono cambiati, ora il matrimonio con lei è per me più uno svantaggio che un vantaggio.

La Tigre apre bocca, ma Mahrokh-Khanum non gli permette di parlare. Sono prigioniera. Quando posso lasciare i miei alloggi, mi è consentito di farlo solo all'interno d'una carrozza chiusa e per recarmi in un altro luogo preciso della città, dietro le alte mura di un'altra prigione. E chi incontro lì? Mogli annoiate che non fanno altro che spettegolare alle spalle di altre persone, di recente soprattutto alle mie. No, mio signore, non voglio condurre e non condurrò una vita così.

La Tigre respira affannosamente, come se avesse percorso una strada faticosa. Khanum, si controlli. I rimproveri non spetterebbero a me, quanto a lei. Potrebbe essere punita con la morte.

Se fossi un uomo, potrei iniziare una relazione con le donne e le fanciulle del mio villaggio senza essere punita. Potrei comprare una sgualdrina o potrei farmela con la mia domestica e nessuno avrebbe nulla in contrario. Solo perché sono una donna, non mi è concesso di divertirmi e di godermi la vita. Ho preso una decisione, annuncia Mahrokh-Khanum. Lascerò questa prigione e andrò in Europa o in America.

E a che cosa servirebbe? Crede forse che laggiù una donna possa fare quello che vuole? Non avrebbe almeno potuto prendersi un amante del suo stesso rango?, sbuffa furioso la Tigre.

Come se stesse solo aspettando una simile osservazione, Mahrokh-Khanum si adagia sui cuscini e sorride. In fondo dovrebbe persino essermi grato che si sia trattato solo di un servitore.

Mi prende per uno sciocco, sibila la Tigre. Dovrei anche ringraziarla per questo?

Mahrokh-Khanum fa segno al marito di accomodarsi accanto a lei e aspetta paziente che lui si sistemi sui cuscini con il suo corpo pesante e ormai non più agile, in modo da potersi accostare a lui. Gli infila i cuscini dietro la schiena, spandendo un profumo ammaliante a ogni movimento; guarda la Tigre con occhi raggianti, come se tra loro non ci fosse il minimo dissapore.

La conosco. Ha architettato un piano già da molto tempo, dice la Tigre sospirando e non distogliendo lo sguardo dal corpo desiderabile della giovane moglie. Mi ha ingannato, mugugna lui. Sono un uomo che ha perso il suo onore. Allo stesso tempo mi sento sconfitto, poiché ora non posso più posare il capo sul suo grembo e fare come se non esistesse nessuno al mondo oltre a me e a lei.

Ora, in questo istante, non c'è nessuno oltre a me e a lei, dice Mahrokh-Khanum dolcemente, iniziando a spogliarsi. Aiuta il marito a togliersi la veste pesante, i pantaloni, la cintura e gli scialli, come se lui non avesse impiegato una mez-z'ora e più per vestirsi con l'aiuto di un servitore. Come se nella casa principale non lo stessero aspettando più di quaranta uomini, per parlare con lui, avanzare richieste, confidargli segreti politici grazie ai quali carpirgli altre informazioni utili.

Invece la Tigre giace per la prima volta da un'eternità di nuovo accanto alla sua bella moglie Mahrokh e la ama con una facilità e una libertà che ha sperimentato soltanto con le donne e i giovani di cui paga i servizi.

Sa che a pochi uomini è concesso di amare le loro mogli in questo modo, dice Mahrokh-Khanum.

L'unica cosa che so è che un altro uomo si è steso proprio qui accanto a mia moglie, l'ha amata e ha toccato questo corpo straordinario, ne ha tratto piacere. E so anche che ogni altro marito al mio posto non avrebbe indugiato a uccidere l'adultera, per ristabilire il suo onore.

La smetta di giocare al vendicatore. Lei e io sappiamo che la proprietà e i terreni ricompensano generosamente l'onore perduto, dice Mahrokh-Khanum stringendo il suo corpo caldo a quello del marito.

Lui vorrebbe protestare, colpirla, inveire, vendicarsi, ma stordito dalle parole e dall'ardore di lei la vecchia Tigre riesce solo a emettere un mugolio di piacere.

Deve permettermi di andare, ripete la bella Mahrokh incalzante. È una decisione difficile anche per me, mente lei asciugandosi dagli occhi lacrime simulate. Dimentichi il servitore, lui non conta niente, era il mio strumento. Dopo aver raggiunto il mio scopo, l'ho mandato via. Si stringe ancora di più al corpo di Palang-Khan, mette una mano sotto il lenzuolo e accarezza il ventre della vecchia Tigre. Può promettermelo? Lo bacia sulla bocca. Prima che lui possa rispondere, dice: ho pensato a tutto e tramato abilmente.

Oh, certamente l'ha fatto. Ha fatto in modo che l'intera città sapesse della sua relazione.

Sia onesto, protesta lei con finta severità. Se avessi agito diversamente, lei mi avrebbe rinchiusa nei miei alloggi. Oppure avrebbe trovato il modo di costringermi a intestare a lei la mia proprietà. Forse mi avrebbe anche avvelenata e si sarebbe sbarazzato di me. Ma così sono al sicuro, poiché la gente attende con curiosità di vedere quale sarà la sua reazione. E naturalmente se fosse in gioco solo la sua reputazione e non anche la sua posizione in società, mi accadrebbe qualcosa di male.

Ora, mi dica un po', cosa prevede per me il suo piano?

Lei che ne pensa?, chiede Mahrokh-Khanum carezzando la sua Tigre sulla testa. Poiché comprendo che come donna sola oggi non avrei una situazione facile, desidero che rimaniamo sposati. Racconteremo in giro che lo sciocco servitore ha inventato queste bugie e le ha diffuse perché voleva scucirmi del denaro.

La gente non è stupida. Per quale motivo dovrebbe crederci?, domanda la Tigre.

Perché lei stesso lo sbandiererà ai quattro venti, mentre io e la mia Rossane intraprenderemo la traversata già prenotata verso il paese dei *farangi.* Vedrà che i pettegolezzi finiranno presto.

Ha già prenotato il viaggio? Per quanto tempo rimarrà all'estero?

A lungo.

Verrò a trovarla.

È un pensiero splendido, dice Mahrokh-Khanum civettuola. E se ce la sentiremo, forse ci divertiremo persino, insieme.

Lacerato tra l'orgoglio ferito e la paura di perdere la ricchezza della moglie, la Tigre infine si arrende. Ho capito bene?, chiede. Gli accordi attuali e i rapporti di proprietà non cambieranno? Potrò continuare a usare la tenuta abitata da me, dalle mie mogli, anche quelle future, e da tutti i miei figli?

Ha la mia parola, dice Mahrokh-Khanum con la pacatezza della vincitrice.

E acconsentirà alla concessione di ulteriori terre ai *farangi*?

Lo farò. E anche in futuro, naturalmente consultandosi con me, si occuperà dei miei affari.

Allora sono d'accordo con la sua proposta.

Certo che è d'accordo, miagola Mahrokh-Khanum. E perché serbi un buon ricordo di me, sfrutteremo l'occasione e prima della mia partenza ce la spasseremo ancora una volta.

1919, Eskandar-Agha diventa fotografo

Eskandar-Agha esegue l'incarico affidatogli da Mahrokh-Khanum e si mette subito in viaggio verso il nord del paese.

Durante il cammino viene fermato sempre più spesso dai soldati russi e deve pagare dazi. Quattordici giorni dopo aver lasciato Teheran viene aggredito dai briganti e derubato.

Quando finalmente arriva in una città in cui decide di restare, perché deve lavorare e guadagnare denaro, risulta che, invece di essere giunto al nord, è arrivato nel nord-est, a Mashhad.

La gente dice che in questo periodo turbolento niente è sicuro, tranne che si deve pagare un pedaggio alto, e bisogna pagarlo ai soldati del governo, agli *engelissi*, agli agenti tedeschi e turchi e agli invasori russi, che da due anni si chiamano bolscevichi. Ed è anche chiaro che si può essere facilmente aggrediti e derubati da ladri e banditi.

La gente dice che Eskandar-Agha dovrebbe essere grato a Dio di aver comunque conservato la vita.

Vai alla tomba dell'ottavo imam Resa, gli consigliano, ringrazia il santo e fai un sacrificio, in modo che ti protegga anche in futuro.

Eskandar si ripromette di seguire il consiglio non appena avrà trovato un lavoro.

La gente sostiene che chi vuole un lavoro deve proseguire verso ovest, verso il Mar Caspio. Là, dove arrivano le navi commerciali dei *farangi*, c'è lavoro.

Eskandar segue i consigli della gente, rimanda la visita alla tomba dell'imam a un altro momento e vaga verso ovest. Più si avvicina al Mar Caspio, più tutto cambia: il paesaggio, il tempo, il cibo, l'aspetto delle persone, persino la loro lingua è diversa, tanto che Eskandar ha la sensazione di essere in un paese straniero. A differenza del torrido e secco sud, a Teheran e anche a Mashhad, nella regione sul mare il clima è umido e fino a marzo inoltrato fa così freddo che Eskandar ha paura di ammalarsi o di morire assiderato. Mentre a sud non piove tutto l'anno, qui l'acqua cade per la metà dell'anno. La nebbia nasconde il sole e in inverno tutto viene ricoperto da qualcosa che Eskandar vede per la prima volta: la neve. Un'invenzione di Dio pericolosa e inutile che per tutto il giorno impedisce a uomini e animali di fare anche solo un passo fuori dalla porta. L'unica cosa che a Eskandar dispiace è di non poterne raccogliere una manciata e portarla con sé, per mostrarla alla sua Rossane. Intere case, villaggi, paesaggi sono seppelliti sotto la coltre bianca e fredda. Al contrario, d'estate, giardini, campi, montagne e sentieri sono così verdi e rigogliosi che a volte Eskandar crede di soffocare. Si perde nelle foreste minacciose, si imbatte nei maiali selvatici e una volta persino in un orso.

A Eskandar piace molto vedere il verde chiaro delle risaie. Sono aperte, estese e invitanti come il deserto. Lotti di terra circondati da muri d'argilla alti fino al ginocchio salgono su per il pendio a terrazzamenti. L'acqua arriva fino alle gambe e, quando il sole e il cielo vi si riflettono, i campi sembrano un enorme pesce dalle scaglie luccicanti e il paesaggio si trasforma in un gioiello scintillante.

Così deve essere stato quando la bella Mahrokh-Khanum era una goccia di rugiada in cui la luna si rispecchiava, mormora Eskandar sentendo la nostalgia della sua padrona. E in considerazione di questo meraviglioso spettacolo della natura, decide di iniziare subito il secondo incarico affidatogli dalla bella Mahrokh e inizia a scriverne la storia.

Ogni giorno vorrei che non mi avesse fatto partire da solo, scrive Eskandar. Non è giusto. Avrebbe dovuto lasciare che la piccola Rossane mi accompagnasse. A volte faccio come se foste con me, vi parlo persino con la mente.

Già dopo poche frasi Eskandar si sente meno solo e non si limita a scrivere la storia della bella Mahrokh, si abitua ad annotare tutto ciò che vede e sente. Lo leggerò alla mia Rossane e a Mahrokh, quando saremo di nuovo insieme, conclude. Così sarà come se mi avessero accompagnato.

Eskandar scrive delle acque paludose nelle ampie vallate, in cui uomini con lunghi bastoni spingono imbarcazioni, gettano le reti e pescano; donne e bambini vanno a cavallo nell'acqua calma e le case con i tetti appuntiti e fatti di rami secchi sembrano piccole isole poggiate sui trampoli. Se la pace avesse un profumo, sarebbe quello delle risaie, annota Eskandar.

Come il paesaggio, anche l'aspetto delle persone al nord è diverso. Hanno la pelle bianca come il latte, alcuni hanno gli occhi azzurri come la piccola Rossane e i capelli dorati come Mesterr Richard, scrive Eskandar. Se portassero i vestiti dei *farangi*, potrei prenderli per *engelissi* o russi. Persino la loro lingua mi è estranea e accade che non riesca a capirli. Nonostante questo faccio amicizia con loro velocemente. Hanno modi aperti e rilassati. In un certo senso sembrano avere meno paura delle persone che al sud. Ridono, danzano, sono allegri, persino la loro andatura è leggera e disinvolta e, poiché il sole brucia di meno, la gente passa molto tempo all'aperto e vive a contatto con la natura. Vorrei che la mia amata Rossane e la mia bella Mahrokh fossero con me, scrive Eskandar.

Sul fatto che le contadine portino corte gonne colorate e si rimbocchino i lunghi calzoni durante il lavoro nelle risaie mettendo in mostra i polpacci, Eskandar non scrive niente e neanche dice che questa vista gli è gradita e che trascorre molto tempo a osservare le donne che lavorano.

Un'altra cosa che a Eskandar piace del nord è che nel clima umido crescono in abbondanza frutta, verdura, erbe, aglio e molte altre cose e le persone li cucinano in piatti gustosi. Quando lavora e può permetterselo, preferisce mangiare *ssabsi-polo-mahi*, pesce col riso e cavoli freschi accompagnati da aglio, con o senza erbe, e yogurt con menta e cetrioli.

Per cercare lavoro Eskandar è costretto a vagare qua e là. Torna a nord-est, fino al confine con l'Afghanistan, dove è quasi secco come al sud, poi si dirige di nuovo verso ovest. Raggiunge il confine con il Turkmenistan in direzione del Mar Caspio e ancora lungo quello con Georgia e Armenia, e anche il nuovo confine che attraversa la provincia dell'Azerbaigian perché i russi ne hanno annessa la metà. Poi vaga ancora fino al confine con la Turchia e rifà tutta la strada fino al Mar Caspio.

Più viaggia, più incontra persone diverse, sente nuovi dialetti, mangia cibi nuovi, impara consuetudini. Eskandar rinnova ogni volta la sua sorpresa: gli piace viaggiare. Soprattutto per le molte storie che gli raccontano. Sono così tante che deve annotarle per non dimenticarle. A volte le parole non bastano e Eskandar fa degli schizzi di esseri fantastici, di mostri, di luoghi reali e irreali.

Da qualche parte, in una sala da tè non lontano dal mare, il padrone osserva Eskandar mentre scrive e disegna, lo guarda da sopra le spalle e chiede stupito cosa siano quegli strani esseri; Eskandar racconta e riceve in compenso cibo e un posto per dormire.

Rimani quanto vuoi, dice il proprietario della sala da tè notando che le storie sono apprezzate non solo da lui ma anche dai suoi ospiti. Siedono attorno a Eskandar, stanno ad ascoltarlo incantati e intanto ordinano da bere e da mangiare. Fa bene agli affari, dice il padrone.

A Eskandar-Agha piace quando nella sala da tè cala il silenzio e i giovani e gli uomini non conversano più ma ascoltano soltanto le sue narrazioni; si rallegrano, si spaventano e si entusiasmano e lui mostra loro i suoi disegni.

Porta le storie dei turchi agli abitanti del Mazandaran, quelle della gente del Gilan a Mashhad e viceversa.

Più di tutto racconta vicende tratte dalle sue esperienze personali. Il periodo con i nazionalisti o con i *farangi*, a casa di Khanum-Rohan e della Tigre. È particolarmente contento di narrare la storia del ragazzino originario del villaggio senza nome, a cui Dio un giorno regala una bambina, che lui chiama Rossane, insieme alla quale viene tenuto prigioniero da uno spietato re. A volte racconta alla gente anche nozioni semplici che lui stesso ha scoperto da poco: che i *farangi* russi hanno cambiato il loro nome in bolscevichi e che la loro terra invece che Russia si chiama ora Unione Sovietica. Affermano che il loro paese sia un paradiso, in cui c'è tutto, ognuno è sazio e può vivere in libertà. I *farangi* russi gradirebbero che gli iraniani accogliessero il nuovo sistema, il comunismo, e che l'Iran diventasse un'altra delle repubbliche del loro paese.

Eskandar fa ridere il suo pubblico quando dice: se i russi prendessero possesso ufficialmente della nostra terra, questo porterebbe vantaggi a entrambe le parti. I russi avrebbero libero accesso all'antica via della seta, che dall'Asia orientale porta in Europa, e avrebbero libero accesso anche al caldo, non ghiacciato, Golfo Persico e potrebbero estrarre il nostro petrolio al posto degli *engelissi*. Poi aspetta che i suoi ascoltatori si spazientiscano e chiedano: e noi, quali vantaggi avremmo?

Per noi iraniani sarebbe la fine dell'occupazione.

Come?, si informano gli ascoltatori.

Be', se i russi diventassero nostri padroni non sarebbero più invasori e i loro soldati non sarebbero più dei nemici, anzi, ci proteggerebbero.

In realtà c'è poco da ridere. Molti iraniani infatti non sanno più come salvare i propri figli dalle malattie e dalla fame e sperano che la propaganda sul paradiso sovietico sia vera, nonostante i russi costringano i bielorussi ad andarsene a migliaia a cercare protezione nelle province del nord dell'Iran.

Nel Gilan, in una sala da tè che consiste soltanto in un tetto di paglia, un paio di tappeti *kelim* e cuscini per terra, Eskandar si imbatte in un uomo che si chiama Signor-Fotografo, Agha-Akasbashi. Dispone dei documenti necessari per entrare e uscire dall'Unione Sovietica quando preferisce. Agha-Akasbashi si lecca l'olio d'oliva dalle dita e dice: il mio consiglio è, se le è cara la vita, di rimanere qui in Iran. Non vada dai russi. A meno che non possieda denaro a sufficienza per poter pagare le carovane giuste e, oltre il confine, l'affitto per alloggi costosi.

Ma la gente dice che lì è un paradiso, obietta Eskandar.

Non creda a tutte le sciocchezze che racconta la gente. Nel caravanserraglio subito dopo il confine ho mangiato *abgousht*, e quando ho tirato in un angolo le ossa dello stufato, con la coda dell'occhio ho visto che non c'erano solo i cani ad aspettare, ma anche due persone. Hanno litigato con gli animali per avere le ossa e parlavano persiano. Speravo di poter fare di più per i miei connazionali che offrire loro un buon *abgousht* e del pane, conclude Agha-Akasbashi triste. Sì, signore, questo può accadere quando si crede alla gente e ci si lascia abbindolare dalla propaganda dei russi.

Eskandar e Agha-Akasbashi si intendono bene e si uniscono alla stessa carovana. Dividono il pane e un giaciglio, si fanno compagnia. Eskandar-Agha si guadagna da vivere con il lavoro di scrivano, racconta storie, o utilizza la conoscenza appresa dal mullah, producendo *tavis*, portafortuna, e perfino celebrando un matrimonio.

Viaggiano per più di quaranta giorni, prima di arrivare nella piccola città portuale di Bandar-e Ansali sul Mar Caspio, dove Agha-Akasbashi va a prendere una macchina fotografica che gli è stata mandata dall'ex impero degli zar.

Tu narri le storie con le parole, io le racconto con immagini e disegni. Fotografo persone, animali, edifici, fiori, stoffe, spezie, tappeti, colonne, paesaggi, mari, risaie: semplicemente tutto ciò su cui si posa il mio sguardo.

Solo ora che Agha-Akasbashi gli mostra le foto che ha fatto con la sua macchina, Eskandar capisce che il ritratto del figlio del suo amico canadese e le immagini sulle pareti dello studio di Palang-Khan non erano dipinti ma fotografati.

La maggior parte delle fotografie sono per me stesso, per i miei ricordi, dice Agha-Akasbashi. Soprattutto nei giorni in cui le cose non vanno bene mi basta guardarle e torno quasi subito di buon umore. Mi guadagno da vivere scattando foto ai matrimoni e alle festività dei grandi proprietari terrieri, dei ricchi, degli istruiti e dei *farangi.* Una volta ho fatto un ritratto al primogenito di un ricco latifondista. Viaggiava con la sua servitù nella mia stessa carovana per andare a Tabriz in una di queste scuole innovative in cui i giovani non imparano solo il Corano, ma anche la geografia, la matematica, la poesia e altre cose di cui non conosco il significato. Ma i miei migliori clienti sono i *farangi.* Dispongono delle maggiori somme di denaro, spiega Agha-Akasbashi. Riportano le mie foto nella loro patria *farangi*, immortalando così i loro ricordi. I ricordi richiamano i bei momenti, si entusiasma Agha-Akasbashi. Quando si ha un ricordo scritto o fotografato, si può condividerlo con i propri figli e nipoti e mostrare loro in questo modo che una volta siamo stati anche noi giovani e belli.

Ma i ricordi possono anche prolungare il tormento, dice Eskandar non potendo fare a meno di pensare alla bella Mahrokh e alla sua Rossane.

Tormento o gioia, quale dei due prolungare dipende da te, replica Agha-Akasbashi.

Che intende?

Puoi abbandonarti ai tuoi pensieri cupi e smarrirti in essi per ore, giorni o anche per sempre, dice Agha-Akasbashi. Ma puoi anche lasciarli sospesi e darmi una mano.

Quand'è così, le darò volentieri una mano, risponde Eskandar portando l'ingombrante macchina fotografica e il pesante supporto di legno per il suo nuovo amico.

La volta successiva Eskandar-Agha monta la macchina fotografica, porta le sedie e dispone le persone ordinatamente, sistema i loro vestiti e i cappelli e si preoccupa che guardino nella direzione giusta e che tengano gli occhi ben aperti, mentre Agha-Akasbashi scompare sotto il panno e li fotografa.

Un assistente capace e fidato come te potrebbe essermi

molto utile, dice il fotografo proponendo a Eskandar di restare con lui, tanto più che parla la lingua dei *farangi*.

Stimato agha, sarebbe un onore per me, ma per essere sincero il fatto che io me la cavi ai posti di blocco con un paio di *thank you*, *spassiba* e simili non significa che io padroneggi la lingua dei *farangi*.

Ho visto bene quanto erano colpiti i soldati russi. Hanno salutato e si sono persino inchinati davanti a te.

Ah, ma non è niente, si schermisce Eskandar. Ho soltanto messo in fila un paio di parole impressionanti come agente, missione, incarico e governo.

Mi piaci, dice Agha-Akasbashi. Sei intelligente e le tue storie mi affascinano; sarei felice di averti come mio aiutante.

Grato di non dover vivere più alla giornata, di avere un posto per dormire e soprattutto di poter essere in compagnia di un uomo generoso e cortese, alla fine Eskandar accetta l'offerta.

Soldati *farangi*, poliziotti, ministri, diplomatici, perfino agenti, vogliono una foto ricordo con le rispettive mogli, i figli, cani, giardinieri, cuochi, altri impiegati o iraniani a loro completamente sconosciuti. Vogliono scatti di nomadi con i loro cammelli, di un gregge di pecore, di un posto da qualche parte sulle montagne, di un edificio caduto in rovina.

Mostrano le mie fotografie nella loro patria, dice Agha-Akasbashi orgoglioso. Le mie immagini sono la prova di tutto quello che hanno visto e di quanto coraggio possiedono nel resistere in questa pericolosa parte del mondo.

I veri coraggiosi siamo noi iraniani, risponde Eskandar. Restiamo nella nostra terra, nonostante i *farangi* siano qui.

Il tuo modo di vedere le cose, di smontarle e ricomporle è meraviglioso, dice Agha-Akasbashi. Dovresti fare come me e vendere le tue storie. Così come io vendo alle persone immagini di loro stesse, tu puoi scrivere le tue storie e i tuoi ricordi e guadagnare in questo modo.

Solo perché la gente paga per le sue foto più denaro di quanto ne usi io per vivere, questo non significa che pagherebbero anche per le mie storie scritte. In fondo tutti possono raccontare, mentre solo lei può fare fotografie.

Ascoltami e fidati della mia esperienza, dice il maestro fotografo. Tu hai la dote di raccontare e appartieni alla minoranza che nel nostro paese ha imparato a scrivere.

Lei è un vero amico, risponde Eskandar grato. E sono felice di essere il suo aiutante.

Eskandar-Agha impara a preparare le lastre dei negativi, a mescolare gli acidi nelle giuste proporzioni e come coronamento della sua formazione apprende l'esposizione alla luce e lo sviluppo delle fotografie.

Ma più di tutto a Eskandar piace quando, riordinando ed etichettando le foto, può guardare i volti, l'atteggiamento delle persone, i grandi e i piccoli gesti. A volte è solo il modo in cui qualcuno tiene la testa o porta i vestiti che fa capire a Eskandar di che persone e di che caratteri si tratti. Senza averne alcuna intenzione, come se gli imponessero la propria presenza, gli vengono in mente le storie di queste persone e rimangono nella sua testa finché non le scrive: solo allora se ne libera.

Eskandar è così distratto dal suo lavoro per il fotografo e dalle sue storie che pensa sempre di meno a Rossane e alla bella Mahrokh; soltanto di rado lo tormenta il ricordo della sua vile fuga da Teheran e del tradimento dei suoi amici Hodjat e Agha-Mobasher.

Ma non appena Eskandar-Agha organizza la sua nuova esistenza e si abitua a una vita regolare, in cui non soffre la fame, ma ha un posto dove dormire e gode della compagnia di un amico benevolo e intelligente da cui impara molte cose, un messaggero si presenta a Agha-Akasbashi. Porta un messaggio urgente da Teheran. E non da una persona qualunque, ma da Sua Maestà in persona. Il re è tornato sano e salvo dai suoi divertimenti in Europa e progetta di organizzare una grande battuta di caccia per i suoi ospiti iraniani e *farangi*, che desidera immortalare con una serie di fotografie. Per questa ragione ha fatto cercare i pochi fotografi del suo regno e li convoca ora nella capitale.

Il piccolo, bel mondo che mi sono costruito cadrà in pezzi, si lamenta Eskandar. Perderò tutto e mi ritroverò ancora solo.

Non c'è ragione di essere triste, lo calma Agha-Akasbashi. Sono più che soddisfatto del tuo lavoro. Sei il miglior aiutante che abbia mai avuto ed è fuori discussione: mi accompagnerai.

E per me è fuori discussione che io possa andare a Teheran.

Credimi, qui al nord la situazione diventerà peggiore ogni giorno che passa e la vita sarà insopportabile. Ci saranno ancora più rivolte e sommosse. I russi penetrano sempre più profondamente nella nostra terra. Le loro brigate cosacche perquisiscono le case per trovare nemici del re; bruciano le capanne e i beni della gente; arrestano uomini arbitrariamente, li imprigionano, li uccidono. Infamano gli iraniani, umiliano il loro orgoglio, deportano e violentano le loro figlie, donne e madri. Sempre più uomini si schierano al fianco dei combattenti per la libertà, i *djangali*, e del loro capo Mirza Kutshek-Khan. È un circolo vizioso. Il commercio è pressoché impossibile e sempre più persone cadono in miseria. È solo questione di tempo, prima che si arrivi alla battaglia, dice Agha-Akasbashi. Questo non è luogo per persone come te e me. Seguiamo il segno del destino e andiamocene di qui.

Ho fatto una promessa, ribatte Eskandar. Chissà, forse la situazione cambierà presto, forse la gente ha ragione e Mirza Kutshek-Khan cavalcherà davvero verso Teheran, farà cadere il re, annienterà la dinastia Qajar e porrà fine alla corruzione, allo sfruttamento e all'occupazione di russi ed *engelissi*.

Chi ti ha messo in testa queste sciocchezze?

Sciocchezze o meno, non ho altra scelta. Devo restare.

Ma cerca di capire, per gente come te qui diventa ogni giorno più pericoloso. Vieni dal sud e tanto i soldati del governo quanto i russi e lo stesso Mirza potrebbero scambiarti per una spia dei *farangi engelissi*, degli *almani* o di qualcun altro.

Eskandar non confessa che preferirebbe essere considerato una spia che tornare a Teheran prima che sia trascorso l'anno prescritto da Mahrokh-Khanum, giocandosi una volta per tutte il suo affetto. Non rivela neanche che non vuole tornare a Teheran perché si vergogna, perché ha ingannato e deluso persone che si fidavano di lui e che riponevano in lui delle speranze.

Me ne vado con un peso sul cuore, dice il fotografo congedandosi e regala a Eskandar un pacco di carta nuova. Impiega almeno il tuo tempo per continuare a scrivere storie, lo esorta abbracciandolo come un figlio.

Eskandar-Agha e i combattenti per la libertà

Un paio di giorni dopo che il fotografo ha lasciato la città, un uomo si presenta a Eskandar, gli rivela senza giri di parole di essere un *djangali* e lo prega di seguirlo nella foresta. Mirza Kutshek-Khan desidera chiederti di diventare un suo servitore, dice, gli benda gli occhi e lo aiuta a salire a cavallo. Dopo un po' Eskandar capisce che altri cavalieri si stanno unendo a loro, poi dal terreno soffice e dall'aria fredda intuisce di trovarsi nel *djangal*, la foresta.

La gente afferma che Mirza Kutshek-Khan usa pietà e giustizia persino verso i suoi nemici; che lascia in vita i soldati incaricati di cercarlo e assassinarlo, che parla con loro e in seguito regala loro la libertà: un uomo come lui non ha probabilmente alcun motivo per danneggiare una persona insignificante come me, dice Eskandar-Agha.

Poiché nessuno dei *djangali* gli risponde, Eskandar-Agha continua a parlare. Difficilmente passa un giorno senza che senta una storia sullo stimato Mirza Kutshek-Khan, sulla sua bontà e generosità, racconta Eskandar-Agha. Gli uomini del bazar sostengono che Mirza è dotato di nobiltà e di un cuore grande. Si dice che nella battaglia di Bandar-e Ansali sia comparsa una nave da guerra dei *farangi* e abbia puntato i suoi cannoni sulla costa e sulla città. Un agente *farangi* ha informato il capo dei combattenti che dalla montagna si poteva colpire la nave. Perciò Mirza ha deciso immediatamente di caricarsi un cannone sulla schiena e di trascinarlo sulla montagna da solo. La gente racconta che in questo modo si sia ferito alla schiena, e tuttavia durante la fuga ha colpito i *farangi*.

Sei un buon narratore, dice il *djangali* rompendo infine il minaccioso silenzio.

Eskandar tira un sospiro di sollievo. Quando ero un ragazzo, all'epoca della lotta per il Parlamento, il mio lavoro era raccontare storie, recitare versetti del Corano e infervorare l'animo degli uomini e dei *pahlewan* alla sommossa. Ma è stato molto tempo fa. Negli ultimi tempi sono stato l'aiutante dello stimato Agha-Akasbashi.

Lo sappiamo, dice il *djangali*. Sappiamo anche che il fotografo è stato convocato dal re nella capitale.

Da quel momento, come in passato, ho fatto di nuovo tutti i lavori possibili per guadagnarmi il pane, spiega Eskandar. E se alla fine mi rimane tempo, scrivo storie.

Lo sappiamo, dice il *djangali* ridendo.

Se sapete tutto questo, allora farei meglio a tacere, replica Eskandar.

Toglietegli la benda, ordina il *djangali*.

Cavalcano in silenzio per un po', poi Eskandar dice: da quando sono qui al nord è la prima volta che la foresta non mi spaventa.

La foresta ama e protegge chi è leale, risponde il *djangali* e per il resto della strada ascoltano in silenzio le storie che la foresta racconta.

Appena Eskandar-Agha si trova di fronte il comandante dei *djangali*, il grande Mirza Kutshek-Khan, e lo guarda negli occhi, capisce perché le persone lo amino e perché lo ritengano un eroe. Con la sua bontà e dignità, la sua forza e virilità, a Eskandar ricorda il suo precedente maestro, lo stimato Hodjat-Agha. Mirza si scusa per il disturbo che ha procurato a Eskandar-Agha, gli fa portare tè, latte e yogurt e solo quando si è rifocillato, Mirza Kutshek-Khan gli spiega il motivo per cui l'ha convocato lì. Abbiamo saputo che lei padroneggia la lingua inglese, dice, e Eskandar trasale e rimpiange di non aver seguito il consiglio del fotografo e di non aver lasciato il nord.

La gente esagera, risponde. Conosco solo qualche parola.

Non si preoccupi, amico mio, dice Mirza ridendo. Non l'avremmo fatta venire fin qui, se avessimo nutrito il benché minimo sospetto che lei fosse una spia. Vorremmo chiederle soltanto un favore. Un gruppo di *engelissi* ci ha contattato. Hanno i loro interpreti, ma dalla nostra parte non c'è nessuno che capisca anche solo una parola della loro lingua. Vorrei chiederle di stare ad ascoltare e di tradurre per noi quello che ancora comprende. I miei uomini riferiscono, inoltre, che lei è uno scrivano e un narratore. La invito a restare con noi quanto vorrà. Forse troverà la tranquillità per mettere per iscritto anche la nostra storia, in modo che i posteri possano conoscerla, poiché la nostra vita è come la luce di una candela nel vento: sempre esposta al pericolo di spegnersi di lì a un attimo.

Quella sera stessa Eskandar annota: lo stimato Mirza imputa la situazione critica dell'Iran soprattutto a una causa, la mancanza di istruzione e di conoscenza. Una persona che non dispone di alcun sapere non può essere libera; non può decidere che aspetto debba avere la sua vita. Perciò Mirza fa costruire scuole, non solo per i ragazzi, ma persino per le fanciulle. Paga per la formazione degli insegnanti e per il loro salario, fa stampare libri per gli studenti.

E, raccontano i suoi uomini pieni di ammirazione per il loro comandante, sebbene venga perseguitato da molto tempo dal re in persona, da cui è stato dichiarato un nemico, e dai suoi soldati, agenti e mercenari, Mirza prosegue nello sforzo di diffondere il sapere. Eskandar-Agha annota ogni parola scrupolosamente. Mirza rischia di essere preso prigioniero mentre fa visita alle scuole e parla con gli studenti e gli insegnanti, dicono gli uomini aspettando che Eskandar-Agha abbia scritto.

Il terzo giorno arriva la delegazione degli *engelissi*.

Come se stesse parlando a un amico, Mirza prega Eskandar di restare vicino a lui. E per cortesia trascriva quello che vede e che sente. Gli *engelissi* e i loro accompagnatori si comportano non come ospiti in una terra straniera ma come i padroni. Stanno davanti al grande Mirza Kutshek-Khan insolenti e sicuri di sé e si rivolgono a lui come se fosse un suddito, come se fosse un uomo che si può comprare. Veniamo da voi con un'offerta generosa, afferma il capo degli *engelissi*, un ometto con i capelli rossi e una grossa pancia. Vogliamo mettere lei sul trono, afferma sogghignando, come se fossero al bazar e stessero trattando la vendita di una merce qualsiasi.

Mentre Eskandar scrive accuratamente tutto quello che osserva e che ode, per lui è spiacevole pensare di aver preso fino a quel momento le difese dei *farangi*, specialmente *engelissi* o canadesi.

L'uomo dai capelli rossi parla in nome del suo re. Siamo stanchi, si lamenta agitando la mano davanti alla faccia, come se stesse scacciando delle mosche fastidiose o un odore spiacevole. Siamo stanchi di dover continuare a dividere l'Iran con i russi, continua. Tuttavia getteremmo il mondo in una nuova guerra, se ci occupassimo noi stessi di questo problema. Dobbiamo tenere in considerazione le relazioni internazionali e le alleanze; non possiamo e non vogliamo perciò invischiarci in una lotta con l'Unione Sovietica.

Mentre l'uomo dai capelli rossi parla con una voce acuta e sgradevole e agita le braccia, Mirza rimane in piedi tranquillo ad ascoltare il *farangi*. Eskandar si chiede perché Mirza non impartisca semplicemente l'ordine di fucilare all'istante l'uomo dai capelli rossi e la sua delegazione.

Ci aspettiamo da voi – aspettarsi, questa è la parola che usa il *farangi* – che strappiate dalle grinfie dei russi la Repubblica iraniana sul Mar Caspio. Vogliamo che restituiate la provincia di Gilan all'Iran, per sbattere fuori dalla vostra terra definitivamente i russi. Se lei ci riuscirà, prosegue l'inglese con una freddezza che fa rabbrividire Eskandar, siederà presto sul trono a Teheran. Lo garantiamo. Del re e degli altri avversari non deve preoccuparsi. Li toglieremo di mezzo per lei prima ancora di varcare la Darvazeh Teheran, la porta della capitale, annuncia l'*engelissi*. Soddisfatto di sé e del suo discorso, si posa una mano sulla grossa pancia, l'altra sulla schiena e sogghigna.

Avete intenzione di uccidere i miei fratelli e connazionali?, chiede Mirza.

L'inglese ride: se lei vuole, sì.

Mi risponda a questo, per favore, lo invita Mirza. Il suo re è a conoscenza di questo incontro e delle sue intenzioni?

Non ce n'è bisogno, ribatte l'uomo dai capelli rossi. A Sua Maestà interessa il risultato, noi non importuniamo il nostro re con dettagli e particolari.

Mirza annuisce, ringrazia per le preziose informazioni e per avergli concesso di farsi un'idea sulla politica e il carattere degli stimati ospiti. Vogliate portare a Sua Maestà, il re d'Inghilterra, i miei più calorosi saluti, possa avere una vita lunga in pace e libertà, dice Mirza facendo cenno ai suoi uomini di accompagnare gli *engelissi* fuori dalla foresta. Ma in quel momento l'uomo dai capelli rossi, il capo della delegazione segreta britannica, afferra una borsa di cuoio che giaceva inosservata ai suoi piedi e ne estrae una pistola.

Subito si crea una grande agitazione. I *djangali* puntano le loro armi verso i *farangi*, che a loro volta puntano i fucili sui *djangali*.

Solo l'uomo dai capelli rossi resta impassibile. Non vi agitate, per favore, dice puntando in aria la pistola. Quest'arma non è uno strumento di morte, ma un dono. Una piccola attenzione come segno della nostra buona volontà. L'uomo dai capelli rossi ride, si guarda intorno tranquillamente e fa tradurre: non preoccupatevi signori, non ucciderò il vostro capo. Guarda l'arma nella sua mano e scuote il capo. Nel caso desiderassimo la morte del signor Kutshek-Khan non ci sporcheremmo le mani. No, signori miei, aggiunge l'uomo dai capelli rossi, guardando i *djangali* in viso: faremmo in modo che uno di voi, uno dei suoi stessi uomini, una persona a lui vicina, lo uccidesse.

Non molto tempo dopo che gli *engelissi* hanno lasciato il territorio occupato dai russi, questi ultimi vengono a sapere che i loro nemici si sono introdotti inosservati nelle zone occupate da loro e altrettanto inosservati ne sono usciti. Per mettere in chiaro che non tollerano un simile modo di fare, i russi inaspriscono la loro lotta contro Mirza Kutshek-Khan e il re manda soldati iraniani per sostenere i russi.

Ma Mirza rimane fedele al suo principio. Non attacca i suoi fratelli iraniani, guadagnandosi in questo modo non solo l'affetto del popolo, ma sempre più anche la simpatia dei nemici, i soldati del re. Il re infuriato reagisce goffamente: fa distribuire volantini tra i contadini, che non sanno leggere né scrivere. Chi sostiene il traditore Mirza Kutshek-Khan, vi si dice, verrà arrestato e giustiziato. La gente usa quei pezzi di carta per accendere il fuoco e Eskandar mette un volantino tra le sue annotazioni e vi scrive la storia dell'uomo dai capelli rossi.

Quello di cui il fotografo aveva avvertito Eskandar si avvera prima di quanto si potesse pensare. La lotta diventa una guerra vera e propria, in cui soprattutto gli innocenti pagano con la vita. Le case vengono ridotte in cenere e interi villaggi sterminati, donne e bambini deportati, stuprati e uccisi; la fame e la miseria si diffondono ancora di più.

A ogni colpo, a ogni morto, odio di più il re e i suoi complici *farangi*, scrive Eskandar-Agha nelle sue annotazioni. Sono stanco, stremato. Accade che per giorni non ci sia niente da mangiare, vengo persino ferito, e tuttavia non mi è mai andata così bene, perché la mia vita ha un senso.

Mirza Kutshek-Khan è infaticabile, nonostante le lotte e sebbene venga perseguitato e le sue condizioni fisiche non siano più delle migliori. Va a trovare la gente nei villaggi, nelle scuole, nelle accademie militari, e dà l'incarico di costruire altre scuole e un collegio per i ragazzi, ma anche per le fanciulle che provengono dai villaggi sperduti e dalla foresta. Mirza Kutshek-Khan paga per ogni sacco di riso e frumento, per il pane e il latte che lui e i suoi uomini ricevono dai contadini, diversamente da quanto fanno i soldati del governo, gli Ottomani e i russi, gli agenti degli *engelissi*, degli *almani* e degli americani. Quando può aiuta i più poveri, divide con loro il suo denaro, le sementi e il grano. Fa costruire fabbriche dove vengono confezionati abiti per i suoi uomini e in questo modo aiuta la gente persino a trovare lavoro.

Diversamente dal resto del paese, nei territori controllati da Mirza si gode di ogni tipo di libertà. Le persone possono pensare, dire e scrivere ciò che vogliono. Egli stesso incoraggia la pubblicazione di giornali, libri e testi vari. In questa parte del paese, annota Eskandar, regna la prima vera libertà dell'Iran.

Per quanto riguarda la fine di quest'uomo amato e stimato dal popolo, l'*engelissi* dai capelli rossi comunque ha ragione. Di certo Mirza non viene ucciso dai nemici, né dai suoi compagni di lotta: muore di freddo perché, nonostante la malattia, deve tenersi nascosto nelle foreste durante l'inverno; tuttavia sono proprio i suoi fedelissimi, gli uomini di Mirza, che staccano la testa dal corpo del comandante che un tempo rispettavano, la mettono in un sacco, cavalcano fino a Teheran e la consegnano al re Ahmad Shah, l'ultimo sovrano della dinastia Qajar, che li ricompensa coprendoli d'oro.

Eskandar-Agha torna al sud

L'anno richiesto da Mahrokh-Khanum è passato da molto tempo e ne sono trascorsi altri. Eskandar ha pensato e ripensato alle parole che dirà, quando finalmente sarà di nuovo davanti alla sua amata e alla piccola Rossane. Il grande Mirza aveva bisogno di me, spiegherà loro. Dirà che era lo scrivano dei combattenti per la libertà e che non ha soltanto sbrigato la corrispondenza di questo grande uomo, ma ne ha anche scritto la storia.

Eskandar si figura il momento in cui mostrerà la cassetta di legno con i suoi fogli a Mahrokh-Khanum e a Rossane, la quale nel frattempo sarà diventata grande, e loro saranno orgogliose di lui e lo perdoneranno di essere rimasto lontano tanti anni. E poi racconterà loro tutto, l'incontro con l'agente *engelissi* dai capelli rossi, che voleva far diventare Mirza re dell'Iran; e perché i russi siano diventati bolscevichi; perché gli alleati, *engelissi*, *faranssawi*, *almani*, *amrikai*, abbiano distrutto il vecchio regno degli Ottomani e abbiano dato ai turchi una terra indipendente e perché abbiano creato nuovi confini e nuovi paesi come Siria, Iraq e Libano con un righello, suddividendo arbitrariamente il popolo curdo.

Leggerà loro le parti in cui descrive come dapprima la foresta buia gli abbia fatto paura e successivamente abbia scoperto in essa non solo una nuova casa, ma si sia anche nutrito dei frutti, delle piante e degli animali che vi ha trovato. E narrerà loro come la vita faticosa nel *djangal* abbia forgiato e plasmato non solo il suo spirito, ma anche il suo corpo, e ora ha persino più muscoli di quanti ne avesse al tempo in cui si allenava con il suo maestro Hodjat.

Eskandar racconterà: da quando il nuovo scià, Resa-Khan, ha finalmente messo fine al potere dei corrotti re Qajar, dopo centotrent'anni di sfruttamento, con l'intenzione di trasformare l'Iran in un paese moderno, anch'io ho lavorato instancabilmente, per riuscire a mettere insieme il denaro necessario per tornare a Teheran.

Effettivamente Eskandar può quasi permettersi una visita settimanale al bagno pubblico. Si è fatto tagliare la barba e i capelli e si è concesso persino una camicia, pantaloni e un paio di *giweh* nuovi; possiede un posto per dormire pulito nella sala da tè, dove lavora come scrivano durante il giorno.

Il nuovo re e le sue leggi sono una cosa buona per Eskandar-Agha. Ogni giorno deve scrivere o leggere per la clientela atti di proprietà, certificati, attestazioni, documenti.

A Eskandar piace il nuovo re non solo perché grazie alla sua politica ha un lavoro e di che vivere, ma soprattutto perché la storia di Resa-Khan gli ricorda la sua.

Resa-Khan era un semplice ragazzo contadino della provincia di Mazandaran sul Mar Caspio, che si era unito come stalliere alle brigate cosacche comandate dai russi. Ha lavorato con determinazione, fino a diventare prima colonnello, poi comandante dell'esercito, ministro della guerra e infine primo ministro. Alla fine ha preso il potere senza usare violenza contro l'ultimo sovrano Qajar ed è stato proclamato scià dall'Assemblea Nazionale: si è posto la corona sul capo da solo. Come molte persone del nord dell'Iran, Resa-Khan ha gli occhi blu acciaio. È un uomo alto, imponente, che incute rispetto e timore con il suo sguardo acuto.

Fa arrestare e uccidere senza pietà oppositori e nemici. Schiaffeggia i suoi ministri, li prende a calci nel sedere e li destituisce. Governa il paese con pugno di ferro e persegue un solo fine, costi quel che costi: una Persia moderna, che riesca a stare al passo con le altre nazioni del mondo e a tener testa agli invasori. Resa-Khan vuole costruire strade, per collegare tra loro le città, vuole instaurare un'amministrazione corretta e un sistema di istruzione. Ma quello che Eskandar apprezza di più è che ha intrapreso coraggiosamente la lotta contro i latifondisti e i religiosi e sta realizzando una riforma agraria. Grazie a essa numerosi capitribù e mullah perderanno il proprio potere e la propria influenza.

Ma anche nella sala da tè il nuovo re non ha solo amici. Non ha un piano, dicono gli uomini, rimproverandogli il fatto che con la sua riforma agraria molte migliaia di servi perderanno ogni mezzo di sussistenza. La povera gente sarà lasciata a se stessa e dovrà cavarsela senza *arbab*, senza padrone. La maggioranza dei contadini non ha né gli attrezzi agricoli necessari né le sementi; non ha animali, acqua, denaro. Interi villaggi muoiono; i servi impoveriti fuggono nelle città. E anche noi cittadini patiamo, poiché senza contadini non c'è agricoltura e senza agricoltura non c'è niente da mangiare per l'intero paese, mormorano gli uomini nella sala da tè.

Molti rimproverano al re anche la sua lotta spietata per rendere sedentari i nomadi. Tre milioni di persone di diverse tribù non potrebbero più nutrirsi da sole e diventerebbero dipendenti dal governo e dall'economia del paese, che non è abbastanza forte da potersi occupare di loro.

Ma come molti suoi connazionali, anche Eskandar è convinto che sia solo questione di tempo, e che Resa-Khan troverà una soluzione per questi problemi. A Eskandar-Agha piace che, come Mirza, il re investa nell'istruzione, nelle scuole e nell'università. E questo sebbene Resa-Khan stesso sappia a malapena leggere e scrivere. In modo simile ai combattenti per la libertà, anche lui ripete che l'istruzione è la chiave per lo sviluppo del paese. Introduce l'obbligo scolastico, persino per le ragazze, e fa costruire centinaia di scuole.

Per la prima volta nella storia del paese l'istruzione non è più un privilegio dei ricchi e dei benestanti. Con sorpresa di Eskandar-Agha e degli uomini della sala da tè, nelle aule scolastiche si vedono sempre meno turbanti e sempre più cappelli occidentali; persino le donne vengono formate per diventare insegnanti e sostituiscono mullah e *akhund*. A studenti e studentesse non viene più insegnato soltanto il Corano, ma anche la matematica, la lingua farsi e altre materie. Secondo il modello dei *farangi*, le fanciulle e i ragazzi devono portare uniformi scolastiche e non stare più seduti per terra, ma usare sedie e banchi; e per la prima volta i ragazzi hanno la possibilità di imparare un mestiere diverso da quello del mullah.

Eskandar-Agha è contento di essere diventato uno scrivano e un narratore e non un mullah o un *akhund*. Poiché in quel caso adesso sarebbe di nuovo senza lavoro. Con le nuove leggi, infatti, oltre ai latifondisti, anche i mullah perderanno la loro competenza non solo per l'istruzione, ma anche per tutte le questioni riguardanti l'igiene e la salute. Mullah e *arbab* non amministreranno nemmeno più la giustizia nelle liti; non celebreranno più matrimoni e non decideranno il destino dei servi e dei loro figli. Al loro posto lo scià ha istituito ministeri dell'istruzione, della giustizia, della salute, dell'agricoltura e delle finanze, per regolare tutte queste faccende.

Eskandar-Agha trae giovamento dalle nuove leggi. A ogni nuova legge e ministero, a ogni atto di proprietà di cui le persone hanno bisogno per le loro terre e i loro appezzamenti, ottiene sempre più lavoro.

Akhund, mullah e proprietari terrieri al contrario colgono ogni opportunità di screditare il re. Gli rinfacciano che il figlio Mohammad non fa che andarsene in giro per le strade di Teheran a bordo di auto veloci. Per questo lo scià manda il figlio in Svizzera, in una costosa scuola privata in cui impara il francese, l'inglese e le buone maniere europee.

Resa-Khan non si lascia intimidire: fa arrestare gli oppositori e fa avvelenare o uccidere in altri modi i religiosi particolarmente ribelli.

Tuttavia Eskandar-Agha non sa spiegarsi come il re sia riuscito a risultare talmente gradito ai *farangi* che persino la

Società delle Nazioni a Ginevra non tiene conto delle sue violazioni dei diritti umani e delle convenzioni internazionali e lo accetta come membro.

Non è solo Eskandar a trovare positivo il fatto che lo scià faccia affari con gli *almani* e si sia guadagnato la loro amicizia; gli *almani* sono infatti nemici dei russi e degli *engelissi* e perciò la maggior parte degli iraniani considerano i tedeschi come amici del loro popolo.

Achtung, Achtung, Kameraden, salutano gli uomini di buon umore, rallegrandosi perché gli *almani* hanno promesso di aiutare il loro re. Vogliono finalmente cacciare gli invasori dall'Iran dopo un quarto di secolo di occupazione. Gli *almani* inviano esperti, agenti e spie e, come ringraziamento per il loro aiuto contro i russi e gli *engelissi*, ricevono l'incarico di costruire ministeri, la ferrovia e l'ufficio postale e, ogni volta che possono, gli iraniani comprano merci e prodotti tedeschi che considerano comunque migliori.

Il re e i suoi piani per il rinnovamento dell'Iran gli procurano così tanto lavoro che Eskandar-Agha continua a rimandare di mese in mese il viaggio a Teheran da Mahrokh-Khanum e dalla sua Rossane, finché un giorno un gruppo di mullah furibondi si presenta a lui nella sala da tè.

Il loro capo sbuffa dalla rabbia, getta ai piedi di Eskandar il giornale «Etela'at» e gli intima di leggere un articolo. Eskandar-Agha sa di cosa si tratta, perché da giorni la gente non parla d'altro.

Qui c'è scritto che i matrimoni contratti fino a ora presso un *akhund* o un mullah per avere valore legale dovranno essere registrati al ministero della giustizia, dice Eskandar-Agha.

Leggi, gli ordina il mullah indicando l'articolo.

Per non infiammare gli animi, Eskandar-Agha si dà per vinto e legge: in questo paese gli uomini sono sempre stati maestri e padroni delle donne, di conseguenza molti uomini non saranno d'accordo con questa legge. In passato si sono sposati quando lo desideravano, anche perché i loro matrimoni non venivano registrati. Infine e finalmente la legge sulla registrazione porrà fine alla poligamia e alla violazione dei diritti delle donne.

Che significa?, chiede il capo dei mullah.

Che, come ho già detto, d'ora in poi i matrimoni saranno legittimi solo se registrati al ministero della giustizia.

Quel figlio di un cane dello scià osa dunque andare contro il volere del Profeta?, impreca il mullah.

Eskandar-Agha tace ed evita lo sguardo degli uomini.

Il mullah gli strappa di mano il giornale. E tu?, sibila.

Eskandar si sforza di continuare a fissare il pavimento e si limita ad alzare le spalle.

Parla, grida il mullah.

Non ho nulla da dire, risponde Eskandar intimidito.

Sei un vile, una vergogna per la nostra terra e la santa religione, si infervora il mullah. Chi mai ti ha permesso di star qui seduto a scrivere queste lettere e questi documenti moderni per sostenere lo scià e le sue maledette nuove leggi?

Poiché Eskandar continua a guardare per terra davanti a sé e non ribatte, il mullah diventa così furioso che improvvisamente alza il braccio e gli molla uno schiaffo. Poi si avvolge nelle pieghe del suo mantello, si volta e ordina ai suoi allievi di seguirlo.

Uno di loro sputa ai piedi di Eskandar, un altro si curva verso di lui, si scusa e gli dà una moneta. Da domani non avrò più niente a che fare con questa gente, poiché andrò in una delle vere scuole che lo scià ha fatto costruire per noi, sussurra.

Eskandar annuisce in silenzio. Ha le lacrime agli occhi, mentre con uno straccio si pulisce i piedi dalla saliva dell'allievo. Poi stipa gli appunti, i foglietti, le penne e l'inchiostro nella sua scatola, si guarda intorno un'ultima volta sulla piazza della sala da tè e mormora: *be amaneh khoda*, Allah ti protegga, mia amata Bandar-e Ansali, sei stata un alloggio clemente, la città portuale più bella che conosca. Ma ora è tempo di tornare nella capitale, dice con voce ferma, come se non fosse solo. Poi non si volge più a guardare ciò che lo circonda e si avvia verso la strada che conduce a Teheran.

Dopo giorni e settimane Eskandar giunge a Teheran e la città gli appare come se la vedesse per la prima volta. Le tante strade, case, edifici, carri, automobili, il rumore continuo, le persone e il cattivo odore gli imperlano di sudore la fronte.

Ritrova il quartiere di una volta, ma la tenuta della Tigre è sparita insieme alle sue alte mura. Al suo posto ora si trovano strade, vie e tanti piccoli giardini.

Un giovane poliziotto con i guanti bianchi e un fischietto sta in mezzo a un incrocio appena nato e racconta in tono solenne: la Tigre, le mogli e i figli, i cavalieri e i servitori si sono diretti a sud, vicino alla città di Shiraz

Cosa è successo?, chiede Eskandar-Agha.

Niente, risponde il poliziotto. Lo scià Resa-Khan ha confiscato la tenuta del vecchio Palang-Khan per costruire nuovi giardini, case e strade. Ha creato anche questo incrocio, in cui ora presto servizio regolando il traffico, spiega orgoglioso il giovane poliziotto.

E il bazar?, domanda Eskandar. C'è ancora?

Naturalmente c'è ancora, signore, e non verrà demolito tanto velocemente, risponde il poliziotto con la stessa serietà.

Già all'entrata del bazar il cuore di Eskandar inizia a battere più forte. Nella stretta e lunga via principale la polvere danza nella luce che filtra in coni luminosi dalle aperture sopra il mercato. Inebriato Eskandar inala l'odore dell'oppio, aspira profondamente quello delle spezie, del sapone e dei profumi; le grida dei mercanti, il battere e il picchiare degli artigiani suonano la stessa familiare melodia; ruote e sedie girevoli sibilano e sferragliano, in ogni strada e in ogni angolo spingono, trascinano e caricano uomini, merci, casse e sacchi. L'angolo nella parte posteriore del bazar, in cui lavoravano i ragazzi dei chiodi, non è più buio, ma rischiarato anch'esso da nuove aperture nel tetto, che illuminano nuovi chioschi e graziosi negozi.

Per la notte Eskandar alloggia presso la sala da tè. Si reca all'*hammam* pubblico, si concede persino un *dallack* che elimina dal suo corpo la polvere e la sporcizia della strada e massaggia le ossa e le membra affaticate dal viaggio. Subito dopo mangia due scodelle di zuppa di lenticchie e cade in un sonno profondo.

Dopo soli quattro giorni Eskandar lascia la capitale e il suo trambusto dietro di sé, si unisce alla prima carovana diretta a sud, si gode il lungo ma comodo viaggio sulle nuove strade dritte e si rallegra di essere finalmente di nuovo nel deserto. In un caravanserraglio a ovest di Shiraz Eskandar mangia yogurt fresco con pane, riempie il suo *botkshe* di pane, formaggio e datteri e continua il percorso da solo.

Come al tempo in cui scalò la montagna proibita, anche ora vince la paura dell'ignoto ed è deciso a fare ciò che deve essere compiuto. Non vuole più fuggire e doversi guardare da ogni ombra, da ogni estraneo. Vuole regalare la meritata pace alla sua anima stanca, vuole recarsi da Mahrokh-Khanum e dalla sua Rossane, spiegare tutto e chiedere il loro perdono, perché è tornato solo dopo sette lunghi anni.

Eskandar-Agha cammina e cammina non accorgendosi che ha lasciato da molto tempo la strada nuova, che le sue scarpe sono logore e gli cadono dai piedi. Il sole gli brucia la pelle, la sete gli arde nella gola, ma nonostante questo continua a trascinare se stesso, la sua scatola e il fagotto, perdendo sempre più la cognizione del tempo e dello spazio, finché un mattino si sveglia e vede davanti a sé la montagna proibita.

Senza averne intenzione, ha vagato fino al villaggio in cui più di un quarto di secolo fa sua madre Sahra lo ha messo al mondo.

Del villaggio senza nome non è rimasto niente. Soltanto mura rose dal tempo e dal vento e lo scheletro del vecchio albero. Nulla più indica la presenza del ruscello che si snodava per campi e giardini, da un capo all'altro del villaggio. Al cimitero Eskandar può solo intuire dove si trovino le tombe di suo padre, di sua madre, dei suoi fratelli e sorelle e di Morad-kadjeh.

Eskandar-Agha sta in piedi nell'arsura incandescente del deserto, nel luogo in cui sua madre ha esalato l'ultimo respiro; vuole piangere ma non ha lacrime.

Per quattro notti dorme sullo stesso lembo di terra in cui ha riposato per i primi sette o otto anni della sua vita. Si rannicchia contro il resto di muro alto fino al ginocchio della capanna di un tempo, sta ad ascoltare i rumori del deserto e il sibilo del vento, cerca di ricordarsi di sua madre, del piccolo Eskandar, vuole risvegliare in sé la sensazione di casa. All'alba del quarto giorno si sveglia e scrive sul margine di una pagina dei suoi appunti: mi sento ancora più legato a questo luogo da una mano delicata e dal sospiro del vento.

Eskandar-Agha scarta l'idea di lasciare lì la pietra bianca di sua madre e la ripone nel fagotto. Invece di tornare sulla strada, come in passato si arrampica sulla montagna proibita, che oggi non gli sembra né spaventosa né particolarmente grande.

Appena ne raggiunge la cima, che non ha baratri, ma è piatta come il vassoio d'ottone di sua madre, si trova davanti le alte torri petrolifere. Alla loro sommità sventolano come bandiere gli enormi fuochi gialli che bruciano i gas sprigionati. Soffiano e fischiano, come se venissero dalle fauci di un mostro che leva il capo nel cielo.

Dunque esistono i *div* e i *jinn*, mormora Eskandar-Agha sorridendo, e nell'immaginazione si rivede in piedi davanti a Mesterr Richard, mentre dice *faack* stendendo la mano. Vede il traduttore, Tajelmoluk, Khanum-Rohan, la sua amata Rossane, il mullah, i combattenti per la libertà del sud e del nord, i suoi amici, il cavaliere Hodjat, Agha-Mobasher, la bella Mahrokh-Khanum e la Tigre.

Rovista rapidamente per trovare un foglio pulito e scrive: per tutta la vita ho corso e camminato, soltanto per arrivare qui, in nessun luogo. Sono proprio nel posto che ho lasciato tanto tempo fa. E tutto ciò che ho trovato è questa nostalgia. Una nostalgia che è diventata la mia amata compagna, anzi una parte di me stesso; una nostalgia senza la quale mi sento vuoto e insignificante. Sono come gli uccelli che si mettono alla ricerca del Simorgh, il più bello e intelligente di tutti i volatili, solo per tornare a casa e scoprire che tutto ciò che stavano inseguendo era già dentro di loro. E che il Simorgh non è altri che loro stessi. A volte si deve fare molta strada, per trovare la propria verità interiore, scrive Eskandar-Agha.

Un'esplosione lo strappa ai suoi pensieri. E sulla destra dell'accampamento distingue uomini che spaccano la terra, spalano e liberano la strada per far posto ad altre condutture. Un enorme carro trainato da un cavallo è carico di lunghi tubi. Uno dopo l'altro questi vengono scaricati e avvitati l'uno all'altro. La linfa vitale dei *farangi* penetra nel paesaggio iraniano, attraverso il deserto e oltre i monti, fino all'orizzonte, da Naftun, il luogo di ritrovamento del petrolio, fino a Abadan sul Golfo Persico, dove i *farangi*, vent'anni prima, nell'arco di quattro anni, avevano costruito la più grande raffineria del mondo. Là caricano il prezioso oro nero, così lo chiamano gli invasori, sulle loro navi e lo portano a casa a beneficio della loro industria fiorente, del progresso e della guerra.

Solo ora, di fronte a questo enorme stabilimento, Eskandar-Agha inizia a capire cosa intende la gente quando dice che gli *engelissi* non avrebbero potuto vincere la Grande Guerra, né costruire la loro vita moderna, se non si fossero impadroniti del petrolio persiano. Solo ora comincia ad avere un'idea del perché uomini come il grande combattente per la libertà Mirza Kutshek-Khan abbiano riposto la loro speranza nell'istruzione. Ci vuole una grande quantità di conoscenze, scienziati, esperti, per creare qualcosa di tanto potente. Non ci vuole una grande intelligenza per comprendere che i miei connazionali non possiedono tutto il sapere necessario per costruire qualcosa del genere o per mandarlo avanti. Il vecchio amministratore aveva ragione quando sosteneva che non ha senso biasimare sempre e soltanto gli stranieri.

Eskandar non può fare a meno di ridere amaramente,

quando ricorda che Mirza affermava che la vera fonte della ricchezza inglese non è il petrolio, ma la nostra ignoranza e stupidità. Anch'io sono uno sciocco, annota Eskandar. Sono solo un'ombra di me stesso. Ho il cuore ferito e dolorante. Non sono affatto migliore di questi *farangi*. Loro almeno imbrogliano e derubano solo gli estranei, io invece ho ingannato quelli che si fidavano di me, quelli che amo.

Go away!, gridano i soldati britannici, che sono a guardia dell'ingresso dello stabilimento e cacciano via Eskandar-Agha come un cane rognoso.

Faack, impreca Eskandar-Agha sottovoce, in modo che i soldati non lo sentano, ma abbastanza forte perché un connazionale, che sta uscendo proprio da quel cancello, lo oda.

Che Dio ti benedica, dice l'uomo. Finalmente un compatriota che parla la lingua dei *farangi*. L'uomo si presenta come Nossrat-Agha di Shiraz. Vengo una o due volte all'anno, porto determinate merci, guadagno molti soldi e torno felice e contento dalla mia famiglia e alla mia bottega nel bazar di Shiraz, spiega Nossrat-Agha. E tu, amico mio? Non sembri né un mercante, né uno degli operai, né un dipendente dei *farangi*.

È una lunga storia, risponde Eskandar.

Bene, ribatte il mercante cortese. Mi piacciono le storie, tanto più se sono lunghe. Se non hai di meglio da fare e per caso vuoi venire a Shiraz, potresti unirti a me e alla mia piccola carovana. I miei muli non hanno nulla da portare e, sebbene le strade grazie al nuovo scià siano sicure come mai prima d'ora, ogni uomo in più significa anche maggiore sicurezza, nonché la mia gioia e una benedizione di Dio, dice Nossrat-Agha ridendo.

Come se non avesse avuto in programma di fare finalmente visita a Mahrokh-Khanum e Rossane, Eskandar lega la sua scatola e il fagotto al dorso di un mulo e accompagna il simpatico mercante a Shiraz.

Racconta di Mirza Kutshek-Khan, e il mercante e i suoi uomini vogliono sapere tutto e fanno una domanda dietro l'altra. È vero che risparmiava i suoi nemici e non attaccava i compatrioti? Quante scuole ha costruito? Sapeva leggere e scrivere? Quanti figli ha lasciato? Hai conosciuto il traditore che gli ha staccato la testa e l'ha portata a quel figlio di un cane di un re Qajar che ha reso un inferno non solo la vita dello stimato Mirza, ma anche la nostra?

Continua a narrare, ragazzo, lo esorta il mercante quando Eskandar tace. Se intrattieni me e i miei uomini, avrai vitto e alloggio assicurati nei caravanserragli e nelle sale da tè fino a Shiraz.

Arrivati a Shiraz, l'amabile mercante lo saluta: ti auguro tutto il bene possibile, amico mio. E quando avrai voglia di un pasto decente, vienimi a trovare nella mia bottega al bazar e raccontami una delle tue storie.

Le sono profondamente obbligato, risponde Eskandar. È bello avere un amico in una città straniera.

La maggior parte dei mercanti e degli artigiani del bazar sono bendisposti verso i miei amici, dice il gentile Nossrat-Agha ridendo, ma senza alterigia.

Congedandosi Eskandar bacia la mano del mercante. Verrò a trovarla già domani, senza che lei mi debba un pasto per questo, e le porterò una nuova storia, promette.

Vieni all'ora di pranzo, insiste il mercante strizzandogli l'occhio.

Per non sembrare ingrato e scortese presentandosi a mani vuote, Eskandar compra, con il denaro con cui Nossrat-Agha lo ha generosamente retribuito, una focaccia, una scodella di yogurt e aglio fresco.

Benvenuto, benvenuto, amico mio, esclama il cortese mercante, allargando le braccia e salutando calorosamente il suo giovane compagno di viaggio. Mi rallegra non essermi ingannato sul tuo conto, vedo che mantieni le tue promesse.

Anche Eskandar-Agha ha tutti i motivi per gioire. Le sue aspettative vengono ampiamente superate. Nossrat-Agha ha informato i mercanti e i negozianti del vicinato. Il falegname, il gioielliere, il cambiavalute, il mullah, il proprietario dell'*hammam* e quello della sala da tè, persino un paio di operai hanno portato il loro cibo e aspettano che compaia il narratore.

Già dopo un paio di frasi, davanti alla bottega di Nossrat-Agha si raduna tanta gente che la strada si blocca e non si passa più. Eskandar-Agha raccoglie sempre più applausi. L'eroe trionfa, il malvagio subisce la sconfitta, gli innamorati si ritrovano e rendono felici gli altri con la propria gioia.

Ancora una, gridano gli uomini, gettando denaro in una ciotola, che qualcuno ha posto nel mezzo. E vogliono che Eskandar-Agha torni il giorno dopo e quello dopo ancora, che vada in ogni bottega, consumi il suo pasto e racconti le sue storie, attirando in questo modo una maggiore clientela.

Agli uomini piace Eskandar-Agha e gli pongono mille e una domanda. Vogliono sapere da dove venga, quale sia la sua famiglia, se abbia figli, con quale lavoro si guadagni il pane.

Ho già fatto ogni lavoro che potete immaginare, risponde lui ridendo. Sono stato servitore e stalliere, ho trasportato merci, sono uscito in mare a pescare. Ho zappato nei campi, ho pigiato la terra per farne muri d'argilla, ho lavorato nelle risaie, ma fra tutti i mestieri quello che più mi piace è fare lo scrivano e il narratore. Dimentico il tempo e i problemi. Non mi stanco mai di scrivere e di raccontare, dice Eskandar impressionando gli uomini con le sue annotazioni di molte pagine. Guardate qui, dalla prima all'ultima pagina la mia scrittura resta regolare e leggibile. Scrivo particolarmente volentieri lettere, grida Eskandar-Agha. Lettere personali, in cui la gente racconta della sua vita, dell'amore, dell'affetto, dell'odio, della rabbia e della gelosia. Lettere in cui si parla di accordi matrimoniali, di eredità, di tutele. E vi dico una cosa, si infervora Eskandar: è vero che le donne richiedono solo raramente i miei servizi, ma le loro lettere sono le migliori di quelle che ho l'onore di stendere. Mi è successo di non poter fare a meno di piangere, leggendo la lettera scritta da una *saifeh*, racconta Eskandar.

Rimani nel bazar, propongono gli uomini. Gli affari non vanno male. I nuovi piani dello scià e le sue idee moderne danno nuovi impulsi al commercio. Compriamo e vendiamo come non facevamo più da tempo e dobbiamo leggere e redigere contratti, fatture, elenchi, atti, accordi, ma nessuno di noi sa leggere e scrivere. Uno come te potrebbe esserci molto utile. E quando non ci sarà niente da scrivere, ci racconterai una delle tue storie e ti guadagnerai il pane in questo modo.

Uno degli uomini salta su gridando: perché aspettare? Vieni, ho subito un lavoro per te. Vorrei che tu scrivessi sui miei carri per la vendita il mio nome e quello di mio figlio. Così la gente penserà che io sia una di quelle persone moderne che sanno scrivere. Crederanno che io sia furbo e che abbia la merce migliore, compreranno più volentieri da me che da quelli che non vogliono stare al passo coi tempi, dice facendo ridere gli altri uomini.

Un altro dà un anticipo a Eskandar-Agha. E domani verrai da me e scriverai una targa anche per la mia bottega.

Resta a Shiraz, gli consiglia il cortese Agha-Nossrat. Sei nel posto giusto: in questo bazar, accanto a queste persone laboriose.

Eskandar fa quello che il premuroso mercante gli consiglia e rimane, ringraziando Allah e promettendo di portare un'offerta per tutta la bontà che gli è toccata in sorte.

Eskandar-Agha si sostituisce al destino

Il giorno seguente Eskandar si procura dal falegname legno e chiodi per una nuova scatola, compra nuova carta, intaglia nuovi pennini e compra persino un paio di occhiali di seconda mano, perché trova che gli diano un'aria più intelligente. Attraverso le lenti spesse non vede granché bene, ma quando li fa scivolare giù abbastanza può guardare senza problemi da sopra la montatura.

Comprati una camicia e un paio di pantaloni all'occidentale, gli consiglia il cortese Nossrat-Agha. È meglio che tu non faccia l'originale. Qui nel bazar seguiamo tutti le indicazioni del nostro nuovo scià e invece degli abiti tradizionali portiamo camicie e pantaloni come i *farangi*. Egli vuole che tutti i suoi sudditi abbiano lo stesso aspetto, in modo che ci sentiamo parte di un unico popolo. Cosa si deve fare, dice Nossrat-Agha tenendo le mani davanti al viso. Ognuno ha la sua idea di giustizia e uguaglianza.

Con riluttanza Eskandar spende il denaro guadagnato onestamente per una camicia e un paio di pantaloni di foggia *farangi*, si toglie i vecchi vestiti e riceve subito il primo cliente: per la precisione, si tratta di una giovane donna.

Stimato padre, detta la fanciulla con voce triste da dietro il velo, sicuramente si meraviglierà di ricevere una lettera da sua figlia. Per favore, non mi rimproveri per essermi esposta allo sguardo degli estranei, per essere uscita in strada e aver richiesto il servizio di quest'uomo, il rispettabile scrivano. Mi perdoni, stimato padre. Sono disperata, così disperata che devo parlare chiaro, senza troppi preamboli. Per favore, mi perdoni le parole dirette, padre, ma ha commesso un errore nella scelta di mio marito, continua lei, e Eskandar vorrebbe vedere in viso questa donna coraggiosa. Stimato padre, se la sua intenzione era trovare per me un uomo che mi picchiasse, allora mio marito è la scelta migliore, poiché mi percuote quotidianamente. Ho iniziato a difendermi, questo lo ha sorpreso, ma ora afferra bastoni e coltelli. È arrivato a chiudermi in casa senza cibo, mentre lui va alla sala da tè. Stimato padre, sua figlia patisce la fame; prego Allah di trovare un'anima caritatevole che legga per lei questa lettera. La supplico di venirmi a prendere e di liberarmi da questo inferno. Ma si sbrighi, se vuole rivedere sua figlia ancora viva.

La donna paga la lettera e sta per svoltare nella strada successiva, quando torna indietro, si siede di nuovo da Eskandar-Agha e lo fissa attraverso il velo, finché non trova il coraggio di dettare ancora un'ultima frase. Stimato padre, il primo figlio che ho partorito è solo una femmina. Lui tratta la figlia come un cane randagio. La donna termina la lettera singhiozzando.

Un'altra donna più anziana si reca regolarmente da Eskandar e detta ricette contro le malattie, la debolezza e il cattivo umore. Le missive sono per sua figlia, che è stata presa in moglie da un uomo di Teheran.

Come fa a sapere esattamente di cosa soffre sua figlia?, chiede Eskandar.

Lo vedo nei miei sogni, risponde lei e fa scrivere che sua figlia deve porre l'anello d'oro in un bicchiere d'acqua e la mattina dopo far bere l'acqua al marito. Questo lo calmerà e lui la lascerà in pace. "E tu, mia amata bambina, mischia un po' di *safran* al tuo tè, purifica il sangue e ti farà tornare in forze."

Un altro cliente abituale è un uomo che si fa leggere le lettere del figlio, senza dettare neanche una risposta. Non sono missive nuove e sono sempre le stesse tre o quattro. Tra le lacrime l'uomo racconta: mio figlio non è più in questo mondo. Dio me l'ha preso. Tutto quello che mi è rimasto di lui sono queste lettere.

Mentre Eskandar legge, l'uomo sta rannicchiato con gli occhi chiusi e ripete piano ogni parola.

È diverso se recito da me le lettere o le sento dalla voce di un altro, dice il vecchio triste. Quando un'altra persona le legge, è come se mio figlio fosse ancora in vita e mi parlasse.

Un giovane va da Eskandar-Agha e lo guarda con occhi languidi; gli porta parole che sono più belle di quanto Eskandar-Agha saprebbe mai immaginare. È una dichiarazione d'amore per una fanciulla di nome Shirin. Mia bella Shirin, detta l'uomo, il mio più ardente desiderio è essere il tuo Fahrad e di amarti e desiderarti come nella vecchia favola *Fahrad e Shirin*. Shirin, il cuore mi brucia nel petto per la nostalgia che ho di te.

Senza che Eskandar glielo abbia chiesto, il giovane racconta come si sia innamorato della sua adorata. Come sa bene, nelle calde notti estive, invece che in casa, dormiamo con molto piacere tutti quanti sul tetto: i miei fratelli, i genitori, i nonni, le zie e gli zii, e da lassù possiamo vedere le strade tortuose, i sentieri e i giardini. Anche i vicini sono sui tetti, ci facciamo visita a vicenda, i bambini giocano insieme, beviamo il tè, mangiamo l'anguria, giochiamo a backgammon e cantiamo.

Da quando ero bambino, conosco la figlia dei nostri vicini, la bella Shirin. Giocavamo insieme, correvamo sui tetti delle case, facevamo volare gli aquiloni, dormivamo persino l'uno accanto all'altra. E un giorno ci siamo resi conto di amarci e ci siamo scambiati la promessa di non sposarci mai con nessun altro.

Ma poi è giunto il tempo in cui la mia Shirin ha dovuto coprirsi i capelli e non ha più potuto giocare con i ragazzi. Ora posso guardarla solo di nascosto, mentre stende il bucato o sistema i letti e le zanzariere per la famiglia.

Nell'antico racconto persiano di Fahrad e Shirin, dice

Eskandar, il padre di Shirin esige che Fahrad colpisca l'enorme roccia sopra la città, in modo che l'acqua possa scorrere giù dai monti, invece di infiltrarsi lentamente nella sabbia del deserto.

Quando eravamo bambini, la mia bisnonna mi raccontava spesso questa storia, risponde il giovane. Il povero Fahrad apre un varco nella roccia, ma poi si lascia ingannare dalle chiacchiere della gente, che afferma che Shirin è morta.

E si decapita con la scure con cui ha aperto il varco, continua Eskandar-Agha.

E invece dell'acqua, dall'apertura scende il suo sangue, ribatte il giovane.

Spero che non penserai di imitarlo, ammonisce Eskandar-Agha.

Invece di rispondere, il giovane conclude: quando Shirin lo scopre, si toglie la vita anche lei. E da quel momento, l'apertura nella roccia non porta acqua in città, ma soltanto sangue.

Scriva alla mia Shirin che anch'io sono pronto a dare la mia vita per lei, detta il giovane.

Due giorni dopo una fanciulla timida va da Eskandar-Agha chiedendogli a bassa voce di leggerle una lettera. Eskandar-Agha riconosce subito le parole che lui stesso ha scritto e capisce che la fanciulla deve essere la bella Shirin. Lei ascolta con attenzione Eskandar che legge e detta subito una risposta per il suo Fahrad.

Allah sia ringraziato, oggigiorno l'acqua viene portata dagli uomini addetti al suo trasporto e non c'è dunque ragione per cui tu debba aprire un varco in qualche roccia, e infine toglierti la vita in maniera crudele. Tanto più che non riesco a capire quale utilità potrebbe avere per me un uomo morto. La fanciulla continua, sicura di sé: no, mio adorato, se tu mi ami veramente e vuoi prendermi in moglie, tutto quello che devi fare è raccogliere il tuo coraggio e recarti finalmente da mio padre a chiedere la mia mano.

Non tutti i clienti hanno chiaro ciò che vogliono come la coraggiosa Shirin e come debbano esprimerlo; pregano dunque Eskandar-Agha di farlo per loro. Per questo Eskandar diventa consigliere e persino salvatore di persone totalmente sconosciute, in questioni d'amore e unioni matrimoniali, vendita o acquisto di appezzamenti, regolamenti di eredità, proprietà e molti altri fatti della vita quotidiana.

Da qualche tempo vengono da lui due padri tra i pochi fortunati i cui figli ricevono dal governo borse di studio per andare nei paesi *farangi*.

Il figlio di uno dei due studia per diventare medico in Germania, la terra dei prodotti di qualità eccellente. L'altro figlio frequenta l'università in *Farang*, la Francia, la terra da cui i primi stranieri sono arrivati in Iran, ai tempi in cui anche loro avevano un re, che si chiamava Napoleone; questo è il motivo per cui tutti gli stranieri da allora si chiamano "*farangi*". Il figlio in Francia dovrebbe diventare magistrato, ma a giudicare dalle sue lettere sembra non pensare ad altro che a divertirsi.

I *faranssawi*, i francesi, chiamano le loro *saifeh* con il nome *mademoiselle* e le più anziane *madame*, scrive il figlio, e mi sto impegnando per portare con me una di loro, quando dovrò lasciare questo paradiso.

Poiché non ha il coraggio di dire la verità al povero padre orgoglioso, sempre commosso fino alle lacrime, Eskandar-Agha si sostituisce al destino e legge: caro padre, studio diligentemente e faccio grandi progressi, spero di non deludere lei e il resto della famiglia.

Al figlio pigro scrive di propria iniziativa: caro figlio, ti prego, affronta i tuoi studi seriamente, poiché risparmiamo ogni moneta per te e sei l'orgoglio della nostra famiglia.

Eskandar-Agha si è dimenticato da molto tempo della donna maltrattata e picchiata dal marito, quando lei torna da lui. Questa volta ha con sé la sua bambina, piange senza ritegno e gli parla come fosse un vecchio amico. Agha, a parte lei non ho nessuno di cui fidarmi a Shiraz, dice. Prima che Eskandar-Agha possa proferire parola e sebbene non sia permesso, lei alza il velo e gli mostra il viso gonfio e sanguinante, con i denti rotti. Mi ha picchiata e presa a calci, dice. Ho due ossa rotte, anche respirare mi fa male. Non voglio più vivere, dice la donna piangendo. Sono venuta da lei solo per dettare la mia ultima lettera, prima di porre fine alla mia vita e a quella della mia bambina.

Più Eskandar cerca di convincere la donna che è peccato suicidarsi, e a maggior ragione lo è uccidere un bambino, tanto più lei singhiozza disperatamente e anche la bambina piange forte.

Il buon Dio dovrebbe vedere quello che accade alle sue creature, quando le dimentica e le abbandona, si lamenta la poveretta.

Dio non dimentica nessuno, mormora Eskandar, non credendo lui stesso a ciò che dice.

Quando la sera Eskandar prepara le sue cose per rientrare alla sala da tè, la donna è ancora rannicchiata sul ciglio della strada e si rifiuta di tornare dal marito. Eskandar non sa come poterla aiutare, se non portandola dal cortese Agha-Nossrat. Come previsto, lui la accoglie e la affida alle cure di sua moglie e di sua figlia.

Ma è importante che nessuno lo scopra, avverte Nossrat-Agha. Immagina se il marito venisse a sapere che tu e io l'abbiamo aiutata. Potrebbe costarci la testa.

Quando le ferite sono guarite almeno un po', Eskandar-Agha affitta un asino e riporta la donna al suo villaggio.

Lei si inginocchia a testa bassa di fronte al padre e cerca di baciargli la mano. Ma lui la ritrae e la apostrofa con durezza. Chi è quest'uomo? È lui la ragione per cui tuo marito ti ha picchiata e abbandonata? Il vecchio si percuote il capo, piange e si lamenta ancor più della figlia. Che dovrei fare ora con te e la tua creatura? Non metterò mai insieme la somma che tuo marito ha pagato per te e non potrò ricomprarti. La gente parlerà alle nostre spalle e dirà che sei una donna cattiva. Si chiederanno chi sia questo straniero. Hai portato la vergogna in casa mia, si lamenta il padre accorgendosi solo ora che il suo sbraitare ha attirato l'attenzione dei vicini, che si sono riuniti di fronte alla sua capanna incuriositi. Non sapendo più cosa fare, il padre disperato si getta su Eskandar-Agha, grida che non accetterà che il suo onore venga macchiato e lo prende a pugni.

Ecco cosa ci ho guadagnato, pensa Eskandar mentre torna sulla strada principale contuso e umiliato. Poi, improvvisamente, gli sovviene un pensiero che lo rende ancora più triste. Invece che da suo padre avrebbe dovuto portarla da Mahrokh-Khanum. In fondo sarebbe stato un buon pretesto per recarsi da lei dopo tanti anni.

Sebbene abbia ormai accompagnato la donna, Eskandar non imbocca la via per tornare a Shiraz, ma quella che porta alla tenuta di Mahrokh-Khanum.

Chissà, mormora tra sé, forse il villaggio e i contadini sono di sua proprietà e lei è nella posizione di aiutare la poveretta, forse questo è il disegno di Allah, che mi ha condotto in questa regione, si dice Eskandar dando un colpetto leggero all'asino con il bastone, per farlo avanzare.

Un uomo anziano e con la schiena curva, che a Eskandar-Agha ricorda Morad il Gobbo, apre il pesante portone di legno. La gentile signora non è più qui da un'eternità, dice strizzando gli occhi, per vedere meglio Eskandar che si staglia contro la luce del sole. È nel paese dei *farangi* e passa qui solo di tanto in tanto per occuparsi delle questioni legali e della proprietà, poi riparte.

E la piccola Rossane?

Non è più tanto piccola, risponde l'uomo con la sua bocca sdentata.

Come vanno le cose da queste parti?, chiede Eskandar-Agha, poiché non gli viene in mente nulla di meglio.

Grazie dell'interessamento, risponde il vecchio sogghignando. Non potrebbero andare meglio. Ma chi è lei? Come fa a conoscere la mia *arbab* e sua figlia?

Quando dovrebbe tornare la tua padrona?, si informa Eskandar-Agha.

Chi lo vuole sapere?, chiede il vecchio.

Nessuno.

Bene, dice l'uomo chiudendo lentamente il pesante portone di legno. Allora riferirò alla padrona che Nessuno è stato qui e ha chiesto dove lei si trovasse.

Comunque ci ho provato, si convince Eskandar e decide di scrivere una lettera alla bella Mahrokh-Khanum e alla sua amata Rossane e di portarla lì alla prossima occasione. Pensa alla lettera per un paio di giorni, comincia e ricomincia, ma finisce sempre per stracciarla. Dopo due giorni e molte lettere gettate via, si rammarica di aver sprecato carta preziosa, non fa altri tentativi e non ci pensa più; le uniche missive che scrive tornano a essere quelle dei suoi clienti.

Il destino gioca con Eskandar-Agha

Nella sala da tè compare uno straniero, che si siede vicino a Eskandar e si presenta come funzionario del governo, di passaggio nella capitale.

Sei da tempo in un'età in cui dovresti avere dei figli. Non pensi che sia ora di prendere moglie? E poi, da dove vieni? Chi è tuo padre? Non hai fratelli o qualcun altro? Zii? Parenti? Tutori? Lo straniero parla a voce così alta che il padrone della sala da tè e gli altri ospiti interrompono la conversazione per starlo a sentire.

Al padrone della sala da tè non va giù che Eskandar-Agha non opponga resistenza, dunque si mette lo straccio non più pulito sulla spalla e con le mani sui fianchi avverte lo straniero di tenere a freno la lingua. Quest'uomo è mio amico, esclama. Tu offendi l'ospitalità, il mio onore e quello degli altri uomini che sono qui. Credi che farei lavorare e dormire qui qualcuno dalla dubbia reputazione?

Il giorno dopo lo straniero è sparito, e tuttavia rimangono le domande e i dubbi che ha seminato. È un agente segreto, dicono il proprietario della sala da tè e gli altri uomini. Se dovesse ricomparire, dobbiamo chiedergli spiegazioni o picchiarlo subito e mandarlo al diavolo.

Ma in fondo bisogna ammettere che lo straniero ha ragione, obiettano i frequentatori abituali. Non conosciamo affatto Eskandar-Agha, non sappiamo da dove venga, né cosa stia tramando. Non sappiamo se abbia una vera casa né un passato, e anche del futuro sembra non preoccuparsi. Chissà, ipotizzano gli uomini, in fondo potrebbe anche aver inventato tutte quelle belle storie sulla sua vita, sul petrolio, i *farangi*, Mirza Kutshek-Khan.

Devi capirli, cerca di calmarlo il cortese Nossrat. Nel caso ce ne fosse davvero bisogno, non hai nessuno che garantisca per il tuo operato con il suo nome e il suo onore.

Io stesso garantisco per il mio operato, afferma Eskandar-Agha. Sono un uomo onesto, che conduce una vita semplice e non ho la minima intenzione di cambiarla. Poi tace, perché vede la fiducia svanire dal viso del suo amico e degli altri uomini.

Cerca di capire, dicono. Sei giovane, e molti di noi hanno figlie in età da marito, il che significa che abbiamo una reputazione da difendere.

Sei di certo un credente e dovresti sapere bene che a Dio non piace che un giovane resti senza una moglie, sostiene il mullah. Non è un bene per la comunità e neanche per la tua salute. Potresti cadere in tentazione, perdere il controllo del tuo spirito e del tuo corpo, desiderare le *saifeh* di altri uomini e infine, Allah ci protegga, impossessartene.

A Eskandar va il sangue alla testa. Rabbia e paura si mescolano. Stringe i denti, non chiede come mai potrebbe riuscire a mettere le mani sulle figlie e le mogli degli altri, quando sono imprigionate e nascoste dietro gli *hedjab*, dietro le mura e le tende delle case.

Non devo attaccare briga, pensa Eskandar-Agha, sapendo che tutto dipende dalla benevolenza di questi uomini, poiché lavora nella loro città e nel loro bazar, sono i suoi clienti, vive in mezzo a loro, dorme nella loro sala da tè e gode della loro protezione. Avete ragione, ammette Eskandar-Agha. Altri uomini alla mia età sono sposati da molto tempo, hanno figli e figlie.

Eskandar guarda gli uomini uno dopo l'altro, sentendosi un po' come il *farangi engelissi* dai capelli rossi, che durante l'incontro segreto fra i *djangali* profetizzò: sarà uno di voi che tradirà e ucciderà Mirza.

Che cosa proponete? Farò tutto ciò che è necessario per non perdere la vostra fiducia e la vostra benevolenza.

Il cortese Nossrat-Agha respira sollevato. Non mi sarei aspettato nient'altro da te, dice. Sapevo che avresti acconsentito a prendere moglie.

Eskandar-Agha non dice né sì né no, non annuisce né solleva lo sguardo.

Bene, dunque, prosegue Agha-Nossrat. Vieni a casa mia domani sera e lasciami fare il resto. Avrai il meglio, non te ne pentirai.

Soddisfatti di sé e di quello che hanno ottenuto, gli uomini tornano al proprio lavoro. Il mullah stringe la mano a Nossrat-Agha, come se avessero suggellato un accordo.

Mentre Eskandar si sottopone alle abluzioni rituali nella moschea prima della preghiera serale, si fa scorrere l'acqua sui gomiti, si sciacqua le orecchie, la faccia e i piedi, spera che la fanciulla che gli verrà data sia almeno di bell'aspetto.

Per non presentarsi a mani vuote a casa di un amico, a maggior ragione per organizzare un matrimonio, Eskandar compra lungo la strada una scodella di miele cotto, pistacchi, datteri succosi e un fiocco per i capelli della futura sposa. La sua sposa. La porta della casa del cortese Agha-Nossrat è aperta. Tra le molte scarpe davanti a essa Eskandar-Agha riconosce i *giweh* del mullah, le babbucce del venditore di ottone, del macellaio e del padrone della sala da tè.

Gli uomini abbracciano e baciano il fortunato sposo, come lo chiamano, lo spingono al posto d'onore, che è il più lontano dall'entrata, si rimettono seduti sui cuscini poggiati lungo le pareti e bevono il tè.

A quanto pare, il padrone di casa è anche il padre della sposa. Il cortese Agha-Nossrat si schiarisce la gola, saluta Eskandar-Agha come il suo futuro genero e prega i presenti di accoglierlo nella loro rispettabile cerchia, dimostrandogli la stessa fiducia di cui egli stesso e la sua famiglia godono nel bazar.

Eskandar si fissa i piedi in silenzio e scopre un nuovo buco nel suo calzino destro. Di certo la fanciulla che mi verrà data in sposa ci saprà fare con ago e filo, pensa spingendo ancora un po' il dito del piede fuori dal buco.

Sottoscrive il documento con cui il governo riconosce ufficialmente il suo matrimonio. L'amichevole Agha-Nossrat, ora suo suocero, vi appone la sua impronta digitale e il mullah si assicura che tutti lo vedano graffiare il suo nome faticosamente sul documento, con scrittura infantile, prima di passare alla cerimonia religiosa.

Gli ospiti bevono un bicchiere di tè dopo l'altro, parlano di questo e quell'argomento, fanno affari, mangiano dolci, giocano con i rosari, mentre Agha-Nossrat, il mullah e lo sposo vanno nella stanza adiacente, dove li aspettano le donne e la sposa. Appena i tre uomini entrano nella stanza, le donne smettono di parlare, di cantare, di battere le mani. Si tirano i veli sul viso, coprono mani e piedi; alcune si voltano del tutto e si siedono rivolte verso il muro.

Eskandar non prova che compassione. Compassione per le donne, per la sposa; persino per Dio, perché giorno per giorno ha a che fare con creature miserabili come il mullah, il mercante e gli uomini nell'altra stanza; ma più che degli altri, Eskandar ha pena di se stesso.

Mentre il mullah recita i versetti del Corano per il matrimonio, Eskandar deve controllarsi per non correggerlo. Parla male l'arabo, mancano interi passaggi dalle sure e l'ultima strofa che pronuncia non è per i matrimoni, ma per i funerali.

Le donne canticchiano, battono le mani, si congratulano con gli sposi. Una intona un canto, un'altra, che risulta essere la madre della sposa, bacia Eskandar sulla fronte, gli prende la mano, la porta al velo della sposa e lo aiuta a sollevarlo.

Eskandar non riesce a distinguere il viso della sposa, poiché lei china subito il capo timida. Solo quando la madre le prende il mento e dice: è tuo marito, non è una vergogna, guardalo, mostragli i tuoi occhi a mandorla scintillanti e il tuo volto di luna, solo allora lei lo guarda e Eskandar impallidisce dalla paura.

Ha sentito bene? Volto di luna? Mahrokh? Eskandar-

Agha non riesce più a controllarsi e le lacrime gli riempiono gli occhi.

Nessuno si accorge che si asciuga una lacrima con il dito, mentre gli occhi di lei si affrettano a guardarlo bene, come se dovesse imprimersi subito nella mente ogni dettaglio.

A Eskandar-Agha viene in mente che, fatta eccezione per la donna picchiata che gli ha dettato la lettera, è un'eternità che non guarda in viso una giovane; non riesce più a distogliere lo sguardo dalla sposa. Ha le labbra piene, occhi brillanti con lunghe ciglia folte, i suoi zigomi alti sono rosei come tulipani. È bella, pensa Eskandar, immaginando di baciarla, prenderla tra le braccia e portarla lontano, fuori, nella primavera, lontano dal pesante odore di incenso, dal chiasso, dalla madre della sposa, dal mullah. Dunque la amo, pensa Eskandar, altrimenti non avrei il desiderio di portarla via e di stare solo con lei.

Come se gli leggesse nel pensiero, lei gli sfiora il ginocchio. Le sue dita sembrano farfalle che sbattano le ali solleticando la pelle. Eskandar-Agha chiude gli occhi, trattiene il respiro, vuole immortalare questo momento e si ricorda di quando Mahrokh-Khanum gli baciò la fronte dopo la loro cavalcata segreta in città. Forse questa fanciulla, che ora è mia moglie e ha un viso tondo proprio come la luna, mi aiuterà a dimenticare Mahrokh-Khanum, e forse dimenticherò anche la mia Rossane e il senso di colpa per non averle mai cercate davvero e per aver tradito i miei amici.

La madre della sposa si china di nuovo verso Eskandar-Agha. Questa volta gli fa scivolare in mano di nascosto un piccolo panno bianco. Perché tu sappia che mia figlia è illibata, sussurra protendendo le labbra civettuola, come se volesse baciare il genero lei stessa.

Eskandar-Agha si accosta di più alla sposa, le tocca il ginocchio, sente il suo respiro farsi più regolare quando lo guarda. Avverte il suo sorriso e, nel suo cuore, il primo affetto per lei.

Che i momenti dolci non manchino mai nella vostra vita, grida la madre della sposa, porgendo a entrambi un piatto con miele cotto, disposto a forma di anelli e fiori. La sposa stacca un pezzo del dolce vischioso e lo mette in bocca a Eskandar. Le sue dita gli toccano le labbra e la lingua, non le tira via subito, gli regala uno sguardo timido. Lecca il resto del dolce dalle proprie dita. Alcune delle giovani donne vedono la scena e ridacchiano dietro le mani alzate. E Eskandar è meravigliosamente confuso, gli gira la testa e ringrazia la sposa con un sorriso beato.

La madre della sposa gli dà un colpetto sul fianco, incoraggiandolo a dare a sua volta un po' di miele alla moglie. La fanciulla cerca il miele con la lingua, succhia il dolce vischioso dalle dita e risveglia la virilità di Eskandar.

Le donne canticchiano mentre la madre di Volto di luna la aiuta a rimettersi in piedi e scompare con lei nella stanza sul davanti. Appena si allontana, intorno a Eskandar tutto si raffredda. La guarda, vuole seguirla, ma il mullah lo ferma. Poiché non hai un padre o qualcun altro, ti dirò io cosa si deve fare quando si prende una donna per la prima volta.

Eskandar-Agha prova l'irresistibile impulso di dargli un pugno, ma abbassa lo sguardo e tace.

Usa il panno bianco quando ti unirai a lei, dice l'uomo di Dio. Solo in questo modo saprai se la *saifeh* è ancora vergine o invece ti hanno ingannato.

Il sangue sale al viso di Eskandar.

Dopo che ti sarai unito a lei, devi andare al bagno pubblico a lavarti, spiega il mullah. L'impurità della donna, il *najessi*, non deve rimanerti addosso. Vai dal *dallack* nella sala da bagno e digli che per te è la prima volta: ti mostrerà come si svolgono le abluzioni rituali, in modo che la prossima volta tu possa farlo da solo. Di' a tua moglie che è suo dovere occuparsi della tua soddisfazione, spiega il mullah toccandosi involontariamente tra le gambe.

Eskandar ignora i modi indecenti del mullah, non gli dice che a questo punto non c'è più in gioco il suo onore, dato che la figlia del mercante è ormai sua moglie.

Il cortese Agha-Nossrat gli viene in aiuto. Gli bacia la mano con gratitudine. Eskandar-Agha dice: giuro su tutto ciò che mi è sacro di trattare tua figlia come la luce dei miei occhi. La onorerò e proteggerò il suo buon nome.

Eskandar vorrebbe scoprire finalmente il nome della sposa, ma accanto a suo suocero stanno degli estranei e il nome non deve essere pronunciato in pubblico di fronte a tutti i *na-mahram*, i non consanguinei.

Non mi ha chiesto il nome, dice la sposa quando Eskandar-Agha viene finalmente condotto da lei e la giovane coppia è sola per la prima volta.

Nessun nome al mondo può descrivere la sua grazia e la sua bellezza, ribatte Eskandar-Agha. Anche se fino a ora mi è stato concesso di guardarla solo un momento, so già che porta il più bello di tutti i nomi, poiché lei è bella più di tutti i fiori, di tutte le stelle e la luna insieme e i suoi occhi brillano come le pietre della corona del re.

La fanciulla sorride, inclina il capo, non tenta neanche di sembrare timida e schiva come si converrebbe a una giovane sposa. Fortunata la donna che l'ha amata per prima.

Eskandar-Agha maschera la sorpresa meglio che può e chiede: come sa che ho avuto un'amante?

Il modo in cui lei mi lusinga non può che averlo imparato da una donna.

Lei mi confonde, poiché parla come una donna che ha esperienza.

Non faccia l'offeso, l'ho saputo dalle altre donne.

È intelligente, pensa Eskandar e dice: chiunque io sia stato, qualunque cosa abbia fatto, è successo soltanto in preparazione di questo momento. È successo perché io diventassi degno di lei.

Dunque non lo nega, replica lei sorridendo.

Mia moglie è sfacciata, devo essere prudente, riflette Eskandar. Lasciamo stare il passato, la esorta.

Bene, continua lei, parliamo del presente. Che ragione crede abbia spinto mio padre a chiedere, o meglio a pregare di diventare mio marito proprio lei, un uomo senza proprietà, senza parentele e privo di ogni sicurezza?

Se non avessi davanti a me i suoi occhi dolci, avrei il sospetto che voglia offendermi, afferma Eskandar.

Lei lo dice, vede bene che non è mia intenzione offenderla, risponde lei guardandolo provocatoria.

Non ho riflettuto sulle ragioni di suo padre, ammette Eskandar onestamente, ma tace il fatto che per lui esisteva una ragione soltanto per cedere a questo matrimonio. Finché gli uomini del bazar saranno bendisposti verso di lui, lo lasceranno in pace e avrà un lavoro e di che vivere.

Glielo rivelerò, decide lei. Quando ero ancora una bambina, mio padre mi ha promessa a un uomo, secondo l'uso. In questo caso non si trattava di un parente, ma di una persona con cui egli aveva commerciato campi e appezzamenti. Io ero una sorta di assicurazione per i loro affari. Niente di meno e niente di più, racconta la giovane sposa ridendo amaramente. Se l'uomo a cui sono stata promessa fosse stato giovane e bello, forse non avrei avuto nulla in contrario a diventare sua moglie. Ma era persino più anziano di mio padre. Non aveva più denti, era debole e brutto. Solo il pensiero di dover passare la mia vita al suo fianco mi ripugnava. Sarei diventata la sua terza o quarta moglie e avrei dovuto servire le altre. Ho pregato e supplicato, ma mio padre ha insistito e ha detto che aveva dato al vecchio la sua parola. Ho detto a mio padre che non poteva costringermi a diventare la moglie di un vecchio. E gli ho anche detto che in questo modo mi avrebbe spinto verso una morte certa. Poi un giorno mio padre mi ha raccontato di aver incontrato, durante il viaggio di ritorno dai *farangi*, un *qessegu*, lei, e io ho subito intuito che proprio lei sarebbe stato la soluzione al mio problema. Poi ci ha affidato quella povera donna picchiata dal marito. Ha dimostrato coraggio e ha rischiato la vita per un'estranea.

Lei mi imbarazza, si schernisce Eskandar, ma si gode pienamente l'adulazione della sposa.

Ho minacciato mio padre di togliermi la vita se mi avesse costretto a diventare la moglie del vecchio. Ma gli ho anche detto che ero pronta a sposarmi per l'onore e la reputazione della famiglia; non con il vecchio ma con lei. Alla fine mio padre ha acconsentito, ha pagato il vecchio, gli ha dato la dote e lui mi ha lasciata libera.

A quanto sembra, devo fare attenzione a lei, risponde Eskandar ridendo.

Invece di ridere con lui, la sposa continua a guardarlo seria. Mi darà il suo sostegno?

Sostegno? Non mi sembra che ne abbia bisogno, e tantomeno da parte mia. Come già ha osservato, io non possiedo niente, non conosco nessuna persona di rilievo e non ho influenza su niente e nessuno.

Non ha importanza chi lei sia e cosa possieda. Basta che lei sia un uomo. Come donna non posso neanche mettere piede in strada da sola, per quanto sia intelligente, forte o benestante.

Eskandar-Agha ha già sentito queste parole. Da Mahrokh-Khanum. Senza che lo voglia, immagini di lei gli affiorano alla mente, e lui si chiede se potrà mai raccontare questi segreti alla sua sposa.

Mia madre mi chiama Mahrokh, perché il mio viso le ricorda la luna. Questo nome mi dà i brividi. La luna è fredda e scostante. Poi, sorride e si alza. Il mio vero nome è Aftab, dice infine la giovane, posando la mano su quella di Eskandar e costringendolo a guardarla.

Non la chiamerò mai Mahrokh, ribatte Eskandar-Agha. Amo il sole. Il profeta Zarathustra lo riteneva sacro e lo adorava. Il sole è l'inizio e la fine di tutto; Zarathustra adorava il fuoco come un simbolo del sole. E anch'io adorerò il sole, il mio Sole, dice Eskandar-Agha, meravigliandosi di se stesso, poiché intende veramente ciò che dice. Sarà così, ripete Eskandar-Agha. La adorerò, mia amata sposa.

Aftab sorride trionfante e inizia a spogliarsi. Il sole è forte e potente e presto cancellerà le vecchie immagini e i pensieri dalla sua mente, dice. Si fa così vicina a Eskandar che lui avverte il calore del suo corpo, respira il suo profumo e ne è pervaso completamente.

Mia Aftab, sussurra Eskandar. La mia Aftab-Khanum.

Le cinge i fianchi, le bacia la nuca, la spalla, il petto, il ventre, la prende in grembo e non vede e non sente altro che non sia il suo Sole.

Dobbiamo rispettare le regole, dice lei la mattina seguente, deve andare all'*hammam* pubblico, in modo che la gente sappia che tutto è stato fatto a dovere, non c'è niente da nascondere e lei è un uomo soddisfatto. Renderà più facile la mia e la sua vita, dice il Sole. Mi ha preso in moglie per poter restare nella società e nel bazar, cosa le costa ora andare fino in fondo e fare tutto come si conviene?

Come sa da suo padre, io conosco molto bene il Corano, ma in nessun punto del libro sacro ho trovato una regola che dica che l'uomo debba purificarsi nell'*hammam* pubblico dopo la prima notte con la sua sposa, ribatte Eskandar-Agha. L'uomo deve lavarsi, certo. Il Profeta ha stabilito una determinata successione e un determinato rituale, certo. Ma queste disposizioni non valgono soltanto per la prima notte, ma per ogni volta in cui un uomo si unisce a una donna. Inoltre, non c'è scritto da nessuna parte che l'uomo debba eseguire le sue abluzioni nel bagno pubblico. Eskandar abbraccia la sua Aftab-Khanum, le bacia la spalla, avverte, già dopo la prima notte, di trattarla in maniera diversa da quella in cui trattava Mahrokh-Khanum.

La smetta di arrovellarsi su cose che non può cambiare, sussurra Aftab-Khanum spingendo il suo corpo caldo più vicino a lui. Dunque andrà all'*hammam*?

Sì, ma solo perché me lo chiede lei.

Le farà bene, dice Aftab-Khanum. Tornerà da me rilassato, fresco e vivace. E chissà, così forse riuscirà anche a liberarsi dei suoi cattivi pensieri. Aftab-Khanum si accarezza il petto dicendo: ma prima di andare, venga qui un momento.

Sono già qui, mormora Eskandar.

Intendo dire, venga realmente da me, chiede lei, tira indietro la testa e lo guarda in un modo che lo fa sentire un vero uomo, che decide di tutto e anche di lei. La sua sposa gli si avvicina e abbandona il giovane corpo alle sue mani e ai suoi desideri.

Più tardi, all'*hammam*, mentre giace sulle piastrelle calde e il *dallack* gli pone panni umidi sulle spalle per prepararlo al bagno, le immagini della notte sfilano nella mente di Eskandar, che non può fare a meno di pensare alla piccola voglia tra i seni della sua Aftab-Khanum.

Il *dallack* rade Eskandar-Agha con lame affilate, non solo in viso, ma anche sotto le ascelle e sul pube. Avresti dovuto farlo prima di prendere moglie, dice. L'Onnipotente sia lodato, dice il *dallack* guardandosi intorno. Esaudisce le preghiere di coloro che si purificano dal *najessi*.

Possa Dio concedermi di vivere molte altre notti e momenti di felicità, prega silenziosamente Eskandar guardandosi intorno anche lui.

Il *dallack* lava e strofina Eskandar-Agha da capo a piedi con uno straccio ruvido e pietra pomice, prima di avvolgerlo di nuovo nei panni caldi e umidi. Poi non solo lo massaggia con le sue mani vigorose, ma si aiuta anche con i gomiti e le ginocchia. Piega, tira, spinge le articolazioni, le braccia, le gambe, la testa e la nuca fin quasi a farle scricchiolare. E come coronamento della dolorosa e benefica procedura, il *dallack* cammina prudentemente a piedi nudi sulla schiena di Eskandar, lo tende e lo stira cancellando ogni stanchezza residua. Eskandar-Agha geme e si abbandona al senso di benessere e di soddisfazione. Per concludere il *dallack* gli spalma addosso olio e acqua di rose, gli pettina e gli acconcia i capelli lunghi fino alle spalle, riempie un bicchiere di succo di melagrana e loda ancora una volta Allah il Misericordioso.

Uscendo in strada, Eskandar-Agha ha la sensazione di essere una persona nuova. Secondo il desiderio di Aftab-Khanum, si procura nella sala da tè riso cotto, pomodori grigliati, cipolle, *torshi*, pane e spiedini di agnello alla griglia e torna allegro da sua moglie.

Non riveli a mio padre e a mia madre che non ho cucinato il cibo per mio marito io stessa, prega Aftab-Khanum.

E mentre stende in terra la tovaglia, continua a parlare con lo stesso tono e dice: e non pensi che non mi accorgerò se con il pensiero non sarà qui, ma con un'altra donna.

È vero il contrario, mente Eskandar-Agha. Sono con lei con il pensiero così tanto che ho paura di lasciarmi sfuggire il resto della mia vita.

Non c'è la minima ragione di avere paura. Da domani riprenderà infatti a esercitare la sua professione di scrivano. Inoltre mio padre vorrebbe che lei iniziasse ad aiutarlo nella sua bottega, in modo da poter prendere il suo posto in seguito, quando lui sarà vecchio.

Tutta la mia vita è in mano a queste persone, pensa Eskandar-Agha e dice: solo Allah conosce il futuro.

Eskandar-Agha e il suo vecchio maestro Hodjat

Il terzo giorno di matrimonio con Aftab-Khanum, Eskandar siede come una volta davanti al bazar, legge e scrive contratti, lettere, documenti. A mezzogiorno prega nella moschea con il suocero e gli altri uomini, si scambia novità con loro, va a casa del suocero, dove occupa una stanza insieme a Aftab-Khanum. Mangia con la famiglia, dorme un paio d'ore e torna al bazar non appena fa meno caldo.

Già il quarto giorno la sua Aftab-Khanum insiste che vada dai fabbri che costruiscono pentolame a iniziare l'apprendistato. All'inizio il forte battere, picchiare, martellare gli fa male alle orecchie, ma già dopo un paio di giorni gli sembra che i fabbri e il falegname vicino siano musicisti intenti a comporre melodie per tutto il giorno.

Il suo nuovo maestro, il fabbro Ali-Agha, è un uomo cortese e schietto. Mentre parla, guarda a malapena Eskandar-Agha, colpisce il metallo un paio di volte con il martello, dice una parola, martella, dice un'altra parola, come se stesse dialogando con il suo attrezzo e con il metallo e non con Eskandar-Agha. Fabbrico ogni cosa. Ogni cosa che si possa produrre con il metallo. Pentole, piatti, scodelle, stufe, annaffiatoi, taniche per il petrolio, per l'acqua, per l'olio, vassoi artistici, tavolini, scatole, scrigni, cassapanche, armadi.

Ascolta bene, lo esorta Ali-Agha. Ognuno ha il suo modo di colpire. Quello più forte è del sordo Taqi-Agha. Lo senti? E questo, continua Ali-Agha con l'indice sollevato, due colpi e una pausa, questo è del più anziano di tutti noi, Agha-Mohammad. Il suo colpo è il migliore. E questo, due piccoli colpi, una, due o anche tre pause, irregolare, un suono confuso, quello è di un principiante. Senti il colpo profondo? Quella è un'incisione su un grande vassoio piatto. E qui – indica, mentre colpisce il piattino con il martello –, è più un lasciar cadere il martello che un colpire; il martello e il metallo hanno una vita e una volontà proprie. Chi ama il proprio lavoro fa danzare il martello, chi non vede il metallo come un nemico ma come un amico è baciato dall'amore e dalla fortuna.

Spero che, con la benedizione di Allah, il metallo sarà un amico anche per me, si augura Eskandar.

Non dipende da Dio. Dio non ha tempo di occuparsi di cose insignificanti come queste, replica Ali-Agha colpendo il metallo senza guardare. Osserva, lascio in pace il mio martello e cerco di seguirlo, invece di costringerlo a starmi dietro. Prova, lo esorta Ali-Agha.

Non ho mai lavorato il metallo, afferma Eskandar assestando un piccolo colpo; il martello gli sfugge, colpisce le sue dita e Eskandar grida.

Ci vogliono circa quattro giorni, forse il doppio, poi non farà più male, dice Ali-Agha ridendo. Non prendertela, il metallo e il martello lo fanno solo per suscitare nei novellini la dovuta considerazione e il rispetto fin dall'inizio.

Eskandar ha le lacrime agli occhi per il dolore, scuote e massaggia il dito contuso, che immediatamente si gonfia diventando blu.

Lascialo, in quel modo peggiori la situazione, dice Ali-Agha. Mettici il ferro freddo, così non continuerà a gonfiarsi. Non farla tragica, per scrivere non hai bisogno della mano sinistra. E prima che ti faccia usare di nuovo il martello, prenderai dimestichezza con la merce.

Verrò qui ogni pomeriggio, promette Eskandar con una smorfia di dolore.

Il giorno dopo accompagna il fabbro Ali-Agha per le vie della città. Qui conosco ogni sala da tè e osteria, ogni moschea, ogni famiglia, spiega Ali-Agha. Declama a gran voce le lodi della sua merce, ora solo, ora insieme a Eskandar.

Quanto più Eskandar-Agha armonizza il proprio tono con quello del fabbro, con le ruote stridenti del carro, con l'acciottolio delle pentole e dei tegami, tanto più i suoi richiami diventano ritmici e sonori, per finire in una cantilena.

Ascoltate! Ascoltate! Ascoltate!
Voi, brava gente di Shiraz.
Pentole, tegami, secchi vecchi!
Ripariamo tutto ciò che è vecchio!
Pentole, tegami, secchi nuovi!
Vendiamo tutto ciò che è nuovo!
Ottima qualità. Prezzi economici.
Venite a vedere. Toccate con mano.
Pentole, tegami, bricchi!

Ce l'hai nel sangue, dice il fabbro. La tua voce ha ritmo e profondità. Che Allah ti conceda una lunga vita!

Porte e finestre si aprono e la gente fa aggiustare merci dimenticate da tempo; compra nuove pentole e tegami, vassoi d'ottone e paioli, come se non costassero nulla.

Per tornare al bazar Eskandar-Agha e il fabbro prendono una strada diversa. Il maestro si siede sul carro quasi vuoto, Eskandar tira e canta: tenetevi pronti. Domani i vostri occhi vedranno le meraviglie dell'arte di forgiare il metallo! Paioli, brocche, pentole, piatti, come ne trovereste soltanto nello *Shah-nameh*. Trattatevi da re! Pentole e piatti come splendido ornamento della casa. Pentole e piatti in cui vivono spiriti benigni che esaudiscono ogni desiderio.

Shiraz, la città dei giardini profumati e delle rose, canta Eskandar-Agha. Shiraz, la città del grande pensatore e poeta Hafez. Shiraz, la città della poesia e dei canti più belli.

Si sparge subito la voce di quanto sia dotato Eskandar-Agha come venditore. Alcuni non vedono l'ora che arrivi nel loro quartiere, cantando per loro e raccontando brevi storie.

Un pomeriggio un uomo anziano va da Eskandar-Agha al

bazar. Indossa un turbante così grande che gli copre anche l'orecchio destro. Una cicatrice rossa e gonfia gli inizia sotto il labbro, gli attraversa la faccia e scompare sotto il turbante. Sono un combattente, si presenta l'uomo. Ho cominciato a combattere da ragazzo e non ho più smesso, fino a perdere un occhio, come puoi vedere.

Alcune persone vedono meglio con un occhio solo che con due sani, risponde Eskandar cercando di allontanare la sensazione spiacevole che gli suscita il vecchio. Possa Allah concederti una lunga vita.

Allah sia ringraziato, lo ha già fatto. La gente dice che ti chiami Eskandar. Non è un nome molto comune.

Me lo ha dato un uomo che avrei voluto come padre, dice Eskandar. Prima che finisca di parlare, il vecchio scoppia in lacrime, singhiozza e lo prende tra le braccia con solennità.

Sono io, Eskandar, figlio mio, esclama l'uomo. Io, che sono cresciuto senza un padre, come te. Io, che sarei stato orgoglioso di avere un figlio come te. Io, che mi sono vergognato come un ladro quando dissero che avevi derubato chi ti dava il pane e che avevi messo in giro la bugia che la tua padrona ti si fosse concessa. Sei fuggito nella notte come un ladro. Senza un saluto. Hai tradito la fiducia che io, il vecchio amministratore e persino il khan avevamo riposto in te e sei andato via senza neanche voltarti indietro.

Eskandar rabbrividisce e deve controllarsi per non rigettare il cibo del mattino ai piedi del vecchio.

Sono troppo anziano e stanco per rimproverarti, dice Hodjat-Agha con voce tremante. Sono venuto soltanto per vederti un'ultima volta, prima di lasciare questo mondo e abbandonarmi a Dio.

Stimato maestro, caro, amato Hodjat-Agha, io sono il suo umile servo, mi vergogno. Non merito il suo perdono. Ero giovane e ignorante. Eskandar non riesce a trattenere le lacrime, si inchina profondamente, bacia la mano del suo maestro e se la porta alla fronte.

Il vecchio accarezza la testa di Eskandar-Agha, sentendosi come un tempo, quando il cavaliere Hodjat-Agha accarezzava i capelli del suo piccolo protetto.

Dio perdona chi ammette la propria colpa e se ne pente. Chi sono io, un mortale, per non perdonarti? Povero ragazzo mio. Il danno che hai inflitto a te stesso è il più grande di tutti.

Stimato maestro, lo giuro sulla mia vita e sulla tomba del santo imam, non ho derubato nessuno.

Non avrei mai potuto credere che l'avessi fatto davvero, dice il vecchio cavaliere. Ma ora, dopo tutti questi anni, che importanza ha?

Hodjat-Agha sorride e non può nascondere una certa soddisfazione, vedendo che Eskandar-Agha è ancora dispiaciuto per il tradimento che ha commesso. Vuoi sapere cosa ha detto il vecchio amministratore Mobasher-Agha?, chiede il vecchio al suo antico protetto.

Eskandar vorrebbe gridare: no. Sì, me lo dica, maestro, risponde invece.

Gli stanchi occhi di Hodjat scintillano, mentre dice: l'amministratore ci ordinò di fare come se tu non fossi mai esistito. E in effetti nessuno di noi ti ha mai più nominato.

Per tutti questi anni ho immaginato il peggio, si lamenta Eskandar-Agha. Ho pensato che l'agha avrebbe costretto Mahrokh-Khanum a rivelargli dove ero fuggito; che l'avrebbe imprigionata e obbligata a lasciargli la sua proprietà; ho temuto che mi avrebbe fatto inseguire e mi sono sentito in pericolo; l'unica cosa che non avrei mai immaginato è che sarei stato calunniato come bugiardo e ladro e che sarei caduto completamente nell'oblio.

Il passato è passato, il presente è presente, dice il vecchio Hodjat-Agha con la sua voce roca. Devi esaudire il mio ultimo desiderio, prima che lasci questo mondo e te.

Qualunque desiderio, maestro, mormora Eskandar come stordito. Darei anche la mia vita per lei.

Non è necessario, ribatte il vecchio. Mi sarai più utile da vivo. Portami alle rovine della vecchia capitale Takht-e Jamshid, Persepoli, al magnifico trono da cui i re persiani governavano un tempo il loro regno, che abbracciava mezzo mondo.

Ma è un lungo viaggio, avverte Eskandar.

La prima volta che ci sono stato avevo più o meno l'età che hai tu ora. Poco dopo ho incontrato tua madre e ti ho dato un nome. Eskandar, il re dei greci, o, come lo chiamano i *farangi*, Alessandro Magno, che ha invaso la nostra terra e sconfitto il re di Persia.

Eskandar-Agha e l'ultimo viaggio di Hodjat-Agha

Eskandar è felice di lasciare la città con il suo antico maestro, poiché non vorrebbe mai che Hodjat parlasse di lui con qualcuno e che la sua nuova vita venisse danneggiata e avvelenata dalla vecchia.

Alla sua Aftab-Khanum racconta di essere stato retribuito bene da un cliente non soltanto per scrivere una lettera, ma per portarla successivamente in un villaggio a quattro giorni di distanza.

Appena si mettono in viaggio, il vecchio Hodjat racconta che sua moglie Zarrin e i suoi figli hanno lasciato questo mondo. Il colera, la malaria e altre malattie mi hanno portato via i miei figli e il dolore per la loro morte ha ucciso la mia Zarrin. E tu?, chiede il vecchio dondolando le gambe sul suo asino malandato, che come lui non sarà al mondo ancora a lungo, per spronarlo a muoversi. Come vanno le cose? Hai preso moglie?

Sì, maestro, risponde Eskandar sorridendo e talmente impacciato che alla fine il vecchio ha pietà e risponde alla domanda che è rimasta sospesa tra loro fin da quando si sono incontrati.

Poco dopo che ci hai lasciato, la stimata Mahrokh-Khanum e la tua Rossane hanno iniziato ad andare all'estero di quando in quando. Per la festa di *Now-Ruz*, l'anno nuovo, tornano a casa. Si fanno ammirare, sfoggiano vestiti, scarpe e cappelli nuovi, spendono soldi a palate e poi fuggono di nuovo nel loro ricco e comodo mondo *farangi*, dove vivono in pace, diversamente da quanto si può fare qui.

Una volta sono andato nella loro tenuta vicino a Shiraz, racconta Eskandar.

Ragazzo, che vuoi da loro? Anche se le vedessi, che senso avrebbe? Il passato è passato.

Eskandar alza le spalle. Non lo so. Anche solo per Rossane. L'ho cresciuta, in un certo senso appartiene a me, alla mia vita.

Invece di rispondere, il vecchio inizia a canticchiare tra sé e sé, poi tace e procedono in silenzio, finché giungono a un posto di blocco. Senza esitare Hodjat-Agha tira fuori un foglietto ingiallito, dagli angoli logori. I due uomini di guardia armati girano e rigirano il documento dubbiosi. Il tuo lasciapassare è piuttosto vecchio e liso, dice il più anziano dei due.

È vero, ammette il vecchio Hodjat-Agha. Ma guardatemi, neanch'io sono più così fresco.

Le guardie sorridono amichevolmente e li lasciano passare. Leggi, lo esorta Hodjat-Agha mostrando a Eskandar il suo lasciapassare.

Gli basta uno sguardo per capire che si tratta di una pagina del Corano.

Te lo regalo, dice Hodjat-Agha, sarà il mio ultimo viaggio, almeno in questo mondo, e per andare al Creatore spero di non aver bisogno di un lasciapassare. E ora, dice il vecchio, ti racconterò cosa ne è stato dello stimato Palang-Khan. Il nostro re autoproclamato, Resa-Khan, che come questi due soldati di guardia non sa leggere né scrivere, e che tuttavia prende decisioni importanti, ha espropriato a Palang-Khan ogni centimetro di terra che possedeva a Teheran.

Eskandar decide di non raccontare al suo antico maestro la verità sui rapporti di proprietà fra la Tigre e Mahrokh-Khanum. Ci sono stato, afferma invece, ho visto come la tenuta sia stata suddivisa. La gente sostiene che ci vivono i membri della famiglia del re.

Palang-Khan è venuto qui al sud distrutto e offeso, a casa sua, nel luogo in cui è nato, ha messo insieme una truppa e ha marciato contro le unità di Resa-Khan; ha perso la battaglia in poche ore.

Un tempo, quando ho visto la Tigre e i nazionalisti combattere contro il re della dinastia Qajar e le truppe britanniche e russe, racconta Eskandar-Agha, quando ho visto con quale forza e tenacia brandiva la spada, conduceva gli uomini, spingeva sul campo il cavallo instancabilmente, ho pensato che quell'uomo sarebbe vissuto per sempre e non sarebbe mai stato sconfitto.

Allah abbia pietà della sua anima. Dopo la sconfitta che gli ha inflitto Resa-Khan, della grande Tigre che abbiamo conosciuto non è rimasto che un docile gattino.

Il sole è allo zenit e brucia senza pietà sulla terra riarsa e sulle teste di Eskandar-Agha, del suo antico maestro e dell'asino malandato. Dopo tre giorni hanno attraversato i sessanta chilometri di deserto e vedono in lontananza le prime torri di pietra delle rovine di Takht-e Jamshid, il trono di Jamshid. A Eskandar-Agha ricordano le torri di perforazione dei campi petroliferi. Innumerevoli colonne si levano verso il cielo, come se volessero presentarsi personalmente a Allah. Sulla cima di alcune di esse ci sono ancora i resti di due tori di pietra, sul cui dorso un tempo poggiavano le travi del magnifico tetto della famosa Apadana. Le pareti, le mura e le colonne erano decorate con ceramica, oro e argento; secondo la leggenda gli abitanti della città erano circondati dallo splendore e dalle comodità. Da qui i re persiani governavano il mondo, qui ricevevano re e reggenti di altri paesi e ideavano strategie belliche, ma anche piani per la pace.

I nostri predecessori avevano più cultura e sapere di noi, dice il vecchio Hodjat. Già 2500 anni fa il re Ciro fece incidere su un cilindro d'argilla un documeno a tutela dei diritti umani e della pace. Gli antichi persiani attribuivano alla pulizia e all'igiene più importanza di quanto si faccia oggi. E avevano la cultura, aggiunge Hodjat. Eskandar non può fare a meno di ridere, perché si ricorda del rimprovero rivoltogli tanti anni prima dal traduttore all'accampamento dei *farangi*: non hai proprio nessuna cultura.

Guarda, continua Hodjat-Agha, tutto aveva un ordine: qui c'erano le scuderie, lì le biblioteche, e ancora più a est le stanze da letto. Questo palazzo è stato costruito 2500 anni fa, ma c'era più civiltà allora di quanta ne abbiamo noi oggi. Ovunque in queste rovine puoi scoprire tracce di arte, cultura, progresso, apertura mentale: tutte cose che dominavano nell'antica Persia. Guarda, indica il vecchio alzando il braccio esile. Qui c'era la sala da bagno. Un complicato sistema idrico sotterraneo portava l'acqua dalle montagne al palazzo facendola scorrere per centinaia di chilometri.

Un bagno in casa?, si meraviglia Eskandar. È astuto e comodo. Ma è anche igienico? Cosa ne dice il Profeta?

Hodjat scruta il suo protetto di un tempo e scuote la testa. Se il Profeta avesse saputo quanto è comodo e igienico, avrebbe imposto ai suoi seguaci di costruire un bagno nelle loro case.

Hodjat si rannicchia davanti a una delle colonne crollate e sospira profondamente, come se si trattasse delle rovine della sua stessa vita. I greci hanno distrutto tutto, si lamenta. Nessuno, né i persiani né gli stessi greci, avrebbe ritenuto possibile che un qualunque essere umano potesse mettere in ginocchio e distruggere il divino re dei persiani, i suoi soldati, il suo esercito, il suo regno. L'Iran, che fino a quel momento era stato il regno più grande che ci fosse mai stato, l'Iran che comprendeva mezzo mondo. I persiani dominavano l'India, l'Egitto, l'Afghanistan, il regno ottomano e greco. E questa potenza mondiale fu conquistata da un solo uomo, il re dei mecedoni Alessandro Magno, e dai suoi soldati, che venivano da popolazioni diverse.

Come se lui stesso fosse stato lì, come se il re dei macedoni potesse sentirlo, Hodjat-Agha si guarda intorno e sussurra: distruggere il palazzo di Takht-e Jamshid fu una sorta di vendetta, perché i persiani in precedenza avevano ridotto in macerie Atene. Hodjat-Agha si sforza di rialzarsi e ora parla con voce così alta che sembra voglia farsi sentire dai morti. Ma Alessandro era un uomo intelligente, diede l'ordine di conservare il regno di Persia. Vi si sottomise e punì persino i suoi stessi uomini, poiché avevano assassinato Kourosh, Ciro, il re persiano del popolo dei parsi. Alessandro si è unito a noi iraniani sposando la principessa Rossane e si è fatto chiamare non solo re di Macedonia, ma anche di Persia. Invece di distruggere il suo nemico, Alessandro ha preservato la ricchezza, la grandezza e il sapere dei suoi avversari sottomessi e in questo modo ha conquistato le simpatie della gente. Ha dimostrato un'intelligenza che i potenti del nostro paese oggi non possiedono più, dice Hodjat-Agha scrutando Eskandar da capo a piedi. Il re dei greci avrà avuto al massimo quattro o cinque anni più di te, conclude il vecchio ridendo.

Con il suo permesso, stimato maestro, certamente lei non vuole che io imiti il re Eskandar, metta in piedi un esercito e conquisti il mondo.

Quando ho detto a tua madre di chiamarti Eskandar, speravo che anche tu avresti posseduto la forza di volontà di questo giovane uomo coraggioso, la sua convinzione di poter rendere possibile l'impossibile, la sua intelligenza. Hodjat guarda Eskandar con tristezza e scuote la testa. Mi dispiace, dice il vecchio. Perché tu ti compatisci, perché non vedi che probabilmente disponi di una forza persino maggiore di quella del grande re dei greci.

La prego, maestro, non merito di essere umiliato in questo modo.

Umiliato? Che sciocchezza. Guarda la tua vita e giudica tu stesso. Non avevi a disposizione un esercito, né consiglieri. Eri un bambino, quando hai deciso di lasciare da solo il villaggio senza nome. Guardati, sei diventato un uomo padrone della sua vita. Per fare questo, ci vuole più forza e più coraggio di un re; per un re, con tutta la sua ricchezza, i suoi soldati, il suo potere, è un gioco da ragazzi invadere un altro paese.

È la vecchiaia che lo fa parlare così, pensa Eskandar-Agha, ma deve interrompere le sue riflessioni per correre dietro all'asino malandato del suo maestro, che se l'è svignata di soppiatto e cammina lentamente in direzione di Shiraz.

1928, un nuovo mestiere e le nuove leggi del re Resa-Khan

Oltre a Eskandar, soltanto l'asino malandato che il maestro gli ha lasciato assiste alla sepoltura del vecchio Hodjat-Agha. Vedi, dice Eskandar-Agha. L'asino muove l'orecchie. Ora Dio ha chiamato a sé anche l'ultima persona che mi ha conosciuto nel villaggio senza nome. In cambio, possiedo un asino, dice, rivolgendosi verso la *qibla* e recitando le sure funerarie del Corano.

Vorrei poterle togliere il suo dolore e sopportarlo al suo posto, gli dice Aftab-Khanum versandogli il tè e sistemando il cuscino in modo che Eskandar-Agha stia comodo.

Eskandar gode della presenza affettuosa della moglie, affonda nel suo calore e immagina che lei possa davvero liberarlo da tutto il dolore e dalla sua cattiva coscienza. Non voglio che lei soffra, risponde Eskandar-Agha. Né al mio posto né per un'altra ragione. Preferirei morire piuttosto che vederla patire.

Aftab-Khanum annuisce, ma rimane in silenzio.

Mi perdoni, dice Eskandar-Agha.

Perdonarla? Di cosa? Si è macchiato di qualche colpa?

Le chiedo perdono, ripete Eskandar-Agha e non sa cos'altro aggiungere.

Aftab-Khanum ride cordialmente: bene, allora la perdono. Di qualunque cosa si tratti.

Per un paio di giorni Eskandar-Agha si rattrista e pensa

con nostalgia e rimorso al suo vecchio maestro. Ma poi anche questo dolore passa e lascia spazio alla sua vita con Aftab-Khanum, ai pensieri del bazar e al lavoro quotidiano, di cui fa parte da qualche tempo un uomo anonimo che lavora per il governo.

Quest'ultimo va regolarmente a dettare nuove leggi e decreti a Eskandar, che li deve copiare più volte in grafia ordinata e leggibile su grandi fogli. Poi l'uomo affigge i fogli alle mura del bazar, affinché ognuno possa leggere le nuove leggi del governo e sapere come va il paese.

Un giorno, portando il pranzo al marito nel bazar, Aftab-Khanum vede l'uomo del governo. Non mi convince, dice preoccupata. Non mi piace che lei lavori per il governo. In questo modo potrebbe cacciarsi in un mare di guai. Dagli affari che riguardano il governo, afferma con un'espressione misteriosa, ci si dovrebbe sempre tenere alla larga.

Poiché Eskandar-Agha non la ascolta e ride di lei, Aftab-Khanum aggiunge: andrò dal mullah a fare un *nazr*, un'offerta per lei, in modo che nessuna sventura la colpisca.

Tra i mendicanti del quartiere è ben noto che, se si bussa alla sua porta, si può sempre contare su un'elemosina o su un pasto caldo. Sono certo che Allah sarà soddisfatto per l'eternità, con tutti i *nazr* che lei pensa ancora di fare.

Non mi prenda in giro, dice Aftab-Khanum. Vedremo a cosa porterà tutto questo.

La mia nuova attività mi piace, replica Eskandar-Agha. Ne sono persino un po' orgoglioso. Il governo paga meglio di qualsiasi altro cliente. Ma la cosa più importante è che finalmente posso fare qualcosa di utile per la patria.

Una volta, mentre l'uomo del governo si siede da Eskandar e gli elenca le più recenti disposizioni, casualmente passano due mercanti e spiegano al funzionario che può risparmiarsi di esporre le nuove leggi, dal momento che la maggior parte degli uomini del bazar non sa leggerle.

Per quel giorno l'uomo lascia Eskandar-Agha mortificato, ma la mattina dopo torna da lui raggiante. Mi sono arrovellato tutta la notte, dice. Ora so cosa bisogna fare. E lei, mio caro, è parte del mio piano.

Venite, venite, buoni e nobili signori di Shiraz, grida Eskandar-Agha, che d'ora in poi sarà pagato il doppio non solo per scrivere le nuove leggi e disposizioni, ma anche per declamarle.

Gli uomini sono felici di essere definiti buoni, nobili e agha di Shiraz, dice Eskandar-Agha a Aftab-Khanum. A loro piace che dalla capitale il governo mandi notizie appositamente; si rallegrano di essere presi sul serio ed essere considerati parte di un grande paese.

Aftab-Khanum resta scettica e replica: e sembra che a lei più di ogni cosa piaccia che tutto il bazar, i parenti e i vicini sappiano che il mio stimato consorte lavora ufficialmente per il governo. Aftab-Khanum si agita talmente che, mentre versa l'acqua, la brocca di argilla le sfugge di mano e si rompe. Vede?, grida, prossima alle lacrime. È un segno di Allah. Lavorare con il governo porta solo guai.

Khanum, la prego, si controlli, la apostrofa Eskandar-Agha.

Non voglio controllarmi, brontola Aftab-Khanum. E comunque, a cosa servono le leggi che lei sbandiera a tutti?

Venga, dice Eskandar-Agha. Si sieda vicino a me, le leggerò l'annuncio di oggi, in modo che possa calmarsi. Da quando il nostro stimato re Resa-Khan è salito al trono tre anni fa...

Da quando ha fatto un colpo di Stato, lo interrompe Aftab-Khanum.

Khanum, qui non si tratta della mia opinione.

Vede, dice Aftab-Khanum, ecco qui. Diffonde notizie del governo e per di più esse non corrispondono alla sua opinione e nemmeno al vero!

Allora smetterò di leggere. Eskandar-Agha fa l'offeso e inizia a mettere via il foglio.

No, per favore, legga, lo esorta Aftab-Khanum.

Comunque non le interessa, dice Eskandar-Agha. Si tratta della prima visita ufficiale in Iran, da quando Resa-

Khan ha preso il potere. E si dice quale grande onore rappresenti questa visita per il re e il suo popolo.

Chi è l'ospite?, chiede Aftab-Khanum.

Il re dell'Afghanistan. Quando ho letto questa notizia oggi al bazar, gli uomini mi hanno applaudito entusiasti.

È assurdo, dice la moglie. Non è certo merito di Eskandar-Agha se il re dell'Afghanistan viene a trovare il nostro re.

Ora Eskandar è offeso per davvero, piega il foglio definitivamente e non dice altro.

La volta successiva, mentre declama le nuove leggi e i decreti del governo, è distratto, perché non può fare a meno di pensare continuamente agli ammonimenti di sua moglie. I nostri stimati deputati si sono riuniti in Parlamento, annuncia Eskandar-Agha trattenendosi dal dire che i deputati sono l'orgoglio e l'onore della loro nazione.

Cosa hanno deciso i deputati?, si interessa un uomo.

Lo stimato *Madjless*, legge Eskandar-Agha, ha dato alla Banca Melli, che è la banca nazionale iraniana...

Abbiamo una banca nazionale?, gridano due uomini.

Evidentemente, risponde Eskandar-Agha sperando di dire la verità. E proprio a questa stimata banca ora il Parlamento riconosce il diritto di stampare la nostra valuta.

Uno degli uomini gira e rigira una banconota, come se la vedesse per la prima volta. E da dove viene questo denaro?, chiede.

Eskandar-Agha è sollevato di trovare la risposta nel dispaccio ufficiale arrivato dalla capitale. Fino a ora il denaro iraniano è stato stampato dalla Royal Bank degli *engelissi*.

E questo denaro vale ancora qualcosa?, desidera sapere l'uomo agitando la banconota.

Eskandar-Agha cerca la risposta nel comunicato, senza trovarla, e ne inventa una. Ma certo, tranquillizza la folla. Il governo stabilirà un periodo di transizione.

Voglia Allah che tu abbia ragione, esclamano gli uomini.

Io mi limito a leggere quello che c'è scritto, mente Eskandar-Agha.

Continua a leggere, lo esortano gli uomini.

Ulteriori risoluzioni dello stimato *Madjless*, recita Eskandar-Agha. Divieto di commerciare schiavi all'interno dei confini iraniani. Ogni schiavo che venga portato in Iran otterrà immediatamente la libertà.

Allora sei libero, esclama uno degli uomini dando una gomitata al vicino e suscitando così una risata.

Sono inclusi soprattutto gli schiavi che gli invasori *engelissi* portano dalle loro colonie, spiega Eskandar-Agha.

E che succederà ai *ra'iati*, i servi della gleba, che sono proprietà di una manciata di latifondisti? Anche loro sono liberi?

Eskandar-Agha legge il paragrafo sulle regole sulla schiavitù, non trova niente e dice: questo ce lo comunicheranno forse nel prossimo bollettino.

Vai avanti, incitano gli uomini.

Permesso di costruire una nuova banca per l'agricoltura. Allo stesso tempo verrà approvata una nuova legge con cui i rapporti di proprietà e la terra in Iran saranno regolamentati diversamente, legge Eskandar-Agha, ma si interrompe perché non sa come proseguire senza mandare in collera una parte degli uomini.

Continua a leggere, gridano. Dobbiamo tornare al lavoro.

Sono solo l'ambasciatore della notizia, replica Eskandar-Agha prudentemente. Non partecipo alla stesura di una legge, né sono responsabile della sua applicazione. Nella speranza che la gente non capisca, Eskandar legge velocemente, senza punti e virgole.

La competenza di tutte le questioni che riguardano la regolamentazione dei rapporti di proprietà e della terra in futuro spetterà al nuovo ministero dell'agricoltura.

Vuole passare subito al punto successivo, ma il suo timore si avvera e un mullah si fa avanti interrompendolo.

Che significa questo?, chiede parandoglisi davanti.

Io mi limito a riportare la notizia.

Allora spiegacela, esorta il mullah. Che significa dunque questa legge? Più o meno che noi mullah, *akhund*, religiosi e *ulema*, verremo privati dei nostri diritti e non saremo più responsabili della regolamentazione di queste faccende?

Eskandar-Agha si ricorda dolorosamente del ceffone del mullah a Bandar-e Ansali e si rammarica di non aver ascoltato il consiglio di Aftab-Khanum, ma poi gli viene un'idea. Questa nuova legge significa che in futuro i religiosi lavoreranno insieme al ministero, spiega Eskandar-Agha pensando che questa sarebbe comunque una buona soluzione.

Il mullah annuisce soddisfatto, come se avesse ottenuto una vittoria. Come si chiama questo ufficio di cui hai parlato?

Eskandar-Agha prende tempo per ritrovare il punto esatto in cui è scritto e poi scandisce: *Daftare Sabte Asnad*, ufficio per la registrazione degli atti. Vorrebbe solo raccogliere le sue cose e scomparire.

Continua, ordina il mullah.

Ma, per favore, tenete a mente che io leggo soltanto, precisa per l'ennesima volta Eskandar-Agha, prima di annunciare: lo stimato re Resa-Khan dispone che le nuove norme sul vestiario d'ora in poi valgano per tutti.

Un sussurro attraversa la folla e il mullah si infuria di nuovo.

Ogni cittadino è invitato a portare lo stesso tipo di abiti che finora erano obbligatori solo per gli impiegati statali. Chi non si atterrà alla nuova legge sarà condannato a pagare da cinque a trenta *toman*. Ai recidivi verranno inflitte pene pecuniarie più alte e saranno incarcerati.

Gli uomini iniziano a gridare. Che razza di uniforme sarebbe?

Giacca, pantaloni e cappello come i *farangi*, legge Eskandar-Agha. Il che significa che i tradizionali abiti delle tribù sono proibiti.

Il mullah sbuffa adirato, sembra sul punto di prendere per il collo Eskandar-Agha.

I religiosi riconosciuti e registrati sono esentati da queste prescrizioni sul vestiario, si affretta a leggere Eskandar-Agha.

Che dici?, chiede il mullah fermando il braccio a mezz'aria.

Mullah e *akhund* riconosciuti e registrati sono esentati

da queste prescrizioni sul vestiario, ripete immediatamente Eskandar-Agha.

Il mullah fa un movimento con la mano ancora sollevata, come se stesse scacciando una mosca fastidiosa. Continua a leggere.

L'effetto positivo e la convenienza di questa legge sono così evidenti che non è necessario discuterne, legge Eskandar-Agha tenendo d'occhio il mullah. Specialmente quando si tratta delle tribù che vivono nei pressi dei confini del paese. Poiché alcuni di loro portano il copricapo arabo, altri quello mongolo e così via. Il vostro vestiario differenziato ha diviso la nostra grande e antica nazione in turchi, arabi e appartenenti ad altre etnie.

Il mullah annuisce e incrocia le braccia, come se queste leggi fossero valide solo grazie al suo consenso.

1930, Eskandar-Agha tiene per sé i suoi segreti

Aftab-Khanum ha portato in grembo un bambino cinque o sei volte. Eskandar-Agha ha sempre pregato che potesse metterli al mondo sani. Non perché voglia figli e figlie, ma per far piacere al suo Sole, che è la luce dei suoi occhi. Ma evidentemente Allah ha altri piani, che non prevedono un figlio per Eskandar e la sua Aftab-Khanum. La sua gravidanza non dura mai più di un paio di settimane, poi il sangue e il muco denso spingono il bambino morto fuori dal suo grembo.

Non è giusto, dice Eskandar baciando gli occhi tristi di sua moglie. Dio vuole punirmi e la fa patire per questo, perché sa che, quando lei soffre, soffro anch'io.

Ricorda la donna che ha portato tanti anni fa a casa di mio padre? Si ricorda che non aveva denti?

Per favore, amata khanum, non deve affaticarsi.

No, mi lasci continuare. Per me è importante dirlo. La povera donna non aveva denti perché suo marito glieli aveva rotti. L'aveva fatto perché lei non poteva avere figli. Diceva che lei non serviva ad altro che a soddisfare il suo desiderio. E poiché il suo grembo era *najess* e lui voleva risparmiarsi le abluzioni rituali, le aveva rotto i denti per soddisfare liberamente la sua lussuria nella sua bocca.

Khanum, la prego, mormora Eskandar-Agha inorridito.

Le lacrime le scorrono sul viso. È vero. Così succede a tante donne, dice Aftab-Khanum. I loro mariti credono che sia colpa loro se non possono avere figli. Lei, invece, mio caro consorte, mi ama di più a ogni aborto e prende su di sé ogni colpa. Lei è un dono del cielo, non so come ho fatto a meritarlo.

Non si affatichi, mia amata, dice Eskandar al suo Sole, dal cui bel viso è svanito ogni colore. Giace pallida come la luna nelle fredde notti invernali, senza voglia di vivere, fissa il vuoto, non mangia, non beve, parla solo con Eskandar e con nessun altro, neanche con suo padre o sua madre. Non dorme né è realmente sveglia, passa giorno e notte immersa nei suoi pensieri bui.

Una che non ha figli non è una vera donna, suggerisce la gente a Eskandar-Agha. Prendine un'altra. A Dio piacerà.

Voglio fare un viaggio con lei, annuncia Eskandar.

La mia bambina muore e tu vuoi trascinarla per il deserto e le montagne, brontola la madre. Lasciala stare, non renderti infelice.

Eskandar-Agha non ascolta la suocera. Propone invece al suocero e a un paio di mercanti del bazar un affare che non possono rifiutare e inizia i preparativi per la partenza con sua moglie.

Aftab-Khanum ha le gambe così deboli che può camminare solo sorretta da Eskandar. Sono diventate esili e fragili, dice lui. Ma io so che lei non sopravviverà se resta imprigionata tra queste quattro mura, dove gli spiriti e le immagini dei figli morti le tolgono la vita. Lei è valorosa, la incoraggia Eskandar. Si fidi di me, cambiare aria le restituirà la salute.

Aftab-Khanum si costringe a sorridere. Allora esaudisca un mio desiderio, viaggiamo in treno.

Gli amici *almani* del re hanno costruito la stazione, spiega Eskandar-Agha a sua moglie. Ma l'hanno fatto con denaro iraniano e proprio con le prime tasse incassate dal nuovo governo.

A quanto pare, ai *farangi* piacciono gli edifici grandi. Guardi, dice Aftab-Khanum: il luogo è ampio e il soffitto è alto. Così tante colonne e tutto questo fasto. E sebbene sia mattina presto, già così tante persone sono in viaggio. Il trambusto mi piace, asserisce Aftab-Khanum rendendo felice suo marito, perché parla e ha perfino l'ombra di un sorriso sul viso.

Tutti i vagoni e gli scompartimenti sono pieni di viaggiatori, soprattutto donne truccate e vestite vistosamente. Mostrano senza ritegno le gambe nude, si aggiustano le calze in pubblico. Ridono, scherzano, cantano e fumano addirittura, fanno girare una bottiglia di liquore scadente, con grandi smorfie perché brucia in gola.

Sono ragazze leggere, spiega il controllore in tono cospiratorio ammiccando a Eskandar. Vanno a sud appena inizia il caldo. Capisci?, domanda ammiccando di nuovo.

Eskandar non capisce.

Il treno che va a nord invece è pieno di donne e bambini *farangi* e impiegati della APOC, la raffineria. Nei caldi mesi estivi gli uomini mandano donne e bambini nel freddo nord o a casa. E per non annoiarsi nel periodo che trascorreranno da soli, fanno venire al sud queste donne di malaffare per il loro intrattenimento.

Ora Eskandar inizia a capire.

E alla fine dell'estate accade il contrario, spiega il controllore. I vagoni che vanno a sud portano indietro le famiglie dei *farangi* e degli impiegati, mentre queste donne tornano al nord. A volte capita che i treni si incrocino alla stazione e le donne si incontrino, dice il controllore ridendo sotto i baffi: le signore di un treno guardano nell'altro e si sorridono reciprocamente. E le donne di malaffare sanno tutto, mentre le altre sono all'oscuro.

A Abadan Eskandar e Aftab-Khanum si mettono subito in cerca di un posto per dormire.

Siamo entrati in città di soppiatto, come ladri, dice Aftab-Khanum.

È un'avventura, risponde Eskandar-Agha. Non si preoccupi di nulla. Ma, per favore, si fidi di me: so quale effetto può avere un viaggio su una persona.

La gente penserà male di noi, parleranno alle nostre spalle.

Preferisco che la gente parli alle nostre spalle e che io perda il mio onore e la mia reputazione, che perdere lei, mia amata.

Sembra che sappia quello che fa, dice Aftab-Khanum, stupita dalla determinazione del marito. Forse mi farà bene davvero lasciarmi contagiare dalla speranza e dall'atmosfera di rinnovamento di questa città.

Eskandar regala al primo mendicante che incontrano tanto denaro che il poveretto per la gratitudine si getta nella polvere e vorrebbe baciargli le scarpe.

La prego, agha, sono io che devo ringraziarla, dice Eskandar-Agha, poiché ho giurato davanti a Dio e al Corano che avrei dato questo denaro al primo bisognoso, se avessi avvertito anche solo un piccolo segno di speranza nella mia ammalata e triste sposa.

Voglia Dio che lei e i suoi congiunti siate sempre in salute e che conserviate sempre il vostro buon cuore verso i bisognosi di questo mondo, dice il mendicante che si prostra di nuovo a terra davanti a Eskandar-Agha, ma gli bacia soltanto la mano.

Come ovunque nel Golfo Persico, anche a Abadan c'è un caldo soffocante, la luce tremula, i vestiti si appiccicano alla pelle e fino a sera persino i gatti e i cani randagi si rintanano nell'ombra; inoltre, a causa della raffineria, nell'aria ristagna l'odore forte del petrolio.

Poiché nel quartiere in cui vivono i *farangi* ci sono molti alberi, cespugli, prati e fiori, che vengono innaffiati tutto il giorno, là è più fresco che nel resto della città. Nella speranza che nella locanda *farangi* ci sia una stanza per lui e Aftab-Khanum, Eskandar-Agha noleggia una costosa vettura coperta e si fa portare là.

A quanto ne so, non affittano camere agli iraniani.

Ci proviamo lo stesso, risponde Eskandar. In fondo, mia moglie non può dormire per strada.

We have no vacancy, dice l'uomo nella camicia candida,

senza neanche far entrare Eskandar nella locanda che i *farangi* chiamano hotel.

Conosco tutte le locande e le sale da tè. Nessuna è adatta per la sosta di una *saifeh*. Non puoi fare a meno di dormire da un parente, se vuoi fermarti nella nostra città, dice il vetturino.

Si può dormire da un parente quando se ne ha uno, risponde Eskandar costringendosi a ridere, per non turbare sua moglie.

Questo significa che hai portato una *saifeh*, ammalata, da Shiraz in un luogo in cui non conosci nessuno? Di' la verità, stai scappando. È davvero tua moglie?

Voglio essere sincero, risponde Eskandar. A Shiraz nessuna sacra reliquia, nessun *hakim* o mullah hanno potuto aiutarla. L'ho strappata alla tristezza delle nostre quattro mura con il pretesto di fare affari qui, e sembra che cambiare aria le stia già facendo bene. Sono fiducioso: vedere persone e paesaggi nuovi migliorerà il suo umore. Inoltre, ho intenzione di portarla da un medico *farangi* di questa città, aggiunge Eskandar augurandosi che il vetturino possa indicargliene uno.

Vivi forse sulla luna?, replica il vetturino. Mi dispiace per te, ma come non aprono le porte delle loro locande agli iraniani, altrettanto ci aiutano i loro medici. Dicono che non hanno certo fatto tanta strada dal loro paese per curare gente come te e me. Ma prima ancora di aver finito di parlare, il conducente si pente del suo tono brusco. Restate qui, dice: il quartiere *farangi* è l'unico luogo fresco della città. Stasera, dopo il lavoro, verrò di nuovo a prendervi. Per allora vi avrò trovato un alloggio.

Per le prime ore Eskandar e la sua Aftab-Khanum siedono con i loro due fagotti sul ciglio della strada, all'ombra degli alberi. Lei posa la testa sulla sua spalla, chiude gli occhi, ascolta il cinguettio degli uccelli e le grida dei bambini dai giardini circostanti.

Che bella lingua, mormora Aftab-Khanum.

È *engelissi*, spiega Eskandar.

Capisce le parole dei bambini?

Dicono: dammi la palla, inventa Eskandar.

Persino le bambine giocano, singhiozza Aftab-Khanum. Io non avrò mai una bambina o un bambino che giocano con la palla.

Aftab-Khanum smette di piangere solo quando due uomini *farangi*, alti e in uniforme, armati e con lo sguardo cattivo, si parano davanti a loro e li scacciano. Si asciuga le lacrime e sospira. Piangere fa bene. Dà sollievo. Dovrei ricominciare ad andare regolarmente al *rozeh-khani*, a farmi venire da piangere per le facce tristi degli *akhund*.

Eskandar si assicura che nessuno li guardi, prende la mano della sua Aftab-Khanum e la bacia in fretta. Vuole sapere che affare ho proposto a suo padre e all'altro mercante?, chiede Eskandar-Agha.

In realtà Aftab-Khanum non ha nessuna voglia di sentir parlare di affari, ma ha ancora meno voglia di avere a che fare con un marito deluso. Racconti, lo esorta.

Lei sa quanto il re Resa-Khan ami i *farangi* e il loro stile di vita. Vuole che le donne si tolgano il velo e che gli uomini sostituiscano i loro tradizionali vestiti paesani con giacche e cappelli occidentali.

Certo che lo so, dice Aftab-Khanum.

La gente non ubbedisce ancora volentieri al desiderio del nostro re, continua Eskandar-Agha. Ma è solo una questione di tempo, poi non avremo più scelta e dovremo attenerci alle direttive. Sarà la fortuna di quei mercanti che per quel momento si saranno premuniti e avranno riempito la loro bottega di vestiti e articoli *farangi*.

È questo il motivo per cui siamo qui?, chiede Aftab-Khanum sconcertata. Per comprare vestiti smessi dai *farangi*? Ma i *farangi* sono *kafar*, infedeli, sono *najess*, impuri, e le loro cose lo sono altrettanto.

Khanum, mi creda, quando si tratta di denaro, nulla è così impuro come pensa la gente.

Voglio che lei mi prometta una cosa, lo prega Aftab-Khanum. Non mi porterà mai da un medico *farangi*. Sa bene quanto me che questi medici vogliono vedere le pazienti svestite e, Allah ci protegga, vogliono persino toccarle.

Non permetterò che un estraneo la sfiori, dovrà solo visitarla. Se vuole, potrà anche sedere dietro una tenda, cerca di convincerla Eskandar, ma non può continuare a parlare perché, improvvisamente, dietro di loro, risuona un forte crepitare. È un'automobile. Al volante non siede un uomo, ma una donna *farangi*. Porta un enorme cappello a tesa larga, che fa ombra al suo viso, alle spalle e alle braccia nude. Mentre passa, la donna guarda Eskandar-Agha e Aftab-Khanum e saluta gridando: *huhu*, *hello*.

Aftab-Khanum sorride di riflesso e con sua stessa sorpresa esclama a sua volta: *huhu*, *hello*, ma poi incassa subito la testa nelle spalle e porta la mano alla bocca, come se così facendo potesse ritirare il suo grido. Poi sbircia Eskandar con aria colpevole e non può fare altro che sogghignare civettuola.

Eskandar non ci pensa neanche a rimproverarla per il suo comportamento sfacciato. Al contrario, le dice: ha un aspetto incantevole. Così giovane, sano e felice come un tempo, il giorno delle nostre nozze. Avrei una voglia terribile di abbracciarla, proprio qui e ora, di baciarla e non lasciarla più.

È vero che i *farangi* vedono le loro donne completamente nude, le prendono tra le braccia e le accarezzano su tutto il corpo?, chiede Aftab-Khanum avvampando.

Proprio in quel momento torna il vetturino. Grida: *rrrrr*, *shhh* e tira le redini per fermare la sua carretta. *Salam*, la pace sia con voi, dice. Montate, andiamo a casa.

A casa?, chiede Eskandar-Agha aiutando il suo Sole a salire a bordo.

Se volete, potete stare a casa mia. Mio padre mi ha dato il nome di Ahmad, dice il vetturino, ma già da ragazzino mi chiamavano Batshe-Garitshi, perché ancora prima di saper camminare sedevo sul *gari*, il carro. Da quando sono arrivati gli stranieri e i nostri *gari* sono stati ribattezzati *doroshke*, la gente mi chiama Doroshke-tshi.

Tocca il cavallo delicatamente con la frusta. Il ronzino

alza e abbassa la testa, come se annuisse, ma continua a trottare con lo stesso ritmo.

Ho visto i primi *farangi* arrivare qui, nel porto di Abadan, con le loro navi enormi, con tutti i loro attrezzi, le macchine e le auto, racconta Doroshke-tshi. Ricordo quando hanno delimitato il terreno per la raffineria, quando hanno costruito lo stabilimento. C'ero quando hanno posato la prima pietra e i tubi, quando hanno tracciato e asfaltato le strade. A me e al mio cavallo piacciono i loro giardini e il profumo di fiori di cui impregnano l'aria. E, se fosse per me e per il mio cavallo, gli stimati *farangi* potrebbero rimanere qui per sempre. Dio mi è testimone, danno buone mance, e se ti conoscono ti regalano anche tutta la roba possibile, dalle bottiglie vuote ai vestiti smessi. Mentre parla Doroskhe-tshi tocca delicatamente con la frusta il cavallo, che alza e abbassa di nuovo la testa e prosegue tranquillamente. La cosa migliore è quando tornano a casa, dice Doroshke-tshi, allora regalano interi carichi di roba.

Lei è davvero un dono del cielo, risponde Eskandar-Agha. Non solo ci sta offrendo un posto per dormire, ma sembra che insieme possiamo persino fare affari. Sono qui infatti per comprare vestiti e altre cose utili di seconda mano, per rivenderle al bazar di Shiraz.

I miei affari e la mia vita sono il cavallo, il carro e i clienti. Ne sono felice e non voglio cambiare niente, dice Doroskhe-tshi. Ma vi aiuterò, potrai fare tutti gli affari che vuoi.

Dopo aver lasciato il quartiere *farangi*, arrivano nella zona della città dedicata ai commerci, con il bazar, le botteghe e i chioschi. A sera non fa più tanto caldo. I proprietari delle sale da tè hanno messo le panche con sopra i tappeti sul *djub*, dove l'acqua rinfresca l'aria. Gli uomini si stiracchiano, fumano narghilè e si godono il viavai serale.

Anche le caffetterie, con tavoli e sedie, su cui siedono soprattutto *farangi*, sono affollate: qui si accomodano perfino le donne. Una delle signore fuma addirittura in pubblico. Getta indietro la testa, ride forte senza tenere la mano davanti alla bocca; persino Dorotshke-tshi e

Eskandar possono vederle la lingua. Solo osservandola meglio, quando lei chiude di nuovo la bocca, tira dalla sua sigaretta e li guarda, Eskandar e Aftab-Khanum riconoscono che è la signora che poco prima è passata davanti a loro gridando: *huhu* e *hello*. Ora si alza, corre alla vettura e grida: *driver*, *stop*, *stop*, *please*.

Stopplease significa che devo fermarmi, spiega il cortese Doroshke-tshi, poi grida: *rrrr*, *shhh* e tira le redini. È la moglie del console del Canada.

Eskandar-Agha si ricorda subito che anche lui aveva un amico canadese. Mesterr Richard, grida senza volerlo e incassa la testa nelle spalle, perché la sua voce è forte e acuta. Aftab-Khanum, la moglie del console e Doroshke-tshi lo guardano sorpresi; persino il cavallo volta la testa.

Il vetturino salta giù dalla carrozza, si toglie il cappello di paglia, dice: *hello, madam consuul, hovayuu? Gud? Gud?*

Good. *Good*, risponde la signora straniera. *Tomorrow?*, chiede facendo un cenno col capo. *You come to my house?*

Farda, tomoro?, dice il cortese Doroshke-tshi, annuisce e sorride.

Yes. *Yes*, risponde la khanum, squadra Aftab-Khanum, dice *hello* e le tende la mano.

Aftab-Khanum si spaventa tanto che fa un piccolo balzo per non essere toccata da una mano estranea. Poi si riprende e allunga la mano anche lei, ma la copre con il velo. Aftab-Khanum vede lo sguardo canzonatorio della *farangi* e quello di rimprovero di suo marito, ma riesce a continuare a sorridere.

In fondo è una *kafar*, sussurra Aftab-Khanum e in quanto tale *najess*.

You come to my house too, dice la moglie del console. *My clothes your size*.

Thank you. My wife no need your clothes, risponde Eskandar-Agha sorridendo amichevolmente. *Me buy clothes, make shop*.

Good, *good*, dice la donna *farangi* posando la mano sul bracciolo della vettura e avvicinandosi pericolosamente al ginocchio di Aftab-Khanum, che siede rigidissima e si ripete le parole degli stranieri. *Please*, *closs*, mormora.

You go Canada?, chiede Eskandar-Agha.

Yes, risponde la donna ridendo di nuovo a bocca aperta. Aftab-Khanum si sente in imbarazzo solo per un istante, poiché pensa che la libertà e la disinvoltura di questi *farangi*, per quanto sconvenienti, siano eccitanti. Inoltre Aftab-Khanum trova la *farangi* troppo bella per preoccuparsene davvero. I capelli gialli sciolti le incorniciano il viso e le ricadono morbidi sulle spalle. E, sebbene abbia le braccia e i polpacci nudi, un vestito troppo stretto con fiori troppo appariscenti e colorati, la donna non è affatto indecente; non è impacciata e conversa con gli uomini con una naturalezza invidiabile.

Aftab-Khanum la guarda bene, ma non trova in lei nemmeno l'ombra della volgarità che ha visto nelle donne del treno.

Una signora raffinata, commenta il cortese Doroshke-tshi quando si rimettono in cammino.

Aftab-Khanum ascolta e osserva, cerca la libidine nella voce del vetturino, la mancanza di rispetto, la malizia, ma non ne trova la minima traccia. Allora sorride e dice forte e chiaro, in modo che anche Doroshke-tshi senta: sembra davvero una signora perbene.

Nella zona in cui si trova la piccola casa d'argilla di Doroshke-tshi, le strade non sono asfaltate, sono strette e scomode come quelle nel resto dell'Iran. Arrivano molti ciclisti e sorpassano il carro, che può procedere solo a passo d'uomo. Una polvere sottile si posa su vestiti, pelle e capelli, persino su ciglia e sopracciglia. Il carro curva e si inclina, scricchiola e ansima. Eskandar ha paura che sua moglie possa cadere giù da un momento all'altro. Ma i saltelli e il dondolio la divertono e ridendo dimentica di tenere la mano davanti alla bocca. Eskandar-Agha lo trova sfacciato, ma il viaggio eccita anche lui. E poi non è sicuro se debba intervenire o meno.

La moglie e la figlia di Doroshke-tshi naturalmente non possono vedere Eskandar-Agha, ma lui sente le loro voci. Dopo che la sua Aftab-Khanum è scomparsa con le donne nelle stanze sul retro, gli uomini sentono il loro ridacchiare, che si trasforma presto in una risata forte e disinvolta. I due uomini si meravigliano, gridano uno alla volta: khanum, al che le donne si contengono un poco. Ma un momento dopo ricominciano e sembrano così spensierate che Doroshke-tshi e Eskandar-Agha non possono fare altro che esserne contagiati.

Lasciamo stare, sussurra Doroshke-tshi. Facciamo come se non avessimo sentito. Quando mai le *saifeh* hanno l'occasione di essere gaie e vivaci? Siamo tra noi, mi sei vicino come un fratello, dice ammiccando a Eskandar-Agha.

Anche quando Doroshke-tshi e Eskandar dormono ormai da tempo, le donne continuano a parlare, a ridere e a divertirsi. La mattina dopo, Aftab-Khanum ha il viso stanco, ma è felice come non lo era più da tanto tempo. Ridere allegramente sembra far bene quanto piangere a lungo, dice radiosa a Eskandar. E poi compie un gesto che non ha mai fatto: gli strizza l'occhio e dice: ho la sensazione che tutto il mio corpo sia pieno di una nuova vita.

Alla fine Eskandar-Agha riesce a convincere la moglie che non è *najess* né contrario alla religione che lei lo accompagni in casa della *farangi*. Forse è la curiosità a trionfare sulla fede; in ogni modo va con lui per aiutarlo a portare i vestiti di cui la signora non ha più bisogno.

Diversamente che nelle case iraniane, i locali non sono costruiti attorno a un cortile, ma sono separati da porte, e ce ne sono così tanti che è facile smarrirsi.

Ogni stanza è piena di tavoli e sedie, che non sono posti ordinatamente lungo le pareti, ma sono sparsi a caso in mezzo alla camera. Comò, letti, vasi, figurine e statue, poltrone, cassapanche, cuscini e immagini e foto alle pareti, piatti, tessuti e molte altre cose confondono Aftab-Khanum così tanto che si aggrappa forte al suo Eskandar-Agha.

Chieda alla signora perché ha sistemato i mobili in

mezzo alla stanza e perché le sue cose stanno appese alle pareti, invece di essere riposte ordinatamente nelle cassapanche e nei cassetti, dice Aftab-Khanum.

Eskandar-Agha e Doroshke-tshi caricano casse e ceste, fagotti con vestiti, cappelli, scarpe, pentole, tegami, posate, federe, tende e persino un paio di sedie pieghevoli e li trasportano alla stazione, dove fino alla partenza li affidano alla custodia di un amico di Doroshke-tshi.

Potremmo andare al porto, propone Eskandar. Voglio vedere le navi in cui i *farangi* imbarcano il petrolio iraniano e dal Golfo Persico lo mandano in giro per il mondo. E voglio vedere il porto. Questa volta abbiamo avuto molta fortuna e il caso ci ha aiutato a trovare in un colpo solo abbastanza merce per la vendita. Ma la prossima volta andremo alle navi e dovremo comprare lì la merce.

Tuttavia Eskandar-Agha si era figurato sia il porto sia le navi in modo completamente diverso. Pensava che le merci venissero scaricate e ognuno potesse vederle sul posto, scegliere l'una o l'altra, pagare e andare via. Ma già la grandezza delle navi supera ogni immaginazione.

Nonostante questo, a Eskandar-Agha e a Aftab-Khanum piace il viavai del porto. Ragazzi e uomini trascinano sulle spalle tutte le casse e i pacchi possibili. Altri tengono in equilibrio ceste con pesce, frutta, verdura, secchi di acqua fresca da vendere. Lungo gli approdi i mercanti hanno collocato tegami su carboni accesi e offrono carne d'agnello alla griglia, pesce allo spiedo, pane, riso, zuppa di pesce, pomodori e mais grigliati.

Andiamo nella caffetteria *farangi* a bere un succo di melagrana fresco, propone Eskandar. Ci farà bene.

Possiamo bere il succo di melagrana ovunque, anche a casa nostra, dice Aftab-Khanum. Compriamo una bibita *farangi*, lo prega. E sebbene si senta evidentemente a disagio nella caffetteria, rimane. A capo chino, ma sorride.

Le donne *farangi* siedono insieme agli uomini e conversano in pubblico, sussurra Aftab-Khanum. Si comportano come se fossero nelle loro stanze private. Guardi, mormora.

Ha visto? La signora ha appena toccato la mano dell'agha, e intenzionalmente.

Una delle donne *farangi* nota Aftab-Khanum e la mostra agli altri; tutti la guardano con curiosità e parlottano.

Non sono abituati a vedere una donna persiana in pubblico e per di più in una caffetteria, spiega Eskandar a sua moglie.

Dunque non sono l'unica che ha qualcosa da imparare, dice Aftab-Khanum continuando a sorridere e cercando di sedere più dritta che può, per sembrare sicura di sé. L'unico luogo in cui fino a oggi ho visto la pelle nuda delle altre donne è l'*hammam*, sussurra. Mi vergogno. Gli uomini guardano le loro donne mezze nude e poi guardano me: immagineranno come possano essere il mio corpo, la mia pelle e i miei capelli sotto il velo. Vorrei avere il mio velo per il viso.

Mi creda, dice Eskandar-Agha, dubitando delle sue stesse parole: questi uomini hanno tutto ciò che vogliono. Con i loro soldi comprano ogni donna che vogliono. L'ha visto con i suoi occhi: fanno venire da loro vagoni pieni di donne.

Anche se non ho visto molto, perché come donna non mi è concesso di andare in giro, posso certamente distinguere uno sguardo libidinoso e uno interessato o curioso. Aftab-Khanum tiene la mano davanti alla bocca mentre parla. Ma come lei stesso dice sempre, i tempi e il mondo mutano e con loro dobbiamo cambiare anche noi. Dunque mi rassegnerò a superare la timidezza e il pudore e cercherò di imparare da queste donne.

Eskandar-Agha smette infine di fissare i biondi capelli sciolti, le gambe e le braccia nude delle donne *farangi*. Imparare da loro?, ripete. Guarda la sua Aftab-Khanum e si rende conto che da molto ormai non nota più quanto sia conturbante la sua bellezza. I suoi occhi a mandorla brillano, la carnagione scura e le labbra carnose sono sensuali; ora anche lui vorrebbe che la moglie avesse il velo davanti al viso.

Ecco la sua bibita, dice il cameriere condiscendente e posa una bottiglia davanti a Aftab-Khanum. Appena la bevanda gialla e schiumosa le scende in gola, Aftab-Khanum ridacchia. È amara, si entusiasma, ma è buonissima. Non rinfresca solo il naso e la gola, ma anche lo spirito: mette di buon umore.

Il cameriere porta la seconda bibita con una cannuccia; Aftab-Khanum ha visto i *farangi* del tavolo accanto bere in quel modo. Prende in bocca la cannuccia, solleva la bottiglia e si rovescia la costosa bevanda sul velo. Salta su spaventata e corre più veloce che può nella via successiva, dove piange umiliata.

Da parte mia sono contento che sia successo questo piccolo incidente, dice Eskandar-Agha raggiungendola. Vedrà, tra un paio d'anni anche lei ci riderà su. È una splendida storia.

Dunque le piace vedermi fare una figuraccia, si lamenta Aftab-Khanum. Allora dovrei continuare a provare a fare cose che non conosco. Che farebbe se andassi in bicicletta o in automobile come la donna *farangi*, o fumassi davanti a tutti come lei?

Venga, dice Eskandar-Agha. Impieghiamo il tempo che ci rimane per fare qualcosa che non abbiamo mai fatto. Potremmo andare in uno di questi teatri moderni che i *farangi* chiamano cinema. Là non ci sono persone reali; ne vedremo solo una riproduzione.

Il film è già iniziato, li informa il bigliettaio. Potete entrare quando volete e restare finché la pellicola verrà riavvolta e inizierà la rappresentazione successiva, così potrete vedere l'inizio.

La stanza è buia, senza finestre, le panche di legno scomode, le persone sullo schermo enormi. C'è chiasso, la gente di mare parla e ride, come se non ci fosse nessun altro nel teatro. Eskandar-Agha e Aftab-Khanum si tengono forte la mano e, quando l'eroe sullo schermo punta la pistola verso di loro, gridano dallo spavento, saltano in piedi e scappano a gambe levate.

1935, cognomi e affari di uomini e donne

Con la compravendita di vestiti e merce usata Eskandar non ha reso felice soltanto il suocero e il mercante suo amico. Ha tanto successo che fa molti altri viaggi a Abadan, a comprare merce dai *farangi* per rivenderla alla sua gente nel bazar di Shiraz. E guadagna talmente tanto che può persino affittare una piccola bottega per sé.

Sarò onesto con te, ammette il proprietario della bottega. L'affitto è così conveniente perché nessuno vuole stare davanti al dentista. Sentirai tutto il giorno il ronzio della ruota che fa funzionare il trapano, sentirai l'odore dell'etere. Vedrai i suoi pazienti e lui che armeggia nella loro bocca con pinze e martello; le grida di dolore sono snervanti. Fino a oggi nessuno ha resistito a lungo.

Ciò nonostante, voglio prendere la bottega, dice Eskandar. È un buon indirizzo, che si ricorda facilmente: vestiti di seconda mano di fronte al dentista. E se l'odore di etere e le grida dovessero disturbarmi troppo, farò una pausa e andrò alla sala da tè.

La merce deve essere lavata, perché non sia *najess*, osserva Aftab-Khanum. E qualcuno deve rammendare i buchi e le cuciture strappate.

Khanum, le leggo in faccia che ha in mente qualcosa.

Tentiamo un'avventura, propone Aftab-Khanum.

Da quando l'ho portata a Abadan sembra diventata avida di avventure.

Voglio accompagnarla in bottega, annuncia Aftab-Khanum. Così nessuno di noi due sarà solo, io potrò aiutarla e lei potrà insegnarmi a leggere e a scrivere.

Cosa? Leggere e scrivere? Eskandar-Agha non può fare a meno di deglutire, in modo da non lasciarsi sfuggire che Mahrokh-Khanum sapeva leggere e scrivere. Invece domanda: per cosa ne avrebbe bisogno?

Questo lo sa solo Allah, risponde Aftab-Khanum guardando verso l'alto. In ogni caso, starò con lei in bottega e tutto il resto verrà da solo. Ho già imparato un paio di parole, dice Aftab-Khanum scrivendo prudentemente il suo nome su un foglietto. Poi scrive *Khoda*, Dio. Sa cosa significa?

Khanum, lei vuole prendersi gioco di me.

No. Naturalmente so che *Khoda* significa Dio. Ma lei sa che *Khod* non è altro che la parola stessa che indica Dio e la "a" sta per Adamo, l'Uomo? E *Khoda* significa: l'Uomo. Il profeta Zartosht infatti pensava che Dio è in ogni uomo.

Eskandar-Agha guarda la sua Aftab-Khanum sbalordito, ma non riesce a chiederle come faccia a saperlo.

E guardi: so scrivere anche questo, dice Aftab-Khanum scrivendo "Iran". Shiraz. Madar. E so scrivere anche l'altra parola per "sole", dice tracciando "*khrishid*".

Ma è sbagliato, la corregge Eskandar-Agha. *Korshid* si scrive "*kh-o-r-sh-i-d*".

Oh, mormora Aftab-Khanum. Allora mi mostri anche come si scrive Eskandar-Agha.

Dopo che la moglie ha riempito un foglio intero di parole scritte, Eskandar-Agha annota al margine: il mio Sole sa come circuirmi e addolcirmi. Poi ripone il foglio tra le altre sue annotazioni.

Siamo al passo coi tempi, dice Aftab-Khanum sorridendo soddisfatta.

Siamo al passo coi tempi, ripete Eskandar-Agha soddisfatto anche lui e bacia la moglie sulla fronte. E visto che ci siamo, ora che abbiamo una bottega e siamo entrati in affari, è tempo che anche noi seguiamo il desiderio del nostro re e ci troviamo un cognome.

A gente come noi non serve un cognome, ribatte Aftab-Khanum. Dio non ha voluto darci figli, dunque non siamo una vera famiglia e non ci serve un cognome.

Il cognome non ha nulla a che fare con i figli e la famiglia, spiega Eskandar-Agha. Il re vuole che facciamo come il resto del mondo e che nel bazar e nell'amministrazione non ci sia confusione, perciò vuole che ognuno prenda un cognome.

Allora mi prometta che non sceglierà un nome che dia l'impressione che vogliamo essere migliori di quanto siamo. Allah punisce quelli che si ergono sopra agli altri e affermano di discendere da una famiglia importante o di essere imparentati con i re. Non voglio neanche che usiamo il nome dei nostri luoghi di nascita o di uno sceicco, un khan, un emiro, o persino dello scià, per fingere che siamo capi di qualche villaggio.

Il villaggio da cui vengo non aveva nome, precisa Eskandar-Agha. Sheikh-Deh-bi-nam, lo sceicco del villaggio senza nome. Potrei entrare nella storia, con un nome come questo.

Penso che siano belli nomi come Paradisiaco o Paziente, afferma Aftab-Khanum.

Conosco uomini che sono stati registrati con nomi proposti dal funzionario. È più sicuro, non ci si può sbagliare.

Anche Donodelsignore è un bel nome, dice Aftab-Khanum.

Un paio di uomini del bazar hanno preso come nome la propria professione: conciatore, calzolaio, è molto pratico.

Non mi piacerebbe essere la moglie di un uomo che lega il suo nome al commercio di vestiti usati, sostiene Aftab-Khanum. È brutto, e che farà se un giorno tornerà a essere uno scrivano o eserciterà una nuova professione? No, agha, le serve un nome che racchiuda forza e speranza.

Forza e speranza, ripete Eskandar-Agha e non può fare a meno di sorridere perché si ricorda di quando era in cerca di un nome che avesse forza. Di quando cercava il nome per la sua Rossane.

Eccolo, grida Aftab-Khanum facendo trasalire suo marito. Khod-Mokhtar. Uno che decide per sé. Si adatta a lei.

Tuttavia, prima che possa recarsi all'ufficio per registrare il nuovo cognome, Aftab-Khanum manda suo marito all'*hammam* pubblico. Gli lava la camicia e gli spazzola il cappello, in modo che vada dall'impiegato pulito e profumato.

Baradar, fratello, dove sei nato?, chiede il funzionario.

In un villaggio senza nome.

Che cosa c'è vicino a questo villaggio senza nome?

Naftun. Il luogo in cui i *farangi* hanno trovato il petrolio.

Allora registriamo Naftun come tuo luogo di nascita, dice l'impiegato. E in quale giorno, mese e anno sei nato?

Mia madre non sapeva neanche che esistessero anni, mesi e giorni della settimana, non avrebbe mai potuto sapere in quale giorno della sua breve vita avesse messo al mondo uno dei suoi figli. È già tanto se le nostre madri si ricordano se siamo nati d'estate o d'inverno.

Baradar, voglio essere generoso. Non devi cercare solo un cognome, ma anche una data di nascita. Il funzionario squadra Eskandar-Agha e dice: per me hai l'aspetto di una persona di trentasette anni.

Ma mi sento come se ne avessi trentaquattro, risponde Eskandar-Agha.

Allora accordiamoci su trentacinque, propone l'impiegato e registra Eskandar Khod-Mokhtar, nato a Naftun il 16 *Farwardin* dell'anno 1280.

Il giorno dopo Eskandar-Agha va al bazar di buon mattino, in modo da poter portare la sua Aftab-Khanum in bottega senza che la vedano. Appendono un telo nella parte posteriore della bottega, in modo che Aftab-Khanum sia protetta dallo sguardo degli estranei e possa rammendare i vestiti e rattopparli con cura, ma soprattutto fare compagnia al marito.

Mi mostri come si scrive "bottega", chiede Aftab-Khanum. E "tenda." "Pantaloni." "Pentola." "Radio." "Lanterna." "Cognome." "Segretezza." "Segreto."

Quando gli altri uomini scoprono quale segreto Eskandar-Agha nasconda dietro la tenda, si adirano. Non approvano che una donna lavori al bazar, né che venga coinvolta negli affari.

Ma invece di danneggiare i suoi affari, le chiacchiere della gente ottengono l'effetto contrario. Alla bottega arrivano più clienti, per vedere la donna che ha il coraggio di lavorare al bazar.

Tuttavia, un giorno, mentre Eskandar-Agha si reca dal venditore di kebab a prendere cibo per sé e per la moglie, compare uno straniero; credendo che la bottega sia incustodita, fruga tra le ceste e le casse in cerca di qualcosa di valore. Si spaventa a morte scorgendo la testa di Aftab-Khanum dietro la tenda. Ma, invece di correre via o di inventare una scusa per aver rovistato tra le sue cose, l'uomo improvvisa una predica, domandandosi scandalizzato perché una donna si esponga così allo sguardo degli estranei, se non abbia un onore da perdere e non tema la punizione di Allah.

Quando Eskandar-Agha ritorna, tutto sembra essere rientrato nella normalità. Lo straniero siede all'esterno e Aftab-Khanum virtuosamente al di là della tenda, tenendo una conferenza sulla prima moglie del Profeta, la stimata Khadija, che era anche lei una donna d'affari. Diversamente da me non si è limitata a esercitare il commercio in una piccola bottega, dice Aftab-Khanum. Khadija ha mandato carovane intere dalla Cina al regno degli Ottomani per la compravendita delle merci. La stimata moglie del nostro santo Profeta era più potente, intelligente e ricca di tutti i mercanti di questo bazar messi insieme, spiega Aftab-Khanum allo straniero.

Dove aveva trovato il Profeta una donna come lei?, chiede lo straniero.

Non è stato lui a trovarla, ma lei a trovare lui, risponde Aftab-Khanum orgogliosa. La stimata Khadija ha preso al suo servizio il Profeta, che egli sia lodato, quando lei aveva oltrepassato i quaranta e il Profeta era ancora un ragazzo. Non sapeva né leggere né scrivere, era un semplice cammelliere come tanti altri al servizio della stimata Khadija-Khanum. Che un bel giorno ha deciso di sposare il suo cammelliere Maometto.

È stata lei a sposare il Profeta?, vuole sapere lo straniero sempre più incredulo.

Eskandar-Agha e Aftab-Khanum ormai non si meravigliano più dell'ignoranza della gente riguardo alla religione in cui crede, al Profeta di cui segue l'insegnamento, al santo Corano in base alle cui leggi indirizza la propria vita. Eskandar-Agha appoggia il cibo fumante e profumato, saluta lo straniero e sarebbe lieto di trasmettergli anche il suo sapere, ma l'uomo non lo guarda neanche, mormora qualche parola di commiato e scompare.

Chi era?, chiede. Un nuovo cliente?

No, non era un cliente, spiega Aftab-Khanum tranquillamente, mentre stende il *sofreh* sul pavimento. Era un ladro, che ha cambiato idea dopo che gli ho raccontato la storia della moglie del Profeta.

Come le altre notizie, la storia del ladro si diffonde velocemente nelle botteghe e nei chioschi circostanti. Dopo non molto tempo compaiono persino le prime donne a fare spese da Aftab-Khanum. Dapprima accompagnano i loro mariti; mentre le donne scompaiono dietro la tenda con Aftab-Khanum, gli uomini aspettano davanti con Eskandar-Agha, bevono tè e parlano di Dio e del mondo.

Un po' alla volta le donne portano le sorelle, le madri e le vicine, di modo che Eskandar deve lasciare sempre più spazio al suo Sole e appendere la tenda sempre più avanti, finché a lui non rimane che una sottile striscia della bottega.

A molte delle mie clienti non servono vestiti, né pentole né altro, dice lei da dietro la tenda, aspettando che Eskandar-Agha metta dentro la testa. Usano la nostra bottega come scusa per lasciare le quattro mura anguste della loro casa, per poter finalmente parlare dei loro mariti con un'altra donna e con le loro sorelle, madri e vicine, bere tè e aprire il loro cuore, dice Aftab-Khanum. Dunque mi portano nuovi pensieri e nuove idee.

Ci conceda Allah che siano buoni pensieri e buone idee e che non ci cacciamo in nuovi guai con gli altri mercanti e artigiani. Non possiamo permettercelo.

In realtà gli altri mercanti si rallegrano addirittura, poiché un po' alla volta le donne non vanno solo da Aftab-Khanum, ma si recano anche nelle altre botteghe.

Le donne sono le clienti migliori: non sanno cosa vogliono, comprano molto di più di quello che volevano in origine e spendono denaro molto più facilmente di molti uomini.

Presto i loro passi leggeri, il suono insolito dei loro tacchi *farangi*, le loro voci, il loro confabulare, le loro risate occasionali, il fruscio delle gonne e dei veli non irritano più nessun uomo. E un po' per volta i mercanti si abituano al fatto che anche le loro mogli, figlie e madri facciano parte di quelle donne che lasciano le loro case per scendere in strada, andare al bazar, mercanteggiare, comprare. E per poter fare tutto questo, devono parlare con estranei che sentono le loro voci e che a volte vedono persino il loro viso e le loro mani.

I tempi cambiano, e con loro cambiamo anche noi, dicono gli uomini del bazar come hanno imparato da Eskandar-Agha, sperando di non essere i soli a pensarla così.

Una volta una donna compra da Aftab-Khanum un vestito *farangi* verde scintillante, senza maniche e con una profonda scollatura e che espone allo sguardo la gola, le spalle e addirittura quasi l'attaccatura del seno. Se neanche questo vestito mi aiuta, non ho più alcuna speranza, dice guardando tristemente Aftab-Khanum; poi non riesce a trattenersi e racconta.

Le vengono subito le lacrime agli occhi. Cara sorella, sono infelice come nessun altro, dice singhiozzando. Mio marito si comporta come un fratello e non come un marito, capisce? Non adempie i suoi doveri coniugali. Capisce? Giaccio lì ogni notte e mi consumo per lui, ma si gira dall'altra parte, non mi fa sentire una donna vera, una donna desiderabile.

Ormai Aftab-Khanum ha studiato il Corano con il suo

Eskandar-Agha abbastanza per sapere che lo stimato Profeta ha una soluzione per tale problema. Consola la povera donna dicendo: lei ne ha diritto, lui è obbligato a compiere i suoi doveri coniugali. L'ha deciso personalmente lo stimato Profeta.

Cara khanum, cosa pensa?, chiede la donna piangendo ancora più forte. Crede che serva a qualcosa spiegare a mio marito ciò che predicava il Profeta più di mille anni fa?

Aftab-Khanum lava il viso della donna con acqua di rose e chiama il ragazzo della sala da tè per far portare tè e zucchero candito. Non si preoccupi, la consola. Pregherò il mio Eskandar-Agha di parlare domani con il suo agha.

Khanum, dovrebbe sapere che tali ingerenze non porteranno a me, a lei e alla bottega altro che guai, brontola Eskandar. Per essere onesti, mi dispiace che la sua reputazione si sia diffusa nel bazar e in ogni altro luogo e che vengano sempre più donne a cercare aiuto, per ottenere il suo, o meglio il mio, consiglio e sostegno.

Dice di volere la mia felicità, lo rimbecca Aftab-Khanum tranquillamente. Dice che preferirebbe morire piuttosto che vedermi infelice.

La smetta, sa bene che il solo pensiero della sua infelicità mi spezza il cuore.

La ringrazio, risponde Aftab-Khanum baciando il suo Eskandar-Agha sulla testa e sui capelli che ormai non sono più così neri e folti.

Per scongiurare guai con il mullah responsabile del quartiere, Eskandar-Agha va prima da lui.

Conosco la *saifeh*, dice il mullah. Lei e suo marito abitano nella mia strada. Viene ogni settimana al mio *rozeh-khani*. Ogni volta è la stessa storia. Appena inizio a raccontare la passione del Profeta, di un santo, o di un martire, allora la *saifeh* comincia a piangere e non la smette più. Cerca la compassione e si gode le sue stesse lacrime. Piange così tanto che a volte ho paura che ne morirà. Se non la costringessi a tornare a casa, resterebbe qui, dice il mullah sorridendo compiaciuto.

Sa che cosa tormenta questa sfortunata *saifeh*?

Il mullah alza le sopracciglia e guarda Eskandar-Agha in un modo che gli fa rimpiangere di essersi immischiato.

Baradar, ha mire su di lei?, chiede il mullah.

Per l'amore di Dio, stimato agha, cosa va a pensare? Sono qui perché penso che qualcuno debba parlare con il marito della *saifeh* e ricordargli i suoi doveri coniugali.

E chi dovrebbe farlo? Non lo chieda a me. E in ogni modo, la faccenda la riguarda?

A quanto ne so, la poveretta ha raccolto tutto il suo coraggio per concederle fiducia come uomo di Dio e chiederle consiglio.

È giusto, risponde il mullah. E io ho dato il mio consiglio: vale a dire che deve avere pazienza.

Pazienza?, esclama Eskandar-Agha. Se ho capito bene, fino a oggi suo marito non ha osservato i suoi doveri coniugali neanche una volta. Caro, stimato *akhund*, lei sa meglio di me cosa dice il santo Profeta in proposito: un matrimonio del genere non è consumato e perciò non è valido.

Lo so, mormora il mullah. Ma so anche che dipendo dal favore e dalle tasse di questa gente e dunque anche del marito di questa donna, replica il mullah. Non voglio guai.

Ma lei è responsabile del benessere di questa gente, insiste Eskandar-Agha. E deve risponderne davanti a Allah.

Per me questa faccenda è conclusa e non interferirò ulteriormente, taglia corto il mullah.

Non mi sarei aspettato nient'altro, mormora Eskandar-Agha.

Se è intelligente, lasci anche lei che le cose si sistemino da sole, suggerisce l'*akhund*.

Dio la protegga, si congeda Eskandar-Agha, maledicendo il giorno in cui ha permesso al suo Sole di leggere e scrivere e le ha insegnato i versetti del Corano. Va a casa della donna trascurata e di suo marito.

I due vivono in una stanza simile a quella di Eskandar e della sua Aftab-Khanum. C'è una grande finestra alta fino al ginocchio che dà sul cortile e in ogni parete c'è una nicchia. Tutto intorno sono posati cuscini per sedersi. Il samovar sta nell'angolo sotto la nicchia, dove sono stipati bicchieri, piatti e tegami. In quest'angolo si ritira la povera donna, coprendosi il viso con il velo, voltando le spalle a Eskandar-Agha che si gira anche lui e siede sul pavimento.

Il marito brontola e maledice sua moglie, Eskandar-Agha e Aftab-Khanum, il mullah, Dio e il mondo, finché sua moglie si tappa le orecchie e inizia a piagnucolare. Sembra un animale ferito, si contorce, singhiozza, finché non resiste più, salta in piedi, si stringe ancora di più il velo davanti al viso e fugge in cortile. Per nascondersi dagli sguardi curiosi dei vicini, si rifugia nell'angolo più prossimo al gabinetto, di nuovo con il viso rivolto al muro.

Naturalmente i vicini sanno da tempo dell'infelicità della poveretta e sanno che Eskandar-Agha non è un semplice ospite, ma sta cercando di mediare tra i due. Hanno sperato che la povera donna uscisse per poter scoprire che cosa stia succedendo nella stanza. Le vicine posano le mani sulla schiena dell'infelice, la abbracciano, la consolano, alcune provano per lei tanta compassione da piangere loro stesse.

Che Allah aiuti tutti i sofferenti, i reietti, gli affamati, i traditi e le persone sole, si lamentano le donne. Possa Allah mandare la peste a tuo marito e a tutti gli uomini ingiusti con le mogli, che se li prenda, li maledica e li colpisca come nel migliore *rozeh-khani*.

Quando Eskandar-Agha esce finalmente in cortile, le donne si coprono il viso con il velo e voltano le spalle. Poi compare il marito della trascurata con un fagotto. Queste sono le tue cose. L'uomo parla forte e chiaro, perché tutti sentano. Ti riporterò a casa di tuo padre e gli restituirò la tua *mehri-e*, la dote. Dietro raccomandazione dello stimato Eskandar-Agha, andrò in pellegrinaggio alla reliquia del rispettabile imam Resa a Mashhad, per chiedergli perdono e affidare il mio destino nelle sue mani. Con l'aiuto di questo fratello metterò per iscritto che il matrimonio con te non è consumato. Sei libera, dice l'uomo. Il tuo onore è intatto, dunque un fratello onesto e credente può chiedere la tua mano.

La donna trascurata, le vicine e i bambini che si radunano intorno alle madri tacciono, nessuno si muove. Fino a che all'improvviso l'infelice riprende a singhiozzare e con i lamenti e le lacrime contagia di nuovo le altre donne e i loro figli. Alla fine tutti piangono. Accovacciate per terra sotto i veli, le donne sembrano sacchi neri che si scuotono, emettono suoni striduli e fanno un baccano infernale. Infine anche il mullah arriva nel cortile e brontola con aria arrogante.

Era questo che voleva ottenere?, grida a Eskandar-Agha minacciandolo con il pugno.

Ma il marito della donna trascurata si mette in mezzo e calma l'*akhund*. Questo fratello ha fatto bene a darmi il suo consiglio, dice con voce mansueta. È un buon musulmano, gli sono debitore e finché vivo pregherò per la sua vita e per quella dei suoi congiunti.

Il mullah non sa come replicare, guarda Eskandar-Agha, il marito sventurato, le donne che piangono. Si gira di qua e di là smuovendo l'aria col mantello e dice: vi aspetto al prossimo *rozeh-khani*. Poi scompare di nuovo.

Cosa gli ha consigliato per far sì che rendesse la libertà alla moglie?, chiede Aftab-Khanum colpita dal successo di suo marito.

Cosa otterrò in cambio se glielo rivelo?

Lo stesso che otterrò io da lei per aver insistito e averla mandata dalla donna infelice, risponde Aftab-Khanum. In fondo è anche merito mio, se lei ha potuto aiutare la sventurata coppia.

Ma, mi raccomando: chi svela il segreto di quest'uomo ad anima viva brucerà all'inferno, mormora Eskandar-Agha.

Va bene, promette lei, si siede per terra accanto a lui e lo guarda curiosa e con un certo orgoglio. Ora mi racconti un po', dice, sapendo che a lui piace farsi pregare.

L'infelice non è stato creato da Dio come un uomo vero, spiega Eskandar-Agha godendosi la confusione di sua moglie.

Cosa intende? Come fa un uomo a non essere un vero uomo?

Non gli piacciono le donne, gli piacciono gli uomini.
Che significa? La smetta di parlare per enigmi.
La ragione per cui l'infelice non può adempiere i suoi doveri coniugali non è la malafede, ma una specie di malattia. Solo il pensiero di doversi unire a una donna lo ripugna.
Poveretto, mormora Aftab-Khanum senza capire realmente di cosa parli suo marito. Che Allah abbia pietà della sua povera anima.
Perché della sua anima? In fondo non è morto, è solo malato.
Una malattia che può essere guarita dall'imam Resa?
Eskandar-Agha si stringe nelle spalle. Cosa avrei dovuto fare? La tomba del santo imam Resa e di sua sorella, la santa Masuma, a Qom sono le uniche tombe di santi che abbia visitato e che conosca. Poiché l'infelice ha problemi con le donne, ho pensato che mandarlo dalla santa Fatima non fosse una buona idea, dunque gli ho consigliato di recarsi in pellegrinaggio alla tomba del rispettabile imam Resa.
Aftab-Khanum sospira: povero imam. Speriamo che questo compito non sia troppo gravoso per il povero santo.
Khanum, prima lei mi mette in questa situazione e ora critica la mia decisione, si lamenta Eskandar-Agha.
Invece di rispondere, Aftab-Khanum va a prendere l'incenso dalla nicchia, lo sparge nel fuoco del narghilè e dice: Dio ci conceda che la malattia del pover'uomo non si impadronisca anche di lei.

1941, trasloco a Teheran

Forse nella capitale c'è un buon medico che può aiutarmi ad avere un figlio, dice Aftab-Khanum.

A Eskandar-Agha la speranza di sua moglie sembra più che opportuna. Da quando è scoppiata la seconda grande guerra dei *farangi*, a Shiraz si sente tagliato fuori dal mondo e dagli avvenimenti importanti: vuole essere lì dove si decide il destino del paese.

Facciamo i bagagli e mettiamoci in viaggio per Teheran, dice.

Aftab-Khanum non avrebbe esattamente intenzione di trasferirsi lì, ma prepara le sue cose.

Vengono fermati innumerevoli volte dai soldati dell'esercito iraniano, dai soldati dei *farangi*, dai banditi e, per ragioni poco chiare, da parecchie spie e agenti. A Esfahan sono persino costretti a una sosta di diversi giorni, perché i *farangi* alleati hanno bisogno di tutte le strade e di tutte le ferrovie per il trasporto di materiali bellici dal sud, dove arrivano le loro navi, al nord, dove combattono contro gli *almani*.

È la nostra terra e non possiamo muoverci liberamente, brontola Eskandar-Agha.

Be', facciamocelo andar bene, propone Aftab-Khanum.

Parla come il mio vecchio maestro Hodjat, il cavaliere, dice Eskandar-Agha. Come lo sa?

Lei stesso mi ha letto le sue annotazioni.

Facciamocelo andar bene, ripete Eskandar-Agha pensieroso.

Non ce lo faremo più andar bene, sussurra Aftab-Khanum. Tentiamo un'avventura, ribelliamoci al divieto dei *farangi* e partiamo segretamente. Dimostriamogli il nostro coraggio.

E dove crede che potremmo arrivare?

Aftab-Khanum si stringe nelle spalle e abbassa lo sguardo delusa.

Khanum, non crederà sul serio che mi invischierò in una simile avventura, come la chiama lei. Non cambierebbe nulla.

Se non facciamo niente, non cambierà nulla, risponde Aftab-Khanum.

Non dovrei leggerle mai più le mie annotazioni, sembrano avere una cattiva influenza su di lei, brontola Eskandar-Agha, ma non può trattenere un ghigno, che non sfugge a sua moglie.

Ci piacerà sicuramente, si arrischia a dire Aftab-Khanum.

Essere fermati nella propria terra da soldati stranieri con le armi spianate non piacerebbe a nessuno al mondo, afferma Eskandar-Agha risoluto e affitta una camera nel caravanserraglio, che ormai viene usato anche dalle viaggiatrici.

Lui e il suo Sole vanno al bagno pubblico. Poi Eskandar va a pregare alla moschea. Trascorrono il resto della giornata nella Naqshe Djahan, la magnifica piazza costruita trecento anni prima dal re Abbas-Kabir, per far giocare a polo i suoi guerrieri e guardarli seduto sulla terrazza del suo palazzo estivo.

Sono stato in questa città più di trent'anni fa, da ragazzino, ho recitato il Corano e le storie dello *Shah-nameh*, il Libro dei Re del nostro stimato poeta Firdusi, per infiammare lo spirito degli uomini, farli unire a noi e muovere verso la capitale, spiega Eskandar-Agha. Allora non sapevo che cosa sono la libertà, l'autonomia, la Costituzione e il Parlamento, ma sentivo che era giusto combattere per queste cose. Ancora oggi mi ricordo il testo di una poesia che dovevo recitare spesso, si intitola *Il rigagnolo e la roccia* ed è di un poeta famoso, dice Eskandar-Agha senza riuscire a ricordarne il nome.

Dunque c'è stato un tempo in cui lei era un vero guerriero, replica Aftab-Khanum.

Vuole continuare ad attaccarmi o vuole sentire la poesia?

Voglio sentire la poesia, risponde Aftab-Khanum civettuola.

Un rigagnolo incontra una grande roccia.
Spostati, dice il rigagnolo alla roccia.
Chi sei tu che osi rivolgerti a me? Spostati tu.
Ma il rigagnolo non si arrende.
Scava un varco sotto l'enorme roccia,
un varco sottile che sgretola il terreno;
la roccia perde il suo sostegno e cade.

Ho recitato gli ultimi versi così spesso che so persino come intonavo ogni sillaba, continua Eskandar-Agha.

Con l'impegno ti farai strada,
otterrai tutto, sarà così.
Va' e non temere la fatica,
poiché se ti arrendi non ti resta che morire.
Chi invece è saldo nelle sue aspirazioni,
non incontrerà alcun ostacolo.

Il rigagnolo siamo noi iraniani, spiega Eskandar, e la roccia sono gli invasori che ci rubano il petrolio, sono le potenze mondiali che combattono le loro guerre sulla nostra terra. Con l'impegno otterrai tutto, questo era il messaggio che doveva incitare gli uomini al combattimento.

Se oggi ci fossero ancora un cavaliere, un khan e un esercito, si unirebbe a loro?, chiede Aftab-Khanum.

Non lo so, ammette Eskandar-Agha sospirando. Allora ero un ragazzo di nove o dieci anni, ingenuo e sprovveduto. Ormai ho visto molte cose e so che tutto può andare storto: ho troppo da perdere.

La invidio, dice Aftab-Khanum. Per tutte le cose che ha visto nella sua vita.

La cosa più bella che ho trovato nella vita è lei, mio amato Sole, dice Eskandar-Agha, si guarda intorno e dà un bacio sulla fronte a sua moglie. Lei sorride e si posa rapidamente un dito sulla fronte, come per conservare il bacio.

Il secondo giorno della loro permanenza forzata a Esfahan, Eskandar-Agha mostra alla sua Aftab-Khanum i due minareti sottili e traballanti, alti cinque metri, che stanno l'uno di fronte all'altro e possono muoversi misteriosamente con il peso di una persona.

Il mio maestro è andato in una delle torri e mi ha mandato nell'altra, comincia Eskandar. Ho salito la stretta scala a chiocciola e mi sono fermato davanti al muretto tra le due aperture. Hodjat-Agha ha fatto lo stesso dalla sua parte e ha fatto oscillare il suo corpo avanti e indietro. Ho visto il suo minareto ondeggiare e all'improvviso ho avvertito che anche il mio lo faceva, racconta Eskandar-Agha con gli occhi che brillano.

Non lo capisco, dice Aftab-Khanum osservando i minareti dubbiosa. Come può essere che una torre oscilla solo perché lo fa anche l'altra e perché comunque si muovono senza cadere giù?

È una questione che ha interessato terribilmente persino i nostri amici *farangi*. Gli *engelissi* e gli *almani* hanno persino mandato i loro scienziati alle torri e anche all'*hammam* pubblico, che viene riscaldato da una sola candela. Ma non sono venuti a capo né dell'uno né dell'altro mistero. E da quando hanno smontato e rimesso insieme l'*hammam*, la candela non funziona più.

E noi lasciamo che questo accada, esclama Aftab-Khanum. Suo marito non la contraddice.

Prima di tornare al caravanserraglio, Eskandar-Agha e Aftab-Khanum passano sul famoso ponte Siyoseh-Pol, che come le torri oscillanti è una meraviglia architettonica, perché poggia su trentatré archi e cupole identici sopra il Zayande-Roud, il fiume che non smette mai di scorrere e rinasce sempre, come gli abitanti di Esfahan asseriscono con orgoglio. Sotto ognuna delle trentatré cupole i mercanti contrattavano le loro merci, facendo concorrenza persino al Basar-e Soltani, il bazar dei sultani con le sue fantastiche arcate e cupole.

La sera Aftab-Khanum convince il suo Eskandar-Agha a uscire con lei. Lui fuma il narghilè, mangiano pane, uva, formaggio, bevono tè e stanno ad ascoltare i narratori e i dervisci della città che raccontano antiche saghe e leggende di principi e principesse, *div* e *jinn*, conquiste e sconfitte, di amore e odio, di questo e dell'altro mondo.

Se gli *engelissi* non dovessero lasciarci proseguire il viaggio, potrei guadagnare il pane per noi due anche narrando storie, considera Eskandar-Agha.

Sembra che la prospettiva non le dispiacerebbe, dice Aftab-Khanum.

E sembra che a lei dispiacerebbe, se suo marito non fosse altro che un povero narratore.

In questo si sbaglia, risponde Aftab-Khanum. Non glielo impedirò, può fare sempre quello che vuole. L'importante è che la renda felice.

Forse da domani proverò con una delle case da tè, propone Eskandar senza convinzione.

Ma non ha bisogno di mettersi alla prova, perché il giorno successivo gli *engelissi* riaprono le strade e liberano la ferrovia. Eskandar-Agha e Aftab-Khanum possono così rimettersi in viaggio per Teheran.

Un incidente e le sue conseguenze

La seconda grande guerra è iniziata da due anni, quando Eskandar-Agha e la sua Aftab-Khanum arrivano nella capitale. Affittano una stanza, trovano una piccola bottega al bazar, comprano un tappeto, una cassapanca per le loro cose e una pesante tenda che appendono davanti al vecchio portone di legno pieno di spifferi. Nei quartieri più ricchi della città le case hanno già l'energia elettrica e c'è persino l'acqua corrente. Nel loro quartiere alcune strade e qualche casa sono illuminate col gas e l'acqua viene portata da un addetto.

Eskandar-Agha e Aftab-Khanum non hanno né l'una né l'altra cosa. Attingono l'acqua da un *djub* che scorre nel loro cortile e la luce, come a Shiraz, proviene dalle lanterne che riempiono di petrolio. Tuttavia, in estate, quando al *djub* non arriva l'acqua di disgelo dalle montagne, anche nella loro via arriva l'addetto all'acqua con il suo carro pieno di botti e secchi di acqua fresca e a volte persino con il ghiaccio.

Siamo fortunati, si rallegra Aftab-Khanum. Non dobbiamo preoccuparci delle malattie come altre persone, poiché il nostro uomo dell'acqua sembra fare attenzione alla pulizia, e in ogni modo non ho mai trovato vermi o larve nell'acqua.

Gli daremo una buona mancia, propone Eskandar-Agha, in modo che l'uomo continui a tenere pulite le botti e ci porti sempre acqua pura.

Aftab-Khanum va da due medici che hanno studiato ginecologia all'estero. Il primo la informa apertamente che deve rinunciare definitivamente alla speranza di avere figli, l'altro le somministra medicine che le fanno male, ma nonostante questo i bambini non arrivano.

Almeno qui nella capitale c'è movimento, dice cercando di nascondere la delusione. Nelle strade c'è gente dalla mattina alla sera, si sentono rumori di continuo e si ha la sensazione di avere sempre compagnia. Solo l'inverno e il tempo rigido e inclemente mi tormentano, si lamenta Aftab-Khanum. Il freddo mi entra nelle ossa, sento che mi farà ammalare.

Non lo permetterò, risponde Eskandar-Agha, e ancora prima che inizi l'inverno porta a casa un carro carico di legna da ardere. Il giorno seguente si presenta con un *korsi*, che ha fatto costruire dal falegname, e un grande braciere da mettervi sotto con il carbone.

Farò in modo che il braciere sia pieno di carbone giorno e notte, promette Eskandar-Agha.

Mettono il *korsi* nell'angolo davanti alla bassa finestra e Aftab-Khanum lo circonda di cuscini, e vi mette sopra una trapunta sotto la quale possono rifugiarsi nei freddi giorni invernali e dormire la notte.

E se Allah vorrà, un giorno faremo buoni guadagni con la nostra nuova bottega e faremo costruire una o due sedie; non staremo più seduti per terra, dormiremo in un letto vero e mangeremo su un tavolo vero e proprio, invece che sul pavimento o sul *korsi*, afferma scrutando suo marito per vedere che effetto gli fanno le sue nuove idee.

E quando lui si limita ad annuire e continua a scrivere le sue annotazioni, continua: chissà, ora che viviamo in una capitale moderna forse toglierò persino il velo, per ubbidire al desiderio del nostro re ed essere una delle prime donne moderne del nostro paese. La mia vita sarà più facile quando non dovrò tener fermo continuamente il velo, sistemarlo e aver paura che mi faccia inciampare; non solleverò la polvere della strada e avrò persino le mani libere.

E poi finirà col mostrarsi in pubblico anche con le braccia scoperte, guidare una bicicletta o un'automobile e gridare forte *hello* e *huhu*, dice Eskandar-Agha un po' per scherzo. Sa che mi piace l'idea che lei si mostri in pubblico e con me cammini per strada anche senza velo. Ma dobbiamo essere prudenti, il nostro paese è pieno di uomini che non sono ancora entrati nell'idea della modernità. Potrebbe essere pericoloso per lei presentarsi in pubblico senza velo.

È lei che dice sempre che i tempi cambiano e che noi dobbiamo cambiare con loro. E sostiene che farebbe bene ai nostri affari indossare vestiti occidentali. E naturalmente sarebbe ancora meglio se io non li nascondessi sotto un velo. Ormai a molte delle nostre clienti, per esempio alle insegnanti, è assolutamente proibito portare il velo. Il governo dà persino dei soldi a queste donne per comprare abiti occidentali. Farebbe una buona impressione se queste donne potessero acquistare i vestiti da una donna che segue la legge e che si è tolta il velo anche lei.

Poiché nota che Eskandar-Agha si innervosisce, Aftab-Khanum ride. Non si preoccupi. L'inverno è alle porte, fa freddo. Mi sento ancora un'estranea in questa città. Se dovessi effettivamente decidere di togliere il velo, non lo farò di certo prima del nuovo anno. Penso che il *Now-Ruz* sia una buona occasione per attuare il mio proposito, conclude dando colpetti affettuosi al braccio del marito.

L'inverno non avrebbe potuto essere più rigido e c'è così tanta neve che Eskandar-Agha e il suo Sole a volte possono a malapena uscire nel cortile per andare al gabinetto, e meno che mai uscire in strada e andare al bazar. Si rifugiano sotto il *korsi* caldo, Aftab-Khanum legge il Corano o le annotazioni del marito, e Eskandar-Agha rielabora i suoi vecchi scritti, riordina fogli e immagini che ha disegnato, o scrive nuove note.

A quanto si sente, scrive Eskandar-Agha, la seconda guerra mondiale dei *farangi* non potrebbe essere più atroce.

Anche la nostra economia e la vita della gente in Iran ne sono pregiudicate. Nonostante ciò, la mia Aftab-Khanum e io possiamo ritenerci fortunati. La nostra bottega va bene e ci dà da mangiare. Soprattutto ringraziamo Allah che, almeno fino a oggi, la guerra non si sia estesa a tal punto da poterla avvertire direttamente, scrive Eskandar-Agha. Spegne la lampada a olio e lui e Aftab-Khanum scivolano sotto il *korsi* caldo e si addormentano contenti, senza avere idea che presto un avvenimento apparentemente insignificante porterà un cambiamento considerevole nella loro vita.

Mentre vanno al loro negozio nel bazar, improvvisamente compaiono davanti a loro due poliziotti, uno con l'uniforme e uno senza. Si tolga il velo, ingiunge il più anziano senza uniforme a Aftab-Khanum.

Dapprima Eskandar-Agha e Aftab-Khanum pensano che si tratti di un equivoco, ma i due funzionari del governo insistono con le loro pretese.

È la legge, ribadiscono. Da anni alle donne è proibito portare il velo ed è obbligatorio seguire le normative vigenti sull'abbigliamento.

Ed è nostro compito fare in modo che lei si attenga a esse, dice il più giovane con l'uniforme.

E per la mancata osservanza, prosegue il più anziano, non ci rimane altro da fare che applicare la pena pecuniaria stabilita.

Il mondo è in guerra, risponde Eskandar-Agha e deve deglutire, perché per la paura gli si è seccata la bocca. Nel nostro paese la gente non ha abbastanza cibo, gli affari vanno male, viviamo alla giornata e voi vi preoccupate del velo di mia moglie? Che modi sono? Non avete un po' di rispetto? Non avete una madre o delle sorelle?

I due poliziotti non desistono e ripetono a Aftab-Khanum di togliersi il velo.

Dica loro che dopo l'inverno lo toglierò volontariamente, sussurra Aftab-Khanum.

I poliziotti ridono. La *saifeh* lo toglierà volontariamente, la prende in giro il più anziano. Sei uno sciocco, dice a

Eskandar-Agha, perché non hai fatto capire alla tua *saifeh* che il divieto del velo è già in vigore da molto tempo e non sarà valido solo dopo l'inverno o quando vorrà lei.

A causa della sua pelle scura e del suo impaccio con il dialetto di Teheran, i poliziotti chiamano Eskandar-Agha "sciocco campagnolo".

Infine uno dei poliziotti strappa il velo dalla testa di Aftab-Khanum e mentre lo fa le tira i capelli. Aftab-Khanum grida, ha paura, si vergogna. Il poliziotto getta il velo nel nevischio sporco e lo calpesta ridendo.

La sua gonna arriva fino a terra ed è ampia, il mantello copre il suo corpo, porta uno scialle pesante e un fazzoletto le copre la testa, ma Aftab-Khanum si sente nuda, indifesa e in balia dei due. Si lamenta come un animale ferito, si copre la testa con le mani, si rannicchia, cerca un rifugio. Eskandar-Agha li colpisce, a loro volta i poliziotti lo percuotono con i randelli, così forte da farlo barcollare. La gente si raduna intorno a loro, alcuni li difendono, altri li condannano, alcuni ridono, altri distolgono lo sguardo imbarazzati, ma nessuno interviene nella faida tra le autorità e Eskandar-Agha e la signora Aftab.

Finché ci fermiamo a Teheran non metterò più piede in strada, dice Aftab-Khanum quando è di nuovo al sicuro nella sua stanza. Che siano re, poliziotti o chiunque altro, a nessun estraneo dovrebbe essere permesso di dire alla moglie di un altro come deve vestirsi.

Eskandar-Agha stesso è ferito nell'onore e nell'orgoglio, ma nonostante ciò cerca di non cedere, poiché ha paura che Aftab-Khanum potrebbe chiedergli di fare le valigie e tornare a Shiraz. Non sia così rigida, la prega. Il santo Profeta stesso era un uomo, dice trovando la sua argomentazione convincente.

Che cosa ha a che fare il Profeta con il re e i suoi poliziotti? Aftab-Khanum si sforza di non piangere.

È stato pur sempre il primo uomo a imporre alle donne un abbigliamento preciso. Ha proclamato che dovevano velarsi. E sebbene sia stato un uomo a dare queste disposizioni, per le donne è stato solo un vantaggio seguire le sue istruzioni.

Che dice? Il Profeta è il Profeta, grida Aftab-Khanum stizzita. E il re è solo un mortale. Uno che, come egli stesso racconta, era uno stalliere, ha preso il potere e ancora oggi sa leggere e scrivere meno di me, una donna, a cui crede di poter imporre di non portare il velo. Lei stesso ha affermato che i tempi in cui il re governava il suo popolo come un dio sono passati. Questi poliziotti barbari e incolti che il re scaglia contro la gente sono un affronto per tutti. Questi poliziotti non hanno soltanto calpestato il mio velo, hanno macchiato il mio onore e quello di mio marito: il suo onore, l'onore del mio stimato consorte. E lo dichiara lei stesso: il Profeta in persona ha deciso che le donne devono velarsi. E questo re autoproclamato ha la sfacciataggine di ignorare la parola e la legge del santo Profeta.

Presto però lei avrebbe tolto il velo comunque. Ora non è proprio il nuovo anno, ma mancano solo un paio di settimane. Che differenza fa?

Ha ragione, brontola Aftab-Khanum. Quanto è vero che sono seduta qui, volevo toglierlo e lei era contrario e ha detto che è troppo presto per un passo così azzardato. Oggi abbiamo avuto la prova che lei aveva ragione. È troppo presto per lasciare in libertà la gente di questo paese, per regalare loro il progresso. Che razza di libertà sarebbe quella che ci viene imposta con la forza?

Sebbene in realtà sia d'accordo con lei, Eskandar-Agha dice: khanum, per favore, non sia così rigida.

Da tempo ho messo da parte uno dei lunghi cappotti della nostra bottega, sapevo bene che avrei tolto il mio foulard e mi sono rallegrata che il primo giorno del nuovo anno sarei stata la prima donna della mia famiglia a scendere in strada senza velo.

Khanum, per favore, mi spezza il cuore.

Dopo questa umiliazione niente e nessuno potranno obbligarmi a farlo.

Eskandar-Agha riesce comunque a convincere sua

moglie a tornare al bazar e alla bottega. Tuttavia lo fa solo quando noleggia una vettura coperta, in modo da poter portare il velo senza pericolo di essere fermata di nuovo dalla polizia. Dovrei portare di nuovo il velo davanti al viso, come una volta, dice.

Tempo fa è successo anche a me, le confida una donna che vive in una delle camere vicine. Da quando mi hanno strappato il velo dalla testa vado alla moschea due volte la settimana, lì incontro altre donne a cui è successa la stessa cosa e collaboriamo con il mullah. Siamo tutti contro il re e il suo progresso. Venga anche lei, propone la vicina a Aftab-Khanum. Cuciniamo il cibo per l'intero mese del digiuno e dopo il tramonto lo diamo ai credenti che prendono parte alle processioni.

Aftab-Khanum pensa che sia meraviglioso che ragazzi e uomini cavalchino gli asini per rappresentare la famiglia dello stimato imam Hossein, ricordando in questo modo la sua morte da martire insieme a settantadue congiunti. È impressionante che centinaia e migliaia di uomini si radunino in strada a castigarsi, si colpiscano con le catene sulla schiena e le spalle fino a sanguinare. Invocano il nome del Profeta con ardore e darebbero la loro vita per lui, si entusiasma Aftab-Khanum, mettendo in agitazione Eskandar-Agha.

Khanum, è assurdo castigarsi e inoltre lo fanno con un paio di secoli di ritardo. Un tempo i credenti hanno risposto al richiamo del povero imam Hossein per accompagnarlo nella santa guerra contro il traditore Yazid. È ora che ci rassegniamo: i nostri predecessori hanno abbandonato il povero imam e lui ha deciso di andare in guerra nonostante tutto, con una manciata di donne e bambini. Dio sia lodato: oggi non c'è né l'imam, né una battaglia.

Lei offende la santa religione, dice Aftab-Khanum.

Si sbaglia, risponde Eskandar-Agha. Che senso ha scendere in strada con la camicia strappata e pieni di sangue? Lei e io abbiamo studiato il Corano abbastanza per sapere che un simile comportamento non ha nulla a che fare con il vero Islam. Mai nei suoi precetti il santo, lodato Profeta ha imposto l'automortificazione.

Lo dice solo per contraddirmi, replica Aftab-Khanum.

Eskandar-Agha guarda sua moglie: non potrebbe rallegrarsi neanche se lei gli desse ragione, perché si sente oppresso quanto lei.

Ci sono battaglie da cui nessuno esce vincitore, osserva.

Da quel momento Aftab-Khanum non perde occasione di maledire il re, le sue leggi, la polizia e le sue idee di modernità. E insieme a lui maledice tutti i *farangi*: Atatürk, il capo della Turchia; per colpa della sua nuova Costantinopoli Resa-Khan ha avuto tutte queste idee sul progresso e la modernità. E quando scopre che anche il re dell'Afghanistan proibisce alle donne velate di entrare nell'università, negli uffici pubblici e nei ministeri, maledice anche lui.

Eskandar-Agha cerca di calmare sua moglie: tutto quello che il nostro stimato re vuole è portare il nostro paese dove già il resto del mondo è arrivato da molto tempo.

Che cosa hanno a che fare i veli e un educato *hedjab* con il progresso?, brontola Aftab-Khanum. Vuole dire che un pezzo di stoffa può ostacolare il nostro futuro? No, agha. Non può portare alcun bene che un re spinga con la forza il suo popolo da qualche parte, che sia verso il futuro o verso il passato.

Si calmerà, scrive Eskandar-Agha nelle sue annotazioni. Il tempo guarisce le ferite.

Molte la pensano come me, dice Aftab-Khanum, e va ogni settimana persino due volte al *rozeh-khani* nella moschea, dove insieme ad altre donne del vicinato prega e cucina, in modo da distribuire grandi quantità di cibo ai poveri durante la preghiera del venerdì. E in seguito siede con le sue sorelle nell'ala femminile e concordano con i mullah che si scagliano con disinvoltura contro il re.

Khanum, non può fermare la ruota del tempo, né farla tornare indietro. Persino i dotti religiosi riconosciuti vogliono conciliare l'Islam con i tempi moderni. Eskandar-Agha cerca di ricondurre alla ragione sua moglie.

Sono venduti, taglia corto lei.

I suoi amici della moschea finiranno col credere che le locomotive sono impure, che nelle linee del telegrafo ci sono i *jinn*, che gli aerei volano sollevati dagli angeli.

Guardi lei stesso, esorta Aftab-Khanum mostrando a Eskandar-Agha ritagli del giornale. Nel nostro paese l'educazione e la morale sono andate a rotoli, dice con aria bellicosa. Le ho portato questi ritagli perché li incolli a fianco delle sue annotazioni.

Khanum, sono scioccato, sfugge a Eskandar-Agha quando vede la prima foto. Mostra una donna con i pantaloni corti, le cui gambe nude colpiscono il lettore. Sotto c'è scritto: d'ora in poi i pantaloni corti e aderenti devono diventare una moda, perché ognuno possa godere della bella vista delle calze Saba.

E in questo annuncio, grida Aftab-Khanum sventolando un altro ritaglio di giornale, un produttore di alcolici dice che si dovrebbe bere ogni giorno un bicchiere per liberarsi della stanchezza. Ora dobbiamo anche bere l'alcol che il Profeta proibisce, e il produttore di questa bibita diabolica può pubblicizzarla impunemente.

Tuttavia, in effetti...

No, non dica niente. Guardi qui, impreca Aftab-Khanum. Qui un infedele, che probabilmente non è stato concepito da due genitori ma dal diavolo, pubblicizza un farmaco che si chiama Hadaco. Ne ha mai sentito parlare? Aftab-Khanum guarda il marito furiosa, come se l'esistenza di questo prodotto fosse colpa sua.

No, khanum, non ne so niente.

Glielo spiego io, prosegue lei. Hadaco è una medicina con cui... Allah mi perdoni, si morde le labbra e porge il ritaglio a suo marito. Non lo dico, legga lei stesso.

La miglior medicina per guarire l'impotenza sessuale e l'eiaculazione precoce, legge Eskandar-Agha sottovoce e guarda la sua Aftab-Khanum esterrefatto. Khanum, dove l'ha preso?

Questo significa che lei e le altre donne cercate queste cose nei giornali e poi ne parlate in pubblico con perfetti sconosciuti?

Lo vede anche lei, risponde Aftab-Khanum soddisfatta, queste cose dovrebbero essere proibite.

Eskandar-Agha soppesa il ritaglio pensieroso. In realtà non è così male se un uomo che... che ha certi problemi può prendere una medicina per concepire un figlio. In fondo è una cosa devota.

Lei ha perso la ragione, grida Aftab-Khanum spaventandosi del suo stesso tono di voce. È già abbastanza brutto che i *farangi* rubino il nostro petrolio, dovrebbero almeno lasciarci la nostra dignità, i nostri usi, la nostra fede.

La penso come lei, concorda Eskandar-Agha. Ma non serve a niente agitarsi quando non è necessario.

Guardi qui, dice Aftab-Khanum strappando di mano il quaderno a suo marito. Dov'è?, chiede sfogliando le pagine furiosa. "E noi lasciamo che questo accada." Lo ricorda? Il suo vecchio maestro diceva che i *farangi* e gli invasori possono mettere radici in Iran solo perché...

Khanum, per favore, mi risparmi.

Non solo io, dovremmo sollevarci tutti e combattere per riavere indietro il nostro paese e soprattutto la nostra dignità, dice Aftab-Khanum drizzandosi come un soldato e ricordando a Eskandar-Agha con la sua schiena dritta il vecchio amministratore nella casa della Tigre.

Khanum, con rispetto parlando, se odia così tanto i *farangi* e il loro stile di vita, perché continua a venire in bottega? In fondo noi non vendiamo altro che articoli *farangi*.

Di qualcosa bisogna pur vivere. Se non fosse per questo, per la tomba del santo imam, da molto tempo avrei già gettato in strada e bruciato tutta questa roba *farangi*. Come al tempo della rivolta del tabacco, quando gli uomini distruggevano i loro narghilè e bruciavano il tabacco, continua Aftab-Khanum.

Mi fa male al cuore vederla soffrire così, dice Eskandar-Agha.

Anche a me fa male, mormora Aftab-Khanum sull'orlo

delle lacrime. Viene chiesto a tassisti, vetturini, proprietari di sale da bagno e ristoranti di non servire più le donne come me, che si rifiutano di togliere il velo, e di denunciarle subito. E la polizia e gli agenti dei *farangi* hanno occhi dappertutto, racconta Aftab-Khanum.

Per favore, si calmi, la prega Eskandar-Agha. Vorrebbe abbracciare sua moglie ma lei si scosta.

Può credermi. Proprio come me, molte donne da tanto tempo stanno scoprendo la vita fuori dalle loro quattro mura. Una voleva persino studiare all'università, ma glielo hanno proibito, perché non voleva togliersi il velo. Un'altra voleva imitarmi e aprire una piccola bottega nel bazar, ma è una vedova e non può andarci senza velo. Lei stesso sa che le donne vengono infastidite e persino toccate. Le mie sorelle e io in un certo senso siamo le pioniere della modernità, dice Aftab-Khanum tra le lacrime.

E ora avete unito le forze per riportare indietro la ruota del tempo, replica Eskandar-Agha. E non mi piace neanche che lei si faccia sfruttare da questi ignoranti autoproclamatisi rappresentanti di Dio.

Farmi sfruttare? La voce di Aftab-Khanum si incrina ed è acuta.

Sì, farsi sfruttare. Poiché questi mullah rivogliono indietro il potere che hanno perso quando Resa-Khan è salito al trono. Vogliono abolire il Parlamento e le leggi. Vogliono che la nostra terra torni al Medioevo, quando non c'erano leggi oltre al Corano e alla religione, che loro interpretavano a propria discrezione per poter decidere del destino della gente.

Aftab-Khanum difende i religiosi: gli stimati mullah e gli *akhund* sono i soli che riconoscano i delitti del re. Intuiscono le manovre e gli imbrogli del re contro di noi e contro la nostra terra.

Quando lei e le sue sorelle attaccate altre donne in strada perché non portano il velo, non siete solo strumenti dei mullah, insiste Eskandar-Agha. Molto peggio: fate il gioco degli stessi *engelissi* e dei russi che tanto odiate e disprezzate.

Che astuzia è questa?, lo apostrofa Aftab-Khanum.

Nessuna astuzia, è la verità. È molto semplice. Il nostro paese ha immense quantità di petrolio ed è la porta d'ingresso al nuovo mondo, spiega Eskandar-Agha. Gli *engelissi* e i russi non vogliono perdere l'Iran e questa fetta di globo. Ma il re vuole mandarli via e impugnare le sorti dell'Iran. Dunque chi vuole liberarsi del re Resa-Khan deve sapere che in questo modo fa il gioco degli *engelissi* e dei russi.

Perché lo fanno?, chiede Aftab-Khanum. Perché gli *engelissi* e i russi vogliono liberarsi del re?

Perché il re vuole mandarli via dall'Iran. Perché vuole portare in Iran gli *almani*, che in questa grande guerra sono nemici degli alleati. Senza l'Iran gli alleati perderanno la guerra contro la Germania, spiega paziente Eskandar-Agha.

Gli *engelissi*, i russi e gli *amrikai* hanno bisogno dell'Iran per vincere contro gli *almani*?, lo interroga Aftab-Khanum incredula.

L'ha visto con i suoi occhi che gli *amrikai* e gli *engelissi* portano nel Golfo Persico le armi, gli ordigni, gli aerei e le spie con le navi, dipingono la stella dei sovietici sui veicoli e gli aerei da combattimento e caricano tutto sui treni che attraversano l'Iran per migliaia di chilometri, fino al nord, dagli alleati russi.

È vero, ammette Aftab-Khanum. Ma perché è così importante?

Guardi qui, dice Eskandar-Agha sfogliando le sue annotazioni e mostrando a Aftab-Khanum un articolo di giornale: 180 locomotive, 5175 vagoni merci, cinque milioni e mezzo di tonnellate di beni vengono portati dall'Iran nell'Unione Sovietica, quasi la metà delle consegne vengono dagli Stati Uniti e dal Canada.

E che cosa c'entrano 180 locomotive con la mia decisione di portare o meno il velo?

È proprio questo, ribatte Eskandar-Agha. Lo tenga a mente: "E noi lasciamo che accada". Perché lasciamo che accada? Perché non abbiamo un'istruzione, perché la maggioranza delle persone del nostro paese non sa neanche che i *farangi* non hanno alcun diritto di saccheggiare la nostra terra. E per poter continuare a servirsi della nostra terra indisturbati, gli alleati devono ostacolare ogni progresso; per questo sono contro il re e i suoi piani. Eskandar-Agha si interrompe, poi chiede: e cosa vogliono i suoi amici, i mullah?

Aftab-Khanum si guarda le mani posate in grembo. Sono convinta che possiamo avere il progresso e nonostante ciò portare il velo, afferma con fare dimesso. Poi aggiunge: il re oggi permette di portare il velo solo alle donne di malaffare.

Khanum, per favore, non parli così.

Il luogo della nostra meravigliosa processione *Ta'zieh* impone il carnevale e nei cinema si vedono donne *farangi* nude che baciano gli uomini.

Khanum, è doloroso sentirle proferire queste cose.

Ma esistono, e non scompariranno se stiamo zitti. Per me il velo nero è diventato un simbolo della mia autonomia. Un segno della mia volontà libera e della mia forza.

Mentre Aftab-Khanum continua ad andare alla moschea a pregare e a cucinare, Eskandar-Agha bada alla bottega e si sente solo. Fino al giorno in cui un uomo va da lui e gli affida un grande compito come scrivano.

Sono contratti di vendita di case e appezzamenti, spiega, ho bisogno di una seconda copia per l'ufficio del registro.

Appena Eskandar-Agha prende in mano i documenti, un nome gli salta agli occhi: Mahrokh-Khanum.

Proprio ora, mormora, e deve sedersi, perché non gli reggono le gambe. Solo quando è così buio da non poter più vedere, Eskandar si accorge di quanto tempo è passato. Chiude la bottega e si affretta a tornare a casa.

Lei è l'unico uomo che non crede in niente e in nessuno, dice Aftab-Khanum delusa quando entra nella stanza sfinito. Un uomo ha bisogno di una passione, di un'idea, di valori alti, continua.

Valori più alti della vita e dell'amore? Quante donne che conosce sono amate e rispettate dal loro marito?

Sono stanca, sussurra Aftab-Khanum piano, delusa.

Le ho già raccontato che tutto ha un sapore?, chiede Eskandar-Agha. Non solo il cibo, ma anche la fame ha un sapore, le pietre e persino il vento ne hanno uno.

Smetta di essere teatrale, lo prega Aftab-Khanum tra le lacrime.

Il sapore del vento è secco, dice Eskandar-Agha. E porta con sé la sabbia che si posa sulla lingua e scricchiola sotto i denti. Al nord il vento assume il sapore del sale. Il sapore peggiore è quello del posto in cui sono nato, è pregno di zolfo e petrolio. A volte il vento è così caldo e forte che toglie il respiro. Quando ero un ragazzino e mia madre è morta, il vento sapeva di rabbia, tristezza e disperazione. Ma non mi sono arreso. Ero un bambino, solo e indifeso, e ho creduto nei miracoli. Quello che voglio dirle con questo, mia amata, è che la vita stessa è il valore più alto in cui credo.

1941, Eskandar-Agha rivuole indietro la sua vecchia Aftab-Khanum

Anche il nostro paese è sconvolto dalla politica dei *farangi*. Gli *engelissi* e i russi mandano ancora più soldati in Iran. Questa volta occupano persino la capitale, continuano a portare materiale bellico. Dell'alleanza contro gli *almani* fanno parte anche i ricchi *amrikai*. Oltre al denaro, alle macchine da guerra, ai soldati, inviano anche alcuni agenti, pagano spie iraniane e corrompono deputati.

Gli iraniani, la gente di questa terra, vendono la loro patria e i loro fratelli e sorelle. Si lasciano comprare e manipolare, fanno da tirapiedi ai *farangi*. Questo è il vero male, il vero delitto, scrive Eskandar-Agha.

Viviamo in tempi folli. Iraniani, britannici, russi, turchi, americani e agenti e spie tedesche si danno la caccia reciprocamente nel nostro paese. Nessuno si fida dell'altro, nessuno dice quello che pensa. Persino tra me e la mia Aftab-Khanum regna una strana circospezione e falsità. Sono sopravvissuto alla fame e alla guerra e ora mi ritrovo a fingere proprio con mia moglie. Quando siede accanto a me, negli ultimi tempi, sono persino prudente con i miei appunti, annota Eskandar-Agha richiudendo il quaderno come di riflesso.

Aftab-Khanum non distoglie neanche lo sguardo dal suo lavoro di cucito, si limita a sorridere con consapevolezza e dice: prima mi leggeva le sue annotazioni.

Ho scritto che tutto è andato come avevo previsto, replica Eskandar-Agha.

Legga.
Ma ci porterà solo a litigare di nuovo.
Ci porterà a litigare se lei non legge.
Eskandar-Agha si costringe a un sorriso e legge.
L'*Alman*, il nemico giurato degli Alleati, è diventato il maggiore partner commerciale dell'Iran. Questo è positivo, ma è anche pericoloso, perché gli Alleati temono che con questo sostegno il re Resa-Khan possa porre fine alla loro occupazione e ai relativi guadagni. Hanno chiesto a Resa-Khan di espellere dal paese tutti i cittadini tedeschi. Lui si è rifiutato. Di conseguenza gli Alleati hanno dimostrato chi comanda realmente. Hanno chiuso l'ambasciata e tutte le altre istituzioni tedesche, hanno arrestato i cittadini tedeschi e li hanno espulsi dal paese.
E poi una notte gli ambasciatori russi ed *engelissi* si sono recati dal ministro degli esteri e gli hanno comunicato il superamento dei confini iraniani da parte delle loro truppe, da ogni direzione, legge Eskandar-Agha, che esita, vuole chiudere il quaderno, ma poi continua a leggere.
La mia Aftab-Khanum e i suoi amici mullah hanno vinto. Insieme agli Alleati hanno ottenuto quello a cui miravano. Gli Alleati chiedono che il re Resa-Khan deponga la corona e lasci il paese. Prego Dio che la mia Aftab-Khanum possa ora ricredersi e che ci riconcilieremo e vivremo in pace la nostra piccola vita.
Vivere in pace la nostra piccola vita, mormora Aftab-Khanum senza alzare gli occhi dal lavoro di cucito.
Devo tornare alla bottega, dice Eskandar-Agha. Vuole accompagnarmi?
No, risponde lei, guardandolo fugacemente. Mi fa male la schiena.
Allora ci vediamo stasera.
A stasera.
Ma, invece di andare in bottega, Eskandar-Agha si reca alla sala da tè. Nella bottega comunque non succede niente, racconta al dentista che siede lì anche lui, insieme agli altri uomini i cui affari non vanno bene. Ascoltano la

radio e parlano della guerra, del re, del petrolio e dell'occupazione.

Solo venti giorni dopo la terza ingiunzione di lasciare il trono, gli *engelissi* ottengono effettivamente che il sovrano si pieghi al loro volere.

Costringono il Parlamento iraniano a una seduta d'urgenza, per approvare la fine del governo di Resa-Khan e spediscono il vecchio scià nella loro colonia sudafricana, a Johannesburg. Il suo successore è il figlio ventunenne Mohammad-Resa.

La storia si ripete, afferma Eskandar-Agha nella sala da tè. Un tempo hanno deposto il re Qajar e hanno messo sul trono il figlio dodicenne. Oggi destituiscono Resa-Khan e fanno re il figlio di ventun anni.

Ora per gli *engelissi* sarà ancora più facile, osserva il dentista. Mohammad-Resa non solo è giovane, ma ha anche un carattere debole.

Senza l'aiuto dei *farangi* non avrebbe mai preso il potere, sostiene il proprietario della sala da tè. Qualcuno che ha vissuto all'estero così a lungo non è certo in grado di governare il suo paese. Non ha idea di quale sia l'interesse del suo popolo e non potrà opporsi ai *farangi*.

Eskandar-Agha rincara la dose: tantomeno può comprendere i bisogni della popolazione rurale, che costituisce la maggioranza del nostro popolo. Probabilmente la gente dei villaggi sperduti non sa neanche che c'è un nuovo re.

Diversamente dagli uomini del bazar e della sala da tè, Aftab-Khanum è contenta che il vecchio scià sia andato via e che suo figlio abbia preso il potere. Non frequenta più la moschea e ora non fa che parlare del giovane e, secondo lei, affascinante nuovo re Mohammad-Resa.

Mi dispiace per il povero giovane, dice. In fondo non è facile per un ragazzo tenere testa da solo a due grandi potenze e a tutti gli altri *farangi*. E poi deve anche metabolizzare la diffidenza del suo stesso popolo, afferma guardando il suo Eskandar-Agha con aria di vago rimprovero.

Se avesse anche solo un briciolo di cervello, collaborerebbe con il Parlamento, ribatte Eskandar-Agha. Se fossi in lui, mi unirei al deputato Mohammad Mossadegh. Lui è colto e intelligente e fa parte dei pochi che non si fanno comprare. E ha abbastanza forza e autorità per imporsi contro i *farangi*.

I mullah hanno parlato di lui nella moschea, racconta Aftab-Khanum. Dicono che Mossadegh si era messo contro il padre del nostro giovane re e per questo sarebbe dovuto fuggire all'estero. I mullah ritengono che Mossadegh sia un uomo di cui possiamo fidarci.

Eskandar-Agha riesce a nascondere il malumore a stento, mentre replica: si chieda per quanto tempo lei e i suoi amici mullah sarete di questa opinione. Mossadegh è infatti un combattente temerario, che non si piega a nessuno. Ha impiegato gli anni dell'esilio per studiare diritto internazionale.

Che vuole dire con questo?

Che lo stimato Mossadegh più di ogni altro si impegnerà perché siano giudici e legali colti e non mullah e *akhund* ignoranti a celebrare matrimoni, a regolare i rapporti di proprietà e a giudicare.

Con sorpresa di Eskandar-Agha, Aftab-Khanum risponde amichevolmente: non si preoccupi. Da quando il vecchio re se n'è andato, non ho più nemici. E le dico che ripongo grandi speranze nel nostro nuovo re. Tutto quello che le mie vicine e io vogliamo è che la sua graziosa moglie abbia presto un figlio che sia il successore per il Trono del Pavone.

Vai a capire le donne, capitola Eskandar-Agha non riuscendo a trattenere un sorriso. Avete schernito il poveretto quando ha sposato la principessa Fauzieh, la sorella del re egiziano Faruk. Lei e le sue sorelle avete detto che l'ha fatto solo per ragioni politiche. E ora prega Dio che conceda un figlio alla coppia? E, per quanto riguarda il Trono del Pavone, non appartiene a Mohammad-Resa personalmente. Per essere precisi, non è di proprietà neanche degli iraniani; è la refurtiva che uno dei precedenti re ha sottratto al popolo indiano durante una campagna militare.

Vede, è proprio questa la differenza tra uomini e donne, ribatte Aftab-Khanum. Noi siamo meno rancorose. Quando

Mohammad-Resa ha dovuto sposare la sua Fauzieh, è stato per volere del padre; è questo che noi abbiamo condannato. Ma ora è indipendente e può decidere da solo. Per quanto mi riguarda, non ha fatto ancora niente di male, e dunque gli auguro ogni bene. Per quanto concerne il Trono del Pavone, c'è sempre stato un tempo in cui ogni paese ha portato via qualcosa a un altro. E ora il Trono del Pavone appartiene a noi e mi auguro che ci sia un successore.

Per favore, non litighiamo, risponde Eskandar-Agha. La cosa più importante è che io e lei siamo in salute e che viviamo in pace l'uno con l'altra.

È chiaro cosa intende quando parla di vivere in pace l'uno con l'altra. Vuole dire che dovrei passare il mio tempo unicamente con lei, aiutarla nella bottega, viziarla ogni giorno con piatti squisiti, massaggiarle la schiena e preoccuparmi solo del suo benessere. Sa che mi piace che mio marito abbia bisogno di me, ma penso di meritare di più che essere la serva del mio consorte. Ho abbastanza energie per servire i miei connazionali e la mia terra.

Prima che Eskandar-Agha cominci anche solo a capire cosa stia escogitando sua moglie, lei aggiunge: di recente mi ha raccontato delle scuole in cui uomini adulti, ragazzi e persino le donne possono imparare a leggere e a scrivere.

Khanum, le ho insegnato io stesso tutto quello che deve sapere. Può credermi, in queste scuole serali non imparerebbe niente che non sappia già benissimo.

Non mi basta.

Buon Dio, lei mi fa paura. Non avrà mica in mente qualcosa di nuovo da intraprendere con le sue sorelle religiose e quegli insopportabili mullah e *akhund*?

Lei stesso circa trent'anni fa è stato testimone della fuoriuscita del petrolio dalla nostra terra, afferma Aftab-Khanum, sapendo che il marito ama sentirsi ammirato per questo motivo. Da quel momento, grazie al petrolio, ci sono stati grandi cambiamenti nel mondo e anche nel nostro paese. Lei stesso sostiene che, in oltre ottocento anni fino a quel giorno memorabile, non c'è stato più alcun progresso. Dovunque nel mondo si sono registrati sviluppi tecnici e sociali. Ma qui la maggior parte della gente vive ancora come centinaia di anni fa. Lo scrive lei stesso: il petrolio è una vittoria e al contempo una maledizione. Ha dato una grande ricchezza a molte persone e soprattutto ai *farangi*. Ma la gente del nostro paese è ancora povera e ignorante, muore di fame e i bambini vengono portati via dalle malattie.

Khanum, non siamo in Parlamento, perciò mi risparmi i comizi e venga al dunque.

Va bene, dice Aftab-Khanum. Prenda se stesso come esempio. Invece di diventare narratore, poi scrivano e infine venditore di merce usata dei *farangi*, avrebbe potuto diventare traduttore per i cercatori di petrolio. O avrebbe potuto impadronirsi del sapere e delle abilità e cercare da sé il petrolio, oppure diventare persino ingegnere. Allora le sarebbe stato possibile dire la sua sulle decisioni importanti e partecipare allo sviluppo della nostra patria.

Khanum, di cosa sta parlando? È una fortuna che sia ancora vivo. E cosa sono queste accuse? L'ho presa in moglie quindici anni fa, anzi, in realtà è lei che ha deciso di sposarmi. E ora, dopo tutto questo tempo, all'improvviso ha la sensazione che ho sbagliato e avrei dovuto fare un altro lavoro?

L'unica cosa che voglio è impegnarmi per il mio paese e la sua gente, in modo che i *farangi* non possano sfruttarci fino al giorno del giudizio, afferma lei guardando Eskandar-Agha decisa. Abbiamo bisogno di uomini del popolo onesti, che abbiano a cuore la patria.

Che c'entra il popolo?, chiede Eskandar-Agha irritandosi con se stesso perché sa che sua moglie ha ragione.

A-ah, dice lei trionfante. Chi è secondo lei il popolo? Lei e io siamo parte del popolo. E proprio come tutti gli altri, in questo paese anche io e lei abbiamo una responsabilità. E penso che sia tempo che ce la assumiamo. Aftab-Khanum guarda suo marito con sguardo fermo e conclude: vorrei che lei non mi ostacolasse.

Ostacolarla? Riguardo a cosa?

Vorrei sostenere l'esame.

Quale esame?

Quello che mi abiliterebbe a diventare insegnante nelle scuole serali. L'insegnamento è una professione onesta, dice, e prima che Eskandar-Agha si renda conto di ciò di cui sta parlando, lei aggiunge: e penso che lei dovrebbe fare lo stesso.

Cosa dovrei fare?

Invece di vendere la roba dei *farangi*, dovrebbe diventare insegnante anche lei e dare un senso alla sua vita. Le lezioni sono la sera, dunque per ora non dovremmo neanche chiudere il negozio. Che cosa la trattiene?, lo interroga Aftab-Khanum con un sorriso allegro, come se stesse chiedendo al marito se voglia una tazza di tè. Rifletta, se quando era un ragazzino qualcuno fosse stato là, l'avesse presa per mano, l'avesse sostenuta, oggi forse sarebbe davvero un ingegnere, un avvocato o persino un deputato del *Madjless*, forse anche un giudice o un consigliere del re.

Avrei potuto esserlo davvero, se lo stimato Mesterr Richard, di cui le ho parlato spesso, non mi avesse abbandonato in quel modo infame.

Non sia ingiusto, l'ha mandata in città e a lezione dal mullah, ha pagato il suo cibo e l'alloggio e, dopotutto, a quanto ne so, è grazie a lui che è ancora vivo.

Eskandar-Agha soppesa se sia il caso di raccontare infine alla sua Aftab-Khanum di Rossane e del vero motivo per cui il canadese lo ha preso per un po' sotto la sua ala protettrice. Ma poi lei chiederebbe cosa ne sia stato di Rossane e le dovrebbe raccontare di Mahrokh-Khanum. Ormai Eskandar-Agha stesso non sa più perché non abbia rivelato a sua moglie tutta la storia. Ma se glielo confidasse dopo tutto questo tempo, risveglierebbe solo sospetti. E questo per una faccenda che ha perso importanza anche per lui. Lei non capisce, replica Eskandar-Agha non sapendo cosa aggiungere.

Che cosa non capisco?

Ah, niente, risponde Eskandar-Agha triste.

Mi dispiace che da bambino abbia avuto una vita difficile, dice Aftab-Khanum, che abbia perso i genitori e il suo villaggio così presto e che il suo amico *farangi* non l'abbia sostenuta più a lungo. Ma non è più il ragazzino di una volta e ormai è responsabile della sua vita e del suo destino. E per ogni dolore che ha dovuto sopportare ha avuto una fortuna illimitata. Tutto sommato, le cose le vanno bene. In questo paese ci sono persone che non sanno come sopravvivere e come dare da mangiare ai figli. Agha, è tempo di vedere le cose per quello che sono e di mostrare riconoscenza.

Khanum, come si permette? Nessuno mi ha regalato niente. Tutto quello che possiedo l'ho ottenuto con le mie forze.

Lei è un uomo di quarant'anni, che ha gestito bene la sua vita, ma nessuno si costruisce la vita solo con le sue forze, lo contraddice Aftab-Khanum. Lei è quello che è perché è parte di un insieme. Deve ringraziare questo paese, il suo popolo, la terra e il cielo. Ma non voglio litigare con lei. Ho detto quello che avevo da dire. Non sta a me imporle qualcosa. So solo che ognuno di noi è responsabile del proprio destino e di quello di questa terra e io mi assumerò questa responsabilità.

Khanum, sono deluso. Nessuno mi ha mai parlato in modo così offensivo. Capirà se mi tiro indietro, dice Eskandar-Agha uscendo nel cortile.

È contento che non ci siano i vicini. Accende una lanterna, si siede sulla piccola vasca al centro del cortile, sta a guardare per un po' i pesci rossi e scrive: il mio Sole e io siamo due barchette finite in una tempesta; ora siamo scaraventati qua e là dalle onde.

Mossadegh, le spie e altri segreti

La mattina dopo Aftab-Khanum non accompagna Eskandar-Agha alla bottega, e tuttavia quello non si rivelerà un giorno triste come lui temeva. Ci sono interessanti novità, che provocano un grande viavai e intense conversazioni al bazar. L'incorruttibile Mohammad Mossadegh ha dichiarato: mi impegnerò per la totale sovranità dell'Iran.

Vuole che tutti i *farangi*, *engelissi*, russi, *amrikai*, lascino il paese e riconoscano l'Iran come uno Stato indipendente.

Spiegaci, gli uomini del bazar pregano Eskandar-Agha, poiché è uno dei pochi che sanno leggere e scrivere. Quali svantaggi può avere questa dichiarazione per i nostri affari e il bazar?

Che dite, svantaggi? Può avere soltanto vantaggi per noi, afferma Eskandar-Agha. I vecchi contratti che Mozaffar od-Din Shah, il re Qajar, ha concluso sessant'anni fa con gli *engelissi* sono assurdi, ingiusti e illegittimi. Eskandar-Agha chiarisce il senso delle parole del deputato. Si guarda intorno ed è contento che tutti gli occhi siano puntati su di lui e che tutti stiano ad ascoltarlo attentamente. Ma poi scorge un avvocato che siede nell'angolo in fondo. Eskandar-Agha si affretta a dire: io sono solo un uomo del bazar. Chiediamo allo stimato avvocato, in fondo ha studiato all'estero e di queste cose capisce più di tutti noi messi insieme. Gli uomini annuiscono e guardano l'avvocato, che si prende molto tempo per rispondere. Queste cose, come le chiamate voi, dice lui sorseggiando il tè, queste cose sono difficili da comprendere anche per noi che abbiamo studiato all'estero un paio d'anni.

Gli uomini annuiscono di nuovo, tutti ascoltano incantati l'avvocato.

Quello che Mossadegh intende quando parla di partiti, libertà, autonomia, scelte e cose simili, è arduo da capire anche per uno come me, sostiene l'avvocato poggiandosi allo schienale. Vorrebbe continuare a spiegare, ma il proprietario della sala da tè lo interrompe.

Allora porterò il pranzo per i signori. E speriamo che almeno lo stimato Mossadegh sappia cosa significano le cose che dice ai giornali.

Ha ragione, osserva uno degli uomini. Che c'entriamo noi con quello che fanno nel *Madjless*? Due kebab allo spiedo e riso e yogurt per me, per favore. Devo tornare alla mia bottega, con le chiacchiere non mi guadagnerò il pane.

Il padrone della sala da tè è contento che gli uomini riprendano a ordinare, smuove i carboni del suo *manqal*, infilza altra carne di agnello e macinato e mette pomodori freschi sulla griglia.

L'avvocato, offeso, lascia a metà il suo bicchiere di tè, paga e se ne va. Gli uomini mangiano con piacere la loro carne allo spiedo con il riso e il pane appena fatto, quando compare il nuovo giovane mullah. Come sempre sorride cortese e ancora prima di sedersi esclama: uomini, ascoltatemi.

Gli uomini si voltano verso di lui, poiché nonostante la giovane età lo rispettano. Ha studiato il Corano, ma conosce anche le questioni secolari. Ma agli uomini piace soprattutto perché è modesto e retto, non fa continui rimproveri e non spilla denaro. Inoltre dà sempre una mano dove ce n'è bisogno.

Stimati amici, grida. Come sapete, l'onorato Mossadegh è da poco tornato in patria ed è diventato deputato del Parlamento. Ha chiamato tutti i cittadini a sostenerlo nella sua lotta per l'indipendenza e la libertà della nostra patria. Vorrei scrivergli una lettera per offrirgli i miei servizi e vorrei invitare voi, miei cari e stimati amici, a fare lo stesso.

Due uomini alzano la mano e dichiarano subito il loro sostegno. Scrivi la lettera, metteremo le nostre impronte digitali alla fine.

Agha-Eskandar, lo prega il giovane mullah, ho carta e penna, per favore ci aiuti.

Eskandar-Agha sa che il mullah appartiene ai migliori della sua corporazione e che tuttavia non è strano che non sappia leggere e scrivere. Mi dia, risponde senza esitare e si fa dettare la lettera.

Mentre Eskandar-Agha scrive con la sua grafia migliore, gli uomini pongono al mullah le stesse domande che hanno fatto prima a Eskandar-Agha e poi all'avvocato.

Non sono un esperto, dice il giovane mullah senza giri di parole, ma penso che un partito sia simile a una religione, soltanto che non viene dai Profeti e da Dio, ma dagli uomini.

Questo significa che lo stimato Mossadegh vuole dichiarare guerra alla nostra religione?, vuole sapere il padrone della sala da tè.

La lascerà stare, ribatte il giovane mullah, poiché c'è solo una religione e solo un Profeta. Credo piuttosto che il partito serva a regolare le faccende del governo e a mandar via i *farangi* dal nostro paese.

Allora il partito è una cosa buona, afferma il padrone della sala da tè soddisfatto.

Ne sono convinto, risponde il giovane mullah e detta: siamo tutti al suo servizio, stimato Agha-Mossadegh. La seguiremo e la sosterremo. Confermiamo il nostro desiderio di aiutarla con il nostro sigillo e le nostre impronte digitali. Saremo a disposizione appena manderà qualcuno a chiamarci. Ci troverà al bazar o alla sala da tè.

E ora, grida il mullah, chi vuole può mettere la sua impronta dove Eskandar-Agha scriverà il nome. Agha-Djamshid, padrone della sala da tè. Mullah Hossein, *akhund*. Seyyed Ali, venditore di spezie. Agha-Eskandar, mercante e scrivano.

Ho la testa e le mani sempre occupate, dice lo stampatore di stoffe. Mi tengo fuori dalle faccende del governo. Non ho tempo di riflettere o discutere sulle cose, né di mettermi al servizio di qualche agha, nel caso abbia bisogno di me e mi mandi a chiamare. Dio vi dia pace, conclude congedandosi.

Il mullah più anziano e il *dallack* dell'*hammam* sono contro Mossadegh. Non lo sosterremo, dicono. È un pazzo, sentenzia il mullah anziano. Inoltre fa il grande errore di legarsi ai comunisti.

Chi sono i comunisti?, gridano due uomini.

Lo sanno anche i bambini, risponde il vecchio mullah. Il partito Tudeh è stato inventato dagli infedeli russi. Anche i bambini sanno quello che hanno combinato i russi nel nostro paese. Mi basta, dice il vecchio. In ogni modo è un errore che il nostro re permetta a questo Mossadegh di fare il deputato.

Fino a oggi non sapevi neanche cosa fosse un partito, ribatte il mercante di spezie, ora vuoi sapere che Mossadegh fa fronte comune con questi comunisti russi?

A Eskandar-Agha e a molti altri uomini resta un buon ricordo del pranzo, poiché diversamente dal solito oggi si sentono come fratelli, uniti da un solo desiderio: vogliono la pace.

Mossadegh lotta un anno intero per le sue idee, litiga, tiene discorsi infiammati, discute, ma i britannici con lui non parlano neanche e meno che mai si interessano alle sue richieste di dividere i profitti derivanti dall'estrazione del petrolio e dalla Anglo-Persian Oil Company con il popolo. Mossadegh risponde con una mossa intelligente e chiede di reintrodurre la Costituzione democratica del 1906.

Questo rallegra Eskandar-Agha, poiché ora può raccontare con orgoglio le sue storie nella sala da tè, di quando da ragazzino ha partecipato alle lotte proprio per questa Costituzione, la prima in Iran. Insieme ai cavalieri e ai combattenti per la libertà sono andato a Esfahan e a Teheran, a incitare gli uomini con i miei canti e le mie storie, narra Eskandar-Agha, sorridendo soddisfatto e posandosi le mani sul ventre ormai arrotondato.

Vorrei che lei fosse stato là oggi, dice Aftab-Khanum. Comunque l'ho fatto.

L'ha fatto? Che cosa?

Ho messo in conto che avrei avuto molte noie con lei, ma il gioco vale la candela, risponde lei cercando di nascondere il tremore delle mani.

Il gioco? Khanum, mi sta innervosendo, di che parla?

Le ho raccontato della scuola serale, continua con voce spezzata. Ora mi sono iscritta all'esame da insegnante.

L'ha fatto contro la mia volontà?

E ho superato la prova. E persino con lode, dice Aftab-Khanum. Non aggiungerò altro e accetterò il posto che mi è stato offerto, conclude, piena d'orgoglio.

Un posto? Vuole lasciare suo marito e la casa?

La scuola serale a cui sono stata assegnata si trova nella via accanto alla nostra e mi sono già accordata con il figlio del vicino perché mi accompagni e mi riporti a casa, quando lei non potrà.

Prima di decidere se la verrò a prendere o meno, vorrei sapere per quale motivo si è opposta alla mia volontà.

I miei studenti sono ragazzi e uomini semplici, a cui viene tolto anche il poco che hanno. Erano contadini, mentre ora vivono in parte nelle strade della città, spiega Aftab-Khanum come se avesse riflettuto a lungo sulle sue parole. Ma questi ragazzi e questi uomini non vogliono arrendersi. Desiderano diventare membri utili della società, ma manca loro il sapere necessario. Quando il padre dell'attuale re ha espropriato i latifondi, non si è interessato dei servi della gleba, dei contadini, che sono stati lasciati soli da un giorno all'altro.

E lo racconta a me? Non ho avuto una sorte diversa, ribatte Eskandar-Agha. Non avevamo niente, né animali né attrezzi, sementi e neanche da mangiare. Non avevamo neanche l'acqua.

Vede?, dice Aftab-Khanum. Qualcuno deve aiutare la povera gente del nostro paese. Gli esaminatori hanno raccontato che nel nostro paese un bambino su quattro muore prima di compiere cinque anni e tre quarti di quelli che hanno la fortuna di sopravvivere non imparano mai a leggere e a scrivere.

Aftab-Khanum guarda suo marito con le lacrime agli occhi e Eskandar-Agha crolla.

Sa che quando parla dei bambini e della loro sventurata sorte, ed è così triste che le vengono le lacrime agli occhi, niente e nessuno può più impedire alla sua Aftab-Khanum di fare quello che si è messa in testa.

I pochi fortunati della scuola serale hanno bisogno di me, conclude. Eskandar-Agha, so che lei è un uomo buono e so anche che la storia di queste persone le ricorda la sua; per questo sono certa che non mi ostacolerà e mi darà la sua benedizione.

Khanum, è come se mi puntasse un coltello alla gola. Come potrei dire di no?

Lo sapevo, risponde Aftab-Khanum. Ringrazio lei e Allah.

Dio non ha niente a che fare con questo, mormora Eskandar-Agha, apre il suo quaderno furioso e inizia a scrivere senza neanche alzare lo sguardo.

Mentre Aftab-Khanum si lava nella piccola vasca nel cortile e si prepara all'ultima preghiera della sera, guarda suo marito dalla finestra e prega che mantenga la parola e non mandi tutto a monte.

La mia Aftab-Khanum ha ragione, scrive Eskandar-Agha, ma mi sento solo e abbandonato. Non mi piace che faccia sempre qualcosa di nuovo mentre io continuo a vendere vecchi vestiti. Non mi piace che lei sia felice e io no.

Si cerchi anche lei un nuovo compito, lo incoraggia Aftab-Khanum raggiante di energia e contentezza.

Alcune sere Eskandar-Agha va a prendere il suo Sole alla scuola e osserva con ammirazione ma anche con invidia il modo in cui tratta uomini e ragazzi. Si rivolge rispettosamente ai suoi studenti chiamandoli "signore" e, in caso ne abbiano uno, con il cognome; gli studenti dal canto loro la stimano e la rispettano.

Sono persone come lei e me, dice. Quello che è mancato loro fino a ora sono le opportunità di fare qualcosa di utile della loro vita.

Si vedrà dopo che avranno frequentato le sue lezioni,

risponde Eskandar-Agha, poiché in seguito dovranno cercarsi un lavoro e guadagnarsi da vivere.

Aftab-Khanum difende i suoi studenti: hanno già dimostrato di avere forza e di saper tenere duro. Malgrado tutte le difficoltà, questi ragazzi e questi uomini non si sono arresi, hanno lasciato i loro villaggi morenti e sono andati incontro a un mondo completamente sconosciuto. Hanno superato tutte le loro paure e hanno lasciato le mogli e i figli nella periferia, nelle baracche e nelle buche che hanno scavato in terra o nella montagna, per venire qui a lavorare e a studiare. Loro stessi vivono nei cantieri, nelle case in costruzione, oppure dormono in strada. Spalano sabbia tutto il giorno, mescolano la malta, cuociono e posano mattoni, che ci sia il sole cocente o il freddo intenso, che gli fa intorpidire le dita. Dopo aver lavorato dodici ore e più sono sfiniti. Nonostante ciò trovano la forza di venire la sera alle mie lezioni. Ci sono migliaia di persone come loro nel nostro paese.

Peccato che lei non ammiri me quanto queste persone, si rammarica Eskandar-Agha.

La smetta di compatirsi. Naturalmente la ammiro, risponde Aftab-Khanum sbadigliando un po' di proposito.

Perché non sembri che lo sbadiglio lo turbi, Eskandar-Agha sbadiglia a sua volta e si stiracchia. Un po' di ammirazione me la sono meritata, ammette. Non conosco altri mariti che accettino di essere lasciati soli ogni sera dalla moglie, che trascorre il tempo con un'orda di perfetti sconosciuti. Ogni altro uomo prenderebbe un'altra moglie, anche solo per non dover rinunciare a un pasto caldo e alla compagnia di una donna.

E perché non lo fa? Perché non prende un'altra moglie?

Eskandar-Agha trasalisce, ma non dice niente.

Faccia qualcosa contro la noia, lo esorta Aftab-Khanum. I tempi in cui l'unico compito di una moglie era servire il marito sono passati. Lavori ai suoi appunti. Chissà, forse un giorno la gente vorrà sapere com'era la vita al tempo in cui è stato trovato il petrolio ed è nata la raffineria più grande del mondo. Forse le generazioni future si interesseranno alla lotta dei nostri padri per la nascita del *Madjless*, vorranno sapere chi fossero i combattenti per la libertà, i *djangali* e Mossadegh e perché gli *engelissi*, i russi e gli *amrikai* hanno occupato e sfruttato la nostra terra per decenni.

Khanum, non basta che lei non torni a casa quasi mai e non adempia ai suoi doveri coniugali, si lamenta Eskandar-Agha, ma non prosegue perché Aftab-Khanum si assopisce. Dopo non molto tempo inizia a russare così forte che per Eskandar-Agha è impossibile persino restare nella stessa stanza, e meno che mai addormentarsi al suo fianco. Prende il cuscino e la coperta, va alla vasca, accende la lanterna, apre il quaderno e si addormenta anche lui.

Sempre assonnato, deluso dalla moglie e dalla vita, Eskandar-Agha si trascina ogni giorno al bazar, dove spesso si assopisce a causa delle notti insonni e della noia. Può farlo indisturbato quasi ogni giorno, poiché a causa della guerra quasi nessuno ha i soldi per i vestiti, anche se sono di seconda mano. Neanche il giovane della sala da tè viene più da lui, perché da settimane non ha più soldi per sé. A sera, quando il mullah chiama per l'ultima preghiera, Eskandar-Agha chiude la bottega come gli altri mercanti, ma non va a pregare come loro, torna direttamente a casa, dove è di nuovo solo. Per un po' va avanti così, finché smette di andare alla bottega, fa passeggiate sempre più lunghe in città, scopre nuove botteghe, piazza, strade e persino interi quartieri. Va al cinema, nella sala da tè, all'ufficio postale, nelle moschee, nei teatri, frequenta anche il quartiere in cui le ragazze leggere vendono il loro corpo; osserva tutto e tutti.

Da un paio di giorni Eskandar-Agha non riesce più a tenere per sé tutto quello che ha visto nelle sue passeggiate. E dato che la sua Aftab-Khanum non è lì ad ascoltare i suoi racconti, tira fuori il quaderno e ricomincia a scrivere. Si siede sul bordo della vasca alla luce di una lanterna, scrive e scrive. Finché il gallo canta, le vicine si svegliano e la sua Aftab-Khanum gli sorride.

Sembra stanco, ma contento, osserva lei e poi non si occupa più del marito.

Durante la passeggiata successiva, Eskandar-Agha vaga fino alla casa di Mossadegh, senza pensare a quello che fa e senza sapere cosa voglia. Il marciapiede davanti all'abitazione è pieno di uomini che chiedono di essere ammessi alla presenza del famoso politico. Sono così tanti che Eskandar-Agha non riesce a contarli. Vestiti in modo moderno o tradizionale, giovani e vecchi, colti e analfabeti.

Se la folla di visitatori è una prova della rilevanza e della condizione di un uomo, allora lo stimato Mossadegh è persino più influente di quanto lo sia stato il grande Palang-Khan, pensa Eskandar-Agha, rannicchiandosi accanto alla parete della casa di fronte, cogliendo brandelli di conversazione sulla grande guerra e le sue molte vittime, le potenze mondiali, i nazisti, la situazione economica del petrolio iraniano. Un paio di volte Eskandar-Agha è sul punto di raccontare alla gente che lui c'era, quando il primo giacimento petrolifero è stato scoperto, ma si trattiene, perché gli anni hanno reso la sua storia così lontana che a volte gli sembra di averla inventata.

La potenza della marina inglese è dovuta unicamente al fatto che gli *engelissi* sono in possesso del petrolio iraniano, spiega un uomo, che come la maggior parte degli altri indossa una camicia bianca e pantaloni neri.

È assurdo, interviene un altro. Vuole affermare che il nostro petrolio influenza le sorti della potenza inglese?

L'entusiasmo e la vivacità dei suo connazionali sono così contagiosi che Eskandar-Agha il giorno successivo si sveglia presto e torna direttamente alla casa di Mossadegh. Come il giorno prima, si rannicchia accanto al muro due o tre ore e sta ad ascoltare i discorsi. Il terzo giorno si rasa la barba brizzolata e non più folta, si lava scrupolosamente, tira fuori la sua vecchia scatola da scrivano, compra quindici fogli e una penna nuova, si sistema vicino al muro e aspetta. Dopo un po' arrivano i primi clienti, che gli chiedono di leggere un documento per loro. E già nel pomeriggio c'è la coda per farsi leggere e scrivere lettere, contratti e altro che Eskandar-Agha deve rimandare molto lavoro al giorno successivo.

Il quarto giorno, mentre Eskandar-Agha esercita la sua nuova vecchia professione, arriva dalla casa un giovane di bell'aspetto con i pantaloni neri e una camicia bianca pulita e stirata. Grida qualcosa alla folla. A poco a poco gli uomini ammutoliscono, e il giovane grida di nuovo. La gente si guarda intorno cercando, scuote la testa, alcuni fanno una faccia confusa, come se l'uomo avesse comunicato una cattiva notizia.

Lo stimato segretario cerca qualcuno che sappia la lingua degli *engelissi*, dicono gli uomini, ma nessuno si fa vivo.

Nessuno sa almeno un paio di parole?, grida il giovane. Poiché nessuno si fa avanti, sogghigna bonario. Forse qualcuno tra voi conosce anche una sola parola di inglese?, chiede facendo ridere la folla. Proprio mentre sta per rientrare in casa, un uomo indica Eskandar-Agha e dice: lo scrivano parla la lingua degli *engelissi*. Tutti gli uomini guardano lo scrivano e aprono un varco per far passare il segretario.

Come se fosse un ragazzino o un vecchio, il segretario si china verso Eskandar-Agha e gli posa una mano sulla spalla. Agha, dice, quest'uomo afferma che lei gli ha letto le istruzioni del suo medicinale *farangi*; posso chiederle un favore?

Ma ho soltanto letto le istruzioni, non le ho capite, spiega Eskandar-Agha mentre il segretario lo spinge tra la folla verso la casa. Mi serve solo qualcuno che sappia leggere la lingua, lo rassicura il segretario.

Nel cortile, dietro la grande porta di ferro, altri aspettano visitatori, vanno avanti e indietro, si accovacciano sotto le alte mura del giardino, conversano, fumano o stanno semplicemente in piedi. Il giovane segretario porta in casa Eskandar-Agha, percorrono un corridoio scuro fino a un piccolo ufficio, in cui due uomini siedono a un grande tavolo di legno e sono immersi nella scrittura. Sempre sorridendo, il giovane segretario dice: un caloroso benvenuto, amico mio, mi chiami segretario. Posso chiederle qual è il suo nome?

Eskandar-Agha.

Qual è il suo cognome?, lo sollecita l'uomo.

Per Eskandar-Agha è così insolito dire il suo cognome che deve riflettere un momento e arrossisce: Khod-Mokhtar, risponde, ma tutti mi chiamano Eskandar-Agha o Agha-Eskandar.

Signor Khod-Mokhtar, dunque. Sono felice di fare la sua conoscenza. È un bel nome, dimostra buon gusto, dice il segretario.

Eskandar-Agha riflette ancora su come spiegare meglio che può che è stata la sua stimata moglie a scegliere il nome e non lui. Il segretario continua: questi due signori sono i suoi colleghi e questo è il suo posto di lavoro. Abbiamo un paio di testi e documenti stranieri, soprattutto inglesi, di cui ci servono le copie. Crede di poterlo fare? Non paghiamo moltissimo, ma siamo puntuali.

Invece di rispondere, Eskandar-Agha tace e sorride imbarazzato.

Il segretario spinge una pila di fogli nel posto vuoto e fa segno a Eskandar-Agha di sedersi. Guarda velocemente gli altri uomini, annuisce soddisfatto e scompare.

Eskandar-Agha fa subito conoscenza con gli altri due uomini. Uno è insegnante e si chiama Agha-Mostafa, l'altro è uno studente di inglese di nome Farrokh-Agha. Entrambi lavorano per lo stimato Mossadegh da un paio di mesi. È l'unico politico del paese che crede davvero in quello che dice e che perciò si impone, si entusiasma lo studente. Lo stimato agha ama la patria ed è un vero nazionalista. Già nelle prime ore, Eskandar-Agha sente la bellezza di fare qualcosa di utile, anche se gli risulta difficile capire subito i colleghi e il segretario, perché usano parole che Eskandar-Agha non conosce e a cui deve abituarsi. La sera, a causa della postura innaturale sulla sedia, gli fa male la schiena. Anche le spalle, la nuca, le braccia e le mani sono indolenzite; nonostante ciò, è felice come non lo era più da molto tempo e promette al segretario di ripresentarsi il giorno dopo.

Tornando a casa Eskandar-Agha si sente leggero e pieno di slancio. Va per le vie in cui è passato innumerevoli volte, ma gli sembra di vederle per la prima volta. Ormai molte strade di ghiaia sono lastricate o sono persino asfaltate, ci sono tante automobili che non si riesce a contarle e dappertutto sono sorte case a due piani; nei quartieri sono nati innumerevoli negozi, tutto è diventato grande, colorato e rumoroso, annota Eskandar-Agha la sera, e io me ne accorgo solo adesso.

La mattina seguente Eskandar-Agha sta in piedi di fronte alla sua Aftab-Khanum, accende il samovar, prepara il tè, prende focaccia, formaggio di pecora e miele.

Mi congratulo con lei, dice Aftab-Khanum. Ora che ha trovato un nuovo compito e le cose vanno di nuovo bene, forse può andare dal barbiere a tagliarsi i capelli, che le stanno dritti sulla testa come prezzemolo.

Lo farò, promette Eskandar-Agha con un sorriso e bacia sua moglie sulla fronte. E prima di andare a casa dello stimato Mossadegh, passerò in bottega a prendere una di queste moderne camicie bianche e la indosserò.

Certamente le starà benissimo, approva Aftab-Khanum. Forse stasera le andrà di venirmi a prendere a scuola, poi potremo festeggiare il suo nuovo lavoro. Potremmo andare dal venditore di kebab che ha aperto un negozio in via Naderi.

Io e lei a mangiare kebab?

Su, siamo coraggiosi e facciamo qualcosa che non abbiamo mai fatto prima, dice Aftab-Khanum. Ci farà bene.

Quando Eskandar-Agha va alla bottega a scegliersi una camicia bianca, trova un foglio che un certo Hushang-Agha gli ha attaccato alla porta: devo parlarle di una faccenda importante. Se le è possibile, venga alla sua bottega domani sera.

Hushang-Agha ha la stessa età del giovane segretario nella casa di Mossadegh e anche lui veste in maniera moderna, secondo l'uso dei *farangi*: camicia bianca stirata, infilata ordinatamente nei pantaloni blu scuro e scarpe di cuoio. Hushang-Agha ha il viso ben rasato e porta i capelli pettinati all'indietro e lisciati con l'olio. Mentre parla con

Eskandar-Agha, si pulisce le unghie con un minuscolo bastoncino, perché siano impeccabili.

Ho avuto il privilegio di studiare all'estero a spese dello Stato. Tuttavia non ho mai studiato volentieri e perciò sono andato poco all'università, ammette Hushang-Agha onestamente, dando l'impressione di essere orgoglioso di aver sperperato il denaro dello Stato senza imparare niente. Sicuramente lei pensa che avrei dovuto lasciare il mio posto a qualcun altro, ma questo avrebbe spezzato il cuore a mio padre. Aveva sempre desiderato che suo figlio diventasse medico o ingegnere. E da parte mia ero molto curioso di vedere un altro paese, racconta continuando a pulirsi le unghie. Ma ora mio padre, Dio abbia pietà della sua anima, ci ha lasciato e posso fare ciò che ho sempre desiderato: lavorare in una bottega. Una come questa, conclude Hushang-Agha lasciando vagare lo sguardo per la bottega di Eskandar-Agha e irradiando felicità.

Ma io non posso permettermi un commesso, replica Eskandar-Agha, ricordandosi dell'uomo di Shiraz che gli aveva fatto scrivere una lettera per il figlio che si divertiva in Francia, invece di studiare.

No, no, protesta Hushang-Agha. Non deve assumermi. Vorrei comprare la sua bottega.

Perché non inizia una nuova attività, invece di perdere tempo con questa vecchia robaccia?

Mi piace il posto, replica Hushang-Agha. E questa robaccia, come la chiama lei, si vende bene.

Potrei essere d'accordo, dice Eskandar-Agha. La bottega non è il mio mezzo di sostentamento. Ma vorrei avvertirla, amico mio, che il negozio non rende molto. E consideri che, a causa della guerra, è pericoloso viaggiare tra le zone di occupazione e il porto per procurarsi le merci.

Lasci che sia io a preoccuparmene, dice il giovane tendendo la mano a Eskandar-Agha. La cosa più importante è accordarsi sul prezzo.

Affare fatto, dice Eskandar-Agha con la sensazione di essersi tolto un peso. Le uniche cose che porta via dal negozio sono altre due camicie bianche *farangi* e un paio di pantaloni scuri con una cintura. Uscito dalla bottega ci ripensa, torna indietro e prende anche una macchina fotografica.

Ha passato più della metà della sua vita nei bazar, afferma Aftab-Khanum. Era tempo di cambiare. Cosa ha intenzione di fare con la macchina fotografica?

Non lo so ancora, risponde Eskandar-Agha posandola nella nicchia. Mi ricorda i tempi in cui ero al nord e aiutavo un certo Akkassbashi.

Mi piacerebbe vederla fare fotografie.

Che cosa dovrei fotografare?

Che razza di domande, lo rimprovera Aftab-Khanum. Naturalmente le stesse persone e le stesse cose protagoniste delle sue storie e delle sue annotazioni. In fondo anche le immagini sono ricordi, e spesso possono dire più di mille parole.

Sembrano le parole del maestro fotografo, pensa Eskandar-Agha e chiede: come fa a dirlo? Lei stessa ha solo una sua foto, ed è quella del documento d'identità.

Vede, è proprio quello che intendo. Ho solo una mia foto, ma quando la guardo mi vengono in mente tante storie. Mi ricordo come mi sentivo quando ero giovane come nella foto, l'aspetto che aveva lei. Mi ricordo di quando siamo andati insieme dal fotografo. Oppure di quando abbiamo fatto registrare il nostro cognome e abbiamo portato a casa questo documento.

Sono fuori esercizio, ammette Eskandar-Agha e ha ragione: le sue prime fotografie sono sfocate, troppo chiare o troppo scure, e non raccontano proprio nessuna storia. Nonostante questo raccoglie le stampe in una busta su cui scrive: "Perché il ricordo non vada perduto".

Eskandar-Agha è stupito che la fotografia lo renda così felice; presto fa così tante foto che diventa cliente fisso di un solo negozio, la rivendita Agfa, sebbene il rullino con otto foto costi un *toman* e svilupparlo ben dieci. Devo guadagnare ancora di più, dice ai suoi colleghi nella casa di Mossadegh e scatta loro una foto.

Eskandar-Agha fa due passi nel cortile e beve un bicchiere d'acqua; in quel momento nota un uomo alto ed elegante, con un enorme naso adunco. Eskandar-Agha capisce immediatamente che può essere soltanto lo stimato Mossadegh. Proprio mentre riflette se possa azzardarsi a fare una foto al grande politico, quest'ultimo gli fa cenno di avvicinarsi. *Ahai*, stimato signore, lei con la macchina fotografica, venga un momento.

Eskandar-Agha sente il sangue salirgli alla testa.

Ci ha fatto una foto?, chiede Mossadegh.

No, signore. Dio mi è testimone. Neanche una, balbetta Eskandar-Agha intimidito dall'autorità del grande uomo.

Mossadegh lo guarda stupito, sorride e gli posa la mano pesante sulla spalla.

Mi sono sentito come un tempo, scriverà più tardi Eskandar-Agha. Come quando ero un ragazzino e il grande Mesterr Richard o Palang-Khan mi mettevano la mano sulla spalla.

Allora ne faccia una, o ancora meglio, faccia due o tre fotografie a me e ai miei amici, lo esorta Mossadegh allegro. E quando svilupperà le foto, ne dia una al segretario, il responsabile dell'ufficio degli scrivani. È lì che lavora, non è così?

Sì, risponde Eskandar-Agha, meravigliato che lo stimato Mossadegh sappia che lavora per lui.

Mi piacciono le fotografie, esclama Mossadegh. Venite, facciamoci fotografare.

Dopo che Eskandar-Agha ha scattato tutte le otto foto del suo rullino, Mossadegh lo ringrazia e si volta di nuovo verso i suoi amici.

Ora la macchina fotografica è il suo segno di riconoscimento, commenta lo studente. E chissà, ora che ha fotografato il grande Mossadegh, forse un giorno diventerà famoso.

Mi piacciono le sue foto, dice l'insegnante Agha-Mostafa, osservando il ritratto che Eskandar-Agha ha scattato a lui e allo studente. E se le chiedessi di fotografare me e la mia famiglia?

L'insegnante fa realizzare un'intera serie di foto a sua moglie, ai suoi bambini, ai suoi fratelli, ai suoi genitori e alla sua casa; infine vuole anche una foto della classe dell'ultimo anno in cui insegna. Quando gli studenti vedono le foto, quelli che possono permetterselo ordinano una copia e il direttore della scuola incarica Eskandar-Agha di fotografare la classe finale l'anno successivo. I genitori di alcuni studenti vogliono che anche le loro famiglie siano immortalate; improvvisamente Eskandar-Agha riceve così tanti incarichi che la notte si ferma dal rivenditore Agfa e sviluppa da solo le sue foto.

Fa una copia aggiuntiva delle più belle: "Perché il ricordo non vada perduto", scrive su ciascuna busta, annota data, luogo e nomi dei fotografati, e le stipa in una cassetta. Alcune le attacca nei suoi taccuini e vi scrive una storia.

Con il suo lavoro di scrivano e quello aggiuntivo di fotografo Eskandar-Agha guadagna come mai in passato. Già dopo la prima parte dell'anno affitta anche la stanza accanto per sé e il suo Sole e per la prima volta nella sua vita acquista due sedie, un tavolino e persino un letto. Dal rappresentante Agfa, che in realtà è un venditore d'argento, compra il primo gioiello per la sua Aftab-Khanum: una collana con un *faravahar*.

Mi regala il simbolo dello spirito immortale, dice Aftab-Khanum guardando il suo Eskandar-Agha raggiante, come se lei fosse il sole che il profeta Zartosht venerava.

Perché sappia che il mio spirito è ed è sempre stato con lei, anche prima di conoscerla, e sarà con lei anche quando entrambi non saremo più in questo mondo.

All'inizio dell'inverno del 1943 a Eskandar-Agha viene affidato un compito particolare. Il giovane segretario lo manda alle ambasciate sovietica e inglese a scattare più foto che può, poiché i tre più importanti capi di Stato del mondo si incontreranno in una conferenza a Teheran. Il presidente Roosevelt, il primo ministro Churchill e Stalin parleranno di come sconfiggeranno i tedeschi e di come vogliono suddividere il mondo dopo la guerra.

Eskandar-Agha trova eccitanti la folla in attesa, i reporter, i soldati e i poliziotti di guardia, le spie e gli agenti segreti evidenti e meno evidenti: scatta così tante foto che non gli rimane un solo rullino vuoto, quando i tre capi di Stato alla fine escono e si presentano alla stampa.

Non sapevo che sarebbero usciti, spiega al segretario sconcertato.

L'ho mandata lì solo per quello, ribatte il segretario tentando di mantenere il controllo.

Il giorno seguente Eskandar-Agha non fa una sola fotografia, non mangia né beve, ma aspetta paziente e fissa ininterrottamente l'entrata da cui sono usciti gli uomini il giorno precedente, finché un soldato russo lo chiama alla porta. Dapprima lui non si fida e fa finta di non aver capito. Ma il soldato non molla e Eskandar-Agha pensa sia meglio ubbidire.

Sigaretta?

Eskandar-Agha scuote il capo, alza le spalle, poi ha un'idea e fa segno al russo di aspettare. Corre fino all'angolo successivo, compra tre sigarette da un ragazzo con una cassetta da venditore ambulante e le porta al russo. Anche se non parlano la stessa lingua, il russo capisce subito cosa vuole Eskandar-Agha in cambio. Il soldato sorride, prende le sigarette e fa entrare Eskandar-Agha.

Stupito dalla sua fortuna e orgoglioso del suo talento, Eskandar-Agha scivola dentro, ma la porta si è appena richiusa dietro di lui che altri due soldati russi lo prendono per il collo e lo gettano di nuovo in strada bruscamente.

Ne ho abbastanza, brontola Eskandar-Agha, mentre si scuote la polvere dai pantaloni scuri e si massaggia il ginocchio dolorante. *Spassiba*, grazie, dice ai russi, mi sono stancato di aspettare.

Ma poi improvvisamente dietro Eskandar-Agha succede qualcosa; il soldato russo sogghigna e fecendogli segno di pazientare.

I reporter e gli uomini in attesa parlano eccitati, corrono qua e là, i fotografi si affrettano al portone spingendo dentro Eskandar-Agha. Lui si gira, è a un tiro di schioppo dal re Mohammad-Resa in persona. Due uomini con completi blu identici si gettano addosso a Eskandar-Agha e cercano di immobilizzarlo. Mentre riesce a scattare e scattare, i due lo trascinano verso l'uscita oltre gli sbarramenti della polizia.

I reporter dicono che il re è venuto per strappare ai suoi ospiti, in occasione della nuova suddivisione del mondo, la promessa di riconoscere l'indipendenza dell'Iran.

Non lo prenderanno neanche sul serio, commenta un reporter. Un altro ride beffardo. Quello non sa nemmeno come si scriva la parola indipendenza, dice.

I due agenti lasciano immediatamente libero Eskandar-Agha, agguantano il reporter e sono sul punto di trascinarlo via, quando un paio di altri giornalisti si gettano su di loro. C'è una zuffa che presto si trasforma in una violenta rissa, che termina con il ferimento e l'arresto di tre reporter. Eskandar-Agha si nasconde dietro un'automobile giusto in tempo, e da lì scatta altre fotografie.

Quando il giovane re esce di nuovo dall'ambasciata, un sussurro attraversa la folla, poiché i tre uomini più potenti del mondo lo affiancano: Churchill, Roosevelt, Stalin.

Garantiamo all'Iran la sua indipendenza politica, annunciano i tre ai reporter presenti. Inoltre, promettiamo aiuti economici fino al termine della guerra.

La notizia si diffonde in tutta la città come un lampo; tutti sperano che ora ci siano di nuovo mezzi di sostentamento sufficienti, che la valuta persiana riacquisti valore e che la posizione economica del paese migliori.

Almeno sulla carta ora siamo riconosciuti come una nazione indipendente, afferma il giovane segretario, mentre esamina le foto sorridendo sempre di più. È comunque un inizio, dice. E Eskandar-Agha si chiede: parla dell'Iran o della qualità delle mie fotografie?

Aftab-Khanum è incantata dalle fotografie del giovane sovrano, la rendono felice quasi più della collana che

Eskandar-Agha le ha regalato. Saranno le mie nuove foto preferite, dice, mettendo nella nicchia un'immagine in cui il re è venuto male ma sorride, e appoggiandoci davanti un fiore secco.

Ripone le altre foto nella cassetta, subito sotto gli scatti dei bambini in strada, dei mendicanti e degli scolari. Poi seguono le immagini delle poche donne che Eskandar-Agha ha potuto immortalare con o senza permesso. Quindi Aftab-Khanum inserisce le foto del bazar, splendidi chioschi, botteghe, mercanti, tessuti, spezie. E ancora quelle della città, delle postazioni dei cannoni, della caserma e dell'inaugurazione della nuova università, l'ufficio postale, vecchie e nuove strade, l'accensione delle lampade a gas, carretti, biciclette e auto americane, tedesche e francesi. Poi vengono gli occupatori *farangi*, soldati di tutte le nazioni, diplomatici *engelissi*, russi e *amrikai*: Eskandar-Agha dice che ormai in Iran devono essercene più di trentamila.

Proprio in fondo alla cassetta ci sono gli scatti dei profughi ebrei polacchi, fuggiti a migliaia in Iran, per mettersi sotto la protezione della Guardia Rossa.

Questa foto è la prova del buon cuore del popolo iraniano, afferma Aftab-Khanum attaccandola nel quaderno del marito. Una giovane iraniana infila un berretto a un piccolo polacco, sebbene lei stessa sia povera.

Vede, grida Aftab-Khanum, dovrebbe mettere nel suo quaderno anche questa cartolina dal sud del paese, da Bushire, è un documento storico.

Davanti è ritratto l'ultimo re della dinastia Qajar e il francobollo porta il timbro di Bushire sotto l'occupazione britannica.

Questa cartolina è soprattutto una prova della nostra stupidità, risponde Eskandar-Agha scuotendo la testa. Il mondo ride di noi, ci ritiene ingenui, perché giorno per giorno regaliamo la nostra materia prima più preziosa a una nazione straniera. La loro economia prospera, la nostra va a rotoli, e da noi la fame miete quotidianamente vittime che nessuno conta.

Possa Allah donare agli *amrikai* e al loro governo una lunga vita, dice Aftab-Khanum guardando in alto, dove siede Dio, e a Eskandar-Agha ricorda sua madre, che faceva la stessa cosa.

Con l'aiuto degli *amrikai* e di questa organizzazione che è stata fondata dopo la prima grande guerra per mantenere la pace nel mondo, abbiamo comunque ottenuto la fine dell'occupazione russa nel nord del paese, conclude Eskandar-Agha. Guarda il suo Sole e aggiunge: mia madre aveva ragione. Quando tutto è perduto, non si deve mai rinunciare alla speranza. E anche il mio vecchio maestro aveva ragione. Finché nelle nostre vene scorre ancora una goccia di sangue, dobbiamo combattere per la libertà e per la giustizia.

Lunga vita alla pace, mormora Eskandar-Agha, e lunga vita anche agli *amrikai*.

1945, un viaggio di piacere e nuovi, piccoli segreti

Eskandar-Agha è contento. Meglio tardi che mai, dice sprizzando gioia e posando la sua paga dell'ultimo mese davanti a Aftab-Khanum sul *korsi*, che d'estate non è riscaldato ed è coperto solo da una tovaglia sottile.

Paghiamo l'affitto in tempo e non abbiamo più bisogno di mettere in conto la nostra spesa dal droghiere, afferma orgoglioso.

E non dimentichi, aggiunge Aftab-Khanum, che da quando ha avuto tanto successo con le foto, con il denaro che ha guadagnato con Mossadegh abbiamo fatto confezionare un paio di pantaloni per lei e una gonna per me. Inoltre possiamo permetterci una visita settimanale all'*hammam* pubblico e di recente abbiamo persino mangiato il gelato.

Giusto in tempo Eskandar-Agha si morde la lingua ed evita ogni osservazione sulla difficile situazione della maggior parte degli altri iraniani. In fondo sa quanto in fretta la sua Aftab-Khanum si rattristi sentendo parlare di queste cose. Invece si tira su, sorride e chiede: quando faremo qualcosa che non abbiamo mai fatto?

Un'avventura? Aftab-Khanum guarda Eskandar-Agha raggiante, come se fosse un eroe che è appena tornato dalla battaglia in cui ha sconfitto un nemico.

Di più: una grande avventura, risponde Eskandar-Agha. Passiamo tutta l'estate sul Mar Caspio, senza fare altro che riposarci e divertirci.

Così, già il primo giorno in cui la scuola chiude per l'estate, Aftab-Khanum mette le loro cose, invece che in un *bokhtshe*, in una valigia moderna che hanno comprato al bazar. Eskandar-Agha affitta una vettura che li porta a un pullman che a sua volta li conduce fino a Ramssar, sul Mar Caspio. La prima notte dormono in una sala da tè, la seconda presso una famiglia di contadini, e per la terza Eskandar-Agha affitta una capanna col tetto di paglia circondata da un appezzamento di terreno.

Gli alberi da frutta profumano deliziosamente, offrono ombra e fresco e regalano frutti squisiti. A Aftab-Khanum piace che la notte possano prepararsi un giaciglio sotto gli alberi e dormire sotto il cielo di Dio, con le sue stelle infinite. Appositamente per questo viaggio Eskandar-Agha ha comprato un nuovo quaderno. Sulla prima pagina scrive con la sua migliore grafia: l'estate indimenticabile del 1324, con la donna più meravigliosa del mondo.

Ogni giorno scrive quello che vedono lui e il suo Sole e ciò di cui parlano; descrive il prosperare dell'orto che hanno piantato; fa fotografie e schizzi dei luoghi che visitano e delle persone che incontrano.

Più di tutte gli piace la storia di Ahmad-Agha, che compare nella loro capanna, si presenta come direttore del famoso hotel Ramssar e offre a Eskandar-Agha, che padroneggia la lingua dei *farangi*, un posto come portiere nel "suo" albergo.

La mia Aftab-Khanum è sicura che sia una spia, annota Eskandar-Agha. Dice: chi altro potrebbe sapere che veniamo da Teheran, abbiamo affittato questa capanna e che lei parla la lingua dei *farangi*?

Invece di tranquillizzarla, scrive Eskandar-Agha, le racconto che gli *engelissi* pagano spie iraniane che infiltrano ovunque, persino nel partito comunista Tudeh, in tutte le aziende e nei ministeri e anche in villaggi e luoghi sperduti come questo. E le confido che gli *amrikai* hanno istituito persino una specie di polizia segreta, per difendere il loro paese dai suoi nemici e soprattutto dai comunisti. Gli *amrikai* hanno anche una stazione in Iran, perché vogliono impedire che i russi strappino allo scià la concessione per l'estrazione del petrolio nel nord del paese.

Quando Eskandar-Agha propone di accettare l'invito dell'uomo e di andarlo a trovare al "suo" hotel, Aftab-Khanum è d'accordo, nonostante abbia paura; la corsa con la vettura noleggiata è indimenticabile. L'aria è fresca e profuma di fiori, erbe medicinali, pini, annota Eskandar-Agha. Ci fermiamo lungo il cammino a comprare bacche selvatiche dai bambini sul bordo della strada, facciamo una sosta nella sala da tè, mangiamo le più fantastiche uova cotte con burro fresco, focaccia calda, miele e panna.

La mia Aftab-Khanum pensa di sentire il sapore forte dell'erba salubre che hanno mangiato le galline e ordina subito altre due uova al burro.

Già all'entrata dell'hotel il profumo dei gelsomini, delle arance e dei limoni è così forte da farci girare la testa. È una fragranza che impregna i vestiti e i capelli e per tutto il giorno si diffonde a ogni movimento, come uno spirito buono. Il giardino è pieno di alberi di tutte le grandezze e sfumature e dappertutto crescono fiori di ogni forma e colore che decorano la strada di ghiaia bianca. Ovunque gorgogliano fontane, accompagnate dalle grida di uccelli esotici.

Così immagino il paradiso, si entusiasma Aftab-Khanum, china la testa sulla spalla di Eskandar-Agha e sorride beata.

Eskandar-Agha scatta una foto dopo l'altra. Alla magnifica entrata dell'hotel, alla costruzione a cupola di vetro con le piante e i fiori, all'hotel con i suoi gradini bianchi e la grande reception, agli enormi tappeti persiani tessuti a mano, ai lampadari che pendono dall'alto soffitto, alle candele, alle splendide poltrone, ai tavoli. Eskandar-Agha fotografa persino le persone eleganti, che emanano profumi distinti.

Mi sembra di essere nel palazzo di un re, sussurra Aftab-Khanum arrossendo.

Eskandar-Agha le strizza l'occhio: allora io sono di certo il suo re.

Anche se Ahmad-Agha, come si capisce in fretta, è tutt'altro che una spia, la visita è piena di sorprese. Eskandar-Agha e Aftab-Khanum possono visitare due delle magnifiche camere dell'albergo e quando Ahmad-Agha mostra loro gli alloggi per i dipendenti dice serio: se accetterà il lavoro, darò a lei e a sua moglie due delle stanze più grandi e più belle; poi fa un cenno a un servitore, gli sussurra qualcosa e conduce Eskandar-Agha e Aftab-Khanum sulla grande terrazza dell'hotel, dove fa portare loro tè caldo e biscotti. Sebbene sia Eskandar-Agha sia Aftab-Khanum si sentano fuori posto fra tanto lusso, i camerieri in livrea, le porcellane, le posate d'argento e i tovaglioli di stoffa, pensano che sia emozionante essere lì e farsi servire da domestici cortesi.

Potrei accettare il posto e potremmo venire a vivere qui, riflette Eskandar-Agha ad alta voce, mentre sono nella vettura sulla strada di casa. Aftab-Khanum risponde con un immediato e categorico "no".

Abbiamo lasciato Shiraz e siamo andati a Teheran perché volevamo stare lì, dove viene scritta la storia, spiega con voce calma, e da parte mia sono contenta non solo che siamo lì, ma anche che in un certo senso partecipiamo alla costruzione del nostro paese.

Qui è meraviglioso, afferma Eskandar-Agha. Ma lei ha ragione. Dovremo lasciare questo paradiso alla fine dell'estate e tornare al nostro lavoro.

Fino a che nel nostro Parlamento siederanno soprattutto signori feudali, tra i quali tanti tirapiedi degli *engelissi* e dei russi, considero mio dovere servire la patria e il popolo, dice Aftab-Khanum. Lei e io non riusciremo ad arrivare in Parlamento. Ma se anche uno solo dei poveretti a cui insegno a leggere e a scrivere un giorno, con l'aiuto di Dio, dovesse andare al *Madjless* come rappresentante del popolo, avrò ottenuto più di quanto abbia mai osato sperare. I rappresentanti del popolo dovrebbero venire dal popolo, dice soprattutto a se stessa, guardando il paesaggio verde lussureggiante, davanti a cui passano con la vettura.

Quando alla fine dell'estate tornano nella capitale, al bazar apprendono la notizia della morte del povero Hushang-Agha, l'uomo al quale Eskandar-Agha aveva venduto la bottega.

A quanto pare è morto dopo aver fatto ricorso ai servizi di donne polacche ed essersi preso il tifo, mormora il dentista per non farsi sentire da Aftab-Khanum.

Più tardi, quando Eskandar-Agha glielo racconta, Aftab-Khanum scoppia in lacrime, sebbene non conoscesse affatto Hushang-Agha.

Non piango per lui, singhiozza. Piango per le profughe polacche. Oltre al loro corpo non possiedono più niente con cui potrebbero guadagnare; gli uomini libidinosi a cui devono concedersi non conoscono vergogna né morale e, in questi tempi difficili, liquidano le poverette con pochi soldi.

La mattina seguente Aftab-Khanum ha un'idea. Vuole unirsi alle vicine e alle colleghe della scuola per scrivere una lettera alla regina Fauzieh, per così dire da donna a donna: vuole chiederle di considerare la posizione delle sfortunate profughe e di concedere loro il suo aiuto. Ma un paio di giorni dopo, è delusa di dover rinunciare al suo piano, poiché il giovane re si è separato dalla bella Fauzieh, la sorella del brutto re egiziano Faruk.

Non è una sorpresa, replica Eskandar-Agha. In fondo l'ha sposata quando lei aveva diciassette anni, solo per ragioni politiche.

Si separa da lei perché gli ha dato solo la figlia Shahnaz e nessun erede al trono, ribatte Aftab-Khanum. Inoltre corre voce che lui abbia portato a palazzo delle amanti. Perciò Fauzieh non è tornata dal suo viaggio in patria.

Qualunque sia la ragione della separazione, scrive Eskandar-Agha con una certa gioia maligna, il mio Sole ha abbandonato l'idea di una campagna per aiutare le profughe polacche.

Altri invece sono insoddisfatti della situazione del paese e della politica del re più seriamente di loro. Negli anni seguenti qualcuno cerca persino di uccidere il sovrano, ma senza successo. I comunisti e la destra si accusano a vicenda, altri pensano che gli stessi fedeli dello scià abbiano simulato l'omicidio, per far capire al re che per il bene del popolo dovrebbe prendere seriamente i suoi compiti. Altri ancora sostengono che i *farangi* abbiano pianificato degli attentati per dare un avvertimento e far desistere il re da qualsiasi idea di cacciare gli occupatori stranieri dal paese.

Chiunque abbia commesso quest'attentato – sostengono Eskandar-Agha e Aftab-Khanum, che eccezionalmente su questa faccenda sono d'accordo –, chiunque sia stato ha soltanto ottenuto che anche quelli che non si annoverano tra gli amici del re ora si preoccupano per lui.

Quando Reza-Khan è salito al trono le piaceva, ora invece Aftab-Khanum soffre per le sue decisioni ingiuste verso i poveri. Ma uccidere una persona non porterebbe a niente, brontola, e Eskandar-Agha è d'accordo con lei senza se e senza ma. E come altre migliaia di persone, stanno in piedi sul ciglio della strada, quando il re prende una nuova moglie e attraversa la città con lei in una carrozza tempestata di oro e pietre preziose.

Nella nicchia dove fino a ora c'era la foto ingiallita del giovane scià, Aftab-Khanum pone ora quella della nuova regina Soraya Esfandiari, figlia di un potente capo della tribù dei Bakhtiari e di madre tedesca. È un simbolo per tutte le donne di questo paese, dice.

E poiché ha visto una foto della regina mentre sale la scaletta di un aereo, Aftab-Khanum parla ora ininterrottamente dei diciassette aerei da combattimento che i *farangi* hanno lasciato in Iran dopo la guerra perché non ne avevano più bisogno.

Ha letto sul giornale che gli ingegneri *farangi* francesi e quelli iraniani hanno trasformato gli aerei da combattimento in velivoli per passeggeri. E coglie ogni possibile occasione per pregare il suo Eskandar-Agha di comprare due biglietti e andare in pellegrinaggio a Mashhad, alla tomba del santo imam Resa, a chiedere una vita lunga e benedetta.

Aftab-Khanum liquida l'obiezione di Eskandar-Agha, che lo stimato imam preferirebbe che andassero in pellegrinaggio in modo tradizionale. Aftab-Khanum sostiene al contrario che lo stimato imam era un uomo intelligente: se fosse ancora vivo, sceglierebbe anche lui la via più comoda e rapida e viaggerebbe in aereo.

Eskandar-Agha diventa forte e deve essere intimidito

In un angolo della moschea, nascosti dietro il piccolo *mambar*, ci sono il segretario, l'insegnante e lo studente dell'ufficio degli scrivani, che osservano tesi Eskandar-Agha.

Penso che sia stata la decisione giusta farlo parlare alla gente di questo quartiere come sostenitore di Mossadegh, dice il segretario, e l'insegnante e lo studente annuiscono d'accordo con lui.

È uno di quelli che come loro è venuto dal basso e ora conduce una vita agiata. La gente gli crederà e gli darà fiducia.

In effetti tutti gli occhi nella moschea sono rivolti a Eskandar-Agha, mentre grida: ero un ragazzino di uno degli innumerevoli villaggi senza nome. Un giorno ho dovuto lasciare il mio villaggio morente, ho oltrepassato la montagna proibita e ho visto i primi *farangi* della mia vita. Erano *engelissi* e cercavano il petrolio. Avevano l'acqua. Quella era l'acqua del nostro villaggio, che era stata portata via a noi per darla a loro. I nostri campi erano aridi, gli animali erano morti, mio padre era perito. Eskandar-Agha fa una pausa, non per fare effetto, ma perché ha davvero un nodo alla gola e non riesce ad andare avanti. Tutto il mio villaggio è morto.

Ho visto zampillare il primo petrolio dal suolo del nostro paese. Puzzava ed era appiccicoso e mi ricordo che a volte aveva guastato il nostro raccolto. Ma gli *engelissi* sapevano come guadagnarci sopra. E guadagnare molto. Hanno costruito la raffineria più grande del mondo a Abadan e portano ogni giorno il prezioso petrolio nel resto del mondo con le loro navi enormi.

Tutto quello che vogliamo da voi oggi, tutto quello per cui lo stimato Mossadegh lotta e vuole il vostro sostegno è questo: i *farangi* devono accordarci almeno una parte dei proventi. Devono farlo perché la nostra patria non muoia, dice Eskandar-Agha con voce controllata, come è morto il mio villaggio.

Gli uomini applaudono e Eskandar-Agha legge nei loro occhi che non solo comprendono quello che racconta, ma che lo vedono letteralmente.

Sono un uomo semplice, afferma. Ma anche un uomo semplice ha una voce e la alzo qui per dire: basta, basta, basta.

Adesso alcuni uomini saltano in piedi e applaudono, ma Eskandar-Agha continua a parlare. C'è una soluzione per il nostro problema, grida.

Il pubblico smette di applaudire e nella moschea cala il silenzio.

L'unico che può tenere testa a quest'ingiustizia e agli invasori è, grazie a Dio, il sempre combattivo settantenne Mossadegh, esclama Eskandar-Agha guardando i suoi ascoltatori fino all'ultima fila.

E perciò sono felice che lo stimato deputato Mossadegh, per cui ho l'onore di lavorare, si sia piegato al Parlamento e abbia deciso di diventare primo ministro. Eskandar-Agha sorride alla folla e guadagna un applauso.

Poi Eskandar-Agha pronuncia qualcosa che non aveva concordato con il segretario. Lo stimato Mossadegh ha bisogno di noi. Noi, i figli di questa terra, incita Eskandar-Agha indicando la parte posteriore della moschea con le braccia tese.

Guardate questi uomini e questi ragazzi. Sono il futuro del nostro paese. Come me sono stati costretti ad andarsene dai loro villaggi. Ma non si sono arresi. Ogni sera vanno a scuola per imparare e diventare membri utili della nostra nazione. E chissà, dice Eskandar-Agha con voce tremante, magari un giorno uno di loro diventerà deputato o persino il prossimo primo ministro.

In realtà Eskandar-Agha potrebbe concludere qui il suo discorso, godersi gli applausi e andare via. Ma incoraggiato dal consenso del pubblico, grida: Shah-an-Shah Aryamehr, Mohammad-Resa-Pahlewi, re dell'Iran, ha... Eskandar-Agha fa una pausa perché è stupito dalle sue stesse parole e non sa come finire la frase.

Aftab-Khanum, che indossando un velo nero siede insieme a poche altre donne in un angolo buio della moschea, diventa inquieta, così come lo studente Agha-Farrokh, l'insegnante e soprattutto il segretario. Avevano esplicitamente concordato che Eskandar-Agha avrebbe evitato qualsiasi accenno al sovrano, specialmente dopo la scoperta di due uomini che sono senza dubbio spie. Per tutto il tempo non hanno avuto reazioni, ma quando Eskandar-Agha nomina il re si tirano su e tendono le orecchie.

Il nostro amato re ha promesso, conclude Eskandar-Agha infine, ha promesso di mettere il bene dei servi della gleba e dei contadini al primo posto. Poiché in fondo è l'agricoltura, sono i prodotti dei contadini che nutrono ognuno di noi.

Ora Eskandar-Agha sa di nuovo quello che voleva dire. Lo Shah-an-Shah ha promesso di occuparsi che possano coltivare i campi e non debbano emigrare nelle città, dove, senza lavoro e senza alloggio, popolano i quartieri periferici, che poi finiscono per diventare quelli in cui vivono i poveri.

Con la coda dell'occhio Eskandar-Agha vede che le due spie discutono, gesticolano, sussurrano coprendosi le mani con la bocca e che palesemente non sono d'accordo se ritenere il suo atteggiamento a favore dello scià o contro di lui.

Nessuno di noi ha comunque il minimo dubbio, grida Eskandar-Agha con prontezza di spirito, che tutti i provvedimenti dell'onoratissimo Shah-an-Shah siano per il bene di tutto il paese. Lunga vita allo scià!, inneggia Eskandar-Agha aspettando l'eco del pubblico, e poi: lunga vita all'Iran, al suo popolo e al nuovo primo ministro Mossadegh! E per sicurezza ripete ancora una volta: lunga vita al re!

Poi corre fuori dalla moschea più veloce che può e attraverso il cortile fino al gabinetto nell'angolo.

Cosa diavolo le è successo?, vuole sapere Aftab-Khanum quando viene fuori bianco come un cencio.

È stato un impulso irrefrenabile, sussurra Eskandar-Agha asciugandosi il sudore dalla fronte e sfregando la mano sui pantaloni *farangi* asciutti.

Ottimo lavoro, grida il segretario comparendo improvvisamente dietro Eskandar-Agha e Aftab-Khanum e spaventandoli. Anche i passaggi non concordati, dice. Semplicemente fantastico. Ha visto le due spie?, chiede senza abbassare la voce. Ha potuto vedere quanto sia grande l'ostilità degli inglesi. Non basta che deridano lo stimato Mossadegh pubblicamente e persino sui giornali, che lo descrivano come un politico malaticcio e irascibile. Non basta che, appena metta piede fuori dalla porta, spie e agenti lo aspettino senza perderlo mai di vista. Ora seguono anche le persone che lavorano per lui o parlano per lui in pubblico.

Eskandar-Agha fa cenno al segretario di non parlare di queste cose di fronte alla sua Aftab-Khanum, ma invano, il segretario non vede e non sente nulla.

La verità è che *engelissi*, russi e soprattutto il nostro re hanno paura di lui, spiega il segretario. Fino a oggi nessun capo di Stato ha osato ribellarsi alla Corona inglese.

Sollevati e contenti del successo di Eskandar-Agha, lui e Aftab-Khanum comprano per strada ancora una focaccia e vanno a casa, dove le due spie li stanno aspettando.

Sai, dice il più alto dei due, chi mangia melone troppo freddo, poi deve sopportare i brividi. Siamo qui per informarti che sappiamo da tempo dove abiti e anche dove lavora tua moglie. E siamo venuti per darti un buon consiglio: non parlare mai più del re in pubblico. Per ora non abbiamo altro da dirti. Stanno per andarsene, quando il più piccolo riflette ancora, porta via a Eskandar-Agha il pane fresco e se lo infila sotto il braccio. Sai, fratello, dice, forse è meglio per te e chi ti sta intorno che non parli in pubblico proprio per niente. Capisci? E per tua moglie qui è meglio se la sera non vada più in quella scuola, perché non vogliamo che uno di questi ragazzi un giorno diventi primo ministro. Hai capito?

Invece di rispondere, Eskandar-Agha apre prudentemente la porta del cortile, spinge dentro sua moglie e si appoggia allo stipite dall'interno.

Ora capisce a quale pericolo siamo appena scampati, sussurra Eskandar-Agha con la fronte bagnata di sudore, come se avesse corso dalla moschea fino a casa.

Aftab-Khanum non riesce a fare che un cenno di assenso spaventata.

Per tutta la notte si rigira nel letto ansiosa; il giorno seguente si licenzia dalla scuola serale.

Tuttavia non lo fa per paura delle spie, ma perché da tempo ha accettato un nuovo posto. Fino a questo incidente non sapeva come spiegarlo al suo Eskandar-Agha. Invece di lavorare due ore la sera, adesso lavorerà tutto il giorno, dalla mattina fino al pomeriggio, in una delle prime scuole femminili del paese.

Ma non può farlo, brontola Eskandar-Agha. Lo ha visto lei stessa. Non le è bastata la minaccia di quei due?

Ah, lasci stare ora, lo calma Aftab-Khanum. Hanno detto che non devo lavorare più alla scuola serale. E questo non lo farò più.

Khanum, per favore, non faccia l'ingenua.

Non credo di essere ingenua. Sono solo realistica. Secondo lei, cosa dovrei fare? Aspettare che gli *engelissi* si ritirino? E i russi? E poi ci sono anche i conservatori, che sono contrari a mandare le fanciulle a scuola. Aspetti, continua Aftab-Khanum. Di chi dovrei avere riguardo? Ma, naturalmente, degli uomini che là fuori credono che una donna non dovrebbe nemmeno scendere in strada. No, agha, prosegue Aftab-Khanum, non posso rimandare la mia vita a più tardi. Aftab-Khanum si tira su e guarda Eskandar-Agha con la testa alta preparando nuovi argomenti, quando lui la ferma e sorride.

Khanum, per favore, faccia quello che desidera. Non voglio litigare con lei.

Aftab-Khanum guarda suo marito confusa e dice piano: i tempi cambiano.

Due giorni dopo che Aftab-Khanum è entrata in servizio, due uomini dalla faccia sinistra sbarrano di nuovo la strada a Eskandar-Agha, in pieno giorno e sebbene siano poco lontani dall'ufficio del premier. Lo insultano, lo spingono di qua e di là e gli strappano di mano la valigetta portadocumenti, svuotandone il contenuto in strada: mezza focaccia, un pettine, un libro di Sadegh Hedayat, una matita e un coltellino tascabile.

Diversamente da quanto Eskandar-Agha aveva creduto, i due non si recano al posto di lavoro di sua moglie, ma al suo.

Cos'hai contro la Anglo-Persian Oil Company?, sbraita il primo dando una violenta testata a Eskandar-Agha. L'impatto è così forte che Eskandar-Agha perde l'equilibrio, barcolla e deve tenersi la testa, perché ha l'impressione che gli cada dalle spalle. Ha un solo pensiero: Aftab-Khanum mi compatirà e mi consolerà quando sentirà quello che mi è successo.

Siete miei fratelli, balbetta Eskandar-Agha. Anche se qualcuno vi paga, siete iraniani, siete nati in questa terra, lei vi ha nutrito.

I due sono confusi. Che cosa vuoi dire?

Niente.

Il primo scuote la testa, come se le parole di Eskandar-Agha fossero una mosca fastidiosa. Che ti importa se gli *engelissi* prendono il nostro petrolio?

Poiché Eskandar-Agha non replica subito, l'uomo lo colpisce al petto e, mentre inciampa e cerca di non perdere l'equilibrio, Eskandar-Agha pensa chiaramente, come se fosse scritto nero su bianco: questi due vogliono darmi una punizione esemplare. Può fare quello che vuole, tacere, piangere o lamentarsi; lo picchieranno lo stesso. Allora Eskandar-Agha raccoglie tutto il suo coraggio e parla.

Fratelli, siete in due e più forti di me, esordisce. Dunque non ho alcuna speranza di tenervi testa. Per questo posso dire la verità, in modo da non perdere anche la dignità. È vero, sono contro l'occupazione illegale degli *engelissi*, contro il furto del nostro petrolio, lo sfruttamento e l'esclusione degli iraniani dai profitti. Il sudore freddo gli scorre sulla schiena, gli tremano le ginocchia, ma è orgoglioso di sé. Tiene dritta la schiena e dice: picchiatemi o fatemi quello che ritenete giusto e poi andiamo ognuno per la sua strada.

Gli uomini si guardano, osservano Eskandar-Agha, uno si gratta la testa e muovendo un passo indietro lascia posto all'altro. Senza una parola, senza un avvertimento, quest'ultimo assesta a Eskandar-Agha due sonori ceffoni. Poi i due si scambiano un'altra occhiata, annuiscono soddisfatti e scompaiono.

Appena si ritrova solo, Eskandar-Agha non si regge in piedi e crolla. Tira fuori il fazzoletto, che Aftab-Khanum gli ha messo in tasca come ogni mattina, lo immerge nell'acqua fredda del *djub* e si bagna il viso dolorante, quando improvvisamente il segretario compare spaventandolo di nuovo.

Sono agenti iraniani degli *engelissi*, spiega lui quando Eskandar-Agha gli racconta tutto. Hanno il compito di intimidire la gente e creare disordini. Il segretario prende anche lui il suo fazzoletto dalla tasca dei pantaloni, lo immerge nell'acqua del *djub* e se lo mette sulla fronte. Siede così per un momento, guardando nel vuoto, finché si rende conto della stranezza del suo comportamento, immerge di nuovo il fazzoletto nell'acqua, lo strizza e questa volta lo mette sulla nuca di Eskandar-Agha.

Non mi importa se siano provocatori o altro, mormora Eskandar-Agha. Ne ho abbastanza, da domani non verrò più al lavoro. Mi giudichi un vigliacco, faccia come vuole. Sono troppo attaccato alla vita, dice fissando l'acqua del *djub* che scorre.

Sarebbe un errore, replica il segretario con il suo tipico sorriso. Posso capire quanto lei sia spaventato e intimidito, ma non deve arrendersi così facilmente.

Più di ogni altra cosa Eskandar-Agha vorrebbe posare la testa sulla spalla del segretario e farsi consolare. Come un tempo, quando appoggiava la testa sulla spalla di Mesterr Richard e non voleva separarsi da lui.

Il segretario guarda Eskandar-Agha, gli tocca prudentemente la guancia gonfia e dice: almeno abbiamo la prova che gli *engelissi* hanno realmente paura di noi. Prende il fazzoletto dalla fronte di Eskandar-Agha, lo tiene nel *djub* per sciacquarlo e rinfrescarlo. Per i *farangi* la posta in gioco è alta, in fondo l'APOC è ormai la loro maggiore fonte di guadagno. E solo grazie all'economico petrolio iraniano possono costruire tante automobili, viaggiare e fare il pieno di benzina.

Da come la mettete, sembra che tutta la loro economia dipenda dal nostro petrolio, risponde Eskandar-Agha.

Sì, dal funzionamento della raffineria di Abadan, conferma il segretario annuendo soddisfatto della propria spiegazione.

Mi creda, replica Eskandar-Agha torcendo il viso dal dolore e cercando di non aprire troppo la bocca, gli *engelissi* non temono niente e nessuno. Non ne hanno bisogno.

Con tutto il rispetto, ribatte il segretario strizzando il fazzoletto e posandolo sulla guancia gonfia di Eskandar-Agha, mi dispiace davvero per quanto le è accaduto, ma come ho detto è la miglior prova di quanto gli *engelissi* siano innervositi. Inoltre dimostra che siamo sulla strada giusta.

Lo so, mormora Eskandar-Agha, ieri abbiamo dovuto copiare questo testo venti o trenta volte.

Il segretario sfiora delicatamente la mascella di Eskandar-Agha e dice: in ogni modo non vedo sangue.

I due rimangono seduti per un po' accanto al *djub*. Il segretario non sorride più, quando riprende a parlare: è importante che anche le persone semplici come lei e me non si arrendano ora. Lei stesso nella moschea ha affermato che siamo il sostegno dello stimato Mossadegh: senza di noi non potrebbe fare ciò che fa, senza di noi perderebbe la sua battaglia.

Mi creda, replica Eskandar-Agha, anche lui con un'espressione di assoluta sincerità, nessuno si accorgerà se un sostegno fragile come me terrà o crollerà.

Ho notato che ultimamente lo stimato Mossadegh riceve frequenti visite dagli *amrikai*, continua il segretario come se stesse rivelando un segreto. Gli *amrikai* sono brave persone: amano gli iraniani. Recentemente, quando lo stimato Mossadegh ha visitato l'*Amrika*, il presidente Truman ha dichiarato la sua amicizia verso il nostro stimato premier e ieri o l'altro ieri ho visto che ha mandato di nuovo i suoi saluti.

Devo andare a casa, conclude Eskandar-Agha sperando che sua moglie abbia maggior riguardo per la sua brutta situazione di quanto ne abbia avuto il segretario.

Si prenda pure la giornata libera, lo congeda il superiore, ma conto di vederla tornare in ufficio.

Entrando in cortile, Eskandar-Agha si sente come se non avesse ricevuto solo un violento colpo in testa e dei ceffoni, ma come se avesse preso un sacco di botte. Fa una smorfia di dolore, si tiene la mandibola, zoppica un po' e raggiunge l'effetto sperato con Aftab-Khanum.

Con gli occhi spalancati, sua moglie si mette la mano davanti alla bocca per non gridare e nonostante questo urla forte: che Allah mi fulmini, che cosa le hanno fatto?

I vicini, le cui finestre danno sul cortile, tirano fuori la testa, ma non riescono a capire il motivo dell'agitazione e tornano a occuparsi dei loro affari.

Aftab-Khanum sistema i cuscini accanto alla vasca, aiuta il marito a sedersi, prende la grande anguria che aveva messo nel catino per rinfrescarla, porta zucchero e tè. Dopo che Eskandar-Agha le ha raccontato la storia più volte, con particolari sempre nuovi, Aftab-Khanum gli porge il suo quaderno. Scriva, lo esorta. È una buona storia, deve essere ricordata. E domani la riferiranno alle mie allieve. Andranno a casa e la racconteranno ai loro genitori; si spargerà la voce riguardo a questi bruti. Possa Dio punirli per le loro azioni, accecarli e mandargli la peste, impreca Aftab-Khanum.

Spieghi alle sue allieve che, nel caso avessero l'intenzione di studiare all'estero, non devono assolutamente scegliere l'Inghilterra, bensì un'università in *Amrika*, dice Eskandar-Agha. Diversamente dagli *engelissi*, gli *amrikai* vogliono solo il meglio per noi e per la nostra terra. Rispettano Mossadegh, continua Eskandar-Agha, chinandosi con fare cospirativo. Probabilmente tirano le fila dietro le quinte da molto tempo e presto lo supporteranno apertamente, le confida piano.

Gli *amrikai*? Sostenere il nostro premier? Contro i loro stessi alleati, gli *engelissi*?

Khanum, abbassi la voce, la rimprovera Eskandar-Agha cercando di capire se i vicini abbiano sentito. Creda a quello che vuole, mormora. Ma sa che la politica è sporca. Eskandar-Agha guarda di nuovo le finestre in cerca di ascoltatori nascosti.

Questa volta è lui che si rigira nel letto per tutta la notte. La mattina annuncia: non andrò a lavorare.

Ma Aftab-Khanum non molla ed esce di casa, accompagnata da lui. Davanti alla scuola Eskandar-Agha vede con la coda dell'occhio due uomini in piedi dall'altro lato della strada che li guardano. Ci sono due della stessa risma di quelli che mi hanno picchiato, sussurra.

Si calmi, bisbiglia Aftab-Khanum sorridendo. Quelli osservano tutti.

Vuole dire che non è la prima volta che li vede?

Invece di rispondere, Aftab-Khanum fruga nel suo cesto troppo grande.

Da quanto sono qui questi due?

Da... mi lasci riflettere, non mi ricordo, mente Aftab-Khanum ridendo. Probabilmente dormono pure sul marciapiede.

Non capisce, non si scherza con queste cose. Questi uomini sono pericolosi. Sono spie, picchiatori prezzolati e provocatori come quelli che mi hanno malmenato.

Che siano quello che vogliono, replica Aftab-Khanum. Non ho fatto niente di male, mi lasceranno in pace.

E io che cosa avrei fatto di male? Eskandar-Agha fatica a controllarsi.

Quei due si limitano ad andarsene in giro e ad annoiarsi, cerca di tranquillizzarlo Aftab-Khanum. Non hanno nulla a che fare con gli uomini che l'hanno picchiata.

Khanum, per favore, la smetta di fare l'ingenua.

Mi dispiace dal profondo del cuore per quello che le è successo, ma dobbiamo continuare a vivere, asserisce Aftab-Khanum. E la smetta di fissare quei tipi, o attirerà solo guai. Vada, per favore, e non si ponga problemi inutili. Faccia il suo lavoro e tornando a casa porti due pani *sangak*.

Bene, sussurra Eskandar-Agha. Può rimproverarmi di tutto, ma mai di aver dimenticato il pane.

Fino a ieri. Aftab-Khanum sorride conciliante e tocca rapidamente la mano del suo Eskandar-Agha. Se potessi baciarla davanti a tutti, lo farei ora, dice e guarda Eskandar-Agha finché lui non scompare nella traversa successiva. Mentre entra nel portone della scuola, si accorge che uno solo dei due uomini è rimasto dall'altro lato della strada; poi vede il secondo che svolta nella stessa strada imboccata da suo marito.

Non si preoccupi, la rassicura la direttrice, forse si è sbagliata. E anche se suo marito fosse seguito, lo dice lei stessa, la sua posizione tra i sostenitori del premier non è particolarmente elevata. La direttrice guarda Aftab-Khanum dubbiosa. È sicura che non si sia reso colpevole di niente?

Oggigiorno non è necessario rendersi colpevoli, mormora Aftab-Khanum, ma non dice alla direttrice che il giorno precedente due spie, agenti, o chiunque fossero hanno già attaccato il suo Eskandar-Agha sulla pubblica via.

Durante la lezione perde continuamente il filo e rimprovera aspramente una studentessa perché guarda dalla finestra. Aftab-Khanum si scusa con la classe, ma le resta addosso una sensazione di disagio.

La sera compie un gesto che non faceva più da molto tempo. Nonostante il freddo, che le provoca dolori alle membra, e sebbene presto sarà buio, si mette davanti alla porta di casa e aspetta impaziente il suo Eskandar-Agha. Poiché è in ritardo di mezz'ora, si preoccupa tanto che scende in strada. Ma molti uomini si fermano e la guardano male o passando fanno commenti volgari e Aftab-Khanum batte subito in ritirata. Prende la lampada a olio dalla camera e prega la vicina di lasciare che suo figlio la accompagni in strada.

Il ragazzo ha freddo ed è stanco, ma nonostante questo cerca di dire parole di conforto a Aftab-Khanum. Anche mio padre a volte torna a casa tardi; anche a me succede. È la vita, dice il ragazzo incassando la testa nelle spalle, per ripararsi dal freddo.

Hai ragione, sospira Aftab-Khanum. Mi fai vergognare di me stessa. E mi dispiace di averti privato del tuo meritato riposo.

Non fa niente, risponde il ragazzo. Aiutare la gente mi rende felice.

Sei un bravo ragazzo, gli dice Aftab-Khanum. Quanti anni hai?

Non lo so, khanum. Forse dodici o quattordici.

E che lavoro fai?

Sono apprendista dal falegname che sta all'altro capo della strada.

Ti piace il tuo lavoro?

Non lo so, khanum.

Sei andato a scuola?

No, khanum.

Perché no?

Non lo so, khanum.

Sai che cos'è una scuola?

No, mi perdoni, khanum, non lo so, risponde il ragazzo guardando in terra imbarazzato.

Non fa niente, replica Aftab-Khanum. Non è una vergogna. Molte persone non sanno cosa sia una scuola. Accarezza il ragazzo sulla testa. Una scuola è un posto dove si può imparare a leggere, a scrivere, a contare e a fare molte altre cose utili.

Mi perdoni, dice il ragazzo, di queste cose non so nulla.

Sai scrivere il tuo nome?

No, khanum. Mi perdoni, non lo so fare, risponde il ragazzo timidamente, squadrando Aftab-Khanum di sottecchi. Mio padre dice che lei sa leggere e scrivere. È vero?

Sì, risponde Aftab-Khanum sollevando il mento del ragazzo e costringendolo a guardarla in faccia. E quando Dio misericordioso vorrà e il mio Eskandar-Agha tornerà a casa, ti insegnerò a scrivere il tuo nome.

A me, khanum? Io non sono che un apprendista del falegname. Come potrebbe mai uno come me imparare a scrivere?

Fammi vedere le mani, lo invita Aftab-Khanum e prende le mani fredde del ragazzo nelle sue. Hai delle dita bellissime e delicate. Qual è il tuo lavoro?

Khanum, non lo so.

Smettila di ripetere "non lo so". Non puoi non sapere che lavoro fai.

Il ragazzo non è abituato a tanto interesse, a rispondere a tante domande, a parlare tanto: guarda Aftab-Khanum come se parlasse un'altra lingua. Khanum, mi perdoni, mormora abbassando lo sguardo con aria colpevole.

Sei apprendista dal falegname. Significa che seghi il legno e infili chiodi e...

Intaglio, aggiunge il ragazzo, e i suoi occhi si illuminano perché ora capisce lo scopo della domanda. Faccio *khatamkari*, intarsi, con oro, avorio e il legno più pregiato nelle cornici, nelle scatole, nelle cassette, nei portagioie, spiega il figlio della vicina riabbassando bruscamente la testa, come se fosse spaventato dalla sua stessa voce e dalle tante parole.

Vedi, approva Aftab-Khanum, allora sai quello che fai. Solleva di nuovo amorevolmente il mento del ragazzo, in modo che almeno per un istante non possa distogliere lo sguardo. Per uno come te, che fa tutti questi lavori belli, raffinati e anche difficili, scrivere il tuo nome sarà un gioco da ragazzi, dice. Aftab-Khanum lascia il mento del ragazzo. Come ti chiami?

Io, khanum? Mi chiamo Hossein, figlio di Ali-Agha.

Hossein è un bel nome. Hossein e Ali, due dei dodici santi imam, aggiunge Aftab-Khanum.

Gli occhi del ragazzo brillano di nuovo. Khanum, questo lo so, afferma, e questa volta senza abbassare la testa.

Khanum, che fa qui? Eskandar-Agha spaventa Aftab-Khanum e il figlio della vicina. Che fa qui il ragazzo? Per l'amor di Dio, è successo qualcosa?

Questo lo chiedo a lei, grida Aftab-Khanum. Dov'è stato? Mi sono spaventata a morte.

Mi dispiace, mia amata, risponde Eskandar-Agha prendendo a sua moglie la lampada a olio e posandole un braccio sulla spalla, poiché è buio e nessuno oltre il ragazzo dei vicini può vederli. Ho pensato che si sarebbe preoccupata, ma non ho trovato il modo di dirle che oggi avrei fatto tardi.

Aftab-Khanum prende la mano fredda di Hossein, la infila nella tasca della sua giacca e gli mette il braccio intorno alla spalla, per riscaldarlo e farlo stringere a lei.

Ho immaginato così tante cose brutte. Aftab-Khanum trema per l'agitazione. In tutta la città ci sono disordini, la gente scompare. Pensavo che l'avessero picchiata di nuovo o arrestata e che avrei dovuto tirarla fuori dalla prigione, o ancora peggio, venire a prendere il suo cadavere in qualche commissariato di polizia.

Ha immaginato tante cose in così poco tempo, replica Eskandar-Agha cercando di sdrammatizzare.

Per favore, agha, non c'è da scherzare. Persone come lei e me vengono perseguitate, arrestate e uccise.

Ha ragione, confessa Eskandar-Agha. Proprio questa è una delle ragioni per cui in ufficio abbiamo tanto da scrivere. Non possiamo andare a casa quando ci pare solo perché le nostre mogli non si preoccupino. Non ho potuto neanche comprare il pane, il panettiere aveva già chiuso il forno.

Abbiamo ancora il pane di ieri sera, propone Hossein, il figlio dei vicini.

Non ho proprio fame, risponde Eskandar-Agha. Il segretario, l'insegnante e lo studente dell'ufficio degli scrivani hanno fatto portare da mangiare dallo *tshelokababi*. Sarebbe stato scortese rifiutare la loro gentile offerta.

Il suo capo ha pagato almeno la cena?, chiede Aftab-Khanum. Ma ancora prima che lui possa rispondere, lo interroga: ha notato che stamattina uno dei due uomini l'ha seguita?

Naturalmente sì. Mi stava alle calcagna e, a lei posso confessarlo, ho avuto davvero paura.

Chi sono questi bruti, in nome di Dio?, sussurra Aftab-Khanum con un tono che fa rabbrividire Eskandar-Agha e il figlio dei vicini.

Agenti del governo, mormora Eskandar-Agha. Khanum, non è tutto. Immagini, continua con un filo di voce Eskandar-Agha godendosi l'attenzione di Aftab-Khanum e del ragazzo, dicono che alcuni agenti vengano pagati direttamente dagli *engelissi* per spaventare la gente. Vogliono che risulti evidente quanto poco potere abbia lo scià con la sua polizia e che il governo non sarebbe in grado di mantenere l'ordine nel paese.

Non capisco, si lascia sfuggire il ragazzo e subito abbassa la testa.

Eskandar-Agha e Aftab-Khanum lo guardano sorpresi. Esatto, sottolinea lei. È una buona osservazione: a cosa servono tutte queste manovre?

Fate due più due, li esorta Eskandar-Agha. Naturalmente in questo modo gli *engelissi* vogliono ottenere che noi, il popolo, ammettiamo che abbiamo urgentemente bisogno di loro e che è importante che restino in Iran, altrimenti il nostro paese precipiterà nel caos.

È vergognoso e contro ogni morale, brontola Aftab-Khanum.

Istigano fanatici religiosi ad attaccare le minoranze. Ebrei, *bahai*, persino gli appartenenti all'antica religione persiana, lo zoroastrismo, ogni giorno vengono a chiedere aiuto al primo ministro perché le loro case e gli uffici vengono saccheggiati e incendiati.

E i ceffi che la seguivano? Possono ricomparire da un

momento all'altro. Mio caro, lei è in pericolo. Aftab-Khanum stringe il braccio del marito ancora più forte. Dobbiamo essere prudenti, sussurra. Forse davvero è meglio che domani rimanga a casa e si dia malato. Dovremmo lasciare la città. Andiamo a Ramssar, il cortese Ahmad-Agha ha detto che l'avrebbe assunta nel suo hotel in qualsiasi momento. Aftab-Khanum stringe la spalla del ragazzo. E tu devi essere muto come una tomba. Mi hai capito?

Khanum, come vuole. Ma partirà prima di avermi insegnato a scrivere il mio nome o dopo?

Non partiremo affatto, annuncia Eskandar-Agha con voce ferma. Lei stessa predica la responsabilità che ognuno di noi ha verso il suo paese. Ora è il momento di provare che parliamo sul serio.

Anch'io voglio dimostrare coraggio e assumermi la responsabilità della mia terra, dice il figlio dei vicini felice.

Il ragazzo è così colpito da Eskandar-Agha e Aftab-Khanum che non perde più occasione di stare vicino a loro. Lui e Aftab-Khanum diventano buoni amici, anche perché la sera stessa lei gli insegna a scrivere il suo nome.

Poi impara a scrivere quello di sua madre, della sorella, di Aftab-Khanum, della regina Soraya e di Fatima, la figlia del Profeta. La sera Aftab-Khanum, il ragazzo e i suoi genitori siedono insieme accanto alla vasca del cortile e attendono il ritorno di Eskandar-Agha. Bevono tè, mangiano yogurt con cetrioli, formaggio di pecora e pane fresco, si raccontano le ultime novità e immaginano che un giorno lo stimato Mossadegh nazionalizzerà il petrolio e finalmente non dovranno più avere paura. Si ripetono a vicenda che nel bazar arriveranno tutte le merci possibili, le botteghe saranno piene e i prezzi scenderanno: la loro vita sarà più facile.

Un giorno, al suo rientro, Aftab-Khanum racconta: il portiere della mia scuola a mezzogiorno ha portato del pane e del tè ai due uomini ambigui sull'altro lato della strada; io ho proposto di chiedere loro chiaro e tondo che cosa vogliono e per chi lavorano, ma la direttrice me l'ha proibito.

Eskandar-Agha aggiunge che ha dovuto copiare la lettera di un uomo che ha perso il lavoro insieme ad altri operai; ora nessuno di loro sa più come dar da mangiare alla propria famiglia. Gli operai volevano venire all'ufficio del primo ministro, ma lungo la strada sono stati trattenuti da un gruppo di uomini e picchiati.

Chi erano gli uomini che li hanno picchiati?

Eskandar-Agha alza le spalle. Nessuno lo sa. Polizia, fanatici religiosi, agenti del re, spie. Potevano essere chiunque. In ogni modo ora gli operai sono così spaventati che restano a casa a mandar giù il boccone amaro.

E lei poveretto deve ascoltare e vedere tutto questo, lo compatisce Aftab-Khanum.

Eskandar-Agha si gode la compassione della moglie. Ci sono cose ben peggiori, dice. Mi spezza il cuore vedere donne che siedono fuori dalle case piangendo tutto il giorno, sperando che i loro mariti, figli, padri, che erano alle manifestazioni e sono stati arrestati vengano liberati grazie all'intervento del premier.

Ai vicini piace più di tutto quando Eskandar-Agha racconta del famoso primo ministro e può mostrare loro le fotografie che gli ha fatto.

Oggi lo stimato Mossadegh ha emanato una legge, annuncia Eskandar-Agha orgoglioso. Io stesso sono stato incaricato di copiarla in una grafia chiara e leggibile.

Possa Allah far sì che sia una buona legge, si augura il padre di Hossein rivolgendo lo sguardo al cielo.

Sì, lo è, afferma Eskandar-Agha. Buona, anzi, molto buona. Ma invece di rivelare di quale legge si tratti, tace per farsi pregare dal suo pubblico.

Ora racconti un po', lo esorta Aftab-Khanum impaziente.

Mossadegh ha imposto questa legge contro il volere degli stranieri e del re, e il Parlamento l'ha approvata. Fino a nuovo ordine i *farangi* non riceveranno più alcuna concessione per l'estrazione delle materie prime, spiega

Eskandar-Agha orgoglioso; i vicini annuiscono in segno di apprezzamento, come se fosse stato lui stesso a combattere per questa legge

È persino vietata qualsiasi trattativa con gli stranieri riguardo alle concessioni, prosegue Eskandar-Agha con espressione seria, sebbene sappia che in realtà i vicini non capiscono di cosa stia parlando.

Hossein, il figlio dei vicini, incoraggiato da Aftab-Khanum, si è abituato a dar voce alle sue domande non appena se ne presenti l'occasione. E ne ha moltissime. Chi è Mossadegh? Che cos'è un primo ministro? Posso diventare primo ministro anch'io? Cos'è una manifestazione? Per che cosa manifestano le persone? Sono solo gli uomini a scendere in strada o anche le donne? Chi è l'uomo più potente del paese? Perché il re non fa niente per chi non ha da mangiare, né un tetto sopra la testa, né l'acqua? I *farangi* non amano la propria patria? Perché non se ne vanno? Che malattie sono quelle che stanno uccidendo tanta gente? Che aspetto ha il vaiolo, cos'è il colera, da dove vengono le pulci e i pidocchi? Si può purificare l'acqua in modo che non porti più malattie? Che cos'è un medico? Un ragazzo semplice come me può diventarlo?

Tra non molto, ragazzo mio, potrai diventare tutto quello che vuoi, spiega Eskandar-Agha con gli occhi che brillano. Qualsiasi porta si aprirà per te. Modernizzeremo l'agricoltura, realizzeremo una vera riforma agraria, e i ricchi nel nostro paese capiranno finalmente che la nostra terra non deve appartenere a pochi potenti, ma a tutto il popolo.

A tutti? Quindi anche a un ragazzo semplice come me?

A maggior ragione a uno come te, grida Aftab-Khanum rendendosi conto di essersi affezionata al figlio dei vicini.

Abbiamo bisogno di fabbriche e aziende, in modo da poter produrre da noi tutto quello che ci serve, in modo che le persone possano comprare medicine e andare dal dottore, in modo che ciascuno possa bere acqua pulita, prosegue Eskandar-Agha entusiasmandosi così tanto che salta in piedi e grida: in modo che abbiamo strade, fabbriche, ospedali, scuole, università, in modo che i giovani come te abbiano un futuro!

E per questo ci serve il denaro ottenuto con il nostro petrolio, conclude il figlio dei vicini saltando in piedi anche lui e alzando il pugno. Il padre gli lancia uno sguardo di rimprovero e Aftab-Khanum lo copre di lodi. Sarei orgogliosa di avere un figlio come te, dice sorridendo e cercando di non piangere dalla gioia.

Stimata khanum, quando insegnerà a mio figlio a scrivere il nome di suo padre?

Ogni cosa a suo tempo, risponde Aftab-Khanum, anche nella scrittura.

Eskandar-Agha incontra Mahrokh-Khanum

Signori, possiamo essere orgogliosi di noi, annuncia il segretario, quando vede la voluminosa pila di documenti e contratti.

Eskandar-Agha, l'insegnante e lo studente – che da tempo ha concluso gli studi, ma continua a essere chiamato studente per abitudine – sorridono grati per la lode del segretario e sperano segretamente in una piccola ricompensa.

Il segretario soppesa la pila di carte, come se fosse un melone maturo o un pezzo di carne succulenta. Questa è l'arma con cui sconfiggeremo definitivamente gli *engelissi* e trionferemo, dice alzando il fascio di carte sopra la testa come un trofeo. Lo giuro, quanto è vero che sono qui davanti a voi, grida aspettando una reazione dei suoi tre ascoltatori.

Poiché è il più anziano e anche l'unico a essere stato picchiato e a godere per questo di una sorta di status di martire, a Eskandar-Agha spetta parlare in nome dei suoi colleghi. Stimato agha, dice, ci rallegriamo di aver potuto servire lei e la nostra patria.

Il segretario è raggiante. Da più di quarant'anni gli *engelissi* si comportano con noi come se fossero a casa loro. E ora porterò in fretta questi preziosi documenti all'ufficio dello stimato premier, conclude.

Ma dopo appena cinque minuti torna a testa bassa nell'ufficio degli scrivani; solo dopo molte domande e preghiere spiega la ragione della sua prostrazione. Non sono stato neanche ammesso alla presenza del segretario dello stimato Mossadegh. Mi hanno chiesto soltanto perché nessuno avesse ancora portato i documenti a Abadan. E ora io stesso ho ricevuto questo incarico. Devo andare con questi documenti alla sede dell'APOC di Abadan e lì consegnarli a qualche segretario dei britannici.

Ma è meraviglioso, grida Eskandar-Agha cingendo la spalla dell'infelice segretario come un padre. Hanno talmente fiducia in lei che le danno la grande responsabilità di spiegare al segretario degli *engelissi* in cosa consistano le rivendicazioni del nostro stimato premier e del suo governo.

Al segretario degli *engelissi*?, sogghigna l'insegnante, quando è di nuovo solo con Eskandar-Agha e lo studente.

Eskandar-Agha, l'insegnante e lo studente continuano a ridere e si prendono gioco del loro superiore, quando la porta si apre di nuovo e il segretario guarda Eskandar-Agha annunciando: e lei, mio stimato amico, mi accompagnerà in questa importante missione.

Appena la porta si richiude l'insegnante e lo studente ricominciano a ridere. Questa volta non si fanno beffe del segretario, ma del povero Eskandar-Agha che ora paga la sua gentilezza – magari non intesa in maniera realmente gentile – dovendo viaggiare per mille chilometri solo per seguire il segretario.

Vada, lo incoraggia Aftab-Khanum. Le farà bene. È una vita che non arricchisce i suoi appunti né fa più fotografie. Questo viaggio le darà nuovi stimoli. E a me non farà male stare un paio di giorni da sola senza dover avere a che fare con la sua bontà e le sue attenzioni, lo lusinga Aftab-Khanum. Chissà, forse inviterò una delle altre insegnanti e qualche studentessa e cucineremo *khoresht-bademjan*.

Vuole scherzare? Cucinerà riso e melanzane, uno dei miei piatti preferiti, proprio mentre sono in viaggio?

Sì, dice Aftab-Khanum sogghignando.

A Eskandar-Agha piace quando lei gioca a fare la civettuola e l'ingenua.

Ora che ci penso, aspetterò che lei sia tornato e preparerò *ssabsi-polo-mahi* per le mie studentesse.

Ma quello è proprio il mio piatto preferito.

Allora aspetterò anche per quello, dice Aftab-Khanum ridendo. Così sarò certa che non rimarrà al sud.

Come le viene in mente che potrei non tornare?

L'unica ragione che impedisce agli uomini di tornare a casa, risponde Aftab-Khanum continuando a guardare il marito, è un'altra donna.

Andando in ufficio, Eskandar-Agha continua a sentire le parole della sua Aftab-Khanum: un'altra donna, un'altra donna. E a poco a poco quest'altra donna acquista delle fattezze e un profumo, quelli di Mahrokh-Khanum.

Erano anni che non pensava a lei, ma ora, a causa dell'avvicinarsi del viaggio e delle parole della sua Aftab-Khanum, i ricordi dimenticati acquistano nuova vita.

Eskandar-Agha cerca di scacciare le immagini nella sua mente con quelle del *ssabsi-polo* fumante, del *bademjan*, del *ghure*, cannella e cipolle grigliate. Ma trionfano la fragranza del sapone al miele e al latte, le immagini di Mahrokh-Khanum con una camicia sottile, attraverso la quale si intravedeva il seno, immagini della sua mano, dell'olio sulla pelle liscia e scura e del suo corpo.

Come se non fossero passati decenni, Eskandar-Agha vede se stesso con la domestica mentre mettono a bollire le essenze, lei le mescola con la bacchetta e bagna un panno con il decotto; poi la domestica pressa il sapone e lo modella con le sue mani delicate. Mentre ricorda di quando lavava la sua Mahrokh-Khanum e la amava subito dopo, Eskandar-Agha sente caldo, gli gira la testa e deve sedersi sul bordo del *djub*, per riprendersi.

Che l'Onnipotente mi punisca per questi pensieri spaventosi; si maledice e si morde la mano. Dio mi è testimone, non è colpa mia, la stimata Aftab-Khanum mi ha fatto venire in mente queste cose, mormora cercando di concentrarsi sui rumori della strada. Per distrarsi conta le macchine e i carri che passano.

Ma qualunque cosa faccia, le immagini di Mahrokh-Khanum, delle sue belle domestiche e persino di donne totalmente sconosciute si rifiutano di svanire dalla sua testa.

Nonnino, mi perdoni, dice un ragazzo chinandosi verso Eskandar-Agha e posandogli la mano sulla spalla. Non sta bene? Posso aiutarla?

Eskandar-Agha strizza gli occhi, alla luce del sole. Dice a me?

Il giovane sorride preoccupato. Le serve aiuto?

Come se si fosse addormentato e si stesse svegliando lentamente, Eskandar-Agha si strofina gli occhi. È la prima volta che mi chiamano nonnino, dice. Grazie, figliolo, mi ha già aiutato. Questa è la vita, mormora Eskandar-Agha. Il tempo viene e va. Sono diventato un nonnino e probabilmente neanche la bella Mahrokh-Khanum è più quella che era.

Chi?, chiede il ragazzo.

Ah, niente. Eskandar-Agha scuote la testa e continua a guardare il giovane che per la prima volta lo ha chiamato nonnino.

Che le è successo?, vuole sapere il segretario, come sempre sorridente nella sua camicia bianca stirata, quando Eskandar-Agha compare in ufficio più tardi del solito. Sembra che abbia dormito a lungo.

Giusta osservazione, replica Eskandar-Agha. È così, ho dormito. Ma ora sono sveglio e pronto.

Dormito? Sveglio? Pronto per cosa?

Pronto a tutto, pronto per qualsiasi cosa succeda, risponde Eskandar-Agha. Semplicemente pronto.

Bene, dice il segretario aggrottando la fronte, ma senza interesse ad approfondire le parole di Eskandar-Agha. Allora possiamo avviarci?

Per qualunque destinazione lei voglia, ribatte Eskandar-Agha senza notare che con i suoi modi sta innervosendo il segretario.

Solo dopo che hanno comprato i biglietti per il treno e si sono seduti ai loro posti, il segretario si rilassa di nuovo. È la prima volta che viaggio in treno, dice abbracciando la borsa con i documenti come se fosse un neonato.

Non deve avere paura, è assolutamente sicuro, lo tranquillizza Eskandar-Agha.

Sulle prime il segretario non capisce, poi ride. No no, dice, non ho paura. Al contrario, il viaggio mi rallegra e sono rilassato, se è vero quello che dicono, che in treno si dorme bene.

Anche Eskandar-Agha sorride amichevolmente. Il viaggio è lungo, possiamo parlare di molte cose.

Parlare? Di che cosa dovremmo parlare?

Di tutto, risponde Eskandar-Agha allegro. Lavoro da anni per lo stimato Mossadegh, ma l'ho incontrato raramente e perciò non lo conosco. Per esempio può raccontarmi che tipo di persona sia. E del suo partito, il Fronte Nazionale, vorrei saperne di più e mi interessa molto capire come farà a far accettare la nazionalizzazione del petrolio e a indurre lo scià a sostenere i suoi piani. Ma l'unica risposta che riceve dal segretario è un lieve russare. Sorride persino nel sonno, mormora Eskandar-Agha deluso e guarda fuori dal finestrino.

Il segretario si sveglia solo quando il treno si ferma. Poi salta sul marciapiede, si sgranchisce le gambe, allunga le braccia, risistema ordinatamente la camicia bianca nei pantaloni, torna nello scompartimento, chiude gli occhi e si riaddormenta. Poco prima di Abadan si stiracchia un'ultima volta, mangia senza offrire a Eskandar-Agha niente di quello che ha portato con sé: pane, quattro uova sode, cetrioli e pomodori marinati. Poi si macchia la camicia bianca, sorride e finalmente riprende a parlare.

Stimato Eskandar-Agha, lei è l'unica persona che conosco che abbia visto il primo petrolio zampillare dal suolo iraniano. Si può dire che lei sia parte della storia della nostra patria e senz'altro di quella del petrolio. Cercheremo di far colpo sui *farangi* con la sua presenza nella mia delegazione.

Mi rende felice poter servire la mia patria, risponde

Eskandar-Agha cortese. Ma, per favore, non mi metta in imbarazzo, ero solo un domestico, pulivo le scarpe agli *engelissi*, e oggi sono solo un semplice dattilografo.

Vedo che ha con sé la macchina fotografica, lo interrompe il segretario. Faccia tutte le foto che vuole, dice, ma rendendosi conto di suonare altezzoso aggiunge: intendo dire che comprerò le sue foto, in fondo lei è in assoluto il miglior fotografo che conosca.

Questa è anche l'opinione di mia moglie, replica Eskandar-Agha sorridendo. Spera di poter divertire il segretario precisando: tuttavia, per quanto la riguarda, sono in assoluto l'unico fotografo che conosca.

Invece di ridere o di rispondere, il segretario abbandona lo scompartimento e grida: siamo arrivati!

Eskandar-Agha stenta a riconoscere Abadan. La pacifica cittadina è diventata una grande città affollata. Molte strade sono lastricate o asfaltate e su entrambi i lati ci sono alberi. Tutto è pulito, i negozi sono invitanti, ci sono molti ristoranti, sale da tè e caffetterie per i *farangi*. In alcune piazze pubbliche gorgogliano placide fontane, dando l'impressione che la città sia ricca. Il quartiere dei *farangi*, dove anni prima si era riparato dal sole cocente con la sua Aftab-Khanum, con i suoi giardini profumati, i fiori, gli alberi, i prati, le piscine, ha perso la sua tranquillità ed è diventato così grande che ci si può perdere. Oggi come un tempo il quartiere dei *farangi* è l'unico luogo in cui i bambini sono liberi di giocare spensieratamente.

Poiché il gentile vetturino un tempo li ha accolti e Eskandar-Agha ha potuto fare i suoi primi affari grazie a lui, Aftab-Khanum ha preparato *torshi* e confettura di mele per lui e ha incaricato Eskandar-Agha di invitare tutta la famiglia a Teheran. Per questo Eskandar-Agha posa lo sguardo su ogni vettura, facendo innervosire di nuovo il segretario.

Cerca qualcuno in particolare?, chiede.

Eskandar-Agha avrebbe una voglia terribile di dire: per tutto il tragitto, per migliaia di chilometri mi hai ignorato e russato nelle orecchie; ora, negli ultimi metri, vuoi sapere perché guardo le vetture? Oh, risponde Eskandar-Agha, è una lunga storia. Mia moglie e io siamo stati qui anni fa.

Bene, lo interrompe il segretario. Allora sa orientarsi in città e può cercare un alloggio adeguato per noi.

Ci vediamo più tardi, dice il segretario spingendo Eskandar-Agha fuori dalla vettura. Poi guarda il piccolo orologio che ha sul polso; di recente è diventato di moda tra gli uomini che lavorano negli uffici. Per favore, non prenda un alloggio popolare, con le camerate; voglio due camere separate, aggiunge.

Ma nella locanda Eskandar-Agha scopre che ogni camera costa quanto lui guadagna in una settimana. Dunque prenderò una buona camera per il segretario e un letto nelle camerate per me, conclude.

Fratello, il tuo capo paga il pernottamento, sei matto a dormire in una stanza con degli estranei?, chiede il proprietario della locanda. Alcuni russano, altri portano quei moderni calzini *farangi* di nylon che emanano cattivo odore, altri ancora parlano nel sonno oppure capita che gli venga in mente di sdraiarsi nel tuo letto. Non voglio parlar male delle mie camerate, ma se puoi permettertelo...

Sarebbe uno spreco. Eskandar-Agha difende quello che cosidera un atteggiamento lodevole. In fondo sono soldi del popolo, non miei. Inoltre, un uomo semplice come me è abituato a cavarsela dappertutto e in ogni momento. Posso dormire anche in mezzo al rumore, alla puzza, afferma Eskandar-Agha sentendosi quasi un martire.

Che fai qui, fratello?, chiede il padrone della locanda mentre gli dà il resto.

Ho un incarico, inventa Eskandar-Agha. Devo documentare lo sviluppo della città, prosegue provando subito sollievo.

Uscendo si appende al collo la macchina fotografica e si sente come se fosse in missione ufficiale. Per prima cosa scatta foto a una bottega straripante di merci. C'è tutto quello che si può produrre con il nuovo materiale, la plastica, di tutti i colori, forme e grandezze. Dai calzini di nylon alle scatole, taniche, ciotole, scarpe, pettini, sgabelli alti e bassi, cucchiai grandi e piccoli, tazze, bottiglie.

Eskandar-Agha chiede al proprietario di mettersi davanti al suo negozio e lo fotografa. Con un largo sorriso, l'uomo grida: fratello, tutto quello che vedi qui viene prodotto grazie al nostro petrolio, lo sapevi?

Per tutto il pomeriggio Eskandar-Agha va in giro per Abadan, scatta fotografie e ha persino la fortuna di trovare la casa del vetturino.

Non vive più qui da tempo, lo informa una donna. Poi, vedendo il *bokhtshe* in mano a Eskandar-Agha, chiede: vuole lasciare qualcosa per lui? Magari prima o poi passerà da queste parti e...

No grazie, khanum, la interrompe Eskandar-Agha. Sa per caso...

No, agha, non so dove abiti, lo interrompe a sua volta la donna. Prima di chiudere la porta, gli dice: so solo che il vetturino era ormai vecchio e malato e non poteva più pagare l'affitto.

Eskandar-Agha cerca anche nei quartieri più poveri, ma non riesce a trovarlo nemmeno lì. Allora va verso la raffineria, sempre a piedi, per risparmiare e per trovare lungo la strada altri soggetti da fotografare.

Vedendo in lontananza le torri, i grandi container circolari, gli edifici e i tubi della raffineria e sentendo l'odore del petrolio, Eskandar-Agha si rattrista. Non può fare a meno di pensare all'accampamento dei *farangi*, al suo amico canadese, a Khanum-Rohan, a Tajelmoluk, alla sua Rossane e anche alla bella Mahrokh-Khanum.

Ormai sono al mondo da mezzo secolo, è molto tempo, riflette Eskandar-Agha sedendosi al margine della strada e annotando in fretta un paio di righe sul suo quaderno. Del mio passato non mi sono rimaste che singole immagini, soltanto frammenti. Come se non fosse la mia vita ma quella di un estraneo, come se fosse una storia che qualcuno mi ha raccontato. È bene che scriva tutto, in modo che il ricordo non vada completamente perduto.

Poco dopo mezzogiorno, proprio nel momento opportuno, Eskandar-Agha scopre nelle vicinanze della raffineria una grande mensa, su cui è scritto con una brutta grafia: il cibo migliore del mondo. E più sotto, in piccolo: piatti per tutti i gusti.

Fratello, è fortunato, lo saluta l'oste. Oggi c'è il *mahipolo*. Vedrà, è il miglior pesce con riso che abbia mai mangiato.

Mahipolo?, Eskandar-Agha si meraviglia: ma è il mio piatto preferito. Tuttavia devo darle una delusione: nessuno cucina il *mahipolo* bene come mia moglie. Eskandar-Agha si toglie le scarpe, si siede per terra accanto alla finestra e si massaggia i piedi stanchi.

Le faccio un'offerta, dice l'oste. Se il nostro *mahipolo* non dovesse convincerla, non le chiederò di pagarlo.

Ma già dopo il primo boccone, Eskandar-Agha deve riconoscere che l'oste ha vinto la scommessa. Diversamente dal riso e pesce della sua Aftab-Khanum, questo è molto speziato. Il pesce nuota in un sugo sostanzioso, che non impregna il riso né troppo né troppo poco; il piatto lo rinvigorisce. Eskandar-Agha divora il cibo così in fretta che gli dispiace vedere infine il piatto vuoto.

L'oste osserva divertito il piatto ripulito con il pane e lo sguardo nostalgico del suo cliente. Poi dice: sono felice che i miei piatti le piacciano. Se lo desidera, le porto una seconda porzione, gliela farò pagare la metà.

Invece di rispondere, Eskandar-Agha annuisce raggiante e beve un gran sorso del suo latticello salato con ghiaccio.

Una seconda porzione del nostro delizioso pesce per il signore, di cui non sappiamo ancora nulla, grida l'oste rivolto alla cucina.

Viene subito, con la benedizione di Dio, rispondono dalla cucina.

Ma è imbarazzante, ora tutti mi prenderanno per un ghiottone, riflette Eskandar-Agha. Si guarda intorno, ma nessuno degli ospiti della sala da pranzo fa caso a lui; poco dopo scopre anche il perché.

Da un altro angolo della sala, infatti, l'oste grida: una

terza porzione del nostro delizioso pesce con riso per i viaggiatori del Khorassan, sede dell'antica capitale della nostra amata patria.

Perché lo fa?, chiede Eskandar-Agha quando l'oste gli porta la seconda porzione di pesce.

Ridendo forte, l'oste si accarezza la pancia tondeggiante. Essere sempre di corsa non mi fa bene, mi fa venire fame. Mangio troppo, divento ancora più grasso e non riesco a occuparmi dei clienti come dovrei. Inoltre, con le mie grida intrattengo i clienti e nel mio locale nascono amicizie e persino rapporti d'affari, spiega l'uomo. Vede, ci sono molte ragioni per prendere la vita con leggerezza e lavorare in modo diverso dal solito.

Devo scriverlo, afferma Eskandar-Agha, poi si getta sul piatto e continua a parlare a bocca piena. E se me lo permette, farò anche una foto a lei e al suo locale.

L'oste si toglie il canovaccio dalla spalla, spolvera la sedia accanto a Eskandar-Agha e si siede. Permetterglielo? Amico mio, lei mi piace, per questo ora le rivelerò un segreto. La maggior parte dei miei clienti sono viaggiatori che provengono da tutto il paese; persino i *farangi* della raffineria si recano qui. A volte con le famiglie, a volte soli. A loro piace mangiare per terra come noi. A un paio di loro ho persino insegnato a mangiare con le mani. Credo che la considerino una specie di avventura, dice l'oste pensieroso.

È un'avventura mangiare con le mani?, chiede Eskandar-Agha con la bocca piena.

Le persone sono diverse, continua l'oste. Quello che per alcuni è un'avventura, per altri è normale amministrazione. E allo stesso modo sono diversi i gusti. Alla gente del nord piacciono i sapori delicati, a quelli dell'est il piccante, alla gente della capitale non va a genio che nel riso ci sia molto sugo. E gli stranieri tollerano solo cibi delicati, perché il loro stomaco non è abituato al grasso e alle spezie. Per questo da noi non c'è scelta, solo un piatto al giorno e tuttavia facciamo il possibile per adattarci alle diverse provenienze e ai gusti dei nostri clienti.

Non ho mai sentito una cosa del genere, ammette Eskandar-Agha. E cosa fa con quelli come me? Non mi ha chiesto da dove vengo e nonostante ciò ha capito i miei gusti meglio di quanto avrei potuto fare io stesso.

Lei mi piace, dice l'oste contento del suo cliente, come se avesse superato una prova. Ormai i miei occhi e le mie orecchie riconoscono il luogo da cui provengono i miei clienti e, di conseguenza, i loro gusti. Se dovessi sbagliarmi, il cliente non pagherà la sua prima porzione.

Lo confessi, nel mio caso ha soltanto tirato a indovinare, afferma Eskandar-Agha.

Perché dovrei mentire, agha? Vediamo un po'. A giudicare dal suo aspetto e dalla pelle scura, lei è nato non lontano da qui. Non parla il nostro dialetto arabo, ma quello della gente della capitale. D'altra parte sento anche la parlata della gente di Shiraz e la cantilena turca della gente del nord del paese.

Lei è un vero maestro, si congratula Eskandar-Agha ammirato. È tutto giusto. Sono nato non lontano da qui e ho vissuto in tutti i luoghi che ha nominato.

Lei mi piace, ripete l'oste, e può fare tutte le fotografie che vuole. Ma ora vada a stendersi. C'è ancora poca gente. Dorma, poi le porterò il tè e potrà tornare al lavoro sazio e riposato.

Ora il lungo viaggio ha ricompensato anche me, mormora Eskandar-Agha sprofondandosi nei cuscini e abbandonandosi al rilassante riposo pomeridiano. Sogna di trovarsi nel più meraviglioso di tutti i giardini, su cuscini di seta. Come il Profeta ha prospettato a ogni musulmano onesto e soprattutto ai martiri, più di settantadue graziose vergini stanno al suo servizio e si occupano del suo intrattenimento. Anche se Eskandar-Agha non vede i loro corpi e i visi, è sicuro che siano le donne più belle che esistano. Ogni volta che una di loro gli passa accanto, il suo incantevole profumo si diffonde, si sovrappone a tutte le immagini e ai ricordi, diventa sempre più forte e infine lo sveglia.

Mentre Eskandar-Agha sta ancora tornando in sé, nota il gruppo di donne che si sta accomodando nell'angolo più in fondo. Eskandar-Agha sbadiglia e si stira ancora un po', per non attirare l'attenzione. Si gode il profumo che gli arriva dalle donne, che si posa su di lui come una mano delicata e lo copre come un foulard leggero. Eskandar respira profondamente, vorrebbe trattenere il profumo, quando all'improvviso ricorda che è proprio quello della bella Mahrokh-Khanum. E in quel momento Eskandar crede anche di riconoscere la sua voce, tra il brusio delle donne. Si gira verso di loro con prudenza. Un brivido freddo gli passa lungo la schiena, perché è proprio lei. Eskandar-Agha è tanto turbato che un dolore acuto e pungente gli attraversa il petto.

Quando, come aveva promesso, gli porta il tè, l'oste gli sussurra all'orecchio: queste bellezze vivono all'estero ma tornano a casa una o due volte l'anno; si fermano sempre da me. Arrivano a Abadan con la nave o viaggiano in aereo.

Ha idea di chi siano?, chiede Eskandar-Agha piano, chinandosi per nascondersi dietro la grande pancia dell'oste.

Dicono che la più anziana, quella che ci volta le spalle, sia una delle persone più ricche del paese, sussurra l'oste nell'istante in cui la donna si gira. Per un attimo il suo sguardo e quello di Eskandar-Agha si incontrano, poi lei chiama l'oste.

Devo andare a prendere il mio superiore, dice Eskandar-Agha velocemente, ringrazia e si affretta a lasciare il locale. Sono un vigliacco, mormora infuriandosi con se stesso e calciando i ciottoli in terra. Per tutta la strada fino alla raffineria non smette di rimuginare su come avrebbe dovuto comportarsi.

Come se questo non fosse abbastanza, di fronte alla raffineria lo attende un'altra sorpresa. Sebbene manchi ancora molto alle sei, Eskandar-Agha vede da lontano il segretario. Furioso, rosso in viso e con i capelli arruffati, cammina avanti e indietro di fronte al portone e inizia a inveire. Non mi hanno neanche lasciato entrare, si lamenta, con un tono che Eskandar-Agha non gli ha mai sentito usare prima. Non mi hanno ricevuto, né ho potuto consegnare i documenti a qualcuno. Una di queste guardie li ha presi con sé. Sono rimasto in piedi ad aspettare due ore sotto il sole cocente, ma non si sono neanche degnati di farmi avere un messaggio, né di offrirmi un sorso d'acqua.

Per la prima volta da quando Eskandar-Agha lo conosce, sul viso del segretario non c'è la benché minima traccia di un sorriso. Più lo guarda, più scopre rughe e anche qualche capello bianco. Venga, lo esorta Eskandar-Agha in tono paterno, so cosa potrebbe farle bene.

E ho pure affrontato la fatica del viaggio, sono arrivato fin quaggiù.

Dio è giusto, afferma Eskandar-Agha con una certa soddisfazione: punirà chi fa del male e ricompenserà chi fa del bene.

Come sempre, brontola il segretario asciugandosi delicatamente la fronte bruciata dal sole e dolorante.

Torneremo in città, nella sua stanza, dove potrà riposarsi, lo rassicura Eskandar-Agha, prendendolo sottobraccio e conducendolo alla fermata dell'autobus.

Oh no!, grida il segretario. Non mi chieda una cosa del genere. Non con l'autobus. Oggi ho già dovuto sopportare anche quest'umiliazione. No, agha, non ci riproverò. Dopo il bel trattamento ricevuto all'APOC, volevo tornare in città in autobus, ma il conducente ha alzato il dito, come se fossi un ragazzino. Ha detto: fratello, mi perdoni, evidentemente non è informato. Questo autobus è riservato unicamente agli stimati *farangi*. L'autobus per gli iraniani arriverà tra dieci o venti minuti, ha aggiunto, poi ha chiuso le porte e se n'è andato. Insomma, non siamo l'India o l'Africa, questa non è una colonia degli *engelissi*, impreca il segretario. Da queste parti ci si sente come se non fossimo in Iran, c'è così tanta gente con la pelle e i capelli chiari e sembra che tutti parlino solo *engelissi*. Le donne portano gonne corte che lasciano scoperte le ginocchia. Una *saifeh* che ho visto indossava persino dei pantaloni corti. Si immagini, le si vedevano le gambe fino a qui, dice il segretario mostrando con la mano la lunghezza dei pantaloni.

Lei è stanco, amareggiato e non ha mangiato niente per tutto il giorno, dice Eskandar-Agha. Venga, conosco un locale qui vicino dove le serviranno una cena che la ripagherà di ogni delusione. Le garantisco che, dopo aver mangiato, nulla le sembrerà poi così terribile.

Il segretario non si oppone e si lascia guidare da Eskandar-Agha senza contraddirlo, ma non smette di brontolare. Le donne dei *farangi* portano cappelli grandi come ombrelli. E hanno scarpe con i tacchi. Hanno un club in cui corrono e giocano, continua il segretario con aria canzonatoria. Adulti che si comportano come bambini e giocano. In quel posto c'è una grande vasca in cui uomini e donne fanno il bagno insieme. L'ho visto con i miei occhi, sono mezzi nudi. È vergognoso, e lo fanno davanti agli occhi di tutti, uomini e donne si toccano, si abbracciano e si baciano addirittura in pubblico.

Ha visto tutto questo in un solo giorno?, chiede Eskandar-Agha.

Ho seguito il suono delle grida e delle risate; da un'altura sono riuscito a guardare oltre le alte mura. Così ho visto che questi *farangi* senza scrupoli riempiono una piscina con l'acqua, che è tanto preziosa, solo per fare il bagno o giocare, o qualunque cosa sia quello che combinano lì dentro.

Sebbene abbia già raccontato in diverse occasioni al segretario la storia del suo villaggio, dell'acqua e delle vittime, Eskandar-Agha si chiede se non debba farlo ancora una volta, ma in ogni caso il segretario non lo lascia parlare.

Mentre ero in piedi sotto il sole cocente a guardare da dietro al muro i *farangi* che sguazzavano nell'acqua azzurra, non ho potuto fare a meno di pensare a lei e al fatto che l'*arbab* del suo villaggio ha deviato l'acqua per portarla ai *farangi*, lasciando così inaridire il villaggio, racconta il segretario riconquistandosi in questo modo la simpatia di Eskandar-Agha.

Ma bisogna far pace con i *farangi*, continua il segretario mentre il sorriso ritorna sul suo volto. Loro sanno come divertirsi e godersi la vita. E dopo averli visti, non mi meraviglia più che dominino il mondo. E dunque bisogna farci pace. Sono davvero coraggiosi. Li ho visti con i miei occhi arrampicarsi ad altezze vertiginose, su torri che hanno costruito con il solo scopo di gettarsi da lassù con sprezzo del pericolo. Gli spruzzi sono alti, i *farangi* arrivano sul fondo della vasca, e ogni volta sembra impossibile che riescano a tornare in superficie. Il segretario si strofina gli occhi e li spalanca. Persino una donna ha saltato, sussurra.

Solo per rispondere qualcosa, Eskandar-Agha replica: forse è effettivamente una specie di allenamento per mettere alla prova il proprio coraggio. Come io da ragazzo sono andato allo *zur-khaneh* a combattere con altri uomini, per mettere alla prova la mia forza e il mio coraggio, così i *farangi* si buttano nell'acqua da alte torri.

Quando si hanno i soldi si può comprare di tutto, replica il segretario. Navi con cui portare via il petrolio alle altre nazioni, enormi vasche colme fino all'orlo di acqua potabile e fresca da mettere in mezzo al deserto, e forse con il denaro si può comprare anche il coraggio, in modo da potersi lanciare nell'acqua dalla cima di una torre, dice il segretario sbadigliando.

Non si agiti. Crucciandosi in questo modo non risolverà nulla, suggerisce Eskandar-Agha tentando di calmarlo.

Ha ragione, con le chiacchiere non si cambia il mondo. Io sono solo un umile segretario, ma anch'io ho una voce e, ora che ho potuto vedere con i miei stessi occhi come vivono questi *farangi* e cosa fanno con il nostro denaro, in futuro la alzerò ancora di più. E se il petrolio e le altre risorse minerarie ci appartengono, per prima cosa mi impegnerò perché i settemila impiegati iraniani dell'APOC non vivano in povertà e non siano costretti ad abitare in capanne con i tetti di cartone. Soltanto perché non hanno acqua pulita, contraggono tutte le possibili malattie, mentre i *farangi* nell'acqua ci fanno il bagno.

Mashallah, bravo agha, dovrebbe fare il politico, dice Eskandar-Agha rallegrandosi perché il segretario sta cercando di ottenere la sua attenzione.

Non mi dispiace che gli stranieri si sentano a loro agio nella nostra terra, prosegue il segretario. Ne sono persino contento. Che abbiano tutti i domestici e le vasche che vogliono, che partecipino a tutti i tornei di tennis, ai concorsi ippici, a tutte le feste che desiderano. Per quanto mi riguarda, le loro belle case possono essere tanto spaziose da avere una stanza per ogni bambino e per ogni cane. Ma quello che vorrei, no, quello che esigo è che non solo i *farangi*, ma anche noi iraniani condividiamo questi vantaggi, che del resto vengono pagati con la ricchezza del nostro paese.

È davvero un bel pensiero. Eskandar-Agha concorda con il segretario. I nostri figli giocheranno con i loro e nessuno morirà più di vaiolo, colera, fame, sete o per la carestia. Nessun bambino dovrà lavorare o aiutare i genitori a guadagnare il pane quotidiano per la famiglia, tutti i bambini andranno a scuola.

A proposito di mangiare, lo interrompe il segretario. Non ha detto che conosce un buon locale? Andiamo, ho fame.

Appena mette in bocca il primo cucchiaio di riso col sugo, il segretario tace, chiude gli occhi, mastica con la bocca mezza aperta e non vede l'ora di mettere in bocca il secondo cucchiaio di quella delizia.

Un altro piatto di riso col sugo per l'amico di Eskandar-Agha, grida l'oste alla cucina.

Solo ora il segretario la smette di fissare il vuoto ghignando con aria ebete. Si gode anche la seconda porzione, senza dire una parola. Non ha ancora finito di mandare giù l'ultimo boccone che si lascia scivolare sui cuscini e si addormenta.

Ma abbiamo affittato una stanza vera e propria, per lei persino una stanza singola, dice Eskandar-Agha coscienzioso, ma a bassa voce, perché spera che il segretario non lo senta più.

Non fa niente, mormora lui iniziando a russare piano.

E va bene, replica Eskandar-Agha ancora più piano. Osserva il segretario e aspetta finché il suo respiro si fa regolare. Poi esce silenziosamente dalla porta della locanda; l'oste sta fumando il narghilè seduto accanto al muro.

Ya-allah, Dio sia lodato, dice l'oste. Il giovane è dunque il suo superiore.

Sì.

Sembra nervoso.

Sì, lo è.

E tu? Che ti succede, amico mio?

Che intendi?, chiede Eskandar-Agha.

Le donne che poco fa sedevano nell'angolo sembravano interessate a te.

Credo di conoscerne un paio di loro.

Ma quelle signore non appartengono al tipo di donne che gente come noi possa conoscere, ribatte l'oste con sguardo serio.

Da ragazzo ho lavorato per alcune signore come loro, risponde Eskandar-Agha.

Prendi questo foglietto, amico mio, la stimata Mahrokh-Khanum ti ha riconosciuto e ha lasciato questo messaggio per te.

Eskandar-Agha perde Aftab-Khanum

Il campanello fa un rumore tale che Eskandar-Agha si pente di averlo suonato. A maggior ragione quando ad aprire la porta non viene Mahrokh-Khanum, ma due robusti uomini armati. A quanto sembra lo stavano aspettando, poiché, appena pronuncia il suo nome, senza fare altre domande lo conducono alla casa principale attraverso il parco; lì lo accoglie una domestica. Eskandar-Agha la segue attraverso il grande salone d'ingresso, un salone ancora più grande e diversi corridoi, finché lei lo fa sedere su comodi cuscini in una sala magnificamente arredata e adornata con molti fiori e poi lo lascia solo.

I cuscini, la luce del sole schermata dalle tende e il vento che le gonfia: tutto ricorda a Eskandar-Agha l'*harram* e la precedente casa della bella Mahrokh-Khanum. Per un istante si sente come il giovane che era una volta, con una forza, una voglia di vivere che non sapeva da dove arrivasse, con una nostalgia che non sapeva a cosa fosse rivolta.

Trent'anni sono una vita intera, mormora Eskandar-Agha tra sé. Si posa le mani sulla pancia tonda, che cerca di nascondere con la giacca.

Non è triste?, chiede una voce che Eskandar-Agha riconosce immediatamente. Anche Mahrokh-Khanum è ingrassata, è più matura, ma la voce è la stessa. Sta in piedi di fronte a Eskandar-Agha e lo guarda dall'alto.

Lui deve sorreggersi con la mano, mettersi prima in ginocchio, posare un piede, poi l'altro, e infine alzarsi in piedi. Ansima lievemente. In un certo senso Mahrokh-Khanum gli è ancora superiore. Sembra più alta, più grande, o forse è lui a essere avvizzito. In ogni modo la distanza tra loro non potrebbe essere più profonda e dolorosa. Difficile immaginare che quest'uomo che sta invecchiando, pingue, sudato e ora anche affaticato dal viaggio, sia lo stesso a cui questa donna nobile e ancora bellissima un tempo avvicinava il suo corpo meraviglioso.

Stiamo diventando vecchi, dice Mahrokh-Khanum ridendo. Butta indietro la testa come faceva un tempo, stringe la mano a Eskandar-Agha e affonda nei cuscini. Sono contenta che a quanto pare lei abbia trovato una donna e si sia sposato, continua con un sorriso allo sguardo perplesso di Eskandar-Agha. Risponde alla sua domanda non posta: un uomo appare ben nutrito e soddisfatto come lei solo quando ha una moglie che si occupa di lui ogni giorno.

Eskandar-Agha riflette intensamente sulla risposta da dare, cerca di ricordarsi come avesse immaginato l'incontro con lei, ma l'unica cosa a cui riesce a pensare è che si sente ancora come se fosse il servitore di questa donna. Si pente di essere venuto. Vorrebbe correre via dalla stanza, dalla casa e da questa donna, che sembra sappia ancora dar voce ai suoi pensieri prima che lui stesso ci riesca.

Sono contenta che abbia accettato il mio invito, dice. Ho qualcosa di cui discutere con lei.

Sono stato derubato. Eskandar-Agha si prepara mentalmente le parole per spiegare il perché non sia tornato dopo un anno, come lei lo aveva incaricato di fare. Dirò che non c'era lavoro, riflette, e che dovevo viaggiare da una parte all'altra del paese per guadagnarmi il pane, che sono arrivato dal grande Mirza Kutshek-Khan e dopo il mio ritorno sono stato quasi costretto a sposarmi. Ma prima che Eskandar-Agha possa anche solo aprir bocca, Mahrokh-Khanum afferma: la mia Rossane è diventata una donna graziosa.

Le parole della sua precedente padrona lo colpiscono come un pugno nello stomaco. Rossane, mormora facendosi sentire appena.

Il tempo è volato, prosegue Mahrokh-Khanum. Rossane ha due incantevoli bambini, una femmina e un maschio. La mia Rossane ha studiato, lavora e guadagna più di molti uomini. È una delle prime donne architetto del suo paese. Mahrokh-Khanum guarda Eskandar-Agha con occhi indagatori. Le ho raccontato di lei e di suo padre, quel Mister canadese, e di quella Tajelmoluk, sua madre naturale. Le ho detto quello che sapevo, ma non so molto. Questa è la ragione per cui ho sempre pregato Dio di incontrarla, stimato Eskandar-Agha, almeno per un'ultima volta. Dio è misericordioso, dice sventolandosi con la mano. Ha ascoltato la mia preghiera, e anche lei è misericordioso e ha accettato il mio invito.

Eskandar-Agha cerca disperatamente di non vedere nel viso della sua antica padrona i tratti della bella e giovane Mahrokh, quel viso che ha baciato e accarezzato, gli occhi in cui si perdeva così spesso. Osserva la sua antica padrona cercando di non pensare al corpo giovane e vitale che amava, teneva tra le braccia, accarezzava e adorava.

Penso che ognuno debba sapere da dove viene e chi è. Solo chi non si sopravvaluta può raggiungere un vero equilibrio nella vita, spiega Mahrokh-Khanum. Poi alza la mano; un servitore di cui Eskandar-Agha si accorge solo ora apre la porta, facendo entrare una donna.

Questa volta Eskandar-Agha non fa fatica a rimettersi in piedi e trova subito le parole giuste. Bambina mia, dice con voce tremante.

A Rossane vengono le lacrime agli occhi. Sembra che voglia gettarglisi al collo come un tempo e stringersi a lui. Invece trattiene le lacrime e gli porge la mano per salutarlo.

Eskandar-Agha si affretta ad asciugarsi le lacrime, le tende la mano umida, poi la tira indietro, la asciuga sui pantaloni e gliela porge di nuovo. Cade in ginocchio davanti a Rossane.

La prego, non deve. Rossane lo aiuta a rialzarsi, ora lascia scorrere le lacrime liberamente.

Eskandar-Agha si rivolge a Rossane chiamandola Rossane-Khanum. Lei non lo contraddice e lo chiama Eskandar-Agha.

So che quando sono nata lei stesso era ancora un bambino, che aveva al massimo otto o nove anni. Non posso minimamente rimproverarla, così come non posso rimproverare la stimata Mahrokh-Khanum. Ora la prego solo di raccontarmi tutto. Tutto quello che sa e che ricorda. Di mia madre Tajelmoluk, di mia nonna Rohan-Khanum, della mia nascita, della balia, la moglie del mullah, e – Rossane non può fare a meno di deglutire – naturalmente anche di mio padre, che lei chiamava Mesterr Richard.

È passata la mezzanotte, quando tutte le domande di Rossane trovano una risposta. Per favore, venga a trovarmi, quando potrà. Deve promettermelo, dice Rossane lasciando la mano di Eskandar-Agha solo dopo che lui le ha dato la sua parola.

Tornato alla locanda, Eskandar-Agha è sollevato. Il segretario dorme profondamente. Si sdraia accanto al suo superiore, gli volta le spalle e si abbandona ai suoi pensieri e ai suoi sentimenti confusi.

Il sole sorge e la luce cade sul viso di Eskandar-Agha attraverso la finestra, quando gli arriva il profumo delle uova cotte nel burro. Eskandar-Agha si strofina gli occhi, si massaggia le braccia e le gambe intorpidite, si volta verso il segretario e dice: sembra che prima del ritorno a Teheran ci vizieranno ancora una volta con una fantastica colazione.

I due gustano il tè appena preparato e le uova al tegamino. Persino queste hanno un sapore migliore che in qualunque altro posto, si complimenta il segretario ordinando subito un'altra porzione. E mentre aspetta, divora a cucchiaiate miele denso e panna.

Il primo giorno dopo il suo ritorno, Eskandar-Agha cade in una profonda malinconia mai conosciuta prima, che lo opprime tanto che non riesce a lavorare, né a scrivere o a fotografare. Neppure si alza dal letto. Mangia e beve solo quando c'è la sua Aftab-Khanum che lo costringe e gli mette il cucchiaio in bocca.

Ma cos'è mai successo in questo viaggio sventurato? Deve rimettersi in carreggiata, lo esorta Aftab-Khanum. Fuori ci sono disordini e manifestazioni a causa della nazionalizzazione del petrolio. Tutto le scivola addosso, mentre si nasconde sotto la coperta.

Mi lasci stare, la prega Eskandar-Agha. Sono stanco, non ne posso più.

Se ne pentirà, cerca di convincerlo Aftab-Khanum. Potrebbe fare delle foto, parlare con la gente, scrivere articoli per i giornali, i colleghi dell'ufficio hanno bisogno di lei.

Mi lasci stare.

Caro, stimato consorte, insiste Aftab-Khanum, non voglio spaventarla, ma d'altra parte non posso nasconderle la terribile notizia. Ora, almeno, Eskandar-Agha la guarda. Lo stimato Mossadegh vuole espellere gli *engelissi* dal paese, dice Aftab-Khanum come se stesse rivelando un segreto. Non crederà a quello che hanno fatto gli *engelissi*, quando l'hanno scoperto.

Che cosa?, chiede Eskandar-Agha con voce flebile.

Per rendere il racconto più avvincente, Aftab-Khanum aspetta a dare una risposta. Poi annuncia: hanno mandato le loro navi da guerra nel Golfo Persico. Gli *engelissi*, gli *amrikai* e altri paesi ricchi minacciano di dichiararci guerra, spiega Aftab-Khanum. Capisce? Guerra.

Navi? Guerra?, domanda Eskandar-Agha voltandosi di nuovo dall'altra parte. Khanum, nella mia vita ho già visto abbastanza. Per favore, abbia pietà e mi risparmi.

No, agha, non lo farò. Il nostro paese è in subbuglio e lei non trova di meglio da fare che abbandonarsi alla sua malinconia.

Vada a vedere al mio posto, la invita Eskandar-Agha. E poi venga a raccontarmi. Ma, per favore, sia prudente, mia amata, dice. Poi il suo sguardo diventa di nuovo vuoto e si perde sul soffitto.

Aftab-Khanum resta seduta per un po' accanto al marito, poi sposta lo sguardo sul suo quaderno aperto e, senza rifletterci troppo, inizia a scrivere.

Il mondo si è unito contro di noi. Tutti i paesi *farangi* hanno annunciato che non compreranno più una goccia di petrolio iraniano, nel caso Mossadegh riuscisse a nazionalizzarlo. Mentre mio marito giace sotto la coperta a compatirsi, tutto il mondo sta cambiando, annota Aftab-Khanum. Ma oggi ne ho la certezza: Mossadegh ci riuscirà. Strapperà il nostro petrolio ai *farangi* e ne farà una proprietà del nostro paese.

A quanto pare posso tacere o gridare, stare qui seduta o uscire: per il mio Eskandar-Agha non fa alcuna differenza. Aftab-Khanum sospira profondamente, guarda il cortile e l'entrata attraverso la finestra, perché dalla strada arriva un rumore sordo di spari e il grido di una donna che evidentemente è stata colpita.

Aftab-Khanum si toglie la collana con il *farvahar* che il marito le ha regalato anni prima e la mette al collo del suo Eskandar-Agha, ma lui non mostra la minima reazione.

In questo momento, mio amato consorte, lei ha bisogno del simbolo dello spirito immortale più di me. Che possa proteggerla, scrive Aftab-Khanum sospirando di nuovo profondamente. Il mio lamentevole marito è in uno stato tale che non si accorgerebbe nemmeno della mia assenza, annota Aftab-Khanum lasciando il quaderno aperto.

Il silenzio e la malinconia nella vita di Eskandar-Agha terminano il giorno in cui i vicini si precipitano nella sua stanza. Le donne piangono, Hossein è pallido e gli uomini abbattuti.

Eskandar-Agha capisce subito che è successo qualcosa di brutto.

Tua moglie, dice il padre di Hossein.

Eskandar-Agha si tira su con fatica, fissa Hossein, suo padre e gli altri vicini. È come se gli cadesse un velo dagli occhi.

La stimata Aftab-Khanum è finita in una di quelle maledette manifestazioni, racconta il padre di Hossein scoppiando in lacrime.

Eskandar-Agha avverte l'umidità sotto la coperta. Non riesce più a trattenere niente.

È stata picchiata dalla polizia, prosegue Hossein piangendo. L'hanno picchiata e lasciata in terra e poi lei... lei... è stata calpestata dai cavalli della polizia.

Mi ha lasciato? Ha lasciato questo mondo?, mormora Eskandar-Agha. Così? Senza un saluto, senza dire niente?

Eskandar-Agha non grida né si batte la testa, non si lamenta né perde conoscenza, non piange neanche. Volta le spalle ai vicini e fissa la parete.

Pianga, dice il figlio dei vicini Hossein, che resta al suo fianco. Le farà bene, la riporterà alla vita, continua il ragazzo cambiando i vestiti, il lenzuolo e la coperta di Eskandar-Agha.

Il figlio dei vicini dà da mangiare e da bere a Eskandar-Agha e lo accompagna al gabinetto nel cortile.

Dopo giorni e giorni, Eskandar-Agha riesce finalmente a piangere.

Questo è bene, dice Hossein. Alla sua stimata Aftab-Khanum, Dio l'abbia in gloria, farebbe piacere.

Quando Eskandar-Agha ha finito di piangere, Hossein dice: devo andare a scuola, altrimenti nella mia vita non farò nulla di utile. Questo dispiacerebbe alla sua stimata Aftab-Khanum, Dio l'abbia in gloria, e tutti gli sforzi che ha fatto per me andrebbero sprecati. Non me la sento, dice il ragazzo. Perché ora dovrò lasciarla da solo. A meno che non voglia venire con me e accompagnarmi a scuola.

Eskandar-Agha guarda il ragazzo, si strofina gli occhi gonfi, annuisce e mormora: va bene, ragazzo mio, ti accompagnerò a scuola. Non dobbiamo deludere Aftab-Khanum.

Passano settimane e poi mesi, finché Eskandar-Agha acconsente ad andare all'*hammam* pubblico con il figlio dei vicini, a comprare il pane dal fornaio all'angolo. Fa una foto a Hossein, scrive una frase nel suo quaderno, legge le ultime righe che ha scritto Aftab-Khanum, va al bazar insieme a Hossein.

Un giorno siedono in un locale sul *djub*, a mangiare gelato all'acqua di rose. Mentre Eskandar-Agha sta facendo sciogliere in bocca un pezzo di panna del suo gelato, un uomo compare dal nulla davanti a lui.

Agha-Eskandar? Mio caro amico.

Solo a un secondo sguardo Eskandar-Agha riconosce lo studente, Agha-Farrokh, dell'ufficio degli scrivani. Ha i capelli più lunghi, non è più esile come un tempo, lavora sempre da Mossadegh ma con una carica più alta. La copiatura dei documenti non è più richiesta, dice lo studente, per questo lavoro al giorno d'oggi ci sono le macchine.

Eskandar-Agha sorride, sinceramente contento di vedere lo studente.

Sono a capo di un gruppetto di persone, racconta lo studente. Analizziamo quel che dice la stampa e redigiamo resoconti. Potrei aver bisogno di un uomo istruito e con la sua esperienza. Se me lo permette, chiederò al segretario, che non è più quello che conosceva lei, se possiamo assumerla.

Quando gli racconta della morte di sua moglie, Eskandar-Agha è stranamente controllato, non piange né gli si incrina la voce.

Ancora una vittima, dice lo studente. Moltissime persone hanno perso la vita durante le manifestazioni, le perquisizioni delle case, o semplicemente perché erano nel posto sbagliato al momento sbagliato. Ormai non si contano neanche più. Sono migliaia, sussurra guardandosi intorno e parlando così piano che è difficile capirlo. E le prigioni del re, sibila, traboccano di persone coraggiose che hanno osato esprimere la propria opinione.

Ho visto e sentito abbastanza e sono giunto alla fine della mia vita, ribatte Eskandar-Agha. Tutto quello che aspetto ormai è la morte.

Tanti si sono arresi, non trovano più un senso, dice lo studente. Ma, Dio sia lodato, molti altri continuano ancora a lottare e il loro numero aumenta di giorno in giorno.

Da quando sono al mondo la gente lotta nel nostro paese. Contro i latifondisti e i loro capricci, contro politici corrotti e occupatori illegali, contro la violenza di una polizia senza morale, regole e decenza. E alla fine hanno ucciso la mia amata Aftab-Khanum. Ora lei è sotto terra e io sono rimasto solo.

Il figlio dei vicini Hossein approfitta della presenza dello studente per parlare con Eskandar-Agha in un modo che non aveva mai osato prima. Agha, per favore, perdoni la franchezza, ma se Aftab-Khanum fosse qui, direbbe che dovrebbe smetterla di lamentarsi e di compatirsi. Alla sua stimata signora Aftab farebbe piacere se lei tornasse a lavorare, invece di sprecare la sua vita a non fare nulla.

Invece del petrolio, scorre il sangue

Siamo nell'anno 1951, annota Eskandar-Agha su un foglietto. Agha-Mossadegh ha combattuto per molti anni. Alcuni avevano smesso di credere nelle sue possibilità di successo. Ma oggi è riuscito nel suo intento.

Il petrolio persiano è nazionalizzato, scrive Eskandar-Agha. Infila il foglietto nel taschino interno della sua giacca, ma poi lo ritira fuori e aggiunge: la mia Aftab-Khanum ci credeva.

Mi servono tutti gli uomini, grida lo studente precipitandosi nell'ufficio degli scrivani. Gli *engelissi* e i loro agenti hanno bloccato tutti i telegrafi, i telefoni e le strade, tutti i collegamenti con il sud del paese. Il premier vorrebbe che mandiamo immediatamente due uomini al sud, a Abadan, a dare un'occhiata ai registri dell'APOC, prima che gli *engelissi* li distruggano o li facciano sparire in Inghilterra.

Eskandar-Agha beve un sorso di tè, posa il bicchiere e dice: sono solo un povero scrivano, ma se posso aiutare, sono disposto a farlo.

Potrebbe essere pericoloso, gli fa notare lo studente.

Questo lo so.

Allora va bene, acconsente lo studente. È dei nostri. La delegazione partirà tra un paio d'ore. Non abbiamo idea di cosa ci aspetti laggiù. I rapporti e gli articoli della stampa fedele allo scià naturalmente sono censurati e manipolati.

Io non capisco niente di registri, conti e calcoli. Probabilmente sarò più utile se girerò la città cercando di cogliere l'atmosfera generale, propone Eskandar-Agha.

Faccia tutte le foto che può, parli con la gente, raccolga informazioni.

Lei è una brava persona, dice Eskandar-Agha e non sa perché, ma gli vengono le lacrime agli occhi.

Dovunque vada, Eskandar-Agha incontra persone sorridenti e felici. Quando fotografa alcuni operai dell'APOC, uno di loro gli dice ridendo contento: per la prima volta da quando sono al mondo ho la sensazione di poter fare qualcosa di davvero importante.

Questi ragazzi e questi uomini sono orgogliosi di essere iraniani, scrive Eskandar-Agha nel suo rapporto. Poi scatta loro un'altra foto, che li mostra in atteggiamento di trionfo con i pugni alzati.

Né la Corte internazionale di giustizia, né l'ignoranza delle Nazioni Unite, né Churchill con le sue navi da guerra nel Golfo Persico, né il suo embargo possono spezzare la volontà del popolo iraniano, annota Eskandar-Agha compiacendosi del suo tono battagliero.

L'uomo del negozio in cui Eskandar-Agha fa sviluppare le fotografie gli dice: fratello, si capisce che non lavori per un giornale. Non pubblicherebbero mai niente del genere. Qui si può vedere chiaramente che la gente sostiene appieno il nostro premier e la sua nazionalizzazione. Nelle tue foto vedo l'atmosfera di rinnovamento che pervade la nostra città. Nei giornali cercano di passare tutto sotto silenzio.

Soddisfatto di sé, Eskandar-Agha ripone le foto nella sua borsa e dice: se mi farai un buon prezzo, verrò a sviluppare da te anche le prossime.

Fratello, se posso darti un consiglio, faresti meglio a nascondere bene le foto in cui la gente ha con sé degli striscioni. Oggigiorno non si può mai sapere chi può essere perquisito.

Libertà. Pace. Eskandar-Agha legge le scritte sugli striscioni. Il petrolio iraniano al popolo iraniano. *Zahmatkeshan*, il partito dei lavoratori, del popolo iraniano. Lunga vita a Mossadegh!

Chi è quest'uomo?, chiede il proprietario del negozio.

È l'*engelissi* Sir Eric Drake, spiega Eskandar-Agha. Ha messo i bastoni fra le ruote alla delegazione ufficiale del governo e ha sbarrato l'accesso alla raffineria. E ora la delegazione del premier non può esaminare i registri dell'azienda petrolifera. L'*engelissi* ha detto che i cacciatorpediniere britannici sono schierati nel Golfo. E le truppe *engelissi* sono all'erta per intervenire. Ha dichiarato che il suo governo è pronto in ogni momento a marciare su Abadan e a riconquistare la raffineria con la forza.

Se osassero davvero fare una cosa del genere, afferma il proprietario del negozio di fotografia, chiuderò il mio negozio e, se dovesse servire, andrò a combattere a mani nude.

Dovunque vada Eskandar-Agha, la gente parla dei nuovi amici dell'Iran, gli *amrikai*, e del loro presidente Truman, che si è schierato al fianco del popolo iraniano e dello stimato premier Mossadegh. Tuttavia Truman vorrebbe che lo stimato Mossadegh si accordasse amichevolmente con gli *engelissi* e mette in guardia contro una possibile alleanza con l'Unione Sovietica e i comunisti.

Persino qui al sud si diffonde velocemente la notizia che gli *amrikai* hanno mandato dei negoziatori dal premier. Per ricordargli che, senza i tecnici, gli ingegneri, la tecnologia e a maggior ragione le navi degli *engelissi*, l'Iran non riuscirà a produrre e a vendere il suo petrolio. Il che significa, in parole povere, che l'Iran non trarrà alcun guadagno dalla sua maggior risorsa. Ma lo stimato Mossadegh non si lascia impressionare e continua a rivendicare la sovranità dell'Iran e i suoi diritti sul petrolio.

Più Eskandar-Agha gira Abadan, fotografando e parlando con la gente, più si meraviglia di quanto il popolo capisca bene il mondo e la politica. E questo sebbene la maggior parte delle persone non sappia leggere.

In una sala da tè un uomo sostiene con un largo sorriso: gli *engelissi* non hanno perso soltanto la raffineria di Abadan e l'economico petrolio persiano. La situazione iraniana servirà da esempio. Perderanno il Canale di Suez e l'influenza sulle colonie. Le conseguenze possono immaginarle anche i bambini, continua l'uomo con un sorriso ancora più grande. Gli *engelissi* non avranno più una posizione dominante a livello mondiale.

Non è così semplice, amico mio, replica un altro uomo che fuma tranquillamente il narghilè. Gli *engelissi* e lo scià non accetteranno mai la nazionalizzazione del petrolio. Questo è solo l'inizio, amico mio. Aspetta e vedrai, la lotta contro il governo di Mossadegh e i suoi sostenitori diventerà spietata.

Prima di tornare a Teheran, Eskandar-Agha va al cimitero a fotografare le molte tombe che sono state scavate negli ultimi tempi. Attacca sul suo quaderno la foto di una donna che piange rannicchiata sulla tomba del marito a cui hanno sparato e scrive: da quando il petrolio non scorre più, nel nostro paese ha ricominciato a scorrere il sangue.

Tornato a Teheran, Eskandar-Agha deve fare molte deviazioni, per evitare le pericolose manifestazioni e i tumulti che, come scopre, arrivano fino alla tenuta del premier.

Là non ha nemmeno il tempo di posare le sue cose e di scrollarsi di dosso la polvere del viaggio, tantomeno di raccontare tutto quello che ha visto e sentito.

Venga, grida lo studente appena entra nell'ufficio. Lo trascina di nuovo fuori in corridoio. Lo stimato premier ha ricevuto la visita dell'ambasciatore americano e vorrebbe essere fotografato con lui.

Eskandar-Agha si meraviglia di essere portato nell'ala privata della casa e si stupisce ancora di più quando infine si trova davanti al premier e al suo ospite *amrikai*. Il premier giace a letto malato e l'ambasciatore siede accanto a lui.

Eskandar-Agha scatta le ultime due foto, il premier e l'ambasciatore gli stringono la mano e poi viene riaccompagnato fuori.

Svelto, svelto, lo esorta lo studente, dobbiamo andare a far sviluppare le foto, devono essere pronte per stasera.

Sono foto bellissime, commenta lo studente quando le vede.

Eskandar-Agha, al contrario, osserva le fotografie preoccupato: speriamo che non sia un cattivo presagio.

Speriamo cosa?, domanda lo studente senza aspettare la risposta di Eskandar-Agha. Si affretta a riportare le foto a casa del premier.

Per favore, faccia una copia anche per me, dice Eskandar-Agha. Sotto la foto scrive: l'Iran è malato e i *farangi* siedono al suo capezzale a mani vuote e con un sorriso amichevole.

La sera Eskandar-Agha siede da solo nella sua stanza, alza il volume della radio e cerca di farsi un'idea delle notizie che arrivano. Radio Teheran non trasmette le notizie di Voice of America, ma quelle della TASS, l'agenzia sovietica, e trasmette le registrazioni originali delle manifestazioni, che, come spiega lo speaker, sostengono una Costituzione democratica come accadde all'epoca della Rivolta del tabacco e della rivoluzione del 1906.

Io c'ero, sussurra tra sé Eskandar-Agha.

Dalla sua nascita, annuncia lo speaker, la Costituzione non è mai entrata in vigore realmente e completamente.

Il re combatte contro il suo stesso governo. Il suo esercito e i suoi sostenitori si battono contro la guardia del premier e il popolo, continua lo speaker. Migliaia di uomini e perfino di donne assediano le strade. Alcuni divelgono le statue del re dal loro basamento e bruciano le sue foto, altri distruggono le foto di Mossadegh. Soldati a cavallo inseguono i manifestanti, colpiscono, picchiano, arrestano e uccidono.

Eskandar-Agha resiste nella sua stanza per due giorni, poi prepara la macchina fotografica e scende di nuovo in strada, dove gli slogan della folla gli fanno venire i brividi.

Finisce un rullino dopo l'altro e scrive talmente tanto che deve comprarsi un nuovo quaderno.

Mossadegh, il nostro stimato premier, verrà acclamato come un eroe, annota la sera, quando siede accanto alla piccola vasca e osserva i pesci rossi. Eppure la maggior parte dei miei connazionali non ha idea di cosa significhi la nazionalizzazione e di quali conseguenze avrà per l'Iran.

Quando Eskandar-Agha mostra le sue fotografie al figlio dei vicini, Hossein rabbrividisce.

Agha, io sono stato in strada e ho visto e sentito tutto questo, ma solo nelle sue fotografie capisco quanta rabbia e quanta forza si nascondano in questo popolo apparentemente debole, commenta il ragazzo. Nota che Eskandar-Agha trova intelligente il suo modo di parlare e ciò che dice.

Aftab-Khanum sarebbe fiera di te, dice Eskandar.

Le persone cambiano, scrive. Le persone crescono. Anche il figlio dei vicini Hossein è diventato un giovane uomo molto acuto.

I miei connazionali combattono a mani nude, annota ancora Eskandar-Agha.

La maggior parte degli uomini delle mie fotografie portano camicie bianche... come i morti.

Di nuovo Mahrokh-Khanum e Rossane

Dio voglia che la morte della sua stimata moglie sia l'ultimo dolore che lei dovrà sopportare, dice Mahrokh-Khanum con lo stesso tono con cui dà ordine alla servitù di attizzare il fuoco nel samovar.

Che Dio le conceda una lunga vita, risponde Eskandar-Agha turbato dalla comparsa inaspettata di Mahrokh-Khanum e di Rossane nella sua povera vita.

La prego di perdonare la nostra scortesia, chiede Rossane, ma da quando mi ha raccontato i particolari della mia storia ho smosso mari e monti e ho seguito ogni indizio, fino a scoprire che mia madre, la miserabile Tajelmoluk, non è più in questo mondo. Sembra che Rossane stia parlando di affari.

Come lei mi ha raccontato, poco dopo che abbiamo lasciato la sua casa, si è sposata. Ma non ha avuto molto dal marito, poiché è morto presto, racconta Rossane guardando nel vuoto. Dicono che abbia avuto altri figli, ma nessuno sa se siano ancora in vita. Ha tirato avanti ancora un paio d'anni con... Rossane abbassa lo sguardo a terra. Mia madre... Tajelmoluk era...

Non lo faceva per libera scelta, la aiuta Eskandar-Agha. Ancora oggi molte donne non possiedono altro che il loro corpo, per procurare da vivere per sé e per i figli.

Alla fine della sua vita non è rimasto molto del suo corpo, mormora Rossane. La gente dice che abbia mendicato in strada e poi sia arrivata in una specie di casa per i poveri. Una donna che lavora lì crede di ricordare che il suo corpo era distrutto dalla lebbra e che alla fine sia morta di sifilide. La sua fine deve essere stata straziante.

Eskandar-Agha vorrebbe andare da Rossane, stringerla tra le braccia e consolarla, ma rimane a sedere.

Rossane deglutisce, prima di dire: io sono fortunata come poche altre persone, avrei potuto aiutarla. Gli occhi le si riempiono di lacrime. Se solo l'avessi saputo, mormora evitando di guardare Mahrokh-Khanum.

Farò tutto quello che posso per alleviare il suo dolore, la consola Eskandar-Agha. Poi dice qualcosa che non aveva previsto. Se Dio vuole, avrò la possibilità di rimediare all'errore che ho commesso negli anni passati.

Di quale errore parla?, chiede Rossane sorpresa.

Del fatto che sono fuggito via abbandonandola, risponde Eskandar-Agha, sollevato di potersi finalmente sfogare dopo tanti anni.

Basta così, lo interrompe Mahrokh-Khanum guardandolo furiosa. Non c'è alcuna ragione di scusarsi. Lo rimbecca in un modo che la priva di tutta la sua bellezza.

La smetta, ribatte Rossane. Pensavo che non volesse più nascondermi niente.

Rossane-Khanum ha ragione, per tutti questi anni ho trascinato la mia cattiva coscienza come un peso, finché il mio vecchio maestro Hodjat mi ha rivelato che sono stato usato, dice Eskandar-Agha senza guardare Mahrokh-Khanum né Rossane.

Mi dispiace, si lamenta Rossane, ma ho più di quarant'anni e sono una donna adulta: voglio essere presa sul serio. Fissa Eskandar-Agha in un modo che non gli lascia scampo.

Cara, cerca di calmarla Mahrokh-Khanum, non ascoltarlo. Quello che afferma lo stimato Eskandar-Agha non ha niente a che vedere con te e la tua vita. È una questione tra lui e me. Si china in avanti, cercando di attirare su di sé l'attenzione di Eskandar-Agha. Si tenga fuori dalle cose che non la riguardano, lo apostrofa con lo stesso tono che usa con gli impiegati e i subalterni.

Rossane non distoglie lo sguardo da Eskandar-Agha.

Se solo ci fosse un po' d'acqua fresca, si lamenta Mahrokh-Khanum, raffredderebbe i suoi bollenti spiriti. Non devi agitarti, lo sai, dice cercando di abbracciare Rossane. Ma quest'ultima la respinge e continua a guardare Eskandar-Agha.

Non mi serve acqua fresca per calmarmi. La prego, stimato Eskandar-Agha, cos'ha da perdere? Ha paura? È in pericolo?

No, risponde Eskandar-Agha. Ha ragione. Uno come me non possiede niente e non ha niente da perdere. Ho commesso un errore, dice Eskandar-Agha, quando più di trent'anni fa appartenevo a Mahrokh-Khanum. Mi ha ordinato di lasciare la casa di Palang-Khan come un ladro e per questo motivo ho dovuto abbandonare lei, mia cara. Ma deve sapere che non ho mai derubato nessuno, lo giuro sull'anima della mia defunta moglie. Sono stato calunniato.

Ma cosa avrei dovuto fare?, si difende Mahrokh-Khanum. Avevo paura che Eskandar-Agha ti avrebbe portata via da me. Avevo paura che avresti voluto cercarlo, come hai cercato tua madre e tuo padre. Avevo paura che mi avresti abbandonata, dice Mahrokh-Khanum piangendo. Non avevo scelta, dovevo nasconderti la verità. E l'ho fatto per proteggerti.

Mi ha fatto credere che Eskandar-Agha non mi volesse e mi avesse ripudiata, constata Rossane attonita.

Che sciocco sono stato, si commisera Eskandar-Agha.

La smetta, lo zittisce Mahrokh-Khanum assumendo di nuovo un'espressione sgradevole.

Sono disgustata, mormora Rossane alzandosi e dirigendosi verso l'uscita.

Mahrokh-Khanum si inginocchia ai suoi piedi come impazzita, si graffia il viso e si strappa i capelli. Ma Rossane non la guarda neanche ed esce.

Subito Mahrokh-Khanum si getta tra le braccia di Eskandar-Agha. La prego, cerchi di capire, non avevo scelta, cosa avrei dovuto fare?

Dapprima per Eskandar-Agha è doloroso tenere tra le

braccia Mahrokh-Khanum, avere il viso di lei così vicino, sentire il suo profumo. Poi pensa: questa volta davvero non è colpa mia. Gli piace avere accanto il suo corpo. Lei non è più la bellezza di una volta, ma del resto gli anni sono passati anche per lui. E non si avvicina a una donna da un'eternità; per questo tiene Mahrokh-Khanum stretta tra le braccia. E mette a tacere i sensi di colpa con un altro pensiero: di certo Aftab-Khanum vorrebbe che io non fossi più malinconico. Il primo bacio non ha nulla a che vedere con quelli di un tempo; il secondo e il terzo neanche. Mahrokh-Khanum non oppone resistenza, continua a gemere, ma non è come una volta. Eskandar-Agha non sa nemmeno se gema per il piacere o per il dolore. Ma in fondo non gli interessa affatto.

Quando infine si ritrovano mezzi svestiti, accade quello che deve accadere. Si amano.

Non è così emozionante, ma ne vale la pena, pensa Eskandar-Agha. Ed è comunque meglio di niente.

Mentre si rivestono, recuperata la lucidità, Eskandar-Agha dice: be', è stato un buon inizio. Possiamo continuare quando desidera.

Mahrokh-Khanum fa una faccia disgustata. Sciocco, mormora, prende le sue scarpe ed esce.

Dopo che Mahrokh-Khanum se n'è andata lasciando nella stanza il suo profumo, Eskandar-Agha si reca al gabinetto nel cortile e trova un portafogli di pelle, in cui oltre ai documenti e alle foto c'è una grande quantità di denaro. Non quello persiano senza valore, ma preziosi dollari *amrikai*. Il pensiero di tenere il denaro svanisce subito. Nel portafogli c'è un numero di telefono, ma né Eskandar-Agha né i vicini hanno un telefono. Aspetta due o tre giorni nella speranza che Mahrokh-Khanum mandi qualcuno o venga a riprendere il portafogli. Il terzo giorno si mette in cammino verso la zona nord della capitale. In fondo Mahrokh-Khanum non è una persona qualsiasi, chiederà alla gente per trovare la sua casa.

Eskandar-Agha si rallegra del breve viaggio nella zona nord della città, ai piedi delle montagne, dove vive la gente ricca, che chiama le sue case "ville" e i suoi giardini "parchi". L'acqua che dalle montagne scorre nel *djub* a destra e a sinistra della strada lì è ancora fresca e pulita; persino l'aria è più pura che nel resto della città.

Eskandar-Agha prepara un fagotto con pane e formaggio, la sua macchina fotografica, il quaderno nuovo, le matite e un coltellino per temperarle.

Ma deve fermarsi al Café Naderi, frequentato solo dai *farangi* e dai ricchi, poiché davanti al locale trova Rossane. Quando lo vede, lei riflette un momento, poi dice: venga, entriamo.

Eskandar-Agha tira fuori il portafogli dal fagotto, vorrebbe andarsene. Non sta bene che io e lei siamo qui insieme, mormora, la gente ci guarda.

Rossane però non lo ascolta e lo spinge tra i tavoli davanti a lei, come fosse un bambino.

La prego, khanum. Questo non è un posto adatto a me, mi butteranno fuori, farei meglio ad andarmene, continua. Sbatte con il fagotto contro il cappello di una donna, che fa una smorfia e inveisce contro di lui, dicendo che deve badare a quello che fa, se non può proprio evitare di venire in un locale del genere.

Eskandar-Agha si scusa in tono ossequioso, vorrebbe girarsi e andarsene, inciampa e non cade solo perché Rossane lo sostiene. Ora, per favore, si calmi, sussurra lei insistendo perché rimanga.

I tre uomini e le due donne al cui tavolo Rossane conduce infine Eskandar-Agha hanno la sua età; solo in questo momento lui si rende conto che non si è mai parlato del marito di Rossane.

Sebbene le donne abbiano sempre intuito i suoi pensieri prima di lui, Eskandar-Agha si spaventa quando Rossane gli sussurra ridendo: nessuno di questi signori è mio marito, sono amici, compagni di battaglia.

Compagni di battaglia? Le ultime persone del genere che ha conosciuto erano gli amici di sua moglie Aftab, e non gli hanno lasciato propriamente un bel ricordo. In realtà questi compagni di battaglia potrebbero persino non essere del tutto estranei alla sua morte.

Cari amici, dice Rossane, vorrei presentarvi il mio amico, il mio mentore, il mio padre adottivo, lo stimato Eskandar-Agha. Lei stessa sembra stupita di questa solenne presentazione.

Quando Rossane scopre che ha con sé una macchina fotografica, insiste perché faccia una foto a lei e ai suoi amici. E poi vuole una foto con Eskandar-Agha. La prima foto in cui lei e io siamo insieme, mormora. Gli occhi le si riempiono di lacrime.

Tutti noi seduti a questo tavolo, spiega uno degli uomini, abbiamo un lavoro, denaro, grandi case. Abbiamo studiato all'estero, letto molti libri e visto il mondo, ma riguardo alla nostra stessa patria siamo inesperti e inconsapevoli. Racconti, lo esorta l'uomo con sufficienza. La nostra bella Rossane dice che lei conosce bene l'Iran e la gente dei villaggi. Ci sveli qualcosa dei primi tempi del petrolio.

Dapprima per Eskandar-Agha è spiacevole parlare davanti a degli estranei, ma poi si ricorda che in passato ha parlato di fronte a centinaia e persino a migliaia di essi. Inizia a raccontare e alla fine non la smette più.

Ho sempre amato le sue storie, dice Rossane congedandosi. Mette in mano a Eskandar-Agha le banconote *farangi* del portafogli di Mahrokh-Khanum. Le tenga, sussurra Rossane. Ne ha così tanti che non si accorgerà nemmeno che non ci sono più.

"Per i tempi duri", scrive Eskandar-Agha sulla busta in cui infila il denaro. Ma ogni volta che vede la busta si sente un imbroglione. In fondo non ha guadagnato quel denaro. Decide di scambiarlo almeno con denaro persiano, anche se non ha idea di come potrebbe spenderlo. Mi ci comprerò qualcosa di bello, annota; o farò un breve viaggio; oppure ne regalerò una parte al figlio dei vicini Hossein.

Per evitare che i cambiavalute e altre persone che potrebbe incontrare per caso pensino che ha rubato del denaro straniero, Eskandar-Agha lo divide in piccole somme e va da cambiavalute diversi. Tuttavia raggiunge l'effetto opposto di quello che aveva sperato: attira una grande attenzione e diffidenza su di sé.

Il quinto o sesto mercante gira e rigira con fare scettico le banconote. Il mio collega non l'ha soddisfatta? Ha ancora denaro come questo? È stato all'estero o ha ricevuto il denaro da qualcuno? Che cosa farà con tutti questi soldi? Lo distribuirà alla gente per mandarla nelle strade a gridare gli slogan che i *farangi* le hanno suggerito?

Prima che Eskandar-Agha capisca di cosa stia parlando il cambiavalute, tre uomini vestiti visibilmente uguali compaiono dietro di lui. Due lo prendono per le braccia, lo trascinano in un portone vicino e gli assestano un paio di ceffoni, prima che il terzo, che finora è rimasto a guardare, dica: parla.

Chi siete? Cosa volete da me?, balbetta Eskandar-Agha intontito dai colpi.

Parla, ripete il terzo.

Che devo dire?

Da dove viene il denaro?

Me l'ha dato una signora.

Quale signora?

Una signora ricca, che ne ha talmente tanto che lo regala senza problemi.

Per un po' il terzo fa domande insensate e Eskandar-Agha gli dà le prime risposte che gli vengono in mente. Cerca di capire la sua posizione e le intenzioni di questi uomini. Che lo trattengano in un portone qualsiasi, invece di trascinarlo subito al commissariato o in prigione, gli sembra un buon segno.

Ditemi che cosa cercate e vi aiuterò, afferma Eskandar-Agha sorprendendo i tre. A uno dei due che l'hanno picchiato sfugge un: questo è innocente.

Se qualcuno è innocente o colpevole lo decido io, ribatte il terzo facendo segno al secondo di colpire ancora Eskandar-Agha. Ma quello ha compassione e lo percuote in modo blando.

Eskandar-Agha lo guarda con gratitudine, ma emette un gemito e si piega, in modo che il terzo non abbia sospetti.

Da che parte stai?, chiede il terzo. Da quella del re e dei *farangi* o dello stimato Mossadegh?

Il secondo si copre la bocca con la mano e sussurra: Mossadegh.

Mossadegh, risponde Eskandar-Agha. È la verità, ho lavorato per lui.

I due lasciano andare Eskandar-Agha all'istante, il terzo annuisce, si tocca la fronte in segno di saluto e dice: perdonaci fratello, avresti potuto dirlo subito, ti saresti risparmiato tutto questo.

Ma dopo tutto quello che mi ha raccontato sullo stimato Mossadegh, mi sembra improbabile che paghi dei picchiatori, dice il figlio dei vicini Hossein.

Eskandar-Agha alza le spalle. Nient'altro che rabbia. Appena metto piede fuori dalla porta, non mi aspetta altro che rabbia.

Con il suo permesso, dice il figlio dei vicini, quei tipi vogliono ottenere proprio questo. Dobbiamo essere intimiditi, dobbiamo rifugiarci dietro le mura di casa nostra, per lasciarli in pace e permettere loro di fare quello che vogliono.

Ma potrebbero farlo anche senza riempirmi di botte, risponde Eskandar-Agha rassegnato, mettendo a mollo i piedi nella vasca dei pesci rossi, che subito nuotano verso di lui e lo solleticano piacevolmente.

Questi ceffi sono agenti degli stranieri e del re, vogliono far credere di essere pagati dallo stimato Mossadegh, in modo che rimaniamo delusi dal nostro premier e gli voltiamo le spalle, spiega Hossein.

Suo padre non sa di cosa stia parlando e brontola: agenti, contro agenti, provocatori, doppiogiochisti, chi ne capisce qualcosa? Tutto quello che chiediamo a Allah è di avere pace e che mio figlio diventi un cittadino perbene di questo paese. Servirà la patria e renderà suo padre orgoglioso di lui.

Eskandar-Agha non può fare a meno di pensare a Aftab-Khanum, che diceva sempre: il ragazzo è sveglio, gli mancano soltanto gli strumenti per mettere a frutto la sua intelligenza.

Il nostro Hossein-Agha ha ragione, approva Eskandar-Agha dandogli una pacca sulla spalla. E se la mia Aftab-Khanum potesse vederti, sarebbe orgogliosa di te, ragazzo mio.

Aiuto dalla piccola Nimtadj

Di notte, la solitudine della stanza, la paura di cadere di nuovo nelle grinfie di qualche agente o di qualche spia, l'incertezza della situazione politica non fanno dormire Eskandar-Agha.

È troppo per me, confida al figlio dei vicini Hossein, preparando un fagotto. Dai un'occhiata alla mia stanza, lo prega. Farò un breve viaggio.

Dove va?, chiede Hossein. Mi mancherà.

Chiudi gli occhi e ascolta, dice Eskandar-Agha. Riesci a sentire il vento?

Vedi, è lo stesso vento che spira là dove sarò io. E ogni volta che soffia, io e te saremo uniti attraverso il vento. Nemmeno io so ancora dove andrò, mente Eskandar-Agha, ma ti manderò un messaggio appena mi fermerò da qualche parte.

Questa casa sarebbe piaciuta alla mia Aftab-Khanum, annota Eskandar-Agha in piedi di fronte alla tenuta di Rossane, nel fresco e tranquillo nord della città. Gli sembra ancora più grande della casa principale di Palang-Khan. Anche qui gradini bianchi conducono a una enorme terrazza con alte colonne. C'è un divano dopo l'altro, comode poltrone, cuscini su tappeti morbidi dall'aspetto così allettante che Eskandar-Agha prova il desiderio di lasciarsi cadere su di essi. L'aria è fresca e pregna del profumo delle ginestre in fiore, piantate nei vasi della terrazza.

Per favore, suoni il campanello, lo esorta il guardiano che lo ha accompagnato fino ai gradini.

La donna che apre la porta indossa un vestito nero, un grembiule e una cuffietta bianchi. Una volta, in una sala da tè, Eskandar-Agha ha visto in televisione una donna vestita così e per questo sa che si tratta di una domestica. Tuttavia non sapeva che anche in Iran ci fossero servitori di questo tipo.

Attenda un attimo, dice lei cortesemente; poi scompare, dando così a Eskandar-Agha l'opportunità di osservare l'interno della casa. Dall'enorme ingresso una grande scala a chiocciola conduce al piano superiore. Sull'alto soffitto è appeso un lampadario fatto di migliaia di schegge di vetro scintillante.

Oh, è qui, dice Rossane spaventandolo. Non cerca neanche di nascondere che la sua visita le è sgradita.

Eskandar-Agha sorride, vorrebbe entrare ma Rossane non si muove per lasciarlo passare.

Devo condurre il signore nell'ala dei domestici?, chiede la cameriera.

Ma anche adesso Rossane non mostra reazioni, si limita a fissare il sudore che si sta formando sulla fronte di Eskandar-Agha.

Perché diavolo sono venuto fin qui?, si interroga Eskandar-Agha. Avrebbe voglia di dire: sono io, lo stesso uomo che recentemente hai abbracciato davanti a tutti, lo stesso che ti teneva in braccio appena nata. Ti ho portata dalla balia, ti ho protetta, ti ho lavata.

Venga, mormora Rossane togliendogli il fagotto di mano ma facendolo quasi cadere perché pesa più di quanto pensasse. La cameriera prende in fretta il fagotto e scompare, senza attendere ulteriori istruzioni.

Eskandar-Agha vorrebbe togliersi le scarpe, ma Rossane lo ferma: no, non è necessario, facciamo le pulizie tutti i giorni. Poi lo conduce in un magnifico salone, dove si trovano molte persone.

Oh, mi perdoni, sussurra Eskandar-Agha, non sapevo che avesse ospiti. Andrò via subito, non voglio disturbarla.

Rossane tentenna ancora e lo squadra come se lo vedesse per la prima volta. No, mormora piano, e lo accompagna a un piccolo tavolo con due sedie vuote. Una domestica porta subito un vassoio con una caraffa di limonata con ghiaccio e un bicchiere pulito. Mentre sta per andare via nuovamente, nota la confusione di Eskandar-Agha, sorride e riempie il suo bicchiere. Prego, signore, si rinfreschi, beva pure quanto vuole, dice senza la minima traccia di ironia o disprezzo.

Eskandar-Agha la guarda con gratitudine, beve un piccolo sorso e posa subito il bicchiere.

La domestica contraccambia lo sguardo facendo un inchino; Eskandar-Agha salta su immediatamente per sostenerla. Ma dalle occhiate della gente e dalla reazione della cameriera si rende conto che l'inchinarsi e risollevarsi è parte di un rituale che non conosce.

All'improvviso trova penosi la propria goffaggine, i vestiti logori, l'odore di sapone scadente. Come ha potuto credere che una donna come Rossane lo avrebbe accolto amichevolmente, magari persino come un membro della famiglia?

E poi le cose peggiorano ulteriormente. Rossane va al centro della stanza, batte le mani risoluta e aspetta di ottenere l'attenzione e il silenzio degli ospiti. Si schiarisce la voce, si liscia la gonna, fa il gesto di togliersi le ciocche dal viso e guarda in terra. Quando infine alza la testa e apre bocca, le parole le restano in gola e tutti si accorgono che i suoi occhi blu acciaio sono pieni di lacrime. Sta lì come una piantina a primavera, senza muoversi. E all'improvviso agli occhi di Eskandar-Agha non è più una ricca signora del nord della città, ma la bambina che correva e saltellava nel cortile di sua nonna Rohan-Khanum, finché si gettava sfinita tra le braccia di Eskandar-Agha e si addormentava.

Cari amici, esordisce Rossane con voce tremante, nel silenzio del grande salone. Voglio presentarvi una delle persone più importanti della mia vita. Eskandar-Agha. Senza di lui non sarei sopravvissuta.

Un movimento alla porta attira l'attenzione di Rossane

e anche quella di Eskandar-Agha e di tutti gli altri. Lei sorride e chiama con un cenno due bambini. La femmina somiglia alla Rossane di tanti anni prima. La madre li bacia sulle guance e li conduce da Eskandar-Agha, mentre gli altri ospiti, dapprima esitanti, riprendono la loro conversazione.

Ormai Eskandar-Agha è così sudato che la camicia di nylon gli si appiccica addosso. Nonostante questo, si china verso i bambini e li bacia anche lui sulle guance. Il maschio resta impalato, ma la femmina si ritrae spaventata, ignorando lo sguardo ammonitore della madre e asciugando con la mano il bacio umido dalla guancia.

Questi sono Nimtadj e – Rossane esita prima di pronunciare il nome del proprio figlio – Eskandar.

A Eskandar-Agha trema la terra sotto i piedi. Dimentico di se stesso, del magnifico salone e degli ospiti raffinati, cade in ginocchio davanti ai bambini.

Per Rossane è una scena dolorosa. Cerca di rimettere in piedi Eskandar-Agha, ma lui è troppo pesante, così perde l'equilibrio e cade in ginocchio anche lei.

Gli ospiti si accorgono dello strano episodio al piccolo tavolo e ammutoliscono nuovamente, così si sente solo il leggero singhiozzare di Eskandar-Agha.

Regna il silenzio, finché la piccola Nimtadj mette un braccio attorno al collo di Eskandar-Agha e uno al collo della madre e sorride.

Ad alcuni vengono le lacrime agli occhi, altri sono confusi. Rossane abbraccia i bambini e Eskandar-Agha fa lo stesso. Quando le loro braccia si toccano, i due sussultano. Eskandar-Agha, Rossane e i bambini si guardano con gli occhi gonfi di pianto e all'improvviso scoppiano a ridere sollevati.

Alcuni ospiti ridono con loro, altri si abbracciano a loro volta, altri ancora accarezzano i bambini sulla testa o battono le mani dalla gioia. Persino le domestiche, il cuoco e la bambinaia, che erano entrati nel salone attirati dal silenzio improvviso. La padrona di casa dà istruzioni, i domestici distribuiscono limonata ghiacciata e anguria in modo che gli animi si calmino.

Tavoli e sedie vengono spostati, alcuni si siedono per terra e tutti vogliono stare accanto a Eskandar-Agha, Rossane e i bambini.

Solo a pranzo la compagnia si scioglie. Tutti si spostano nel grande salone adiacente, dove li aspetta un'enorme tavolata con piatti dai colori e dai profumi più disparati.

Neanche dalla grande Tigre ho mai visto una tavola così grande e apparecchiata con tanto fasto, sussurra Eskandar-Agha all'orecchio di Nimtadj, che si aggrappa a lui e non vuole più lasciarlo andare.

Nimtadj guarda il suo nuovo amico come se stesse raccontando una barzelletta, che lei naturalmente capisce. Tiene la mano davanti alla bocca e ridacchia.

Con Nimtadj in braccio, Eskandar-Agha si siede e le offre un pezzo di formaggio di pecora fresco. Le pietanze nel suo piatto sono tutte così deliziose che non sa da dove cominciare.

È un peccato che mio padre non ci sia più, mormora la piccola Nimtadj.

Eskandar-Agha le accarezza la testa e le racconta una storia che aveva già raccontato alla piccola Rossane. A te è successo come al profeta Maometto: anche lui è cresciuto senza un padre, e guarda un po' che uomo magnifico e potente è diventato.

Mia madre dice che sei un narratore. Nimtadj inclina la testa, come faceva un tempo sua madre.

Sì, è vero, risponde Eskandar-Agha ridendo.

Raccontami tutte le storie di Profetamaometto, lo prega.

Profetamaometto, sorride Eskandar-Agha. Quando ero un bambino, anch'io lo chiamavo così.

Né sua madre né la bambinaia che viene dalla *Farance*, la terra dei primi veri *farangi*, riescono a separare Nimtadj da Eskandar-Agha e a mandarla a dormire. Solo quando si addormenta tra le sue braccia, lui può portarla nella sua stanza, salendo la grande scala a chiocciola.

You first Farance-Farangi for me, dice Eskandar-Agha.
La signorina francese non capisce, ma sorride cortesemente.
Nimtadj look come una bambina *from Farangi*, mormora Eskandar-Agha.
Excusez-moi, monsieur?, risponde la bambinaia *farangi*.
Mi perdoni, come dice?, chiede Eskandar-Agha.
Je ne parle pas farsi, risponde la giovane.
I speak engelissi little, little, Eskandar-Agha sorride cortesemente.
Sssh. La bambinaia *farangi* porta l'indice davanti alla bocca e indica Nimtadj che dorme.
Dorme, constata Eskandar-Agha felice.
Non può andare via, obietta Rossane. Conosco mia figlia. La prima persona che vorrà vedere al risveglio è proprio lei. Per favore, resti qui, darò istruzioni per farle preparare un letto nella stanza degli ospiti.
Non mi serve un letto, risponde Eskandar-Agha. Sono abituato a dormire per terra, così non devo aver paura di cadere giù.
Dove preferisce dormire?, domanda Rossane.
Nella veranda, nelle stanze della servitù, in giardino, è assolutamente lo stesso.
Allora nelle stanze del giardiniere, dice Rossane-Khanum, dando disposizioni a un domestico.
La mattina seguente Eskandar-Agha apre gli occhi e vede il viso della piccola Nimtadj, che è scivolata di soppiatto nella sua stanza e lo sta guardando.
Racconta, sussurra.
Cosa devo raccontare?
La storia che ti viene in mente adesso.
Senz'altro ti hanno già detto che Nimtadj significa coroncina, inizia sottovoce Eskandar-Agha.
Aspettando una storia meravigliosa, Nimtadj lo guarda a occhi spalancati e annuisce.
C'era una volta un *pahlewan*, il cavaliere Hodjat, che arrivò nel villaggio senza nome, vide la bella Sahra e si inna-

morò di lei perdutamente. I tuoi occhi sono più belli delle pietre preziose della corona del re a Teheran, le sussurrava. Ma, immagina, la povera Sahra non sapeva neanche che Teheran fosse una città, o cosa fossero un re e una capitale. Non immaginava nemmeno cosa fosse una corona.

Poverina, sussurra Nimtadj. Persino io so cos'è una corona.

La bella Sahra diede alla luce un figlio e lo chiamò con il nome che il cavaliere le aveva suggerito: Eskandar.

E il cavaliere invincibile e senza paura?, chiede Nimtadj.

Era il figlio dell'*arbab* cattivo e dovette andare in guerra. E quando il piccolo Eskandar non ebbe più niente da mangiare, si arrampicò sulla montagna proibita, sfidò gli spaventosi *div* e *jinn* e li sconfisse tutti. Nell'altro mondo che trovò, incontrò uomini con i capelli gialli, che invece dei cappelli si mettono in testa pentole rovesciate.

Nimtadj ridacchia e dice: ma che sciocchi. Nessuno si mette in testa le pentole.

Eppure io ci sono stato e li ho visti con i miei occhi, replica Eskandar-Agha.

Dopo un po' il piccolo Eskandar compare accanto a Eskandar-Agha e Nimtadj, resta con loro e si lascia trascinare nel mondo della storia. Rossane va e viene, la domestica porta anguria a fette e limonata fresca, la bambinaia si presenta, sussurra *mon Dieu* e scompare di nuovo.

Eskandar-Agha vorrebbe restare solo un paio di giorni, che poi diventano un paio di settimane e un paio di mesi. E se ne va soltanto quando le tensioni tra lo scià e il premier – a causa della nazionalizzazione del petrolio – diventano sempre più forti, i disordini si acuiscono e la vita a Teheran diventa così pericolosa che Rossane decide di tornare nel *Farang* con i bambini, finché la situazione non sia migliorata.

Dovrebbe partire anche lui con loro. Nimtadj piange e si aggrappa forte a Eskandar-Agha.

Devo restare qui. Raccoglierò tutte le storie che posso, per potertele raccontare al tuo ritorno, la consola Eskandar-Agha.

Ma anche i *farangi* hanno storie che puoi raccogliere.

Credimi, dice Eskandar-Agha, le storie che si trovano nella nostra terra sono le sole che possano piacere a persone come te e me.

Che persone siamo noi?, chiede Nimtadj.

Siamo persone che non indietreggiano di fronte a niente e a nessuno, neanche quando hanno paura. Siamo persone che si rimettono sempre in piedi, per quanto possa essere faticoso, siamo persone dal cuore grande come la montagna proibita, risponde Eskandar-Agha.

Sulla montagna proibita vivono i pericolosi *div* e *jinn*, sussurra Nimtadj, incassando la testa fra le spalle.

Vedi, la rassicura Eskandar-Agha, nella terra dei *farangi* non ci sono né montagne proibite né qualsiasi altro pericolo. Là le persone hanno tutto quello che serve, non conoscono la miseria o la paura e proprio per questo motivo non ci sono storie per gente come noi.

Bene, replica Nimtadj, allora rimanga e raccolga storie per gente come noi; io andrò nel *Farang* e racconterò le storie che mi ha raccontato lei. Nimtadj abbraccia Eskandar-Agha, lo bacia sulle guance, saltella via felice e non si volta più verso di lui.

I bambini sono fatti così, mormora Eskandar-Agha sulla strada di casa. Ti vogliono bene, vogliono addormentarsi al tuo fianco, il tuo nome è la prima cosa che gridano al risveglio. Ma quando sono lontani, non ti pensano più. E se così non fosse, non sarebbero più bambini, conclude sorridendo tra sé e sé.

Bentornato a casa, lo saluta il figlio dei vicini Hossein, che ormai tutti chiamano Hossein-Agha. Dovunque lei sia stato, le leggo negli occhi che le ha giovato. Ma per quanto mi riguarda non è stato un bene, dice Hossein, perché ho sentito la sua mancanza in ogni momento che ha passato lontano da qui.

Un nuovo amico e una figlia

Uno straniero in cerca di una stanza compare nel cortile. Si chiama Agha-Javad e a quanto pare è ricco, poiché dice che il prezzo non ha importanza.

Visto che è venerdì, Agha-Javad non ha impegni, così porta Eskandar-Agha dallo *tshelokababi* e paga il conto anche per lui. Eskandar-Agha ordina ben due porzioni con ogni ben di Dio: *torshi*, yogurt con aglio, yogurt con cetrioli e menta, focaccia imbevuta del sugo della carne allo spiedo, pomodori grigliati e naturalmente il re di tutti i kebab, il *soltani kebab*, poi una porzione di agnello allo spiedo e uno spiedo con macinato.

Eskandar-Agha non fa in tempo a mischiare le spezie, il burro fresco e il tuorlo con il riso, che gli viene l'acquolina in bocca. Come se non fosse abbastanza, dopo il tè Agha-Javad ordina ancora un gelato guarnito di panna e pistacchi tritati. Prima di poter prendere il suo tè con datteri e cardamomo, Eskandar-Agha deve leccarsi le dita impiastricciate.

Agha-Javad non sembra avere molta fame, poiché invece di mangiare pone una domanda dopo l'altra e si accorda subito con Eskandar-Agha per rivedersi il venerdì successivo.

È una spia, sentenziano i vicini nel cortile.

Ma a Eskandar-Agha non dispiace l'insaziabile curiosità di Agha-Javad; al contrario, la ricompensa con generosità e si abitua in fretta a essere invitato dal suo nuovo amico il venerdì e a rispondere alle sue domande.

Il quinto o sesto venerdì, dopo il pasto, Eskandar-Agha finisce di bere il suo latticello e posa il bicchiere vuoto davanti a Agha-Javad. Mentre quello come di consueto gliene versa ancora, Eskandar-Agha prende la sua macchina fotografica, la orienta verso Agha-Javad e scatta. È una mia abitudine, dice. Appena ho un nuovo amico, gli faccio una foto. È costoso, ma la gioia che provo ricompensa la spesa.

E poi cosa ne fa delle foto?

Niente. Le metto in una scatola, in ricordo dei vecchi tempi.

Avrebbe dovuto avvertirmi, protesta Agha-Javad, mi sarei lavato la faccia e pettinato.

Non è una spia, comunica Eskandar-Agha ai vicini. Altrimenti non si sarebbe fatto fotografare.

E se fosse la sua strategia?, chiedono i vicini. Per togliere ogni dubbio.

Comunque sia, ora ho una sua foto. Eskandar-Agha tranquillizza i vicini.

E cosa ne farà?

Potrei andare alla polizia.

E se non fosse una spia e lei lo denunciasse ingiustamente?, chiedono i vicini. Se non fosse una spia, si metterebbe nei guai, lo avvertono. E se invece lavorasse proprio per la polizia?, continuano, confondendo ulteriormente Eskandar-Agha e riuscendo persino a spaventarlo.

Il venerdì successivo Eskandar-Agha regala al suo nuovo amico sia la stampa che il negativo della foto e non pensa più di andare alla polizia.

Poi succede qualcosa che Eskandar-Agha non aveva considerato. I suoi vicini diventano sempre più sospettosi, non verso la presunta spia, ma verso di lui.

Si comportano in modo strano, bisbigliano alle sue spalle. Sono anni che se ne va in giro a scattare fotografie a tutto e a tutti, prende tantissimi appunti, fa disegni. Che cosa ne fa delle foto? A chi le dà?, si interrogano i vicini diffidenti. Dobbiamo fare attenzione, dicono infine, e si abituano a non dirgli tutta la verità.

Un giorno compare il padrone di casa e manda via uno dei vicini dalla sua stanza, spostandolo verso il fondo del cortile. Spiega di aver bisogno della stanza per un parente e nessuno si meraviglia che questo parente sia Agha-Javad, che il pomeriggio stesso si trasferisce nella stanza sgombrata con la sorella.

Sebbene abbia passato da tempo i trenta o i trentacinque anni, la sorella di Agha-Javad non è sposata. Ognuno dei vicini inventa una spiegazione diversa per il fatto che una donna della sua età non sia ancora sposata, non abbia figli e viva con il fratello. Non riescono nemmeno ad attendere che sia lei stessa a dare una spiegazione.

Khadije-Khanum è una donna tranquilla, che parla solo se interpellata. I suoi occhi tuttavia sono l'esatto opposto: svegli e vivaci, non si lasciano sfuggire niente.

Dopo non molto tempo tutti iniziano ad apprezzare Khadije-Khanum, poiché è laboriosa e si rende utile ogni volta che può, con il bucato, le stoviglie, la cura dei bambini, la pulizia del pollaio, del cortile e delle finestre. Quando Eskandar-Agha non è in casa, Khadije-Khanum riordina anche la sua stanza, spazza il tappeto, lava le sue stoviglie, gli rammenda i calzini e la tenda della porta d'ingresso. A volte, quando torna a casa, Eskandar-Agha trova un *sofreh* apparecchiato con del cibo caldo, spesso ancora fumante. Quando un giorno Khadije-Khanum lo sorprende con uno dei suoi piatti preferiti, riso con pesce, Eskandar-Agha la prega così a lungo che alla fine lei cede e condivide il *sofreh* con lui.

Come sapeva che il *mahipolo* è uno dei miei due piatti preferiti?, chiede avvertendo una stretta al cuore quando lei lo guarda e sorride, timida come un capriolo.

Non lo sapevo, risponde lei. Ogni volta che ho preparato un nuovo piatto per lei, ho sperato che avrei soddisfatto i suoi gusti e riscaldato il suo cuore.

È proprio quello che ha fatto adesso, dice Eskandar-Agha, osservandola. Poi aggiunge: se lo desidera, le rivelerò l'altro piatto che mi procura la stessa gioia. È il *khoresht* con le melanzane, continua senza aspettare la sua risposta.

La sera successiva Eskandar-Agha si affretta a tornare a casa, per gustare il *khoresht-bademjan* che Khadije-Khanum ha cucinato per lui. Già dopo il primo boccone esclama: stimata khanum, ha superato tutte le mie aspettative. E poi gli sfugge qualcosa che non aveva avuto intenzione di dire. Questo *khoresht-bademjan* è persino migliore di quello che preparava per me la mia Aftab-Khanum. Sorpreso, Eskandar-Agha si rende conto che non è più così doloroso pensare alla moglie defunta e parlare di lei. Regala un sorriso gentile a Khadije-Khanum.

Con il suo permesso, dice Khadije-Khanum, ho tolto i vestiti della sua defunta moglie, Dio l'abbia in gloria, dalla nicchia e li ho portati alla moschea perché vengano donati ai poveri. Le tarme avevano già iniziato a danneggiarli.

Eskandar-Agha tace, continua a masticare lentamente, conta i mesi trascorsi da quando è morta sua moglie e si rende conto di aver già oltrepassato il doveroso anno di lutto. Continuando a masticare chiede: le farebbe piacere se chiedessi la sua mano a suo fratello?

Khadije-Khanum tace, guarda in terra educatamente, come si conviene, e annuisce in maniera appena percettibile.

Agha-Javad acconsente al matrimonio con gioia e incassa la dote sorridendo. Oltre a suo fratello, la sposa non ha parenti né amici. Eskandar-Agha a sua volta non possiede parenti che potrebbe invitare. Abbandona subito l'idea di andare al nord della città e invitare Rossane e i bambini. Dunque festeggia il suo secondo matrimonio con i vicini soltanto, che almeno per questa sera dimenticano la loro diffidenza e si rallegrano del cibo delizioso e dello svago.

Eskandar-Agha non è particolarmente felice, né infelice. È semplicemente soddisfatto di non dover più vivere da solo.

Due settimane dopo il matrimonio, Khadije-Khanum resta incinta. I vicini dicono che alla sua età avrebbe dovuto fare attenzione.

Lei sarà un buon padre, afferma Hossein. Lo vedo da come mi ha trattato. Non dovrei parlar male alle spalle di mio padre, ma lei e la sua defunta moglie Aftab-Khanum siete stati più gentili con me di quanto lo sia mai stato mio padre, che è sangue del mio sangue. Questa è la verità, la pura verità, conclude. Che la furia di Dio mi colpisca all'istante se sto dicendo il falso, che io venga lapidato immediatamente.

Eskandar-Agha scuote la testa. Smettila con queste parole senza senso. Dio non ha mai tirato pietre a nessuno e non lo farà neanche in futuro.

Alla nascita di sua figlia, la prima, Khadije-Khanum rischia di morire. Ci vuole una settimana intera perché i colori tornino sul suo viso, perché riprenda a parlare, mangi e beva. Il modo in cui giace lì, mezza morta, senza che nessuno speri nella sua sopravvivenza, a Eskandar-Agha ricorda Tajelmoluk.

Lei ce la farà. Non morirà. Non è ancora giunta la sua ora, dice raccontando di Tajelmoluk e sottolineando che comunque da allora sono passati quarant'anni. Diversamente da quel tempo oggi ci sono medicine, dottori e ospedali. Siamo nella capitale. Ci si mette poco a spostarsi, posso chiamare un taxi o noleggiare una vettura e portarla da un *hakim* o persino da un vero e proprio medico. Aggiunge che, come a suo tempo ha portato Rossane dalla balia, ora porterà sua figlia dalla donna dall'altro lato del cortile. Sembra che abbia del buon latte, continua Eskandar-Agha, poiché i suoi figli sono vigorosi e sani.

Con la figlia in grembo, Eskandar-Agha siede per terra accanto alla sua seconda moglie e legge i suoi appunti. Non è felice né infelice. La quarta mattina, infine, Khadije-Khanum apre gli occhi e mormora con voce flebile: ho sentito tutto quello che lei ha detto, ma Dio non voleva farmi parlare.

Ha sentito tutto?

Tutto.

È strano, conferma Eskandar-Agha.

Tutto, dice lei. Ma ho capito solo la metà e ora ho dimenticato tutto di nuovo.

Eskandar-Agha non vuole ripetere con la sua seconda moglie lo stesso errore che ha commesso con Aftab-Khanum.

Non dovranno esserci segreti tra noi, dice. Vorrebbe iniziare subito a raccontare, ma Khadije-Khanum lo interrompe.

Oh, per favore, lo prega. Quando ho acconsentito a diventare sua moglie, sapevo che lei ha già avuto una vita e un passato, ma non mi interessa. Mi basta sapere cosa lei fa o non fa attualmente.

Bene, concorda Eskandar-Agha, allora lasciamo stare il passato. Se è d'accordo, vorrei dare a nostra figlia il nome di mia madre. Si chiamava Sahra.

Come crede, mormora Khadije-Khanum. Sbadiglia, si gira dall'altra parte e si riaddormenta.

Una spiacevole sorpresa

Sahra è una bambina silenziosa, ma sveglia. Riesce già a dire un paio di parole prima di aver compiuto un anno. Tutti i vicini le vogliono bene, giocano con lei, la accarezzano, la chiamano affettuosamente con i vezzeggiativi più belli. Stella dorata, raggio di sole, zucchero candito, occhi di capriolo e altri che inventano di volta in volta. Soprattutto il figlio dei vicini Hossein è invaghito di lei. Quando sarai grande, chiederò a tuo padre, lo stimato Eskandar-Agha, la tua bella mano, le sussurra all'orecchio. Ad Aftab-Khanum avrebbe fatto piacere.

Un giorno, mentre Eskandar-Agha sta tornando dal fornaio con la piccola Sahra, già da lontano sente chiasso. Quando entra nel cortile, sua moglie sta scagliando contro il fratello una pentola di ferro. Grida: non lo farò più, a costo della vita.

Khanum, cosa sta facendo? Eskandar-Agha cerca di calmarla. Che penserà la gente di lei e di me?

Khadije-Khanum gli si getta al collo, preme il viso rigato di lacrime sulla sua camicia e singhiozza: non c'è nessuno dei vicini, solo per questo motivo quella canaglia ha osato alzare le mani su di me.

Suo fratello l'ha picchiata?, chiede Eskandar-Agha incredulo. Con la coda dell'occhio vede Agha-Javad scomparire in strada. Violente imprecazioni e passi affrettati sono l'ultima cosa che Eskandar-Agha sente dell'uomo che riteneva suo cognato.

Cos'è che non vuole più fare?, domanda Eskandar-Agha. E poiché Khadije-Khanum non capisce cosa intenda, dice: quando sono arrivato nel cortile, ho sentito che gridava che non vuole più fare qualcosa. E ora le chiedo: di che cosa stava parlando?

È un bugiardo, singhiozza Khadije-Khanum. Ma Eskandar-Agha non molla. Che cosa non vuole più fare?

Essere sua succube, lavorare per lui, spiare lei, spiare la gente.

Khadije-Khanum deve continuare a spiegare, Eskandar-Agha pone sempre le stesse domande e riceve sempre le stesse risposte. Agha-Javad non è il fratello, ma un lontano parente di Khadije-Khanum. Non solo ha incassato la dote e si è servito del suo corpo, ma l'ha anche usata per spiare Eskandar-Agha e tutti i vicini del cortile e dei cortili accanto.

Ma cosa ci sarà mai da spiare riguardo a me e a questa gente? Chi era interessato a queste informazioni?, la interroga Eskandar-Agha.

Come faccio a saperlo?, risponde Khadije-Khanum. Mi ha costretta.

Perché non me l'ha detto prima?

All'inizio avevo bisogno di soldi per saldare i miei debiti, poi ho iniziato a volerle bene. Avevo paura di perderla. Gli ho detto che lei non è un criminale né un comunista, che non appartiene a uno di quei gruppi religiosi radicali, che non è un *bahai*, un ebreo, né altro, si lamenta Khadije-Khanum. Ma lui mi ha costretta, ha minacciato di raccontarle tutto e di ributtarmi in strada.

In strada?

Quando lei è uscito per fare le sue foto, ho inventato ogni volta una bugia diversa e non gli ho raccontato nulla neanche dei suoi appunti, dice.

E lui ha creduto alle sue bugie?

È uno sciocco, risponde Khadije-Khanum, sputando. Sahra imita la madre e sputa anche lei.

E la bambina?, chiede Eskandar-Agha.

Cosa c'entra la bambina?, chiede Khadije-Khanum.

È mia figlia o mi sto occupando della figlia di un estraneo, una spia, un *djakesh*, uno sfruttatore?

Ma no, guardi la piccola, Sahra ha il suo stesso viso, grida Khadije-Khanum graffiandosi la faccia in segno di automortificazione.

Eskandar-Agha sa che ha ragione e sa che Sahra non potrebbe somigliare di più a lui, senza bisogno di guardare in uno specchio. Non mi ha detto cosa intendeva, quando lui ha minacciato di ributtarla in strada, insiste Eskandar-Agha senza distogliere lo sguardo da sua moglie. All'improvviso vede cose di cui non si era accorto prima e conosce la risposta anche senza che sua moglie parli. Dovrò lasciarla, dice meravigliandosi di quanto sia calmo e controllato.

Eskandar-Agha trattiene Sahra, che vorrebbe andare da sua madre. Non crederà davvero che voglia continuare a vivere con una donna che mi ha ingannato, ha mentito, mi ha tradito con un altro uomo e mi ha spiato. No, khanum, voglio che oggi stesso lei prepari le sue cose e domani mattina presto, prima dell'alba, lasci questa casa. Voglio sciogliere il nostro matrimonio, dice piano alzandosi; gli tremano le ginocchia.

Fino all'alba Khadije-Khanum piange, geme, si lamenta, prega, supplica Eskandar-Agha di perdonarla. Dice che si vergogna, che è pentita. Quando vede che le suppliche e le preghiere non servono a niente, grida, impreca e minaccia. Può costringermi a lasciare questa stanza. Può sciogliere il nostro matrimonio. Può portarmi via la mia bambina, la maledetta legge le concede tutto questo. Ma non lascerò questa casa e questo cortile, mi trasferirò nella stanza di Agha-Javad e vivrò lì. Quel figlio di un cane non tornerà comunque.

Non può farlo, dice Eskandar-Agha, pur sapendo che lei lo farà.

Per un paio di giorni riesce a evitarla, a non badare a lei e a non lasciarsi influenzare dalle chiacchiere della gente. Ma dopo una settimana lei lo ferma dicendo di aver bisogno di soldi.

È una faccenda che non mi riguarda più, replica Eskandar-Agha. Sa bene che sono stato dal mullah a sciogliere il nostro matrimonio e che ho firmato anche i documenti necessari per il governo.

Allora dovrò guadagnare soldi a modo mio, dice lasciando Eskandar-Agha sconcertato e uscendo in strada. Neanche mezz'ora dopo torna con un estraneo e scompare con lui nella sua stanza. Venti minuti più tardi ricompare in cortile. I primi bottoni del suo vestito sono aperti, non porta il velo e sorride licenziosamente. È la stessa persona che in passato ha sorriso a Eskandar-Agha, la stessa persona di cui lui pensava di potersi fidare.

Sahra lascia la sua mano, corre da sua madre, si getta tra le sue braccia e sorride felice, mentre lo straniero le dà un buffetto sulle guance e la bacia in fronte.

Per Eskandar-Agha è troppo. Trascina via la bambina urlante dalle braccia della madre, scompare con lei nella sua stanza, chiude la porta e la finestra, nonostante la stanza sia cocente e questo li renda storditi e insonnoliti. Lo stesso giorno Eskandar-Agha lascia la stanza, mette le sue cose e quelle di Sahra in un fagotto, affida a Hossein i quaderni e le scatole con le fotografie, si separa da lui tra le lacrime e promette di comunicargli il suo nuovo recapito. Spera di non dover rivedere mai più Khadije-Khanum.

Il carro che Eskandar-Agha ha noleggiato è economico, ma così malandato che riesce ad arrivare solo alla fine della strada. Appena svoltano nella strada principale, l'asse della vettura si rompe e il carro si rovescia. Per fortuna il bagaglio di Eskandar-Agha e Sahra consiste solo di vestiti e oggetti leggeri e quando cade loro addosso non li ferisce. Le briglie e i finimenti hanno ferito però il muso del cavallo. L'animale si agita, alza e abbassa la testa violentemente, sbuffa e nitrisce con gli occhi spalancati per il dolore. Sahra vede il sangue, inizia a piangere, vuole tornare subito dalla mamma, grida e corre in strada. Eskandar-Agha fa fatica a trattenerla.

Per un paio di giorni dormono nelle locande, che a

Teheran sono ora molto numerose. Ma è scomodo, costoso e comunque non è una soluzione. Per giorni vagano per la città, alla ricerca di una stanza adeguata. Eskandar-Agha deve portare Sahra sempre con sé. La bambina è sfinita e la sera si addormenta tra le braccia del padre più morta che viva.

Quando infine trovano una stanza è umida, perché il pavimento è il soffitto della cisterna d'acqua con cui l'intero cortile viene rifornito. A Eskandar-Agha vengono dolori alle ossa e alle articolazioni, gli fa male la testa perché le tante persone nelle altre stanze sono molto rumorose, nemmeno la notte c'è un po' di tranquillità. Eskandar-Agha non sa come andare avanti. Deve lavorare. Come può occuparsi della bambina? Avrebbe voglia di dimenticare l'onore e l'orgoglio ferito e di tornare da Khadije-Khanum, perdonarla e restituire la figlia alla madre. I pianti di Sahra per sua madre sono così insopportabili che a volte la rinchiude da sola nella stanza, dove singhiozza fino a addormentarsi sfinita.

Quando un giorno gli sfugge la mano e picchia la sua bambina, Eskandar-Agha si toglie la collana con il *farvahar* che ha regalato alla sua Aftab-Khanum e la appende al collo della figlia.

Che lo spirito della mia saggia Aftab-Khanum ti protegga, povera bambina.

Quella notte Eskandar-Agha fa un sogno. La sua Aftab-Khanum sta davanti a lui, con le mani sui fianchi, e lo guarda. Quando sta per chiederle che cosa vuole da lui, lei apre una porta e scompare dietro di essa. Eskandar-Agha la chiama, tira la porta ma non riesce ad aprirla.

Solo al mattino, mentre Eskandar-Agha sta bevendo il suo secondo bicchiere di tè, si rende conto che la porta dietro la quale è scomparsa la sua Aftab-Khanum gli è familiare. È quella della casa di Rossane-Khanum.

Ho giurato a me stesso e a Dio che sarei stato diverso da mio padre e che non avrei mai picchiato mia figlia, dice Eskandar-Agha tra sé. Guarda sua figlia che gli sorride. Ho fallito, ma la mia Aftab-Khanum mi è apparsa in sogno e mi ha indicato la strada da seguire, dice Eskandar-Agha. Bacia sua figlia e prende una decisione. Fa di nuovo i bagagli, noleggia un carro e si fa portare con la figlia nella zona nord della città, a casa di Rossane-Khanum.

Sono passati più di due anni da quando Eskandar-Agha è stato lì l'ultima volta. Non sa cosa lo aspetti ed è pronto a tutto.

Ah, è qui, dice Rossane fissando Eskandar-Agha, la piccola Sahra e il fagotto, finché Nimtadj compare dietro di lei. È diventata una ragazzina di nove o dieci anni, alta e con gli occhi vivaci. Con lei sembra essere cresciuto anche il suo coraggio. Come se si fossero congedati solo il giorno prima, esclama: deve aver raccolto una montagna di storie per me! Poi indica Sahra e chiede: anche lei dorme per terra?

Prima che qualcuno possa anche solo aprir bocca, Nimtadj dice: dobbiamo preparare le stanze. E la bambina ha bisogno di vestiti decenti. Non può andare in giro con quella camicetta.

Rossane cerca di scusare il comportamento della figlia: a volte è peggio di Mahrokh-Khanum.

Nimtadj non guarda neanche sua madre, mentre spiega: Mahrokh-Khanum dice che mia madre è una comunista.

Per favore, porti i bagagli nella camera degli ospiti, dice Rossane alla domestica.

Khanum, lei è molto generosa a ospitare la mia Sahra e me, tuttavia se lo permette non vorrei dormire nella camera degli ospiti, ma nella casa del giardiniere, risponde Eskandar-Agha, sperando che Rossane non intuisca le sue reali intenzioni.

È tutto molto semplice

Due mesi più tardi, una notte di luna piena, Sahra, Nimtadj e suo fratello Eskandar – che dal suo ultimo viaggio all'estero vuole essere chiamato Alexander – dormono già da tempo. Eskandar-Agha e Rossane siedono nell'enorme terrazza davanti alla casa, bevendo tè dal samovar e godendo della vista del magnifico giardino con gli alberi rigogliosi, gli arbusti e i fiori, che impregnano l'aria notturna del loro profumo.

Da quando se ne occupa lei, le nostre piante e i fiori prosperano come non hanno mai fatto prima, osserva Rossane.

Senza il suo aiuto, replica Eskandar-Agha, avrei dovuto riportare Sahra da sua madre. Finché vivo le sarò debitore, stimata Rossane-Khanum.

Mi fa sentire in colpa, dice Rossane.

In colpa? Eskandar-Agha si comporta come se non sapesse di cosa Rossane stia parlando.

Lei è stato per me come un padre, come un fratello. Lei stesso era un bambino, quando si occupava di me. Gliel'ho già detto una volta e lo credo ancora: sono io a doverla ringraziare per avermi aiutato a sopravvivere.

Eskandar-Agha tace, si gode il momento e aspetta.

Dovrei riservarle un posto d'onore in casa nostra, continua Rossane giocando con il bordo del suo vestito, come faceva quando da bambina aveva combinato qualche marachella. Invece lei abita nella casa del giardiniere. Mi dispiace dal profondo del cuore, dice guardandolo. Ma lei sa com'è la gente, inizia subito a chiacchierare ed è capace di rendere la vita impossibile.

Sono contento così, replica Eskandar-Agha. La casa del giardiniere è il miglior luogo in cui abbia mai vissuto. È la verità, conferma in risposta allo sguardo incredulo di Rossane. Diversamente dalla maggior parte delle persone ho persino l'elettricità e acqua pulita dalla montagna. Khanum, al sud della città, da dove vengo io, non avevamo niente. Lì non ci sono fognature, acqua pulita, elettricità, neanche il gas; le strade non sono asfaltate. Non mi crede. Tuttavia lei stessa è venuta al mondo in una parte di questo paese in cui ancora oggi bambini, donne e uomini vengono portati via dalla fame e dalle malattie più banali.

Dal suo sguardo Eskandar-Agha intuisce che Rossane ha dimenticato da tempo quella parte della sua vita.

No, khanum, le due stanze in cui posso vivere qui con la mia Sahra sono grandi e luminose. Ora che siamo in estate sono arieggiate e in inverno non sarà certo difficile tenerle calde e star bene lì dentro. Dalle grandi finestre si vede il giardino e lì tra gli alberi, con il *djub* che scorre davanti alla porta, lontano dalla confusione degli ospiti e dal viavai della casa principale, mi sento come se fossi nel mio villaggio. È un bene per me e per la mia piccola Sahra. No, stimata signora Rossane, sono felice di non dover vivere in questa grande casa. E comunque mi ci perderei, dice guardando Rossane. Per la prima volta da quando è arrivato a casa sua, la sente davvero vicina.

Sono felice che lei e la sua Sahra siate qui, dice Rossane. Rende felice sia me che i bambini. Ed è un bene che la casa del giardiniere sia abitata.

Eskandar-Agha guarda Rossane commosso, ma non le confessa che a suo tempo non ha voluto stare nella stanza degli ospiti per un motivo ben preciso: perché sapeva che le probabilità di restare a lungo – o magari per sempre – sarebbero state maggiori, se avesse alloggiato nella casetta in fondo al giardino.

Rossane ride sollevata e scosta dal viso una ciocca di

capelli. Tra l'altro non è vero che sono una comunista, esclama all'improvviso, come una bambina che si difenda di fronte a suo padre.

Lo so, dice Eskandar-Agha in tono paterno. E se anche lo fosse, per me sarebbe lo stesso. Ma posso capire che qualcuno come la stimata Mahrokh-Khanum creda che una persona come lei lo sia, perché parla di uguaglianza, di giustizia e concede asilo a un nullatenente come me e a mia figlia. Non pensi male di Mahrokh-Khanum. Per lei è stata pur sempre una madre amorevole e generosa.

Si riferisce forse a questa casa, al giardino, alle auto, alle scuole costose dei miei figli? Rossane sorride amaramente. Tutto questo lo devo al mio defunto marito e soprattutto al mio stesso lavoro.

Voglio essere onesto con lei, replica Eskandar-Agha sforzandosi di trovare le parole giuste. Se lei non avesse trovato suo marito, Dio l'abbia in gloria, Mahrokh-Khanum, ricca e conosciuta in società, non l'avrebbe accettata come figlia. Ma è pur vero che lei non avrebbe potuto svolgere la sua professione, se Mahrokh-Khanum non avesse provveduto alla sua formazione. Per quanto cattiva possa essere stata, ha anche i suoi lati positivi, dice Eskandar-Agha meravigliandosi di se stesso, perché crede realmente a ciò che sta dicendo.

Mi rattrista parlare di queste cose, risponde Rossane cambiando discorso. Mi aveva detto che per lavoro una volta raccoglieva e valutava articoli di giornale sul premier. L'ultima volta che sono stata in *Amrika*, ho visto questo giornale e l'ho conservato per lei, per darglielo alla prima occasione che fosse capitata, dice Rossane.

Ma quello è il nostro stimato premier Mossadegh!, grida Eskandar-Agha.

È il «Time», uno dei giornali più importanti degli *amrikai*, spiega Rossane. Hanno messo la foto del nostro premier in prima pagina perché l'hanno scelto come uomo dell'anno. È molto importante per noi e per la nostra terra. Molti *amrikai* infatti si formano un'opinione leggendo il «Time».

Taim, legge Eskandar-Agha orgoglioso. Sorride come se la foto pubblicata fosse sua. E io che pensavo che ai *farangi* non servisse nessun insegnamento, per formarsi un'opinione.

Eskandar-Agha decide di tornare al sud, alla sua vecchia stanza, non solo per andare a prendere i quaderni e la scatola con le fotografie che ha lasciato al precedente vicino Hossein-Agha. Vuole anche sapere cosa ne sia stato della deplorevole Khadije-Khanum, che è pur sempre la madre di sua figlia.

Lungo la strada l'autobus viene fermato più volte e perquisito da soldati e poliziotti, nessuno sa per quale motivo.

I manifestanti, gli striscioni, la polizia e i soldati a cavallo, i carri armati agli incroci, lo scalpiccio dei cavalli della polizia mettono a Eskandar-Agha talmente tanta paura che avrebbe voglia di dimenticare le sue intenzioni e tornare subito indietro.

Non ci si abitua mai al caos, all'oppressione e alla morte dei propri cari, scrive nel suo quaderno. E poi resta ad ascoltare quello che l'uomo seduto nella fila davanti alla sua sta dicendo al vicino. Poiché le parole suonano come se fossero destinate proprio a lui e le apprezza, Eskandar-Agha le annota. "Noi iraniani siamo diventati uno strano popolo: più piangiamo, meglio ci sentiamo. Il dolore ci piace, desideriamo la perdita, ci sentiamo vivi soltanto quando siamo vicini alla morte."

Lei è viziato dalla vita nel ricco nord della città, spiega Hossein-Agha, cercando come sempre di sollevare il morale al suo vecchio vicino. L'accompagnerò io, nel viaggio di ritorno. Così non dovrà portare la sua scatola da solo. Per me sarà un piacere viaggiare in uno di quei nuovi autobus a due piani. Finalmente farò una gita al nord, dice Hossein. L'aria fresca mi farà bene sicuramente.

Tuttavia non arrivano neanche alla fermata dell'autobus sulla strada principale. La città pullula di poliziotti armati, soldati e agenti segreti di Sua Maestà il re, che picchiano i passanti indiscriminatamente, finché questi ultimi corrono via ricoperti di sangue, oppure vengono lasciati in terra per strada. Non si riesce a passare in bicicletta né in vettura, tantomeno in macchina o in autobus.

Prima ancora che riescano a riflettere su dove poter fuggire dai terribili tumulti, Eskandar-Agha e Hossein-Agha vengono separati e si perdono di vista. Solo a fatica Eskandar-Agha riesce a trascinare la sua scatola. Davanti a lui barcolla una donna che si tiene la testa sanguinante. Accanto a lui un uomo con una ferita d'arma da fuoco alla gamba grida. Eskandar-Agha solleva la sua scatola, sente dietro di sé passi affrettati e vede un soldato che sta correndo verso di lui. Il ragazzo agita la sua arma e fissa Eskandar-Agha con gli occhi spalancati, ansiosamente. Che cos'hai in quella scatola?, grida.

Eskandar-Agha posa subito la scatola, alza le mani e guarda il soldato.

Che cosa hai in quella scatola?, urla ancora una volta il soldato, poi imbraccia il fucile e lo punta verso Eskandar-Agha.

Fratello, cosa vuoi fare?, chiede Eskandar-Agha. Uccidermi? A cosa ti servirebbe? Non renderti infelice. Si vede che non hai mai ucciso nessuno.

Naturalmente non ho mai ucciso nessuno, dice il giovane soldato. Non sono un assassino.

Ma naturalmente è il tuo compito. Uccidere.

Sì, agha, risponde il soldato.

Vedi, dice Eskandar-Agha meravigliandosi della sua tranquillità. Se avessi già ucciso qualcuno, sapresti che quando uccidi una persona uccidi anche una parte di te stesso.

Il soldato è confuso, si gratta la testa.

E ogni morto fomenta ancora di più l'odio. A cosa porterà tutto questo?

Ho degli ordini, afferma il soldato.

Hai degli ordini e hai un'arma, ma hai anche una testa con cui puoi ragionare.

Il soldato allenta la presa e abbassa la canna del fucile.

Posso rivelarti una cosa?, chiede Eskandar-Agha. Continua

a parlare solo quando il soldato annuisce. Ogni giorno ci sono dei soldati che disertano e che si schierano dalla parte del popolo e dei manifestanti. Sai cosa succede poi? Eskandar-Agha aspetta, finché il soldato scuote la testa. Vengono acclamati. Vengono baciati e portati in trionfo. Questi giovani sono eroi, stelle splendenti in questi tempi cupi, prosegue Eskandar-Agha ripromettendosi di annotare in seguito queste parole che trova poetiche; sempre che sopravviva all'incontro con il giovane soldato.

E poi che cosa potrei fare?, chiede il soldato allungando l'arma verso Eskandar-Agha. Che cosa potrei fare?, domanda ancora giocherellando con l'uniforme. Dove potrei nascondermi? Vengo da Tabriz, qui nella capitale non conosco nessuno, dice il soldato facendo un passo verso Eskandar-Agha. Nessuno oltre a te.

Dal mio punto di vista, al momento hai tutto quello che ti serve, replica Eskandar-Agha allungando la mano verso l'arma e prendendola. Toglie le munizioni sollevato, poi insieme fanno a pezzi il fucile e lo gettano oltre il primo muro che capita, in un cortile. I pezzi si rompono schiantandosi. Togliti la giacca, dice Eskandar-Agha, lasciala in vista sul marciapiede, in modo che la gente veda che un altro giovane coraggioso ha preso la decisione giusta. Poi dà al soldato la sua giacca e dice: prendi la scatola e seguimi.

Dove mi porti?, chiede il soldato guardando Eskandar-Agha pieno di paura.

Al nord della città, risponde Eskandar-Agha col fiato corto. Da lì, da Shemiran, potrai fuggire verso le montagne e...

Conosco bene le montagne, lo interrompe il soldato. È molto semplice. Il sole mi indicherà la direzione e le rocce mi proteggeranno.

Ma un paio di incroci più avanti i due si imbattono in un gruppo di manifestanti, che sventolano i loro striscioni e gridano slogan a squarciagola. Appartengono al partito comunista Tudeh e stanno dalla parte dello stimato premier.

Eskandar-Agha li saluta come fratelli e vorrebbe raccontar loro la storia del soldato, ma quello lo prende per il braccio, lo chiama "padre" e dice: vieni, dobbiamo sbrigarci a portare le medicine a mia madre ammalata.

Non erano comunisti né stavano dalla parte del premier, sostiene il soldato, quando sono di nuovo soli. Credimi, nonnino, conosco questa gente, abbiamo ordine di lasciarli andare.

Cosa? Com'è possibile?, esclama Eskandar-Agha incredulo.

Sono agenti pagati dagli *engelissi*. Non fanno altro che chiamare in causa Mossadegh per collegarlo ai comunisti. In questo modo il re e gli *engelissi* vogliono incutere la paura del comunismo al popolo iraniano e agli *amrikai*.

E a cosa servirebbe questa paura?, chiede Eskandar-Agha.

È molto semplice, spiega il soldato. Se il pericolo del comunismo diventerà abbastanza grande, gli *amrikai* si schiereranno al fianco degli *engelissi* e manderanno anche loro le navi da guerra nel Golfo Persico e i soldati a combattere contro il nostro popolo. È molto semplice, conferma il soldato.

È molto semplice, ripete Eskandar-Agha.

Semplice e lineare. Contro la paura di un Iran comunista, nessuno la spunterebbe facilmente.

Bravo, figliolo, esclama Eskandar-Agha ammirato. Chi avrebbe mai pensato che il soldato che mi ha quasi ucciso fosse tanto intelligente.

Eskandar-Agha non può fare a meno di sorridere sotto i baffi, perché sa già quale sarà la frase con cui terminerà il racconto di questa storia: se questo giovane soldato non si fosse lasciato convincere, se mi avesse ucciso come era stato incaricato di fare, mi sarebbe rimasta almeno una consolazione: la mia vita terrena sarebbe stata portata via da un uomo colto e intelligente.

È tutto molto semplice.

Arriva Eisenhower. Truman se ne va portando via con sé le speranze degli iraniani

Con in braccio sua figlia Sahra, di due anni, e due focacce calde in mano, Eskandar-Agha sta davanti allo studente e non riesce a capire come sia possibile che, in una città che ormai conta due milioni di abitanti, gli sia capitato di incontrare proprio lui.

Dev'essere un segno di Dio, dice lo studente. Non molto tempo fa ho mandato qualcuno alla sua vecchia casa, a pregarla di tornare a lavorare per noi. Abbiamo bisogno di uomini di cui poterci fidare. Mossadegh ha tanti nemici che...

Eskandar-Agha lo interrompe. Caro, stimato agha, il mio tempo è finito. Ho visto e sentito abbastanza, ho già sofferto e lottato per questa terra. Uno della mia età non serve più a niente. E in tempi come questi, in cui si finisce nella prigione di Sua Maestà per la minima infrazione o si paga persino con la vita, preferisco restare lontano dalla politica, risponde Eskandar-Agha stringendo Sahra più forte a sé.

Lo studente annuisce comprensivo e dà un buffetto sulle guance di Sahra sorridendo. Ha sentito?, chiede. Abbiamo perso il nostro amico alla Casa Bianca. Truman non è più presidente degli *amrikai.* E il nuovo, Eisenhower, sembra un vigliacco. Ha paura soprattutto dei comunisti. Nel suo discorso di assunzione del mandato ha detto che condurrà una crociata contro il comunismo.

Agha, la ringrazio di cuore per la sua fiducia, ma mi creda, la prego, sta sprecando il suo tempo prezioso.

Mi ricordo bene?, chiede lo studente. Sbaglio o era proprio lei che ha visto zampillare il primo petrolio dalla nostra terra? Rammento che ripeteva sempre che è stato uno spettacolo che non avrebbe mai più dimenticato. Una volta lei disse persino che nelle sue vene non scorre sangue, ma petrolio.

Per un attimo lo sguardo di Eskandar-Agha si illumina. Sorride.

Vede?, prosegue lo studente. Il nostro petrolio, la nostra maggiore risorsa è in pericolo.

La capisco, dice Eskandar-Agha. Ma questa volta non riuscirà a convincermi. Inoltre il nostro petrolio è sempre stato in pericolo... non può convincermi con questi argomenti.

Gli *amrikai* pensano che l'Iran sia troppo debole per difendere la ricchezza nazionale dai vicini comunisti, gli *shorawi*, dice lo studente.

Ma è sempre la stessa storia. Prima questo gioco l'hanno fatto gli *engelissi*, ora gli *amrikai*. Affermano che gli *shorawi*, i russi, vogliono occupare la nostra terra, dunque li prevengono. Ma è ridicolo, brontola Eskandar-Agha cercando di nuovo di congedarsi cortesemente dallo studente.

Invece di farsi da parte, lo studente gli mette un braccio sulla spalla e cammina insieme a lui.

Ma dove abita? Da qualche parte in questa zona signorile? O è soltanto venuto a trovare qualcuno?

No, signore, cosa va a pensare, mente Eskandar-Agha. Abitare qui? Io? Sono qui solo per caso.

Allora è stata proprio una fortuna incontrarla, esclama lo studente guardando Eskandar-Agha dubbioso.

Quando sono già in vista della casa di Rossane-Khanum, lo studente sta per rinunciare ai suoi tentativi di convincere Eskandar-Agha a tornare al lavoro, ma la piccola Sahra allunga il braccio, indica la porta e dice sorridendo: casa.

Eskandar-Agha sussulta e anche lo studente rimane perplesso per un attimo, ma non fa trasparire niente e continua a camminare accanto a Eskandar-Agha.

Quest'ultimo va avanti e indietro di fronte alla porta tranquillamente, dà un pezzo di pane a Sahra per distrarla e continua ad ascoltare lo studente, che racconta di John Foster Dulles, che diventerà il nuovo ministro degli esteri degli *amrikai*, e di suo fratello Allen, che diventerà direttore della CIA, il servizio segreto degli *amrikai*.

In *Amrika* è diverso che da noi, spiega lo studente. Il ministro degli esteri e il capo dei servizi segreti sono quasi più potenti del presidente. E per i fratelli Dulles il mondo è diviso in Est e Ovest, in comunisti e democratici, continua lo studente. I due fratelli vedono la lotta ideologica come una sfida personale. L'ho letto in un giornale *amrikai*, dice sogghignando.

Ma allora non si tratta solo di chiacchiere che la gente racconta dal fornaio, sussurra Eskandar-Agha piano.

Cosa ha sentito?, chiede lo studente.

Eskandar-Agha si guarda intorno e parla a bassa voce. Dicono che gli agenti degli *engelissi* paghino profumatamente certi fratelli di nome Rashidian. Questi a loro volta pagano mercanti e artigiani, mullah e *akhund* nel bazar, persino nobili e presumibilmente incorruttibili *pahlewan* e anche gente della società ricca e raffinata, per sollevare gli animi contro Mossadegh, scendere in strada e manifestare contro di lui.

Non sono solo chiacchiere, è realmente così, ribatte lo studente a bassa voce. Per i *farangi* ogni mezzo è lecito per tenersi stretto il petrolio iraniano e per impedire che Mossadegh completi le sue riforme. Perciò vogliono anche impedire che il premier riduca il ruolo del re a quello di un monarca di rappresentanza. A quel punto infatti gli *engelissi* non potrebbero più usare il re come loro fantoccio.

Naturalmente, sussurra Eskandar-Agha. Per poterlo controllare, bisogna che abbia potere. Un re senza potere assoluto non serve a niente, per i *farangi*.

È così, amico mio, risponde lo studente contento di sé: ha risvegliato l'interesse di Eskandar-Agha e a coinvolgerlo nel discorso. È un peccato che io non sia riuscito a convincerla a lavorare di nuovo per lo stimato Mossadegh.

Eskandar-Agha guarda lo studente, si lamenta per il peso della sua Sahra e riflette su cosa dire, su come comportarsi per liberarsi di lui, quando la limousine nera di Rossane-Khanum gira l'angolo e si ferma accanto a loro.

Rossane si affaccia dal finestrino aperto e sorride. Buongiorno, dice. Salga, la accompagno. Ma poi si accorge dello studente; anche lui la vede, i loro sguardi si incontrano e non si lasciano più. Nessuno dice niente, finché l'autista scende, apre la porta e si mette sull'attenti. Prima sale Eskandar-Agha con Sahra, poi, come se fosse stato invitato, sale anche lo studente. Senza distogliere lo sguardo neanche per un attimo da Rossane, si siede nel posto libero accanto a lei.

Come se non fosse abbastanza, comincia a rispondere a domande che nessuno gli ha posto. Racconta che lui è stato uno dei primi giovani a studiare a Teheran e non all'estero, che naturalmente non è più uno studente da molto tempo, ma tutti lo chiamano ancora così. Racconta di essere stato sposato, ma che la sua vera passione sono sempre stati Mossadegh e la politica. Per questo non si è arrabbiato con sua moglie quando lei ha chiesto la separazione; anche ora è soddisfatto di sé e del mondo. E poi lo studente dice qualcosa di cui si meraviglia lui stesso. Guarda Rossane e afferma: finora la mia vita è stata perfetta e non mi è mancato niente e nessuno. Finora, ripete sorridendo.

Rossane ricambia il sorriso e arrossisce.

Eskandar-Agha capisce tutto e riesce a pensare soltanto che ora la sua bugia verrà scoperta.

Vive qui vicino?, chiede Rossane allo studente.

Purtroppo no, risponde lui. Entrambi si rattristano. Ma poi lo sguardo dello studente si illumina. Comunque amo questo quartiere e ogni volta che posso prendo l'autobus per venire a passeggiare qui e a godermi il bel panorama, dice con un largo sorriso. Le case magnifiche, i giardini e l'aria buona sono una piacevole distrazione dalla povertà e dai tumulti nel resto della città e nel quartiere in cui vivo.

Rossane tace, ma non riesce a nascondere che non sa di cosa lo studente stia parlando e che non conosce affatto i quartieri poveri della città.

È normale, replica lo studente comprensivo, se si vive qui nel ricco nord della città è difficile accorgersene, ma le sanzioni economiche e l'embargo petrolifero degli *engelissi* hanno messo in ginocchio la nostra terra e ridotto in miseria tanta gente.

Mi vergogno di saperne così poco e di occuparmi solo della mia piccola vita, dice Rossane sinceramente.

Non è mai troppo tardi per assumersi una responsabilità, risponde lo studente sorridendo e senza alcun rimprovero.

Non si fa così, vorrebbe dire Eskandar-Agha. Avrebbe voglia di mollare una sberla allo studente, perché fa la corte alla sua Rossane in maniera così spudorata. Invece si agita sul sedile cercando di attirare l'attenzione dell'uomo, che tuttavia ha occhi solo per Rossane.

Posso confessarle qualcosa di inaudito?, chiede lo studente.

Ma certo, la prego, sussurra Rossane con un tono che Eskandar-Agha non le ha mai sentito usare prima d'ora.

Siamo stati informati che il futuro ministro degli esteri degli *amrikai* ha detto chiaro e tondo che la presenza del premier Mossadegh non è negli interessi nazionali degli Stati Uniti, afferma lo studente mentre attraversano il cancello del parco.

Questo vuol dire che anche lei è in pericolo, osserva Rossane con uno sguardo seducente.

In pericolo?, Be' sì, risponde lo studente. Tutti coloro che lavorano nell'ambiente dello stimato premier in qualche modo sono esposti al pericolo. Poi si china ancora di più verso Rossane, la guarda intensamente negli occhi e dice: siamo stati informati che gli *amrikai* e gli *engelissi* stanno lavorando a un piano per rovesciare il nostro stimato premier l'estate prossima.

Quando l'automobile si ferma davanti alla casa e tutti scendono, Eskandar-Agha non trova ancora il coraggio di dire qualcosa. Si limita a starsene lì in piedi, non sapendo cosa fare. In fondo non può andarsene e lasciare la sua Rossane sola con un perfetto sconosciuto. Ma Rossane dà l'impressione di voler mandare via Eskandar-Agha e di voler invitare lo studente ad accompagnarla in casa. Per fortuna si ricrede e dice: Eskandar-Agha, per favore, mi accompagni in casa con il suo amico, berremo insieme una tazza di tè. Mi interessa molto saperne di più sulla situazione politica del nostro paese.

Eskandar-Agha avrebbe voglia di chiederle da quand'è che ha iniziato a interessarsi della situazione politica del suo paese, invece si inchina e dice: come desidera. Poi segue in casa lei e lo studente.

Gli *engelissi* e gli *amrikai* hanno allestito una base a Cipro, da dove coordinano i loro agenti in Iran, racconta lo studente, mentre secondo l'uso dei *farangi* si fa da parte e lascia entrare Rossane per prima. Ma poi ignora Eskandar-Agha ed entra prima di lui, dimenticando l'uso iraniano secondo il quale il più anziano deve avere la precedenza. Tanto più che Eskandar-Agha ha ancora il pane sottobraccio e porta Sahra, che nel frattempo si è addormentata.

Il piano è semplice, continua lo studente. Per fomentare qui e all'estero la paura di una presa di potere da parte dei comunisti, gli agenti *engelissi* e *amrikai* pagano iraniani corrotti perché vadano in strada a provocare disordini. Come oppositori di Mossadegh, mascherati da comunisti, oppure come sostenitori del premier: sono comunque provocatori.

È davvero incredibile, esclama Rossane senza distogliere lo sguardo dallo studente.

Eskandar-Agha avrebbe voglia di scuotere la sua Rossane e di dirle di smettere di fare l'ingenua. In fondo lui stesso, quattro giorni prima, le ha raccontato la storia del giovane soldato con cui si è imbattuto in un gruppo di presunti comunisti.

Ascolta mai la stazione radio degli *engelissi*, la BBC?, chiede lo studente. Eskandar-Agha ha l'impressione che, se potesse, il giovane prenderebbe Rossane tra le braccia all'istante.

Sì, mente Rossane sbirciando Eskandar-Agha con aria colpevole.

Figlia mia, vergognati, vorrebbe dirle. Non si parla in questo modo a uno sconosciuto. E perché devi mentire?

Allora avrà sentito sicuramente che persino la BBC insulta Mossadegh chiamandolo traditore e nemico dell'Iran e del popolo iraniano. Dicono che sia amico e alleato dell'Unione Sovietica.

Rossane sbircia di nuovo Eskandar-Agha, ma questa volta ha la decenza di non continuare a dire bugie e si limita ad annuire.

Abbiamo scoperto che questi contributi radiofonici e persino gli articoli su riviste e giornali iraniani vengono redatti dagli agenti di Washington.

Eskandar-Agha non si trattiene spesso nella casa principale e non si sente a suo agio, tanto più ora che deve giocare a fare il difensore della morale. Khanum, inizia esitando e schiarendosi la voce.

Rossane lo guarda con un sorriso, non dà l'impressione di essere completamente in sé.

Posso andare?, chiede Eskandar-Agha indicando Sahra che dorme tra le sue braccia.

Oh, naturalmente, sussurra Rossane. Vada pure.

Bene, dice Eskandar-Agha guardando lo studente.

Bene, risponde lo studente. Dà l'impressione di essere stato distolto da una meravigliosa fantasia. Dunque, la ringrazio, dice stringendo la mano di Rossane tra le sue – un po' troppo a lungo, per i gusti di Eskandar-Agha.

Torni presto a trovarmi, lo prega Rossane. Deve promettermelo.

Lo farò, assicura lo studente lasciandole infine la mano, ma restando fermo e continuando a guardarla.

Bene, ripete Eskandar-Agha.

Bene, dice lo studente avviandosi infine lentamente verso

la porta. Poi però si ferma, si volta di nuovo verso Rossane e domanda: posso chiederle cosa farà per festeggiare il nuovo anno? Ho comprato i pesci rossi, ma mi è venuto in mente che non ho posto per allestire un tavolo del Nuovo Anno, uno *haft sin*, e pensavo...

Oh, esclama Rossane entusiasta, sprizzando felicità da tutti i pori. Quest'anno non abbiamo ancora comprato i pesci e abbiamo posto in abbondanza, come vede. Porti i suoi pesci. La prego, venga anche lei, festeggeremo insieme il nuovo anno.

Bene, dice Eskandar-Agha.

Bene, ripete lo studente uscendo finalmente sulla veranda.

Perché non ci ripensi ancora una volta, Eskandar-Agha gli resta alle calcagna, si affretta a farlo uscire e chiude la porta dietro di sé, accompagnandolo in fretta verso il cancello.

Mentre cammina, lo studente si scusa sogghignando. Ora temo che il suo pane sia schiacciato e inzuppato di sudore. Vuole che vada a comprarne un altro? Farò in fretta.

No, grazie, risponde Eskandar-Agha deciso, continuando a camminare verso il cancello.

Deve essere bello vivere qui, dice lo studente.

Eskandar-Agha ha un lieve sussulto, cogliendo una sfumatura. Sì, dice, riflettendo sul modo migliore per giustificare la sua bugia.

Lo immaginavo, afferma lo studente. Anche a me non dispiacerebbe vivere in una casa come questa, circondata da un bel parco.

Che sfrontato, mormora Eskandar-Agha abbastanza sottovoce perché le parole vengano coperte dal rumore dei suoi passi sulla ghiaia. Dio è stato generoso con me, aggiunge abbastanza forte perché lo studente lo senta.

Allora ci rivedremo per il *Now-Ruz*, dice lo studente, prima di uscire finalmente dal cancello.

Un nuovo anno e un nuovo inquilino

Nel 1953 non molti iraniani possono permettersi di festeggiare il *Now-Ruz*, il nuovo anno, come vorrebbe la tradizione.

A casa di Rossane-Khanum, al contrario, ci sono addirittura due *haft sin*. Nel grande salone d'ingresso, sul tavolo rotondo sotto il lampadario, Rossane ha messo una tovaglia verde, bianca e rossa, i colori della bandiera nazionale. Incarica Eskandar-Agha di andare a prendere nel giardino giacinti e tulipani degli stessi colori. Per le spezie e gli altri doni, che iniziano tutti con la lettera *sin*, fa preparare al bazar apposite ciotole di terracotta verdi, rosse e bianche.

Ssin, la lettera S, sta per *sepandeh*, spiega Eskandar-Agha a Nimtadj e Alexander, che lo stanno aiutando a decorare la tavola. Perché ci servono sette e non sei o otto *sin*?, chiede Nimtadj muovendo di scatto la matita. Imitando Eskandar-Agha, coglie ogni possibile occasione per prendere appunti sul suo quaderno, disegna schizzi e ha persino ottenuto che la madre le comprasse una macchina fotografica all'estero.

Il numero sette è sacro e simboleggia i sette arcangeli con cui quasi tremila anni fa Zarathustra ha fondato la sua religione, spiega Eskandar-Agha. Lo *haft sin* porterà agli abitanti della casa fortuna, salute, prosperità, purezza spirituale e una lunga vita.

E i pesci?, chiede Alexander, quando li compreremo?

Non li compreremo, risponde Eskandar-Agha in un tono

così scontroso che sia Nimtadj e Alexander che la piccola Sahra lo guardano spaventati.

Aspettiamo un ospite per il festeggiamento, dice Eskandar-Agha. Sarà lui a portare i pesci.

Ma quello è compito nostro!, gridano i bambini.

Era una promessa. Lei ci aveva promesso di portarci finalmente al bazar, dove ognuno di noi avrebbe cercato un pesce, dice Nimtadj con voce ferma.

Con i tuoi dieci o dodici anni sei già così risoluta, brontola Eskandar-Agha pentendosene subito dopo.

Pretendo solo che lei mantenga le sue promesse, risponde Nimtadj proprio nel momento in cui compare sua madre.

Stai buona, la ammonisce Rossane, ma sorridendo in quel modo nuovo che le è proprio da quando ha incontrato lo studente. Non devi pretendere niente, aggiunge. Tutt'al più puoi chiedere. E lo stimato Eskandar-Agha è il più anziano tra noi e per me è come un fratello, dunque gli devi rispetto.

Un fratello che vive nella casa del giardiniere?, chiede Nimtadj.

Rossane ignora l'osservazione della figlia. Stimato Eskandar-Agha, dice, se non le dispiace, vada per favore al bazar a comprare un altro paio di pesci per i bambini. Allestiremo un secondo *haft sin* nel suo alloggio.

Al suo servizio, mormora Eskandar-Agha mettendosi in tasca il denaro che gli dà Rossane e avviandosi con i tre bambini.

Nimtadj e Alexander non sono abituati a muoversi a piedi in città, per le strade polverose, a chiedere i prezzi della merce in negozietti o chioschi o a parlare con gli estranei. Ma mentre Alexander si aggrappa al braccio di Eskandar-Agha, Nimtadj li precede con la sua macchina fotografica al collo, a testa alta e sicura di sé. Sorride alla gente con cortesia, si ferma, esamina le merci e si informa sui prezzi.

Quando vede una donna al margine della strada che sta lavando in una pozzanghera sporca i suoi vestiti, una pentola e anche il suo bambino, Nimtadj le chiede: khanum, cosa sta facendo qui?

La donna alza il viso stanco e sorride. Nimtadj fa quello che ha imparato da Eskandar-Agha e le scatta una foto senza essere vista.

Ma come, non lo sai?, chiede la donna. È il *Now-Ruz* e tutto deve essere pulito. Tutti dovrebbero portare vestiti puliti.

Ma perché lava le cose qui e non a casa sua?, chiede Nimtadj.

Perché non ha una casa, risponde Eskandar-Agha piano, trascinando via i bambini.

Non ha una casa?, domanda Nimtadj sconcertata. Ma tutti devono avere un posto dove dormire.

Alcune persone non hanno una casa, dice Eskandar-Agha.

Allora dobbiamo portare con noi la donna e il suo bambino. Abbiamo così tanto posto.

Su, vieni, insiste Alexander. Dobbiamo comprare i pesci e tornare a casa.

Pesci?, chiede Nimtadj con voce acuta e le lacrime agli occhi. Come puoi pensare ai pesci? Non li voglio. Voglio dare a quella donna tutto il denaro che abbiamo.

Alexander non riesce a capire perché sua sorella sia così stupida da dare via il denaro per i pesci, ma prima ancora che possa scoppiare una lite, Nimtadj porge tutto il denaro alla donna al margine della strada, soddisfatta e un po' orgogliosa di sé.

Più tardi spiega a sua madre stupefatta che invece dei pesci metterà sul tavolo la foto che ha scattato alla povera donna.

Sebbene la casa principale disponga di più di una stanza da bagno e la bambinaia lavi Nimtadj e Alexander almeno una volta ogni due giorni, per il *Now-Ruz* Eskandar-Agha porta tutti e tre i bambini al bagno pubblico, per farli lavare da capo a piedi dal *dallack*.

Perché è tradizione, spiega alla mademoiselle.

Tutti i bambini e gli adulti in casa di Rossane-Khanum, anche i servitori, portano scarpe e vestiti nuovi per la festa.

La casa è pulita dal tetto al pianterreno. Le piante, gli alberi, i cespugli sono potati, il giardino è annaffiato e in ordine. In onore del nuovo anno tutto deve essere lindo e splendente, spiega Eskandar-Agha ai bambini spazzando di nuovo, per scrupolo, il piazzale – già pulito – davanti alla casa del giardiniere.

Solo la povera donna non è in ordine, dice Nimtadj, ma poi si rallegra perché Eskandar-Agha ha sviluppato subito la foto, l'ha ingrandita e ha persino costruito una cornice di legno per lei.

Puntuale prima che il nuovo anno venga festeggiato, la cameriera annuncia un ospite, lo stimato signor studente.

Indossa una camicia bianchissima ed è carico di scatole piene di dolci e biscotti. In una c'è una vaschetta in cui nuotano quattro pesciolini rossi.

Quando il cannone annuncia tuonando forte l'inizio dell'anno 1332, tutti si abbracciano, si baciano e si stringono la mano. Rossane è così vicina allo studente che avverte il suo respiro sulla nuca. Le dita di lei toccano il dorso della sua mano senza che apparentemente nessuno se ne accorga.

Dopo che Rossane, secondo la tradizione, ha distribuito banconote fresche di stampa a ognuno dei suoi servitori e anche a Eskandar-Agha, a Sahra e ai bambini, Eskandar-Agha vorrebbe tornare nel suo alloggio, come si conviene. Ma Rossane lo prega con lo sguardo di accompagnarla a casa di Mahrokh-Khanum, dove farà la sua prima visita di cortesia.

Naturalmente tanto Eskandar-Agha quanto lo studente sanno bene perché voglia essere accompagnata da lui. La gente parlerebbe alle sue spalle, se andasse in giro da sola con un perfetto sconosciuto.

Ma, khanum, non va bene, si difende Eskandar-Agha. Non posso venire, lei sa... si interrompe, perché lo studente è comunque un estraneo e non è bello sbandierare i segreti di famiglia davanti a lui.

Venga, ordina Rossane, e Eskandar-Agha non ha altra scelta: deve seguirla.

Comunque Rossane acconsente che Eskandar-Agha e Sahra rimangano in auto, mentre lei, Nimtadj, Alexander e l'ospite, lo studente, entrano in casa. In fondo sa che Mahrokh-Khanum non vuole più vedere Eskandar-Agha e non ha idea che viva nella casa del giardiniere.

Nimtadj e Alexander non rivelano nulla e non fanno trasparire alcunché neanche quando la madre, mentendo, racconta che hanno incontrato lo studente per caso davanti alla casa di Mahrokh-Khanum. Lo presenta come un buon amico del suo defunto marito e dice che la moglie e il figlio si trovano all'estero; lo ha invitato a entrare perché era lì da solo.

Nimtadj e Alexander lasciano che Mahrokh-Khanum li abbracci e non si asciugano nemmeno le guance dopo il suo umido bacio. La ringraziano cortesemente per le banconote nuove, ma non si gettano sui dolci, sulle noci e sulla frutta dei vari tavoli. Persino quando la cameriera porge loro il vassoio con la torta, ne prendono solo una fetta.

Rossane evita lo sguardo di Mahrokh-Khanum e non la contraddice neanche quando definisce Mossadegh un pazzo, i comunisti traditori e gli iraniani un popolo di sciocchi.

Tutto procede bene, finché Rossane non fa segno ai bambini di prepararsi ad andare e Nimtadj mette sul palmo della mano la fetta di torta che ha tenuto nel piatto senza toccarla. La regge prudentemente in equilibrio.

Rossane si costringe a sorridere. Tesoro, cosa fai?

L'hai già dimenticato? Nimtadj parla con il tono altezzoso che copia da Mahrokh-Khanum ogni volta che la vede per più di cinque minuti. Nell'auto c'è una bambina, che sicuramente ha fame, afferma Nimtadj.

Una bambina?, chiede Mahrokh-Khanum con voce stridula. Gli altri ospiti ammutoliscono.

È la piccola Sahra, la figlia del nostro Eskandar-Agha, spiega Nimtadj inconsapevole.

Cos'hai a che fare con quell'uomo?, sibila Mahrokh-Khanum con la sua espressione terribile. Non ha già causato abbastanza danni alla nostra famiglia?

Vive con noi, ammette Nimtadj lasciando quasi cadere il pezzo di torta.

Bambini, uscite, dice Rossane.

Gli ospiti allungano il collo e tendono le orecchie curiosi.

Mahrokh-Khanum segue Rossane. Quell'uomo mi ha derubata, ti ha abbandonata, ha distrutto la nostra famiglia, grida.

Rossane si ferma di colpo. La prego, khanum, *les enfants, contenance, s'il vous plaît.*

In auto la piccola Sahra lecca la torta dalla mano di Nimtadj come una capretta, facendo ridere gli altri due bambini.

Rossane trattiene le lacrime. Lo studente avrebbe voglia di prenderla tra le braccia e Eskandar-Agha tace, perché sa che Rossane e Mahrokh-Khanum hanno litigato, e proprio a causa sua.

Quella sera stessa Mahrokh-Khanum fa recapitare una breve lettera tramite il suo autista: mi hai spezzato il cuore, accogliendo in casa tua quel maledetto imbroglione e bugiardo. Dopo tutto quello che ho fatto per te. Non voglio avere più niente a che fare né con te né con i tuoi figli e tantomeno con i tuoi amici. Fammi il piacere di non comparire mai più davanti ai miei occhi. Per quanto mi riguarda, non esisti più.

Eskandar-Agha diventa una spia

Da quando lo studente fa visita a Rossane-Khanum quasi ogni giorno, Eskandar-Agha evita di recarsi nella casa principale. Nessuno deve avere l'impressione che sia d'accordo con il comportamento indecoroso della sua Rossane e di quello studente senza pudore. I due si divertono senza ritegno, come se non ci fossero problemi al mondo, come se nelle strade non stesse infuriando la lotta tra oppositori e sostenitori del re e del premier.

Se potesse, le direbbe subito quello che pensa, ma Eskandar-Agha è ospite in casa di Rossane e non vuole correre il rischio di creare attriti con lei.

Neanche quando Rossane-Khanum e lo studente vanno da lui a chiedergli un piccolo favore, come lo chiamano loro. Dovrebbe recarsi in città a fare domande e ascoltare le chiacchiere della gente – spiega Rossane – al bazar, nella moschea, nella sala da tè e dai *pahlewan*, per raccogliere prove che gli *engelissi* e gli *amrikai* pagano la gente affinché manifesti in strada contro Mossadegh chiedendo la sua testa.

Ma, khanum, devo occuparmi della mia bambina. Eskandar-Agha cerca di accampare scuse.

Lasci Sahra con me, dice Rossane sorridendo. Sa che mi fa piacere occuparmi di lei.

Ma, khanum, ho migliaia di cose da fare in giardino, le rose devono essere potate, protesta Eskandar-Agha.

Può farlo anche domani, ribatte Rossane risoluta.

Khanum, è estate e fa caldo. Mi verrà mal di testa, protesta Eskandar-Agha, ma l'unica risposta che riceve da Rossane è uno sguardo seccato.

All'inizio Eskandar-Agha si irrita per essere stato mandato in città come un messaggero, o più che altro come un agente, per spiare i suoi connazionali. Ma più va in giro, più gli piace essere coinvolto nei discorsi di gente completamente sconosciuta, ponendo domande che diventano sempre più aperte e fantasiose.

Alla fine della giornata è sfinito ma soddisfatto di sé, dei suoi appunti e delle fotografie. Ha la sensazione di aver fatto qualcosa di utile e di aver reso un servizio al paese e allo stimato primo ministro. E inoltre ha scattato un gran numero di belle fotografie e ha preso appunti per sé.

E perché non ci siano dubbi sul fatto che ha assolto il suo compito per Rossane e nessun altro, Eskandar-Agha non guarda lo studente e si rivolge esclusivamente a lei.

Khanum, molti di quelli che manifestano contro Mossadegh non sanno neanche perché lo fanno. Ma ho scoperto qualcosa di ancora più spaventoso, racconta Eskandar-Agha. È incredibile quanti di loro, che scendono in piazza a favore del re e contro Mossadegh, non sanno neanche che è il primo ministro del nostro paese.

Vedendo lo sguardo dubbioso dello studente, Eskandar-Agha aggiunge: khanum, lo giuro sulla mia Sahra, è la verità. Delle intenzioni e degli scopi del primo ministro questa gente non sa proprio niente. Se posso dire la mia, scende in strada perché riceve denaro, un pasto caldo alla moschea o qualcos'altro.

E le migliaia di sostenitori di Mossadegh?, chiede lo studente. Non ha trovato nessuno che stia dalla sua parte solo per convinzione?

Eskandar-Agha continua a evitare lo sguardo dello studente e risponde: khanum, ce ne sono. Un gran numero di persone che si chiamano comunisti lo sostengono e...

Male, molto male, lo interrompe lo studente, anche lui senza guardarlo.

Perché è male?, domanda Rossane guardando lo studente preoccupata.

Lo studente si dà arie d'importanza. Se i *farangi* riuscissero a metterla in questo modo, a far risultare che Mossadegh è alleato dei comunisti, spiega, sarebbe la sua condanna a morte.

Eskandar-Agha non riesce più a trattenersi e dice: ma questo già lo sappiamo. Tuttavia i due sembrano non ascoltarlo neanche.

La mattina seguente, mentre Eskandar-Agha sta annaffiando le rose, Rossane compare accanto a lui, ancora fastidiosamente accompagnata dallo studente. Dapprima giocano a fare gli innocenti, ammirano le rose e Rossane prega Eskandar-Agha di coglierne un bel mazzo per il salone d'ingresso. Poi viene fuori il vero motivo della loro visita. Eskandar-Agha per un certo periodo di tempo dovrà trasferirsi in una casa affittata a un *farangi*, per occuparsi del suo giardino.

Ma, khanum, chi provvederà al nostro, voglio dire, al suo giardino?

Non si preoccupi del giardino, risponde Rossane. Faremo venire un altro giardiniere.

Perché non manda l'altro giardiniere in quella casa?, chiede Eskandar-Agha ostinatamente. Ma poi capisce che Rossane ha intenzioni serie e inizia ad avere paura. Ho fatto qualcosa di male? Vuole liberarsi di me?

Non dica sciocchezze, lo ammonisce Rossane. È proprio il contrario. Per questo compito abbiamo bisogno di una persona di cui possiamo fidarci.

E abbiamo bisogno di qualcuno che capisca almeno un po' di *engelissi* e conosca i modi di comportarsi dei *farangi*, aggiunge lo studente. Dovrebbe essere orgoglioso che abbiamo scelto lei per questo incarico.

Per questo incarico?, chiede Eskandar-Agha incassando la testa nelle spalle.

Un incarico con cui può essere utile alla sua madrepatria, replica lo studente.

Allora siamo d'accordo, dice Rossane voltandosi verso lo studente. Domani mattina presto Eskandar-Agha entrerà in servizio nell'altra casa.

L'inquilino della casa è uno strano *farangi*, che a Eskandar-Agha sembra sospetto fin dal primo momento. È rumoroso e arrogante, tiene sempre le mani nelle tasche dei pantaloni, come se avesse le dita sporche. Le sue parole suonano sempre come ordini o prese in giro. E una cicatrice sull'occhio destro gli conferisce un aspetto rude, quasi brutale.

Il *farangi* è un *amrikai* arrivato senza la famiglia; ha solo un paio di valigie e di casse, che fa posare tutte nel salotto. Per l'intero giorno uomini stranieri e iraniani vanno e vengono. Come il padrone di casa, danno l'impressione di avere qualcosa da nascondere.

Poco dopo che il mullah nella moschea adiacente ha annunciato la preghiera di mezzogiorno, un uomo entra nel giardino. Eskandar-Agha lo aveva notato già al mattino. Con la sua parlata rozza e il modo di camminare a gambe larghe, sembra un *pahlewan* spaccone. Mette in mano a Eskandar-Agha due banconote fresche di stampa e lo manda in bicicletta dallo *tshelokababi* più vicino a prendere da mangiare per tutti.

Eskandar-Agha tiene in bilico abilmente sulla testa l'enorme vassoio con le dodici porzioni di *tshelokabab* fino a casa. Non solo ottiene il plauso del pallone gonfiato, ma deve anche fermare la bicicletta perché uno degli uomini gli faccia una foto insieme all'*amrikai*.

Thank you, dice l'*amrikai* dando a Eskandar-Agha una pacca sulla spalla e osservandolo attentamente. Naturalmente Eskandar-Agha conosce la risposta giusta per il ringraziamento in *engelissi*, ma sorride, si mette la mano sul petto e dice: *sendeh-bahsi*.

L'*amrikai* sorride a sua volta, come sollevato, e mette in tasca una banconota a Eskandar-Agha.

Il pallone gonfiato tiene la porta aperta per Eskandar-Agha

e ordina: apparecchia la tavola, ma in modo che il nostro amico *farangi* non ne resti disgustato, non farmi vergognare.

Se potessi, direi a quest'uomo che già da bambino ho apparecchiato la tavola per i *farangi* e nessuno si è mai lamentato di me, pensa Eskandar-Agha.

Capisci?, dice il pallone gonfiato lasciando intravedere attraverso la camicia di nylon i muscoli del petto.

Se potessi, pensa Eskandar-Agha, gli direi: sei fortunato a non avermi incontrato prima, quando andavo sullo *zurkhaneh* ad allenarmi ed ero un *pahlewan* rispettato e temuto da tutti.

Ma invece di parlare, Eskandar-Agha si mette il vassoio sulla testa e inizia subito a pulire il tavolo. Lucida le posate e i bicchieri e non può fare a meno di sorridere, perché si sente un po' come un tempo, quando era solo un *boy* nell'accampamento dei *farangi*.

Allora?, lo interroga Rossane quando torna a casa nel pomeriggio. Com'è andata? Chi è l'affittuario? Che aspetto ha? Ha capito quali siano le sue intenzioni?

Khanum, mi sta facendo il terzo grado come un agente, dice Eskandar-Agha deglutendo. È a disagio, perché in questo momento ha capito il motivo per cui è stato mandato in quella casa come giardiniere. Deve spiare l'*amrikai* e i suoi amici.

Non c'è niente da temere, lo tranquillizza Rossane. A nessuno verrà in mente che un giardiniere possa capire l'*engelissi* o avere collegamenti con lo schieramento del premier.

Ma, khanum, questa è la verità: al di là di *hawaryu*, *gudbay*, *ssankyou*, non capisco assolutamente nulla, mente Eskandar-Agha.

Ha scoperto come si chiama l'*amrikai*?

Mister Lockridge o Jim, ma uno dei *farangi* l'ha chiamato Kirmit, risponde Eskandar-Agha mentre Rossane prende appunti diligentemente. Khanum, chi sono queste persone? E chi sono le persone a cui darà queste informazioni? Come fa a sapere che può fidarsi di loro?

Giuro sulla vita dei miei figli che non le accadrà niente. Dovrebbe aver capito chi riceverà queste informazioni. Sono persone che vogliono soltanto il meglio per la nostra terra e il nostro popolo.

Questo lo dicono tutti, mormora Eskandar-Agha.

La mattina successiva Eskandar-Agha prende una decisione. Nella mia vita sono stato d'aiuto solo come servitore, narratore, semplice impiegato, giardiniere e ora anche spia, pensa tra sé, mentre pedala verso la casa misteriosa.

Uno come me non può fare molto per il suo paese, ma è sempre meglio di niente, racconta Eskandar-Agha, come se qualcuno lo stesse ascoltando. Se devo proprio giocare a fare il giardiniere, devo almeno farlo bene ed essere convincente.

Ho bisogno di denaro, dice al pallone gonfiato.

Anch'io, risponde quello dando una gomitata a Eskandar-Agha e ridendo sonoramente.

Devo comprare semi e talee, una pala e un piccone, e per questo mi servirebbe del denaro, cortesemente, spiega Eskandar-Agha.

Denaro, denaro, è quello che vogliono tutti, brontola il pallone gonfiato.

Agha, se vuole che faccia il mio lavoro, ho bisogno di queste cose. Altrimenti non la disturberò oltre, salirò sulla mia bicicletta e non tornerò più, afferma Eskandar-Agha sentendosi molto coraggioso.

Il pallone gonfiato inclina la testa, inizia a rimboccarsi le maniche della camicia e fa un passo verso Eskandar-Agha.

Give him the money, ordina l'*amrikai* che dalla finestra ha seguito la conversazione con il suo traduttore.

Fosse l'ultima cosa che faccio, sono deciso a trasformare questo luogo spento in un giardino bello e profumato, mormora Eskandar-Agha al pallone gonfiato che chiude il cancello dietro di lui.

Nel bazar, Eskandar-Agha sta legando un piccolo mandorlo al portapacchi della bicicletta, quando risuona una forte detonazione. In un primo momento domina un silenzio di tomba, poi gli uomini corrono per le strade urlando.

È esplosa una bomba nella casa di un mullah, non lontano dal bazar. La gente sostiene che il mullah sia uno di quelli che, nonostante i numerosi avvertimenti, hanno osato parlare in pubblico contro lo scià e le manovre dei *farangi*. Chiunque sia stato, ha inflitto una punizione esemplare, dicono gli uomini del bazar. Vogliono intimorirci.

Nonostante la paura, gli uomini scendono in strada con i pugni sollevati e gridano: morte a chi sta assassinando il popolo!

Eskandar-Agha, con le ginocchia che gli tremano e madido di sudore, pedala verso la casa dell'*amrikai* e non riesce a non pensare che essa potrebbe essere proprio il luogo in cui è stato progettato l'attentato. Sa che in futuro saranno messe in atto altre azioni spaventose. Vorrebbe non tornare mai più in quel luogo terribile. Ma ha paura che Rossane non lo perdonerebbe mai e che questo sarebbe il motivo perfetto per porre fine alla loro amicizia e mettere alla porta lui e la sua Sahra. Dunque stringe i denti e si ripresenta a casa dell'*amrikai*.

Che ti è successo?, chiede il pallone gonfiato mettendo di nuovo in mostra i muscoli.

Niente, risponde Eskandar-Agha. Non sono più un ragazzino, come vedi, e la bicicletta mi affatica.

Eskandar-Agha non vorrebbe sapere un bel niente di quel che stanno tramando l'antipatico *farangi*, il pallone gonfiato nella sua camicia di nylon e i loro amici ancora più ripugnanti. Ma per quanto si immerga nel suo lavoro, coglie sempre frammenti dei loro discorsi.

Ogni giorno, quando fa ritorno alla sua capanna da giardiniere, Rossane-Khanum e lo studente, che è diventato la sua ombra, siedono già nella piccola veranda e sono impazienti di ascoltare ciò che ha sentito.

Vuole aspettarmi qui ogni giorno per cercare di carpire informazioni?, domanda Eskandar-Agha risoluto.

Sì, risponde Rossane senza vergognarsi minimamente. Ricompensa comunque Eskandar-Agha con una banconota.

Lui esita ma mette in tasca il denaro. Poi dice per scrupolo: khanum, non lo faccio per il denaro, ma perché spero di poter fare la cosa giusta per il mio paese.

Mi creda, lo tranquillizza Rossane, è proprio quello che sta facendo.

Da quanto ho capito, il *farangi* e i suoi amici vogliono fare pressione sullo scià per convincerlo a destituire il premier.

Ne è sicuro? A che cosa porterebbe?, chiede Rossane. L'ultima volta che lo scià ha osato deporre lo stimato premier, le cose non sono finite bene per lui.

Khanum, non so che dirle. Ogni volta che entro in quella casa mi sento morire. Cosa si aspetta da me? Che chieda ai *farangi* le ragioni dei loro traffici e che dia loro lezioni di storia?

Rossane ride, mentre lo studente non si scompone e non fa domande. Almeno non ha perso il senso dell'umorismo, dice Rossane. Racconti, cos'altro ha scoperto?

Ashraf-Khanum, la sorella dello scià, dovrebbe convincere il fratello a destituire il premier.

Rossane-Khanum guarda lo studente con aria interrogativa, ma lui si limita ad alzare le spalle.

Del resto è stato Mossadegh a esiliarla all'estero, perché lo aveva definito un buffone, afferma Rossane-Khanum parlando della sorella del re come se fosse un'amica intima.

Pian piano Eskandar-Agha si abitua alla sua nuova vita e a volte la trova persino piacevole. Alcuni giorni è impaziente di tornare a casa a raccontare tutto a Rossane e inevitabilmente anche allo studente. Khanum, oggi ho visto con i miei occhi uno dei fratelli Rashidian, sussurra Eskandar-Agha, così piano che Rossane e lo studente non lo capiscono e deve ripetere la frase. I fratelli Rashidian. Ho visto uno di loro. E indovini cosa ha fatto.

Come faccio a saperlo?, chiede Rossane.

Da me si aspetta che capisca tutto e sappia tutto, ma lei non vuole neanche provare a indovinare.

Ha telefonato a Ashraf-Khanum, suggerisce Rossane.

Khanum, così non c'è gusto.

Rossane ride, infila la mano nella borsa e dà una banconota a Eskandar-Agha.

Khanum, vuole offendermi? Sono sempre lo stesso uomo che cinquantacinque anni fa ha combattuto con i primi nazionalisti per la Costituzione e il Parlamento.

Li prenda, lo esorta Rossane, e come l'*amrikai* mette i soldi in tasca a Eskandar-Agha. Non fa male a nessuno. Racconti, cos'ha risposto la sorella del re?

Non lo so. Ma l'*amrikai* ha detto che i suoi amici *engelissi* e *amrikai* sono in viaggio verso la Svizzera, per fare visita a Ashraf. L'*amrikai* ha raccontato che hanno con sé una montagna di soldi e anche – Eskandar-Agha legge da un foglietto una parola che non conosce – una pelliccia, in modo che Ashraf-Khanum non abbia altra scelta che dire di sì e unirsi a loro.

Solo una settimana più tardi, questo non è più un segreto: i *farangi* hanno portato la sorella del re a Teheran, perché convinca il fratello, lo scià, a spodestare il premier eletto e il suo governo.

Eskandar-Agha sta annaffiando le sue splendide rose fiorite, quando il *farangi*, insieme a due iraniani e al traduttore, si precipita nel giardino imprecando. Da dove viene tutta questa gente nelle strade? Non può essere. Manifestano tutti contro il re e per il governo. Che razza di popolo è questo?, grida l'*amrikai*. Sembra che non si facciano fermare da niente e nessuno. Né dall'esercito armato e dalla polizia, né dagli agenti stranieri e neanche dalle squadre di picchiatori.

Siamo proprio un popolo coraggioso e fiero, pensa Eskandar-Agha tra sé, recide una rosa grande e bella, accantona l'idea di regalarla all'*amrikai* e se la mette all'occhiello. Poi pedala verso casa.

Khanum, porto buone notizie, annuncia Eskandar-Agha sorridendo contento, come se fosse merito suo che parecchie migliaia di persone stiano manifestando contro lo scià e a favore di Mossadegh.

Le strade trionfano sul re e sui *farangi*, dice Rossane-Khanum con ottimismo. Ora lo scià non avrà più il coraggio di destituire Mossadegh e il suo governo.

Gli *amrikai* non si arrendono così facilmente, khanum. Domani un certo generale Schwarzkopf andrà dal re e cercherà ancora di convincerlo a sollevare dal suo incarico lo stimato premier, racconta Eskandar-Agha. Poi brucia il foglietto su cui aveva scritto il nome del generale nella brace del suo narghilè.

Non dovrebbe prendere appunti, gli sussurra Rossane in modo che lo studente non possa sentirla.

La sera successiva, quando Eskandar-Agha torna a casa, è impaziente di essere interrogato. Khanum, non riuscirà a credere a quello che è successo oggi in quella casa. Quel generale di cui tutti parlano è venuto a trovare il nostro Kirmit Roosevelt. Stavano in piedi accanto ai miei mandorli appena piantati con gli agenti iraniani e *amrikai*. Mi guardavano mentre lavoravo e sparlavano e ridevano forte sull'incontro di questo Mister Schwarzkopf e Sua Maestà il re.

Ha capito quello che stavano dicendo?, chiede lo studente incredulo. Rossane gli lancia uno sguardo di rimprovero.

Eskandar-Agha continua stoicamente a guardare solo Rossane. Il generale *amrikai* ha detto che il re aveva così tanta paura che i discorsi nel suo palazzo potessero essere intercettati, che è andato col generale nella grande sala da ballo. Lì Sua Maestà ha trascinato un tavolo in mezzo alla sala e il generale si è dovuto sedere al tavolo con il re, prima che quest'ultimo si decidesse a iniziare il colloquio.

Ora anche Rossane guarda Eskandar-Agha con diffidenza. È sicuro di aver capito bene questa storia?

Khanum, erano a due passi da me e uno degli iraniani ha tradotto tutto per gli altri. Era impossibile fraintendere, risponde Eskandar-Agha offeso. Quindi, nonostante l'oscurità, si ritira nel giardino.

Quando infine si calma, va di nuovo nella casa padronale con la scusa di annaffiare i fiori sulla veranda: in realtà spera di riconciliarsi con Rossane. Ed ecco che la sorprende mentre si bacia con lo studente.

Eskandar-Agha abbassa la testa e si accinge andar via subito, ma, come se baciarsi con un estraneo in veranda nel mezzo della notte fosse la cosa più normale del mondo, Rossane lo prega di sedersi insieme a loro.

Devo andare a sentire la BBC, mormora Eskandar-Agha sbrigativo. Oggi trasmetteranno un segnale segreto.

Un segnale segreto?, chiede lo studente cercando di tenere la mano sulla gamba di Rossane senza farsi notare.

Eskandar-Agha fa finta di niente. Di solito la BBC a mezzanotte dice: *it is now midnight*. Stanotte invece diranno: *it is now exactly midnight*, afferma Eskandar-Agha continuando a guardare i suoi *giweh*.

Rossane alza gli occhi al cielo. Non ci tenga sulle spine, parli, per favore. Di che segnale si tratta?

È un messaggio di Churchill e Eisenhower per il nostro re, risponde Eskandar-Agha.

E? Rossane e lo studente si piegano entrambi in avanti.

Quando la BBC, diversamente dagli altri giorni, aggiunge la parola "*exactly*", è il segnale per il nostro re che l'agente, l'*amrikai*, nella cui casa sono costretto a lavorare... Eskandar-Agha inserisce una pausa a effetto, che fa infuriare Rossane.

Continui, in nome di Dio.

Che questo *amrikai* Roosevelt non è un impostore, ma è stato mandato realmente da Churchill e da Eisenhower e che i *farangi* vogliono veramente liberarsi di Mossadegh e del suo governo.

Poco dopo Eskandar-Agha, Rossane e lo studente sentono l'annuncio modificato della BBC, ma non riescono a credere che una cosa del genere sia possibile. Pensavo che i media dei *farangi* fossero liberi e indipendenti e non si sarebbero mai prestati a manovre del genere, e meno di tutti la BBC; ci avrei messo la mano sul fuoco, dice lo studente demoralizzato.

Non si dovrebbe fare mai, risponde Eskandar-Agha.

Che cosa non si dovrebbe fare mai?, chiede Rossane.

Mettere la mano sul fuoco. Del resto, potrebbe sempre servire per cose più importanti, aggiunge Eskandar-Agha testardo.

Come se fosse stato sorpreso a rubare, lo studente incrocia le braccia davanti al petto, nascondendo le mani. Ora tutto quello che abbiamo scoperto nei giorni scorsi quadra perfettamente, dice. Gli *amrikai* avranno detto allo scià che metteranno in pratica comunque il loro piano di rovesciare lo stimato premier. E di certo è indifferente se lui voglia partecipare o meno. D'altro canto gli avranno assicurato pieno sostegno nel caso ora faccia tutto quello che loro gli chiedono.

Che sfrontati, si indigna Rossane.

Sfrontati esattamente come qualcuno che mette la mano sul ginocchio di una perfetta sconosciuta, avrebbe voglia di dire Eskandar-Agha.

Per caso ha capito se una grande auto elegante sia venuta a prendere l'americano?, domanda lo studente.

L'auto del re, intende?, risponde Eskandar-Agha laconico.

L'auto del re?, chiede Rossane.

Gli uomini la chiamano la macchina nera, dice Eskandar-Agha.

È ridicolo, commenta lo studente amareggiato. Il re ha mandato la sua vettura per andare a prendere Roosevelt e portarlo a palazzo. Si nasconde sotto una coperta sul sedile posteriore e pensa davvero che nessuno lo noterà. Come se gli automobilisti, le guardie e tutti gli altri fossero stupidi.

Un re, il sovrano della grande Persia, sposta tavoli, gioca a un ridicolo nascondino, discute in tutta calma con un agente degli *amrikai* su come rovesciare il premier del paese, continua Rossane. Questa è...

Un'offesa inaudita, la interrompe Eskandar-Agha.

Ci sottovalutano, afferma lo studente. Non sanno che se noi iraniani abbiamo una qualità, è quella di smascherare i giochetti.

In ogni modo quel Mister Roosevelt ha i nervi saldi, dice Eskandar-Agha. Passeggia tranquillamente, viaggia su taxi comuni, guarda le manifestazioni e il lavoro dei suoi agenti, mangia nei locali pubblici e gioca persino a tennis.

I miei superiori saranno contenti quando domani riferirò le nuove informazioni, dice lo studente ridendo.

Eskandar-Agha guarda lo studente con disprezzo e con la fantasia prepara il testo che scriverà appena possibile: mi piaceva, formula Eskandar-Agha. Mi piaceva, ma la mia simpatia per lui diventa tanto più esigua quanto più si dà arie. In fondo è solo un impiegatuccio. Si guadagna le lodi con le informazioni che io, IO, gli porto, a rischio della mia vita.

E magari ne ha anche un ritorno economico, ipotizza Rossane.

Magari, risponde lo studente sogghignando.

In questo caso, naturalmente, sarebbe molto corretto se il nostro stimato Eskandar-Agha ricevesse una parte di questo riconoscimento, dice Rossane.

Masha-allah, congratulazioni, pensa Eskandar-Agha.

Lo studente squadra Rossane-Khanum grattandosi la testa, come se lei stesse parlando una lingua straniera.

Khanum, ribatte Eskandar-Agha, sarei contento se nessuno sapesse quale lavoro terribile io sia stato costretto a fare di recente. E, per quanto riguarda il denaro, non mi importa, non è denaro pulito, non porta fortuna. No, conclude Eskandar-Agha con orgoglio. Ci rinuncio volentieri.

Spronato da questo piccolo trionfo, il giorno seguente Eskandar-Agha trova meno faticoso tornare a casa dell'*amrikai*, anche se l'agitazione, la tensione e il pericolo diventano per lui ogni giorno più grandi.

Mossadegh ha sentito puzza di bruciato, stanno dicendo gli uomini, mentre Eskandar-Agha spinge la bicicletta oltre il cancello. Il premier sa che stiamo preparando un colpo di Stato contro di lui. Sta organizzando un referendum per votare lo scioglimento del Parlamento.

Bene, mormora Eskandar-Agha posando la bicicletta. Immagina che ora l'*amrikai* si arrenderà e che finalmente lui e i suoi loschi amici, con i loro apparecchi e i loro telefoni, spariranno da questa casa e dal paese. In questo modo finalmente Eskandar-Agha potrà tornare alla sua vita tranquilla.

Ma la tempesta si placa velocemente, come velocemente è nata. Poiché, per quanto ne sa Eskandar-Agha, Eisenhower, il presidente degli *amrikai*, ha fatto arrivare al re, Mohammad-Resa, il seguente messaggio: auguro molta fortuna a Sua Maestà. Se la collaborazione tra Pahlewi e Roosevelt non riesce a risolvere questo piccolo problema, allora non esiste speranza. Ho piena fiducia nelle sue possibilità.

Vuole dire che la gente lascia in giro i suoi messaggi segreti?, chiede Rossane-Khanum stupita, quando Eskandar-Agha la sera le ripete il messaggio a memoria.

Khanum, mi sottovaluta, risponde lui pieno d'orgoglio. Del resto fin da bambino ho dovuto mandare a mente le parole del Profeta, il Corano, dall'inizio alla fine, e in arabo. Sono perfettamente in grado di ricordare le quattro righe scritte da un presidente.

Ma come le ha trovate, queste righe, per poterle tenere a mente?, chiede lo studente guardando Eskandar-Agha con aria scettica. Eskandar-Agha racconta nei dettagli di come stesse annaffiando le rose e smuovendo la terra intorno alle talee, quando un *farangi* ha spalancato una finestra e lui ha potuto sentire il traduttore che leggeva il testo al pallone gonfiato.

Di nuovo non passa molto tempo che la notizia esplode in tutta la città. E tutti sanno che ora lo scià firmerà il decreto per l'esautorazione e l'arresto di Mossadegh. E subito dopo fuggirà a Ramssar, sul Mar Caspio, con sua moglie Soraya.

Sono andato a Ramssar con la mia Aftab-Khanum, che Dio l'abbia in gloria.

Il giorno seguente Eskandar-Agha riceve di nuovo dal pallone gonfiato un paio di banconote appena stampate. Devi restare anche la notte. I *farangi* vogliono festeggiare un successo, dice sogghignando. Devi fermarti e servirli, continua ammiccando a Eskandar-Agha. Compra un paio di bottiglie di *aragh-ssagi* e poi vai dallo *tshelokababi* a prendere da mangiare.

Fino alle cinque del mattino gli uomini fumano e bevono e ascoltano un'orribile musica *farangi*, che a Eskandar-Agha fa venire il mal di testa.

Eskandar-Agha deve aiutare in cucina, togliere le bottiglie vuote, i bicchieri e i mozziconi di sigaretta, ma soprattutto è molto indaffarato a sorvegliare il giardino, in modo che nessuno calpesti i bei fiori e le aiuole.

Quando uno dei traduttori fa pipì contro il tronco di uno dei suoi mandorli appena piantati, Eskandar-Agha si arrabbia così tanto che lo spinge via e gli grida: l'urina potrebbe uccidere un giovane albero.

L'uomo vorrebbe alzare il braccio e mollargli un ceffone, ma un altro arriva nel giardino gridando: l'uccello ha preso il volo, senza firmare il documento.

Tutti tacciono, niente e nessuno si muove, finché l'*amrikai* scaglia una sedia contro il muro, mancando per un pelo un cespuglio di rose, e impreca. Quel tipo non fuggirà così facilmente. Ha promesso. Via, ordina ai suoi uomini mandandoli sul Mar Caspio, voglio questa maledetta firma.

Stanco morto, nervoso e ben deciso a non tornare mai più nella tana del lupo, la sera seguente Eskandar-Agha annuncia: khanum, non ci andrò più. Senza aggiungere una parola va nella sua casetta, si mette a letto, gli viene la febbre e dorme finché Sahra non lo sveglia con un bacio.

Rossane-Khanum lo implora, ma Eskandar-Agha non ne può più. Costi quel che costi, non tornerò più nella casa di quel pericoloso *amrikai*.

Solo quando Rossane lo spaventa dicendo: quella gente la cercherà e la troverà, pensi a sua figlia, ai miei bambini, Eskandar-Agha si lascia convincere e a denti stretti e pieno di timore si mette in cammino.

Ma ha fortuna, il destino è clemente con lui. Non è il pallone gonfiato ad aprire il cancello, ma un uomo mai visto prima.

Il *farangi* se n'è andato e tu non servi più, afferma lo straniero chiudendo il cancello.

Ma mi lasci almeno prendere le mie talee e i fiori, grida Eskandar-Agha attraverso il cancello chiuso.

Sparisci, grida lo straniero strascicando i piedi fino alla casa.

Dio sia ringraziato, mormora Eskandar-Agha salendo sulla bicicletta, ma poi scorge il taxi con cui l'*amrikai* è andato in città. Senza sapere quale diavolo lo stia spingendo, Eskandar-Agha appoggia la sua bicicletta al muro, sale sul taxi e tace.

Dove devo portarti, stimato fratello?, chiede l'autista.

Dove hai portato anche gli altri, risponde Eskandar-Agha.

L'autista lo squadra scettico. Sei anche tu dei loro?

Eskandar-Agha deglutisce e pensa: è solo una recita. Come un tempo, quando ho cavalcato nella piazza di Esfahan. Vai, ordina con impazienza.

L'*amrikai* ha portato le casse, i telefoni e le macchine per scrivere nella cantina dell'ambasciata americana, riferisce Eskandar-Agha a Rossane.

E, grazie a Dio, con questo il mio compito è concluso. A meno che non voglia che ora io mi occupi del giardino dell'ambasciata. Potrebbero averne bisogno, conclude Eskandar-Agha sogghignando.

Lei è un eroe, dice Rossane sorridendo a sua volta.

Mi dispiace solo per i fiori e le talee che ho dovuto lasciare lì, si rammarica Eskandar-Agha.

Sia onesto. In fondo in fondo questo incarico, nonostante tutto, le è piaciuto.

Eskandar-Agha sospira con un sorriso ancora più largo e conclude: in ogni caso alla mia Aftab-Khanum avrebbe fatto piacere.

Eskandar-Agha assiste al fallimento di un colpo di Stato

Non abbiamo ancora vinto, spiega lo studente. Pare che gli *amrikai* abbiano promesso al generale Zahedi di eleggerlo premier, dopo aver eliminato il nostro stimato Mossadegh. Gli *amrikai* hanno già dato al generale due milioni di dollari perché li distribuisca alla gente non appena assunto l'incarico, per ottenere consensi.

Contento di non aver più nulla a che fare con queste faccende, Eskandar-Agha fa ciò a cui si dedica più volentieri. Si occupa di sua figlia Sahra, che gli si rivolge chiamandolo *monsieur* e dice *s'il vous plaît* e *merci beaucoup*. E raccoglie fiori per la veranda e la casa, annaffia il giardino, rinvasa piante e alberi e pota cespugli. Ma il senso di soddisfazione che tutto ciò un tempo gli dava ora è venuto meno.

Khanum, è colpa sua. Eskandar-Agha si lamenta con Rossane.

Lo so, risponde lei. Ci ha preso gusto. Rende felici dare un senso alla propria vita. Venga, lo esorta Rossane, lasci Sahra con la mademoiselle, andremo dal nostro amico, lo stimato studente, e là troveremo sicuramente qualcosa di utile da fare.

Eskandar-Agha naturalmente sa che lei vuole portarlo con sé soltanto come garante della morale. Andiamo, risponde sentendosi subito meglio.

Sono felice che lei sia qui, dice lo studente con un sorriso beato. Avremo bisogno di tutti gli uomini.

A quanto sembra, anche di tutte le donne, mormora Eskandar-Agha sottovoce, in modo che nessuno lo senta.

Abbiamo avuto notizia che stanotte un colonnello dell'esercito verrà qui con un'unità della guardia nazionale, per destituire lo stimato premier e per arrestarlo, confida lo studente piano. Vorrei chiederle di visionare questi. Lo studente indica una pila di documenti sul tavolo, come se avesse già previsto che Eskandar-Agha sarebbe venuto nel suo ufficio. Sono lettere di reclamo, che si sono accumulate a causa della situazione turbolenta.

E in queste condizioni incerte non c'è niente di più importante da fare che leggerle?, chiede Eskandar-Agha mogio. Ma, visto che nessuno bada a lui, si siede e inizia con la prima lettera.

Dopo mangiato, quando negli uffici regna la quiete e alcuni si sono assopiti alle loro scrivanie, all'improvviso la casa trema leggermente e dalla strada si sente il rumore dei veicoli militari. Eskandar-Agha corre lungo il corridoio, guarda fuori dalla finestra al primo piano e abbassa la testa giusto in tempo prima che uno sparo esploda accanto a lui.

Tutto accade velocemente. Seguono un secondo, un terzo e molti altri spari. Soldati fedeli al re combattono contro le guardie che proteggono la casa del premier.

Eskandar-Agha riflette se uscire dal retro e fuggire. Ma tutto finisce ben presto. Dalla finestra vede arrestare e portare via l'ufficiale e i suoi soldati, che in virtù del decreto finalmente firmato dal re erano venuti per destituire Mossadegh.

Quando Eskandar-Agha torna alla sua pila di lettere, ha le ginocchia che gli tremano. Lo studente siede alla scrivania e ha portato un bicchiere di tè per sé e uno per Eskandar-Agha. Finalmente avremo un po' di pace, dice porgendo a Eskandar-Agha il piattino con i cubetti di zucchero. Si sieda, prego. È passata un'eternità dall'ultima volta che lei e io abbiamo conversato.

Sì, concorda Eskandar-Agha, i tempi difficili non lasciano nemmeno il tempo per i vecchi amici.

Lo studente incassa l'allusione sorridendo sotto i baffi, si mette in bocca un pezzetto di zucchero e sorseggia il tè. In tempi come questi, afferma, bisogna godersi la vita, quando va bene. Del resto, solo Dio sa quando ognuno di noi dovrà abbandonare l'esistenza terrena.

In realtà, Eskandar-Agha vorrebbe raccontare allo studente dello sparo che gli è quasi costato la vita, ma poi pensa: ora o mai più. Stimato fratello, esordisce, per me Rossane-Khanum è come una figlia, come una sorella. Ero presente alla sua nascita, l'ho cresciuta io, finché Mahrokh-Khanum, sua madre affidataria, me l'ha portata via.

Capisco, dice lo studente senza più sorridere.

A quanto ne so, lei ha già una moglie e una figlia ribatte Eskandar-Agha.

Senza esitare, come se si fosse aspettato che Eskandar-Agha avrebbe affrontato l'argomento, lo studente replica: ho la sensazione che non mi crederà, se le dico che mia moglie ha trovato un altro uomo, o che un altro uomo ha trovato lei. In ogni modo, è andata in *Farang* portando con sé mia figlia. È passato molto tempo, non ho più saputo nulla di loro.

Mi dispiace, dice Eskandar-Agha, serio come lo studente.

A me dispiace solo per mia figlia, replica lo studente sorridendo a qualcuno in piedi sulla porta, dietro Eskandar-Agha.

Anche a me, dice Rossane che, non vista da Eskandar-Agha, doveva essere lì da un po'.

Eskandar-Agha pensa a qualcosa di intelligente da aggiungere, quando due colleghi entrano nella stanza ridendo. Lo stimato Mossadegh ha siglato il decreto del re con cui il premier avrebbe dovuto essere destituito, dicono i due. E sotto ha scritto: ci penserò.

Lo studente si alza, fa il giro del tavolo fino a Eskandar-Agha e gli porge la mano. Può fidarsi di me, mi creda.

Anche se non sa perché, all'improvviso a Eskandar-Agha vengono le lacrime agli occhi e, invece di stringere la mano allo studente, si alza in piedi, lo abbraccia e lo bacia sulle guance come un padre.

La notizia dell'azione militare fallita, con cui il re Mohammad-Resa e gli occupanti *farangi* hanno tentato di destituire Mossadegh, in poche ore fa il giro della città. Non solo nella capitale, ma in tutto il paese la gente scende in strada a manifestare a favore del premier e del governo.

Ma gli *amrikai* non si arrendono. Pagano ancora più gente e organizzano altre contro-manifestazioni.

Ci sono così tanti scontri, risse, morti, che i sostenitori del premier lo esortano con veemenza crescente a intervenire con decisione e a dare ordine ai militari di riportare la calma.

Mossadegh rimane però fedele alle sue convinzioni e decide di non percorrere la strada della violenza. Finché la maggioranza della popolazione sarà dalla mia parte e da quella del governo, fa annunciare, non abbiamo nulla da temere e l'esercito non sarà mobilitato.

Anche lo studente sembra altrettanto calmo e sicuro del fatto suo. Poiché la mattina seguente Eskandar-Agha arriva sulla veranda per annaffiare i vasi e lo trova seduto lì, con Rossane. Non ci sono dubbi: ha passato la notte con lei.

Venga, esclama lo studente, come se fosse in casa propria, stiamo per ascoltare il discorso del premier alla radio.

Dunque la riconciliazione di ieri non era in buona fede. Eskandar-Agha si siede di malumore, e non su una comoda poltrona, ma sui gradini. In segno di protesta volta le spalle allo studente, per non doverlo guardare.

All'inizio risuona una musica militare, poi lo speaker annuncia che lo stimato primo ministro Mossadegh terrà subito un discorso alla nazione. Il premier prende il microfono: sostenuto dall'estero, lo scià ha tentato un colpo di Stato contro di me e il governo legalmente eletto, esordisce Mossadegh. Tuttavia, fedeli ufficiali mi hanno sostenuto. Insieme siamo riusciti a sventare questo complotto. C'è una taglia sulla testa del traditore, il generale Zahedi, proclama Mossadegh.

Il notiziario dice che il re ha precipitosamente lasciato il paese. A Baghdad ha chiesto aiuto all'ambasciata americana, poiché non dispone di denaro all'estero. Poi è fuggito a Roma con sua moglie.

Mossadegh fa arrestare o giustiziare i sostenitori del re che non dispongono di mezzi per fuggire o darsi alla clandestinità. E in poco tempo i sostenitori di Mossadegh riconquistano le strade e la supremazia.

Orgoglioso di sé, perché, anche se in minima parte, ha contribuito anche lui alla vittoria del popolo e del legittimo governo iraniano, Eskandar-Agha partecipa alle manifestazioni con la piccola Sahra in braccio. *Barandeh Mellat! Barandeh Mossadegh!*, scandisce insieme alle masse. Ha vinto il popolo, ha vinto Mossadegh, grida anche la piccola Sahra alzando il braccio raggiante.

In un discorso pubblico alla radio, il ministro degli esteri Fatemi comunica che lo scià aveva fatto arrestare lui e altri membri del governo. Lo scià era in combutta con gli stranieri per rovesciare il governo eletto dal popolo. Poi Fatemi esclama: lo scià dell'Iran è un traditore. Quando ha sentito che il complotto con gli stranieri non ha funzionato, è fuggito nel primo paese in cui ha trovato un'ambasciata britannica.

Quando gli oppositori del re, primo tra tutti il partito comunista, iniziano a rovesciare le statue dello scià e di suo padre dai piedistalli, Eskandar-Agha noleggia una vettura e va di piazza in piazza a scattare fotografie alle statue e ai monumenti al re ancora in piedi.

Affinché il ricordo di uno scià corrotto non vada perduto, scrive sulla busta in cui custodisce gli scatti.

Eskandar-Agha arriva a una statua del re orgogliosamente in sella a un cavallo, proprio nel momento in cui i manifestanti stanno scalando il piedistallo e tagliando le gambe al cavallo.

Lasciate stare il povero animale, grida qualcuno, buttate giù solo il re traditore! Ma il cavallo già oscilla. Gli uomini hanno legato una fune al collo del cavaliere e tirano finché il cavallo con il re in groppa si rovescia e si schianta a terra tra il giubilo generale.

Come nella capitale, in tutte le grandi città infuriano scontri sanguinosi. Polizia, esercito e squadre di picchiatori a cavallo imperversano; persino carri armati sparano e colpiscono donne e uomini. Eskandar-Agha trascorre l'intera giornata in strada a scattare una foto dopo l'altra.

Le camicie bianche degli uomini sono crivellate e intrise di sangue, annota su un foglio che mette nella busta di carta che ha appena comprato, accanto alle immagini e ai rullini nuovi.

Sulla strada del ritorno, Eskandar-Agha si imbatte in una manifestazione nella Tup Khaneh, la Piazza dei Cannoni, nelle vicinanze della caserma. È qualcosa di mai visto prima. Devono essere molte migliaia di persone. Eskandar-Agha carica subito un nuovo rullino nella macchina fotografica, si toglie le scarpe e si arrampica sul tetto di un'auto per immortalare la piazza gremita di gente.

Due uomini portano un enorme manifesto con le torri petrolifere, in cui un iraniano combatte contro un americano, che è riconoscibile per i pantaloni a strisce rosse e bianche e il cilindro su cui sono dipinte le stelle e le strisce americane. Sotto l'immagine lo slogan: gli americani devono andarsene.

Accanto agli slogan già visti nei mesi precedenti, la gente ne inventa altri. Vogliono la fine della monarchia e pretendono che l'Iran diventi una *djumhurie mellati*, una repubblica del popolo.

Una volta a casa, Eskandar-Agha mostra orgogliosamente le foto e racconta della folla e degli slogan, quando Rossane annuncia: andiamo in città. Voglio andare allo *tshelokababi* Shamshiri. Se solo ci penso, sento l'odore degli spiedini, si entusiasma, come se nelle strade non ci fosse il finimondo.

Nimtadj, Alexander e Sahra, che imita i due più grandi, battono le mani. Non sono abituati ad andare con Rossane nei locali, che normalmente sono frequentati dalla gente semplice, come la chiama lei. Perciò si rallegrano e lungo la strada sono emozionati. Ma, raggiunto il locale, si spaventano e ammutoliscono di colpo. Due enormi carri armati sono davanti all'edificio, con le canne puntate verso il negozio.

L'autista recita una breve preghiera e Rossane ordina ai bambini di tirare su i finestrini.

Khanum, la scongiuro, torniamo a casa, prega Eskandar-Agha. Tutti sanno che il proprietario del locale è un sostenitore di Mossadegh. Khanum, finora è andato tutto bene, non sfidiamo la sorte.

Per favore, parcheggi, ordina Rossane decisa all'autista.

Pensi ai bambini, la supplica Eskandar-Agha.

È proprio quello che sto facendo, risponde Rossane. Scende dall'auto e aiuta i bambini a fare lo stesso. Signor autista, mi farebbe piacere se ci accompagnasse.

Khanum, se me lo permette preferirei aspettare in macchina.

No, non glielo permetto, ribatte Rossane. Venga.

Nel locale, Rossane marcia davanti a tutti come un generale e si dirige verso un tavolo grande abbastanza per tutti. Ordina decisa riso, carne allo spiedo, focaccia, yogurt, latticello, pomodori grigliati, burro, spezie e cavoli marinati per tutti.

Pepsi-Cola, grida Nimtadj.

Pepsi per tutti, conferma Rossane sorridendo. E non vi affrettate, abbiamo tempo.

Khanum, lei è troppo buona, ringrazia l'oste. Al giorno d'oggi non molte persone hanno i soldi per mangiare in un'osteria. E tra quelli che possono permetterselo, non molti hanno il coraggio di sfidare i carri armati e i fucili del re per venire nel mio locale. *Masha-allah*, khanum, dice l'oste, togliendosi lo straccio dalla spalla e pulendo di nuovo il tavolo già lindo. Possa Allah concedere a lei e alla sua famiglia una vita lunga e prospera.

Tutto procede bene fino al momento in cui l'oste posa sul tavolo gli spiedini e il riso. I soldati nei carri armati accendono i motori, che fanno un rumore insopportabile ed emettono un odore terribile. Muovono i cannoni spostando i pesanti veicoli e fanno tremare tutto il locale. Le stoviglie sul tavolo traballano e sbattono tra loro come se ci fosse un terremoto.

Gli adulti fingono una certa calma, e anche Nimtadj e Alexander cercano di nascondere la paura, ma la piccola Sahra si arrampica in grembo a suo padre, si tappa le orecchie e grida più forte che può. Infine anche Nimtadj e Alexander si spaventano, piangono e chiedono alla madre di uscire dal locale.

Proprio nel momento in cui Rossane infine si arrende, paga il conto e vorrebbe andarsene, dei picchiatori armati di randello assaltano il locale. Gridano, insultano i clienti chiamandoli spie, agenti, comunisti, traditori, sostenitori di Mossadegh, e copiscono tutti coloro che non riescono a fuggire in tempo. Tavoli, sedie, piatti e scodelle volano in aria. I picchiatori prendono l'autista, il proprietario e il personale del locale, Rossane e i bambini, lo studente e Eskandar-Agha con la piccola Sahra in braccio, li trascinano e li spingono in strada, li caricano su auto e pulmini e li portano a un commissariato, dove li rinchiudono tutti in una stanza con una pesante porta di ferro.

È questo che voleva?, chiede Eskandar-Agha con aria di rimprovero. Che lei, io e i nostri bambini venissimo umiliati, imprigionati e trattati come criminali?

Rossane non risponde, abbraccia Nimtadj e Alexander cercando di tranquillizzarli.

Quando i bambini devono fare pipì, dapprima Rossane chiama le guardie, poi gridano anche i bambini, Eskandar-Agha e lo studente, ma non arriva nessuno. Così i bambini si rannicchiano uno dopo l'altro in un angolo della cella e lo trovano perfino divertente. Durante la notte Eskandar-Agha si sveglia, non riesce a trattenersi e fa come i bambini. Poi lo imitano anche lo studente, l'oste e infine persino Rossane-Khanum.

Possiamo ritenerci fortunati, se non ci è successo nulla a parte dover sopportare questo odore terribile e qualche ferita, brontola Eskandar-Agha.

Non mi pento di niente, afferma Rossane a labbra strette. Al contrario, è bene che io stessa e noi tutti sperimentiamo sulla nostra pelle in che razza di paese viviamo. Poi si inginocchia davanti a Nimtadj e a Alexander, li guarda a lungo e dice: bambini, voglio che non chiudiate mai gli occhi di fronte alla verità, e voglio che sappiate che è nostro dovere combattere finché nel nostro paese esisteranno ingiustizie e abusi.

Mentre l'oste vorrebbe applaudire a queste parole, Eskandar-Agha è ancora più irritato. Si gira, voltando le spalle alla sua stimata Rossane-Khanum.

Dovete fare molta attenzione, li ammonisce l'ufficiale chiudendo la cella e rilasciandoli. Questa volta siete stati fortunati. Vi lasciamo andare solo per i bambini, altrimenti vi avremmo portato nella prigione centrale, e da lì nessuno torna illeso. Vi terremo d'occhio. E, potete credermi, al nostro sguardo vigile non sfugge niente.

Il venerdì nero

Dove volete andare?, chiede il conducente della vettura. Mentre salgono uno dopo l'altro, dice: dovrò fare comunque delle deviazioni. Non viaggio sulle strade principali, è troppo pericoloso.

Perché, cos'è successo?, domanda Eskandar-Agha, che siede davanti con la sua Sahra in grembo.

Invece di rispondere, il vetturino guarda a lungo Rossane e vuole sapere: la *saifeh* è una straniera?

No, agha, è mia sorella, mente Eskandar-Agha. Ed è più iraniana di me e lei messi insieme.

Io non ho niente contro i *farangi*, ma la gente in strada al momento non sarebbe così tenera.

Ora parli, cos'è accaduto?

Non ha saputo?, chiede il vetturino. Sua Maestà Mohammad-Resa-Pahlewi ha deposto il premier Mossadegh, sciolto il governo ed eletto Zahedi come nuovo premier. I servizi segreti degli *amrikai* e degli *engelissi* hanno costretto i giornali a pubblicare il decreto dello scià. E ora lo sanno nell'intero paese ed è tutto sottosopra.

Come fa a sapere che i servizi segreti dei *farangi* sono coinvolti?, domanda lo studente.

Ma questo lo sanno anche i bambini, risponde il vetturino guardando Eskandar-Agha di sbieco. Da dove venite?

Dal commissariato di polizia, replica Eskandar-Agha tranquillamente.

Con un largo sorriso, il vetturino gli porge la mano dicendo: stringi la mano a un fratello, sei uno di noi.

Neanche cinque minuti dopo, Rossane-Khanum affida i bambini alla mademoiselle francese, si cambia e corre nella casa del giardiniere.

Venga, dobbiamo andare, esorta Eskandar-Agha con insistenza.

Andare? Dove? Sono felice di essere a casa e non andrò da nessuna parte.

Per favore, non vorrà mandarmi in quell'inferno da sola?

Khanum, la prego, non ne ha ancora avuto abbastanza? Lo ha vissuto in prima persona, si rischia la pelle uscendo là fuori.

Come se fosse sorda, Rossane spinge fuori Eskandar-Agha, dicendo: non dimentichi la sua macchina fotografica.

E dove vuole andare?, chiede Eskandar-Agha come se non lo sapesse già da tempo.

Invece di rispondere, Rossane si guarda le scarpe tacendo.

Ma lo ha appena visto.

Per favore.

Khanum, a volte ho l'impressione che lo faccia apposta a mettersi in pericolo e in aggiunta a far correre rischi anche a me, afferma Eskandar-Agha, ma non può fare a meno di sogghignare.

Grazie, dice Rossane stampando un rapido bacio sulla fronte di Eskandar-Agha; per un momento lui si sente come in passato, quando Rossane era una bambina.

L'autista è già andato a riprendere l'auto e così non devono scendere in strada per prendere una vettura o un taxi. Sulla strada verso la casa del premier sentono alla radio che questi invita la popolazione a non scendere più in strada e a restare in casa. Mossadegh dice: non ho altra scelta, devo impiegare la polizia e l'esercito per riportare sotto controllo i sobillatori.

Khanum, anche se non vuole dare ascolto a me, obbedisca almeno allo stimato premier del nostro paese. Per favore, khanum, torniamo indietro.

L'autista guarda Eskandar-Agha con gratitudine e mette la freccia per tornare indietro.

Vada avanti, ordina Rossane.

Con tutto il rispetto per il premier... esordisce lo studente ricevendo Eskandar-Agha e Rossane. Lo stimato Mossadegh sta commettendo un errore. Prego Dio che questa volta i suoi sostenitori non seguano le sue esortazioni e non restino a casa. Ormai nelle strade si sentono e si vedono soltanto gli slogan e le voci dei suoi oppositori, i sostenitori dello scià, spiega lo studente tirando fuori le mani dalle tasche e guardando Rossane preoccupato.

All'improvviso lo sguardo di lei non è più coraggioso, sembra che abbia voglia di gettarsi tra le braccia protettive dello studente.

Vede, lo studente indica la finestra. Ci sono ancora i carri armati, ma stavolta non puntano verso la casa, ma verso la folla che è radunata davanti a essa. È triste, dice lo studente. Due giorni fa la gente gridava ancora slogan per il premier. Ma lui stesso ha pregato la popolazione di restare in casa e ora i suoi oppositori si sono organizzati.

Lunga vita allo scià, si sente echeggiare dalla strada. A morte Mossadegh!

Che fa quella gente là fuori sui tetti?, chiede Rossane guardando il suo studente con occhi allo stesso tempo malinconici e scintillanti.

Ci sono soldati appostati intorno alla casa, a tutti gli incroci e su tutti i tetti, risponde lui. Sembra che stia per fare una dichiarazione d'amore a Rossane.

Eskandar-Agha, Rossane e lo studente stanno in piedi davanti alla finestra, quando improvvisamente arrivano degli spari. Rossane grida. Eskandar-Agha la afferra per un braccio, la allontana dalla finestra e un momento dopo anche le guardie che proteggono la casa del premier sparano.

Sono i sobillatori, grida lo studente nel frastuono degli spari. Hanno avuto le armi dai *farangi*. Poi lo studente guarda Eskandar-Agha con aria di rimprovero: vorrei che lei e Rossane-Khanum non foste venuti qui.

Masha-allah, lo vede, khanum, persino lo stimato studente è d'accordo con me, grida Eskandar-Agha incassando la testa nelle spalle, perché un altro sparo dalla finestra colpisce il soffitto.

La sparatoria diventa più violenta ora dopo ora. Sempre più tiratori scelti occupano le case di fronte e sempre più soldati fedeli alla Corona arrivano per assaltare le abitazioni e andare a prendere i tiratori scelti sui tetti.

Le linee telefoniche sono interrotte, la radio tace, e nessuno sa quale sia la situazione nel resto della città, grida lo studente.

Eskandar-Agha si offre coraggiosamente di uscire, sperando che Rossane tema per la sua vita e lo fermi.

Sia prudente, lo ammonisce Rossane stampandogli in fronte il secondo bacio fugace della giornata.

Lunga vita allo scià, scrive Eskandar-Agha in grande su una scatola di cartone, poi corre in cantina ed esce in strada. Tiene alto il cartone e si affretta a uscire dal quartiere.

Appena si allontana a sufficienza da lasciarsi alle spalle le sparatorie, Eskandar-Agha getta via il cartone, ma non rinuncia al piacere di calpestarlo in fretta, prima di continuare a muoversi verso sud.

Prendi, fratello, dice un uomo all'incrocio successivo, mettendo una banconota da un *toman* in mano allo sconcertato Eskandar-Agha.

La stessa cosa succede all'incrocio successivo e a quello seguente e quasi a tutti gli incroci fino alla Tup Khaneh. Degli uomini mettono in mano ai passanti banconote da un *toman* animati da una modesta protesta. Vogliono soltanto che la gente gridi slogan a favore dello scià e contro Mossadegh.

Ed effettivamente dappertutto risuona: lunga vita allo scià, a morte Mossadegh!

Più Eskandar-Agha cammina, più la sua paura aumenta. Soldati, poliziotti, uomini del bazar, *pahlewan* di tutta la città, che siano corrotti o meno, tutti si mostrano schierati dalla parte del re.

Eskandar-Agha tiene la macchina fotografica davanti alla pancia, come uno scudo, e scatta di nascosto. A uomini furiosi che assaltano l'ufficio postale, a uomini che ne picchiano altri con i pugni e poi, quando questi ultimi giacciono già al suolo, li calpestano perché li ritengono sostenitori di Mossadegh.

Dappertutto Eskandar-Agha vede feriti e persino morti. Da un venditore ambulante di sigarette apprende che i fedeli allo scià stanno arrivando da tutto il paese nella capitale. Eskandar-Agha non può fare a meno di ricordare quando secoli fa è arrivato nella capitale con migliaia di nazionalisti dal sud del paese.

Eskandar-Agha deve affrettarsi a togliersi dalla strada, poiché due carri armati avanzano tra gli incroci rumorosamente, emettendo un fumo denso. Degli uomini vi saltano sopra, attaccano garofani ai carri armati, saltano giù di nuovo e gridano: lo scià sta tornando, lunga vita a Mohammad-Resa!

Eskandar-Agha sta caricando un nuovo rullino nella macchina fotografica, quando intorno a lui cala il silenzio. Incassa la testa nelle spalle e si guarda intorno. Nessuno si muove, nessuno parla. Poi anche Eskandar-Agha sente i frammenti interrotti di una voce alla radio, che da qualche finestra giunge fino alla strada: il governo Mossadegh è caduto... il nuovo premier... Fazl-allah Zahedi... Sua Maestà... lo scià... Aryamehr... tornerà... patria...

Eskandar-Agha sa cosa questo significhi. Alla residenza dello stimato Mossadegh si recheranno ancora più sostenitori della monarchia, gente al soldo dello scià, militari, agenti. Dio abbia pietà di quelli che sono lì e si sentono sicuri con la protezione di due carri armati e una manciata di guardie, mormora Eskandar-Agha correndo alla ricerca di un telefono nel primo negozio che trova.

Fratello, ti aiuterei volentieri, dice il proprietario del negozio, ma non ho un telefono, e in ogni caso hanno occupato l'ufficio postale e il telegrafo e paralizzato tutte le linee.

Già, l'ho visto con i miei occhi, replica Eskandar-Agha. Chi è questa gente?

L'uomo alza le spalle, squadra Eskandar-Agha turbato e afferma: fratello, non appartengo né all'una né all'altra fazione. Ho molte bocche da sfamare, faccio solo il mio lavoro.

Che tempi terribili sono mai questi?, si chiede Eskandar-Agha. Nessuno si fida di nessuno e tutti hanno paura di tutti.

Eskandar-Agha esce dal negozio e continua a correre in direzione della casa di Mossadegh. Un paio di incroci più avanti tutti ammutoliscono di nuovo. Ora le voci giungono in strada forti e chiare, la gente ha messo le radio accanto alle porte e alle finestre aperte, in modo che tutti possano ascoltare.

Risuona una canzone *farangi*. Gli uomini in piedi accanto a Eskandar-Agha sanno che è l'inno nazionale degli *amrikai*. Almeno ora sappiamo chi è questa gente che ha preso possesso della stazione radio, dice uno degli uomini.

La canzone si interrompe. Cala il silenzio. Poi risuona una nuova melodia *farangi*. Subito dopo viene annunciato il nuovo primo ministro, il generale Zahedi.

Eskandar-Agha sfrutta il momento di tranquillità. Evitando di guardare tutti, continua a muoversi lentamente verso nord, mentre dalla radio giungono frammenti del proclama. Assistenza sanitaria gratuita, libertà, sicurezza, salari più alti.

È esattamente ciò che ci hanno promesso tutti gli altri, ma che non hanno mai mantenuto, pensa Eskandar-Agha tra sé.

Quando infine attraversa l'ultimo incrocio e arriva alla casa del premier esautorato, Eskandar-Agha resta senza fiato. L'edificio è completamente distrutto, i muri sono crivellati, il tetto è crollato, mancano porte e finestre. C'è odore di bruciato. Mobili fracassati giacciono in strada sul marciapiede. Dappertutto ci sono veicoli militari. Soldati e civili trascinano casse, mobili, persino piatti, vasi e quant'altro sia ancora integro nel palazzo. Il muro del giardino viene abbattuto da un carro armato, persino il cancello d'ingresso è mezzo divelto. Il palazzo è un cumulo di macerie e tutto lo spazio intorno un campo di battaglia.

Eskandar-Agha si avvicina all'entrata come stordito. Inciampa, si appoggia a qualcosa che trova per terra. Mentre si rialza, capisce di essere inciampato nei piedi di una persona e di essersi sorretto sul suo cadavere.

Quando vede che le sue mani sono ricoperte del sangue del morto, a Eskandar-Agha viene da vomitare, riesce a controllarsi a fatica per non perdere conoscenza.

Se le pulisce le mani sui pantaloni e sulla camicia, accorgendosi solo ora che tra le pietre e le macerie ci sono cadaveri dappertutto.

Degli uomini si sono legati fazzoletti davanti a naso e bocca, esaminano i corpi, li voltano, li guardano bene e li perquisiscono. Dapprima Eskandar-Agha pensa che stiano cercando congiunti, amici, parenti. Poi capisce che sono a caccia di oggetti di valore. E rubano il denaro dalle tasche dei morti.

Eskandar-Agha riconosce subito le stesse banconote fresche di stampa che gli *amrikai* hanno distribuito perché la gente andasse in strada a manifestare contro Mossadegh.

Eskandar-Agha tira fuori con mano tremante una banconota, che è riuscito a nascondere, e la fissa come se aspettasse una risposta da lei. Poi il suo sguardo cade su un morto che tiene in mano una matita. Eskandar-Agha gliela prende con cautela e scrive sulla banconota: *28 Mordad 1953*. È un venerdì nero e sanguinoso per la mia patria. A centinaia, a migliaia devono pagare con la vita perché i *farangi* hanno rimesso il re sul trono con la forza.

Alla fine si va avanti

Mossadegh si arrende volontariamente e viene portato davanti a un tribunale che non riconosce, perché è un tribunale militare.

Il premier rovesciato è uno dei giuristi più capaci del paese, non vuole un avvocato e si difende da solo. Grida, piange, salta su, agita le braccia, crolla, perde conoscenza. Tiene discorsi infiammati per la libertà e l'indipendenza, per il rispetto della Costituzione. Continua a chiedere la fine delle ingerenze dei governi stranieri e dei loro servizi segreti nelle faccende iraniane.

Come ci si aspettava, viene giudicato colpevole, rimane in carcere per tre anni, poi viene posto agli arresti domiciliari nel suo paese natale.

Centinaia di membri e sostenitori del suo partito, il Fronte Nazionale, e del Tudeh, impiegati del suo gabinetto, tra cui il ministro degli esteri uscente Hossein Fatemi, centinaia di ufficiali fedeli a Mossadegh scompaiono o vengono arrestati; mentre molti soldati dell'esercito e poliziotti vengono giustiziati. Lo stesso accade agli amici e ai compagni di viaggio di Mossadegh.

Rossane e il suo amante, lo studente, sono riusciti a scappare solo grazie a un colpo di fortuna, mentre la residenza del premier Mossadegh veniva assalita. Ma come molti altri sono talmente scioccati che non riescono più a uscire di casa.

Appena qualcuno si avvicina al cancello, o persino quando il vento fa sbattere una porta, Rossane sussulta, si rifugia nella sua stanza, chiude le tende ed esce solo dopo alcune ore.

Eskandar-Agha la segue, si siede nell'angolo della stanza, dove si rannicchiano insieme, e accarezza la testa della sua Rossane, come se fosse ancora una bambina. Non si preoccupi, la tranquillizza. Finché sono qui, non le accadrà niente. Penserò a tutto io.

Mi ha salvato la vita per la seconda volta, dice Rossane cercando di sorridere. Ha visto i morti?, chiede piangendo senza freni. E lo scià si comporta come se niente fosse. I giornali, la televisione e la radio sono costretti a tacere su questi orrori.

Un giorno tutto verrà alla luce, afferma Eskandar-Agha. In fondo gli iraniani si sono lasciati comprare per questo colpo di Stato. Prima o poi la loro coscienza sarà logorata, romperanno il silenzio e parleranno. Vedrà, continua Eskandar-Agha, un giorno non solo gli iraniani coinvolti, ma anche gli *amrikai* e gli *engelissi* parleranno: vorranno e dovranno liberarsi il cuore. La verità è potente, non si fa sottomettere, non tace così facilmente, conclude Eskandar-Agha. Lui stesso non crede a quello che dice.

Vorrei avere un briciolo della sua fiducia, mormora Rossane.

Che cosa mi resta?, scrive Eskandar-Agha la sera, quando siede nella sua casetta d'argilla con il quaderno e la lanterna. Bisogna mantenere i nervi saldi e occuparsi dei bambini, della casa e del giardino. Alla mia Aftab-Khanum, Dio l'abbia in gloria, avrebbe fatto piacere, annota. Poi guarda il cielo stellato sopra di sé.

Rossane ha ragione, prosegue Eskandar-Agha. Da quando il re è tornato dall'esilio e ha ripreso il potere, governa il paese con un pugno di ferro. Chi osa dire o scrivere anche solo una parola contro di lui viene arrestato, imprigionato, torturato, ucciso. Eskandar-Agha si guarda intorno, come se temesse che qualcuno lo stia osservando di nascosto, e scrive più in fretta. È proibito parlare di Mossadegh e tanto più dire che sono stati gli *amrikai* a rovesciarlo. La verità è stata distorta e passata sotto silenzio così a lungo che chi c'era e la conosceva, non c'è più. È dunque ancor più importante che noi che la conosciamo, la verità, la teniamo in vita, scrive Eskandar-Agha e rilegge piano.

Chi dobbiamo tenere in vita?, chiede Nimtadj che compare davanti a lui all'improvviso con il suo quaderno. Eskandar-Agha si spaventa così tanto che lancia quasi un grido.

Bambina, non farlo mai più.

Cosa?

Avvicinarti di soppiatto e spaventarmi. Non sono più un ragazzino.

Non voglio restare da sola nella mia stanza. Nimtadj si siede accanto a Eskandar-Agha.

Lui la cinge con il braccio, la guarda e dice: lo capisco.

C'è qualcuno che è ferito o in pericolo di morte?, domanda Nimtadj con una serietà eccessiva per la sua età.

Quanti anni hai?, chiede Eskandar-Agha.

Due settimane in più dell'ultima volta che me lo ha chiesto, risponde Nimtadj. Ma sempre undici anni. Sono una bambina, lo so, dovrei giocare ed essere spensierata, invece che farmi problemi su Dio e sul mondo, afferma con le parole che Eskandar-Agha le ha ripetuto tante volte.

Hai ragione.

Ma lei dice anche che dobbiamo porre domande quando non capiamo qualcosa, obietta Nimtadj.

Anche in questo hai ragione. Dunque, che cosa non ti è chiaro?

Questo, risponde Nimtadj tirando fuori un articolo dalle pagine del suo quaderno.

Non è niente di particolare, replica Eskandar-Agha. Gli *amrikai* e il re si mostrano soddisfatti del successo della loro collaborazione.

E ora il mondo compra di nuovo il nostro petrolio.

Eskandar-Agha annuisce e sorride alla bambina. E qual è il tuo dubbio?

È un bene o un male?

Eskandar-Agha vorrebbe rispondere, ma si trattiene. Sai, dice infine, credo che sia una di quelle domande a cui non è semplice rispondere.

Lo immaginavo, dice Nimtadj tenendosi la testa tra le mani e fissando l'articolo, come se aspettasse una risposta dal pezzo di carta.

Perché i giornali non parlano mai delle molte migliaia di morti che ha visto con mia madre e il signor studente?

Non abbiamo visto migliaia di morti.

Ma ci sono stati, ribatte Nimtadj. Parla come se lei stessa li avesse visti. Vorrei scrivere una lettera allo stimato re per dirgli quanto vadano male le cose a mia madre e allo stimato signor studente e che hanno perso ogni speranza, dice, mentre le lacrime le rigano il viso.

Eskandar-Agha si avvicina a lei. Fallo, la esorta, e quando avrai steso la tua lettera la porterò alla posta personalmente. Ma non essere ingrata. Pensa a quanti bambini in questo paese non hanno da mangiare, né un tetto sulla testa, sono malati e non hanno una mamma che si occupi di loro.

Grazie, sussurra Nimtadj costringendosi a sorridere.

È come se tutto il dolore del paese e del nostro popolo fosse scritto sul suo viso di bambina, scrive più tardi Eskandar-Agha nei suoi appunti. Attacca nel suo quaderno l'articolo che Nimtadj gli ha lasciato e commenta: nonostante il dolore di Nimtadj e di tutti gli altri, il mondo va avanti. Il mondo continuerà a servirsi del petrolio iraniano.

A giudicare dall'articolo, lo scià ricompenserà generosamente gli *engelissi* per le perdite subite a causa della nazionalizzazione del petrolio. Le loro azioni stanno raggiungendo valori record. Inoltre lo scià ha fondato una nuova società con i suoi amici *farangi* vecchi e nuovi, annota Eskandar-Agha. Il quaranta per cento di tutte le quote appartiene agli *engelissi.* Chiamano la loro impresa BP, British Petroleum. Un altro quaranta per cento va a cinque gruppi petroliferi americani. Il rimanente venti per cento alla Compagnie Française des Pétroles e alla Royal Dutch Shell.

E a noi?

Tutto il sangue che le nostre sorelle e i nostri fratelli hanno versato è stato inutile. La maggior parte del petrolio persiano appartiene sempre ai *farangi.* E a noi, come sempre, spettano le briciole.

I ragazzi spiccheranno il volo

Andiamo al cinema, propone Nimtadj, quando Eskandar-Agha va a prenderla a scuola. Ormai si è abituata a coinvolgere Eskandar-Agha e non la madre nella sua vita quotidiana.

Va bene, ma solo se prima andrai da tua madre a tenerle un po' compagnia.

Questo è un colpo basso, si lamenta Nimtadj. Sa che non serve a niente. Da anni passa le giornate con il signor studente, nella loro stanza, con le tende chiuse, a sentire la radio.

Fallo, la esorta Eskandar-Agha amichevolmente. L'amore smuove le montagne. Nimtadj guarda Eskandar-Agha con le lacrime agli occhi.

Vedrai, le dice. Un giorno ti guarderà e tu sentirai che non è più persa nel vuoto, ma che è proprio lì con te.

La vita delle persone è abbastanza normale. Nimtadj cerca di convincere la madre, sedendosi per terra accanto a lei e guardandola. E poi compie un gesto che in tutti questi anni non ha mai fatto: inizia a gridare all'improvviso. Tu non osi neanche avvicinarti al cancello e meno che mai alla strada! Non sai più com'è la vita là fuori!

Altrettanto inaspettatamente, Nimtadj tace di nuovo chinando la testa per non dover guardare la madre.

Siedono per terra l'una accanto all'altra in silenzio, finché Rossane alza la mano lentamente e tocca delicatamente quella della figlia. Continua a parlare, sussurra piano.

Mentre le lacrime le cadono sulle mani e sul grembo,

Nimtadj parla come se raccontasse una favola. Abbiamo così tante strade che non puoi neanche immaginarle. Grandi strade ampie con alberi su entrambi i lati. Le case sono sempre più alte, alcune hanno quattro piani. E dovresti vedere le automobili, ce ne sono sempre di più, ma per questo motivo ci sono sempre meno vetture coi cavalli, purtroppo. Eskandar-Agha dice che è un peccato, perché i cavalli sono animali fedeli. E dovresti vedere le donne, continua Nimtadj. Portano gonne colorate e vestiti così corti che lasciano quasi scoperte le ginocchia. Guarda qui, esclama Nimtadj saltando su e mettendosi a girare facendo aprire la sua ampia gonna come un ombrello. Quando si ferma con le braccia aperte, cercando di riacquistare l'equilibrio, per un istante brevissimo ha l'impressione che sua madre stia sorridendo.

Nimtadj resta per un po' a osservare la madre, poi si china verso di lei e la bacia sulle guance. Prima di uscire dice: oggi Eskandar-Agha ci porterà al cinema.

Lo studente non ascolta realmente Eskandar-Agha, si limita a guardarlo brevemente e si aggiusta gli occhiali, per immergersi di nuovo nella lettura del suo giornale.

Va bene. Eskandar-Agha si schiarisce la voce. Sono solo un semplice servitore, un giardiniere, ma poiché sono più anziano di lei mi permetto di parlarle apertamente.

Questa volta lo studente non si limita a guardarlo, ma si toglie persino gli occhiali.

Sa quanti anni sono che non si muove neanche da questa casa e da questo terreno?, chiede Eskandar-Agha. Non si affatichi a fare il conto, l'ho tenuto io per lei. Sono sette. Sette lunghi anni. In fondo la cosa potrebbe essermi indifferente, ma ho una precisa responsabilità verso Rossane-Khanum e i suoi figli. Del resto sono stato suo fratello, suo padre, sua madre, dice Eskandar-Agha contento di poter mettere in risalto il suo ruolo importante nella vita della donna che lo ospita da anni. E sa altrettanto bene che, finché non interromperà i suoi arresti domiciliari, neanche la stimata Rossane-Khanum uscirà di casa.

Lo sguardo dello studente cambia a poco a poco e finalmente Eskandar-Agha ha l'impressione di non parlare più al vento.

Non ha recluso solo se stesso, cerca di convincerlo Eskandar-Agha, ma ha fatto impazzire anche la stimata khanum. Perdoni la mia impertinenza, ma lei afferma di amare la stimata khanum, continua Eskandar-Agha notando un tenue guizzo negli occhi dello studente. E i ragazzi? Nimtadj e Alexander hanno diciassette e diciannove anni e tutta la vita davanti a sé. Gli adulti di questa casa dovrebbero dar loro speranza per il futuro, dovrebbero essere un buon esempio. Dopo una pausa a effetto, Eskandar-Agha chiede: si è mai guardato allo specchio, di recente? Intendo dire, si è guardato realmente?

Lo studente non batte ciglio. Posa timidamente il suo giornale per terra accanto a sé, si alza ed esce dalla stanza in silenzio.

Dove sta andando?, domanda Eskandar-Agha.

A fare quello che mi ha consigliato, a guardarmi allo specchio, risponde lo studente piano, non più abituato a parlare molto.

La sera Rossane-Khanum chiede a Eskandar-Agha di andare a cena con la sua Sahra nella casa principale. Tutti sono riuniti attorno al *sofreh* apparecchiato, il cuoco serve il cibo, manca solo lo studente.

Non riesco a crederci. Guardati, piccola Sahra, da quando porti gli occhiali? E hai i capelli lunghi, sei alta quasi quanto la mia Nimtadj, dice Rossane irritandosi con se stessa perché si sente ridicola a parlare in questo modo.

Khanum, con il suo permesso, presto avrò dieci anni.

Al massimo otto, la corregge Eskandar-Agha.

Sentendo un rumore dietro alla porta, Rossane-Khanum si avvicina. Siete pronti?, chiede aprendo la porta.

Tutti sono sorpresi, poiché davanti a loro c'è lo studente, completamente trasformato. Ha persino un vago sorriso sul volto. Si è rasato la brutta barba cresciuta in sette anni, ha tagliato i capelli brizzolati e se li è persino pettinati all'indietro con la brillantina. Invece dei vecchi pantaloni e delle camicie bianche di una volta, ormai grigie, indossa pantaloni moderni e un pullover a collo alto.

Prima di sedersi al *sofreh*, si schiarisce la voce. Il fatto che il povero stimato Mossadegh sia stato in prigione e sia ora agli arresti domiciliari non è un buon motivo perché tutti gli altri smettano di vivere. Anzi, è proprio il contrario. Lo stesso Mossadegh ha detto che dobbiamo essere coraggiosi, vivere la nostra vita e servire la patria facendo del nostro meglio.

Poi lo studente si volta verso Eskandar-Agha, si inchina e dice: le sue parole mi hanno ricordato il mio dovere, stimato Eskandar-Agha. Mi hanno svegliato. Per questo devo ringraziarla. Inoltre chiedo sinceramente perdono a tutti i presenti per aver reso difficile la vostra vita. Tenterò di ritornare una persona normale e di rimediare ai miei errori al più presto possibile.

Bravo, grida Nimtadj battendo le mani.

Dio sia ringraziato, mormora Eskandar-Agha rallegrandosi del suo successo. Si chiede soltanto per quale motivo ci abbia messo così tanto a dire quello che aveva da dire.

Prima di iniziare a mangiare, lo studente osserva a lungo Nimtadj, Alexander e Sahra e mormora piano: i bambini sono diventati grandi. È tempo che cresciamo anche noi. Si schiarisce di nuovo la voce e aggiunge: vorrei che in futuro mi chiamaste con il mio nome. Riflette persino lui per ricordare il suo vero nome, corruga la fronte e dice: mi chiamo Farrokh.

Farrokh-Agha, mormora Eskandar-Agha mettendosi in bocca un pezzo di pane con *kashke-bademjan*, melanzane e siero di latte. Annuisce e mastica soddisfatto.

Più tardi, mentre i due ragazzi più grandi siedono con Sahra sui gradini della veranda a giocare a *yek-qol-do-qol* con i sassolini, lo studente si ritira per la notte e Rossane e Eskandar-Agha restano soli. Eskandar-Agha tentenna, infine trova il coraggio e dice: khanum, perdoni la mia schiettezza, ma credo che lei starebbe ancora meglio se indossasse un vestito nuovo e si sistemasse un po'.

Mi faccia una fotografia, lo esorta Rossane guardandosi allo specchio. Perché il ricordo di questi tempi cupi non vada perduto.

Khanum, a cosa servirebbe? A volte è meglio non ricordare.

Servirebbe come monito. Perché io non mi lasci mai più andare così.

E io ti filmerò con la mia cinepresa super8, dice Nimtadj.

Filmare? Cioè? Vuoi fare un filmato? Non sapevo che avessi imparato a fare filmati... e neanche che avessi una cinepresa.

Ci sono tante altre cose che non sai, risponde Nimtadj senza tuttavia sembrare scortese.

Nimtadj intitola il suo piccolo documentario *Sette anni. Il ritorno di mia madre*. Dapprima si vede Eskandar-Agha, che fotografa Rossane da un lato, da davanti e dall'altro lato. Poi si vedono soltanto i piedi di Rossane-Khanum, mentre si toglie i vestiti vecchi. L'immagine successiva mostra le sue mani che arrotolano i vestiti e li mettono in una busta. Poi si vedono di nuovo solo i piedi e successivamente i piedi che spariscono nella stanza da bagno e la porta che si chiude. Nimtadj mostra la porta chiusa. Sua madre esce in accappatoio, con un asciugamano sulla testa. Guarda di lato, ride e tiene le mani davanti al viso per nascondersi. Nella sua stanza prende diversi vestiti dall'armadio. Poi Nimtadj riprende di nuovo i suoi piedi, mentre prova i vestiti. Ha deciso di indossare quello verde chiaro. Rossane-Khanum siede al tavolino da toilette. Eskandar-Agha è dietro di lei e guarda nella cinepresa, poi si avvicina, la cinepresa vacilla e si vede Nimtadj che pettina e cotona i capelli della madre. L'ultima immagine mostra una Rossane-Khanum trasformata che sorride alla cinepresa e poi fa segno di spegnerla. Solo quando ha le lacrime agli occhi compare uno sfondo nero con la scritta: *Sette anni sono un periodo lungo, un film di Nimtadj S.*

Un paio di giorni più tardi, Rossane-Khanum e Agha-Farrokh, che per abitudine tutti chiamano ancora "lo studente", vanno al Café Naderi per la prima volta. La sera, tornando a casa, piangono entrambi. L'ultima volta che siamo usciti la gente per strada si ammazzava. Oggi ballano, bevono, festeggiano e si comportano come se non fosse stato versato tutto quel sangue. E parlano benissimo del re, Sua Maestà, Sua Altezza.

Sette anni, sottolinea Nimtadj secca.

Ha perseguitato la gente con carri armati, cavalli e soldati. Nessuno se lo ricorda?, chiede Rossane.

No, risponde Nimtadj tranquilla e decisa. Abbiamo dimenticato, e questo è bene. La vita deve continuare. Ho diciotto anni e ho tutta la vita davanti a me. Che dovrei fare secondo te? Mettermi un sacco sopra la testa, nascondermi e piangere i morti del passato? Ora neanche Nimtadj riesce a trattenere le lacrime.

Il giorno seguente Rossane-Khanum fa aprire e pulire tutte le stanze inutilizzate e sistemare la grande veranda davanti alla casa. Poi chiede a Eskandar-Agha di disporre nuovi fiori nei vasi e di procurarsi una nuova radio al bazar.

Khanum, siamo nel 1963. Oggi queste cose non si comprano più al bazar, ma nei grandi magazzini. Sono edifici enormi, in cui le merci più disparate sono disposte su molti piani. I venditori non sono più i proprietari delle merci, bensì solo coloro che le portano alla gente.

Inoltre è tempo che ci compriamo un televisore, aggiunge Nimtadj.

Grandi magazzini, televisori, un bazar inserito in un grande edificio a più piani... Mi sembra di aver trascorso gli ultimi sette anni come un orso, in letargo, riflette Rossane-Khanum.

È così, concorda Nimtadj laconica.

Va bene, allora compreremo un televisore.

Con l'aiuto di Agha-Farrokh e di Alexander, che collabora controvoglia, Eskandar-Agha porta l'antenna sul tetto. Mettono un tavolo in veranda e fabbricano un cavo di prolunga.

La prima immagine che riescono a vedere, riuniti tutti insieme nella veranda, è quella dello scià. Sta esaltando i benefici della sua proclamata Rivoluzione bianca, promettendo che presto a tutti gli abitanti del paese non mancherà più nulla.

Ora che i paesi che possiedono ed estraggono il petrolio si sono uniti e hanno fondato l'OPEC, lo scià ha un potere ancora più grande, dice Nimtadj, notando che la madre ammira le sue parole intelligenti.

Cos'è l'OPEC?, chiede Sahra.

È l'associazione dei paesi che possiedono, estraggono e vendono il petrolio, spiega Alexander sorridendo gentilmente alla piccola.

A che serve?, domanda ancora Sahra ammirando il grande Alexander. Ma anche gli occhi degli altri sono puntati su di lui. Non solo per la curiosità di conoscere la risposta, ma soprattutto perché Alexander non parla quasi mai e non sono abituati ad ascoltare la sua voce.

Se i paesi si associano, invece di essere in concorrenza, sono più forti contro il resto del mondo, risponde Alexander dando un buffetto a Sahra.

Come noi, dice Sahra raggiante. Ora che siamo di nuovo tutti insieme siamo più forti e la vita è più bella di prima, quando ognuno stava nella sua stanza e c'era silenzio.

I ragazzi spiccheranno il volo, conclude Rossane-Khanum sorridendo.

Realizzeremo una rivoluzione, aboliremo la schiavitù e faremo in modo che il popolo ottenga i suoi diritti. La voce dello scià risuona dal televisore.

Pensavo che fosse il popolo a fare le rivoluzioni, commenta Agha-Farrokh con aria di rimprovero, fissando lo schermo come se stesse aspettando una risposta dal re.

Per dare il buon esempio, prosegue Mohammad-Resa-Khan, suddivideremo delle terre di nostra proprietà tra i servi laboriosi.

Terre che suo padre e lui stesso hanno confiscato a gente come Mahrokh-Khanum, dice Nimtadj togliendo un foglietto dal suo quaderno. All'università vengono distribuiti segretamente dei volantini, racconta. Poi legge: in tutto il paese, ma specialmente nella città di Qom, si è giunti a disordini violenti a causa di questa sciocca Rivoluzione bianca, propugnata dal re.

Che Dio ci protegga da nuovi spargimenti di sangue, si augura Eskandar-Agha, guardando il soffitto della veranda; un gesto che faceva anche sua madre.

Questo desiderio ormai è irrealizzabile, ribatte Nimtadj abbassando la voce. Lo scià ha scagliato da tempo la sua polizia segreta e l'esercito contro la gente. Nella città santa di Qom gli *akhund* vengono accusati e denunciati per aver mobilitato le masse contro lo scià. Ne ha fatti arrestare molti. Nimtadj si guarda intorno e parla così piano che si riesce appena a sentirla. Alcuni sono stati persino giustiziati.

Ragazzi, voglio che vi teniate lontani da qualsiasi manifestazione o raduno, ordina Rossane-Khanum.

Ma in realtà lo scià fa cose buone, dice Sahra. Perché la gente è contro di lui? Con la sua Rivoluzione bianca il re aiuterà la gente dei villaggi. Giovani dell'esercito verranno inviati nei villaggi, tra di loro ci saranno persino delle ragazze, aggiunge Sahra timidamente.

Fanciulla, dove hai sentito queste sciocchezze?, chiede Eskandar-Agha preoccupato.

A scuola.

Quante bugie, sbotta Eskandar-Agha.

Ma l'ha detto la mia insegnante. Ha detto che le nuove leve verranno addestrate per due mesi, poi saranno esperte in igiene e medicina. E ha detto che i soldati sono coraggiosi, perché non c'è neanche una strada che conduca ai villaggi, spiega Sahra.

Non devi lasciarti convincere da tutto quello che i tuoi insegnanti vogliono farti credere, brontola Eskandar-Agha. Esperti, dopo due mesi. Se ci avessi riflettuto, avresti capito che sono solo sciocchezze.

Sahra trattiene le lacrime, tace e non guarda più nessuno.

Cara, dice Alexander chinandosi gentilmente verso di lei. Tuo padre ha ragione. La maggior parte dei giovani soldati che il re sta mandando nei villaggi non sa neanche leggere e scrivere. Nemmeno se fossero davvero addestrati per due mesi ne saprebbero qualcosa, figurati diventare esperti.

Sahra guarda il suo grande Alexander con gratitudine, ma poi ricomincia a fissarsi le mani.

In ogni modo, con la sua rivoluzione il re mostra ancora una volta quanto poco sappia della sua stessa terra e del suo popolo, dice Nimtadj.

Quale servo o contadino potrebbe permettersi di mandare i suoi figli a scuola per ore?, inveisce Eskandar-Agha. Sahra si rinchiude ancora di più in se stessa.

Ognuno, giovane o vecchio che sia, è necessario nei campi, per occuparsi degli animali o svolgere un altro lavoro.

È vero, esclama Nimtadj. Nei villaggi di Mahrokh-Khanum ho visto con i miei occhi che bambini di tre anni al massimo sedevano ai telai per tessere stoffe e tappeti.

Se il re e i suoi consiglieri conoscessero la loro terra soltanto un po', saprebbero quanto gli abitanti dei villaggi abbiano paura degli stranieri. All'improvviso compaiono giovani soldati che dicono di essere mandati dal governo, racconta Eskandar-Agha. Né mia madre, né io stesso, e nemmeno il nostro *kadkhoda*, Morad il Gobbo, nessuno di noi sapeva cosa fosse un governo.

Quando nei villaggi arrivano degli estranei, per prima cosa donne e fanciulle vengono rinchiuse in casa, ribatte Nimtadj.

A volte no, mormora Eskandar-Agha senza guardare nessuno. A volte le donne incontrano gli stranieri e questo porta la sventura.

Mi dispiace per la povera gente, dice Nimtadj. Vorrei andare in un villaggio ad aiutare, a insegnare alla gente a leggere e a scrivere, a condividere tutto quello di cui può aver bisogno.

Toglitelo dalla testa, ribatte Rossane adirata. Una ragazza, completamente sola in un villaggio che non è raggiunto nemmeno da una strada. Credi forse che la gente lo accetterebbe tanto facilmente? Cosa penserebbero di una ragazza così? Lo scià e la sua Rivoluzione bianca sono solo un enorme imbroglio, inveisce Rossane-Khanum.

Mentre Nimtadj alza le spalle e non bada più alla madre, Sahra mormora piano: allora sono proprio stupida, non ho capito niente. Si alza ed esce in giardino. Tutti gli adulti la guardano confusi.

Sahra, torna qui, grida Eskandar-Agha.

Lasci, dice Alexander seguendola. La calmerò io.

Come la madre

Come in casa di Rossane-Khanum, in tutto il paese la gente discute della Rivoluzione bianca del re. Nelle scuole e all'università aumentano le risse. Agenti e spie si infiltrano tra gli studenti e li provocano, per smascherare i capopopolo e farli arrestare. Alcuni giorni gli scontri sono così violenti che Nimtadj e Alexander non possono nemmeno andare a lezione.

E ogni anno che passa il re fa arrestare sempre più oppositori, rende il cappio della politica sempre più stretto.

Nimtadj, Alexander e molte migliaia di studenti in tutto il paese boicottano le lezioni e manifestano apertamente contro la violenza brutale del re.

Mentre la BBC racconta di morti e feriti all'università, Rossane-Khanum, pallida come un cencio, si precipita da Eskandar-Agha. Deve aiutarmi, grida. Nimtadj e Alexander sono all'università. Dobbiamo correre lì.

Ho cercato di dissuaderla, dice Agha-Farrokh, che le è corso dietro fino alla casa del giardiniere e ora è senza fiato. Sarebbe pura follia anche solo avvicinarsi all'università con quella vistosa limousine.

Cercherò un taxi, decide Eskandar-Agha. Prende la macchina fotografica, si mette la giacca e corre al cancello. Più l'auto si avvicina all'università, più la polizia e l'esercito guardano Eskandar-Agha. Sebbene sia pericoloso e l'ora sia tarda, gli studenti sono ancora in giro a declamare slogan contro lo scià, protetti dall'oscurità. Poi risuonano i loro passi, mentre corrono via seguiti dalla polizia e dai soldati. Talvolta si ode uno sparo e un grido e in più di un'occasione Eskandar-Agha sente gemiti e corpi che cadono al suolo con un rumore sordo.

Agha, sussurra l'autista, devo fermarmi qui. Cerchi di capirmi, ho sei figli, una moglie e una madre anziana.

Eskandar-Agha sa naturalmente che le speranze di trovare Alexander e Nimtadj qui e a quest'ora sono minime, ma nonostante ciò e nonostante le ginocchia gli tremino per la paura, paga l'autista e procede a piedi verso l'università. Cammina a ridosso del muro, finché due giovani gli si avvicinano e gli sbarrano la strada.

Sto cercando mio figlio, mente Eskandar-Agha. Si chiama Alexander.

È un nome insolito, dice il primo giovane.

Lo so. L'avete visto?

I due scuotono la testa e vanno via.

Molte ore dopo Eskandar-Agha torna a casa sfinito e demoralizzato. Rossane e Agha-Farrokh lo stanno aspettando davanti al cancello.

Volevo andare alla polizia, ma poi ho pensato che se avessi detto il nome dei ragazzi li avrei esposti a un pericolo ancora maggiore.

Nimtadj è tornata, racconta Rossane-Khanum piangendo, ma di Alexander non abbiamo notizie.

Per tutta la notte e il giorno seguente Rossane sta incollata alla radio, alla ricerca della stazione giusta. Ma la BBC non trasmette più notizie sull'Iran. E l'emittente iraniana celebra le magnifiche decisioni di Sua Maestà Mohammad-Resa-Pahlewi e i magnifici risultati raggiunti in Iran. E loda costantemente la sua industria petrolchimica, con la quale ora l'Iran può produrre da sé quello che finora veniva importato.

Benzina, plastica, fibre sintetiche, non mi interessa nulla, grida Rossane-Khanum quasi sbattendo giù la radio dal tavolino e inciampando nel cavo elettrico.

Rossane-Khanum sta lì in piedi, e piange. Rivoglio indietro mio figlio. Dovrebbero dire cosa sta succedendo all'università.

Per calmarla, Eskandar-Agha toglie la polvere dai cuscini, si siede accanto a lei, per un attimo le tiene persino la mano e dice: va tutto bene. Vedrà, presto questi giorni terribili saranno solo un ricordo. Ci rideremo sopra.

Lei è un angelo, dice Rossane, togliendo delicatamente la mano da quella di Eskandar-Agha e fissando lo sguardo davanti a sé.

Pensi a qualcos'altro, le suggerisce lui, poi riflette un momento e le parla delle insensate riforme agrarie del re. Di servi e contadini che vivono fuori dal mondo. La terra che il re sta dando ai contadini non basta per sostentare le famiglie, continua. Inoltre i servi non hanno attrezzi, animali, sementi o acqua, per coltivare la terra. Com'era quel detto?, chiede Eskandar-Agha, ma Rossane continua a fissare il vuoto.

Troppo per morire, troppo poco per vivere, si risponde Eskandar-Agha. L'unica cosa che il re ha ottenuto con le sue riforme alla cieca è aver fatto infuriare di nuovo latifondisti e religiosi, perché senza la terra, i villaggi e i possedimenti, non hanno più alcun potere sui contadini.

Anche Mahrokh-Khanum ha perso moltissime terre e per questo motivo odia lo scià, mormora Rossane-Khanum distrattamente. E tuttavia, in un certo senso, continua ad adorarlo.

Vede, dice Eskandar-Agha. Ora si è distratta e sta già molto meglio.

La smetta, brontola Rossane-Khanum turandosi le orecchie. Ingiustizie, bugie, arresti. Non voglio più sentire che nel mio paese ogni giorno muoiono centinaia di persone. E nemmeno che la terra fertile sta andando in rovina a causa di riforme agrarie sbagliate. Che Dio mi perdoni, inveisce Rossane-Khanum, l'unica cosa che vorrei adesso sarebbe riabbracciare mio figlio sano e salvo.

Khanum, se mi promette che si calmerà, andrò subito al

cancello ad aspettare finché Alexander non sarà di ritorno, dice Eskandar-Agha.

Per un attimo lo sguardo di Rossane-Khanum si illumina, poi la donna si accascia di nuovo, guardando Eskandar-Agha come se fosse matto. A che servirebbe?

Non lo so neanch'io, mormora Eskandar-Agha. Ma non ho un'idea migliore. Chissà, dice, nella mia vita ho visto dei miracoli.

E poi, a sera, il miracolo accade realmente. Eskandar-Agha guarda giù in strada e riconosce subito la figura che sta arrivando: non può essere altri che Alexander.

Eskandar-Agha corre a perdifiato fino alla stanza di Rossane-Khanum e già dall'ingresso grida: khanum, khanum, Dio ha ascoltato le sue preghiere!

Alexander sembra sfinito, ma felice, e non riesce a capire l'agitazione causata dalla sua assenza. Si tratta della mia patria e del mio futuro. È mio dovere impegnarmi e lottare, ed è vostro dovere sostenermi, se voi stessi non potete lottare, afferma.

Non essendo il padre, in genere Agha-Farrokh si tiene fuori dai confronti tra Rossane e i suoi figli. Ma ora chiede in tono pacato: sostieni che non facciamo nulla? Agha-Farrokh si toglie gli occhiali. Ragazzo, rifletti prima di parlare.

Alexander si guarda intorno sorpreso, come se Agha-Farrokh si stesse rivolgendo a qualcun altro.

Io e tua madre, come migliaia di altre persone, abbiamo combattuto per dieci anni, mettendo a rischio la nostra vita, racconta Agha-Farrokh. E quando il suo sguardo cade su Eskandar-Agha, dice: il nostro Eskandar-Agha e persone come lui hanno combattuto per tutta una vita. La Costituzione, il Parlamento, le lotte interne, due guerre mondiali, l'occupazione dei russi e degli *engelissi*, il colpo di Stato degli *amrikai*: tutto questo non vuol dire niente?

Senza rifletterci neanche un momento, Alexander ribatte: prima avete combattuto voi, ora tocca a noi.

NOI? Chi sarebbe questo NOI?, grida Rossane, con la voce incrinata.

I miei amici, i miei compagni e io, risponde Alexander orgoglioso e così scostante che Rossane-Khanum si spaventa.

È colpa mia, si lamenta Rossane tra le lacrime. Ho lasciato i miei figli a se stessi. Guarda Eskandar-Agha in cerca di sostegno. La supplico, agha, cerchi di riportare il ragazzo alla ragione, magari la ascolterà.

Madre, per favore, non ho bisogno che nessuno mi riporti alla ragione. So quello che faccio. E basta con le preoccupazioni, una volta per tutte. Non mi accadrà nulla di male. La maggior parte dei villaggi non è collegata da strade e perciò non c'è pericolo che l'esercito e la polizia arrivino fin laggiù. Abbiamo riflettuto bene su ogni cosa. Alexander è raggiante. Possiamo trattenerci laggiù per mesi e spiegare tutto ai contadini, senza che nessuno senta puzza di bruciato. E quando l'Islam e il comunismo saranno al potere, tutto andrà bene. Nessuno patirà più la fame, mogli e figlie non verranno più disonorate dall'*arbab* e dagli stranieri. Tutti vivranno in pace e nel benessere.

Andrai laggiù per mesi?, chiede Rossane. Ma cosa stai dicendo?

I miei compagni e io ci trasferiremo in un villaggio, risponde Alexander un po' meno risoluto.

Oh no, sibila Rossane. Non lo farai. Hai capito? Te lo proibisco. Salta su e dà un ceffone a suo figlio, già adulto.

Ma Alexander non vacilla e sorride a sua madre. Ti ricordi di quando ci hai portato a mangiare kebab e davanti al locale c'erano i carri armati?

Spaventata da come ha perso il controllo di se stessa, Rossane si tiene la mano davanti alla bocca e fissa il figlio tra le lacrime.

Hai tenuto testa ai carri armati del re. Hai combattuto, e quando ci hanno rilasciato dalla prigione, hai detto che avremmo dovuto combattere anche noi. Alexander parla tranquillamente. Per la libertà, suppongo, e per l'autodeterminazione, non è così?

Ragazzo, perdonami. Sai che non ho mai alzato le mani su di te o su tua sorella.

Ma ora l'hai fatto, risponde Alexander. Sorride, dando l'impressione di rallegrarsi della reazione sconsiderata di sua madre. Come se il ceffone fosse la prova visibile di qualcosa che era sospeso tra loro da molto tempo.

Ragazzo, stai spezzando il cuore a tua madre, dice Eskandar-Agha.

Devo ricordarvi che in questa casa non si è mai fatta molta attenzione ai cuori spezzati?, domanda Alexander. Poi guarda sua madre e aggiunge: o forse credi che a un figlio non importi niente di vedere sua madre vegetare per anni, invece che occuparsi di lui?

Incapace di rispondere al figlio, Rossane si limita a fissarlo, con le lacrime che le rigano il viso.

E sai qual è la cosa peggiore? Questa maledetta autocommiserazione. Smettila, su, inveisce Alexander. Poi va nella sua stanza, chiude la porta e le tende e ricompare sulla veranda solo dopo alcuni giorni, senza dire una parola.

Eskandar-Agha, Rossane, Nimtadj e persino Agha-Farrokh tentano di coinvolgerlo nei loro discorsi. Sono gentili con lui, cercano di scherzare, ma Alexander è come impietrito.

Lasciategli il suo tempo, consiglia Eskandar-Agha.

Ma Rossane-Khanum fa venire un medico. Il ragazzo è malato, lo sento.

Alexander non si oppone, tollera la visita. Tuttavia la mattina seguente Rossane-Khanum trova tutte le medicine, le scatole e le fialette, che il medico ha lasciato per suo figlio, messe in fila meticolosamente sul tavolo della veranda. Lui è sparito nella sua stanza.

Passano l'inverno e la primavera. Eskandar-Agha, Rossane, Nimtadj, Agha-Farrokh e Sahra imparano, ognuno a proprio modo, a fare i conti con Alexander e con la sua "brutta malattia", come la chiamano.

Eskandar-Agha si ripromette di comportarsi diversamente dal tempo in cui Rossane-Khanum e Agha-Farrokh vivevano lontani dal mondo. Non resterò di nuovo con le mani in mano, esclama, e inizia a tenere una sorta di diario per Alexander.

Scrive tutto quello che succede nel giardino e nella casa e quello che vede all'esterno.

A volte infila una fotografia sotto la porta di Alexander, oppure fa dei piccoli disegni. Il giardino d'estate, d'inverno, con la neve, con le rose, nello splendore della primavera; attacca un fiore, una piuma, una foglia autunnale rossa, gialla o arancione su un foglio e lo infila sotto la porta. Visto che non vieni a vedere il mondo, noi lo portiamo nella tua stanza, annota Eskandar-Agha.

Nimtadj e Sahra imitano Eskandar-Agha. Qualunque cosa stiano facendo, dovunque siano, scattano fotografie, registrano data e luogo e un breve appunto, oppure tracciano persino una piccola storia.

Sulla foto che fanno davanti a una moschea, scrivono: ottobre 1965. In questa moschea nel sud della città, la gente prega per un religioso di nome Khomeini. In passato lo scià lo ha espulso dal paese. Dicono che nel frattempo abbia trovato rifugio nel nemico in Iraq.

Scattano foto alle strade, alle grandi auto americane, ai semafori, alle donne con la gonna corta, a un nuovo parco, a una nuova rotatoria con una fontana nel mezzo. 1966, Teheran, scrivono, 2.700.000 abitanti, enormi auto americane, distributori di benzina ovunque.

Nimtadj e Sahra sono particolarmente orgogliose di una foto scattata di nascosto, in cui una donna e un uomo si baciano in una macchina. Sotto l'immagine scrivono: questo accade nonostante le effusioni pubbliche siano proibite dalla legge, anche nei cinema, nei ristoranti, nei bar e in tutti i luoghi pubblici.

Eskandar-Agha e Rossane-Khanum si preoccupano per la sicurezza delle figlie e proibiscono loro di uscire, il giorno in cui Mohammad-Resa-Pahlewi si incorona imperatore. Nimtadj e Sahra allora fotografano le immagini dal televisore e annotano: 28 ottobre 1967. Ora il re dei re è un imperatore. Farah-Diba è la prima imperatrice da mille anni a questa parte. In caso di imprevisti, sarà lei a guidare il paese fino a che il principe non avrà raggiunto la maggiore età.

Sotto la foto di Eskandar-Agha e del nuovo *aftabeh* di plastica, scrivono: persino la cultura del bagno si è modernizzata, nel nostro paese. Con grande dispiacere di Eskandar-Agha, i bricchi di ghisa non si trovano più. Ma anche tanti altri oggetti per la casa: molte scodelle, ciotole, piatti, persino scarpe e ceste sono ormai di questo nuovo materiale chiamato plastica. Sembra che gli si possa dare qualsiasi forma.

Quando Eskandar-Agha, Rossane, Nimtadj, Agha-Farrokh e Sahra fanno una gita sui monti a nord di Teheran, le ragazze scrivono sotto la foto della sala da tè in cui soggiornano: è una gita magnifica. Vedi il posto vuoto nel *sofreh*? L'abbiamo lasciato libero per te. Una lunghissima carovana di nomadi, con cammelli, asini, pecore e capre ci sta passando accanto. Sembra che le campanelle e i portafortuna tintinnanti stiano cantando una canzone. Come vedi, abbiamo immortalato per te il capo della carovana: ha sorriso gentilmente e ti manda i suoi saluti. Quando però abbiamo tentato di fotografare sua moglie, che si lavava e lavava i figli nel ruscello, il capo ha tirato fuori il pugnale. Abbiamo ringraziato cortesemente e ci siamo congedati in fretta.

Negli anni passati Alexander ha aperto raramente la porta della sua stanza. Al massimo per portare dentro cibo, libri, vestiti, batterie per la radio e tutto ciò che la sua famiglia gli ha lasciato accanto alla porta. È diventato uno spirito invisibile nella casa di sua madre; reagisce solo raramente, fino al giorno in cui Nimtadj e Sahra gli mettono sotto la porta le fotografie dei nomadi.

La mattina seguente sul tavolo della veranda c'è un foglietto, su cui Alexander ha scritto: grazie per le foto dei nomadi. Non ho potuto fare a meno di piangere vedendo i loro volti. È un popolo orgoglioso e libero. Vorrei poter vivere anch'io come loro. Disprezzo il nostro re perché vuole rendere sedentaria questa gente meravigliosa e distruggere la loro vita.

Per uno che non ha detto niente negli ultimi sette anni, è

un gran numero di parole, commenta Sahra raggiante, continuando a leggere la lettera di Alexander. P.S.: Cara sorella, le tue foto sono molto belle. Comprati una buona cinepresa, potresti girare bei film. E tu, cara Sahra, sei una narratrice meravigliosa. Eskandar-Agha è sicuramente orgoglioso di essere tuo padre.

Lo sono, gli scrive in risposta Eskandar-Agha. E la stimata Rossane-Khanum è orgogliosa di essere tua madre e ti ama con tutto il cuore.

Settant'anni, il primo viaggio in aereo e finalmente un eroe (almeno in un film)

Innumerevoli medici hanno prescritto a Alexander una montagna di pillole, polverine e farmaci. Lui ne ha presi solo alcuni. Ha ventotto anni, quando la sua malattia ha finalmente un nome: psicosi maniaco-depressiva.

Il disagio è ormai parte di lui. Tutti hanno imparato a relazionarsi con esso e a lasciarlo in pace. A volte Alexander si sente bene e si siede persino con la sua famiglia, anche se per la maggior parte del tempo tace, non guarda nulla e non vuole che gli parlino.

Tranne Sahra. Quando la malattia lo vince e lo spinge nella tristezza profonda, lei è l'unica di cui sopporti la compagnia. Mi capisce, senza che io mi sforzi di dire nulla, scrive.

Tu sei i miei occhi, le mie orecchie, e attraverso di te posso parlare alle persone, le dice.

In estate Sahra e Alexander siedono per ore sulla veranda o da qualche parte in giardino, e in inverno siedono sotto il *korsi*, senza parlare realmente. Nonostante questo, Sahra sa come stia Alexander, cosa pensi, come si senta e cosa direbbe se parlasse. Rossane-Khanum allora è impaziente di ascoltare i racconti di Sahra. Le pone migliaia di domande e vuole sentire la risposta due o tre volte.

Un giorno Sahra afferma: Alexander vorrebbe che Nimtadj e io, insieme a mio padre, andassimo sul luogo del ritrovamento del primo giacimento petrolifero e che riprendessimo mio padre, la raffineria e tutto il resto con la super8.

Khanum, ho settant'anni, protesta Eskandar-Agha, quando Rossane-Khanum inizia i preparativi per il viaggio. È un buon segno, lo implora Rossane-Khanum. Dobbiamo fare quello che chiede. Potrebbe essere il primo passo per farlo tornare alla vita.

Khanum, il viaggio mi ucciderà, ribatte Eskandar-Agha.

Allora vada a Abadan in aereo, dice Rossane-Khanum.

Eskandar-Agha è interdetto. In aereo? Davvero?

Sì.

Be', allora è diverso, ammette. Quel pomeriggio stesso va al bazar a comprarsi una piccola valigia *farangi* per mettere le sue cose, un paio di occhiali da sole moderni e un bel cappello *farangi* di paglia, per proteggersi la testa dal sole cocente del sud.

Ormai Eskandar-Agha non si orienta più a Abadan e nella zona della raffineria. Anche Masdjed Soleiman è talmente cambiata che si fa fatica a riconoscerla. Del villaggio senza nome è rimasto così poco che le ragazze stentano a immaginare che sia mai esistito.

Dopo essere arrivati sul luogo in cui Eskandar-Agha crede si trovino le tombe di sua madre e di suo padre, fanno un picnic con anguria fresca e formaggio di pecora salato. Poi Eskandar-Agha si fa persino convincere a scalare un pezzetto della montagna proibita, mentre Nimtadj lo riprende con la cinepresa.

Appena tornati a Teheran, Rossane-Khanum non gli lascia neanche il tempo di disfare i bagagli. Dovete mettervi al lavoro, ora che le impressioni e i ricordi del viaggio sono ancora freschi, insiste, si siede con loro e si mette a osservarli. Perché tutto vada per il verso giusto, spiega lei, e permette solo brevi pause per mangiare e andare al bagno.

Eskandar-Agha annota in ogni minimo dettaglio lo svolgimento del viaggio, descrive quello che ha visto, fatto e sentito, e Nimtadj e Sahra siedono giorno e notte per il montaggio del film, tagliando e incollando le pellicole.

Intitolano il loro film: *Eskandar-Agha e il petrolio. Amrika, il più grande importatore di petrolio al mondo – Iran, il più grande esportatore.*

È davvero bello, sussurra Alexander vedendo il film. Sorride addirittura. A Rossane-Khanum vengono subito le lacrime agli occhi, avrebbe voglia di saltare su e coprire di baci suo figlio.

Prima di scomparire di nuovo nella sua stanza, Alexander fa a Sahra un cenno quasi impercettibile. Le sussurra qualcosa all'orecchio e sorride persino una seconda volta nella stessa sera.

Dovremmo mostrare il film all'università, afferma Sahra raggiante, quando racconta agli altri quello che le ha sussurrato Alexander.

Se continua così, presto dovremo conferirgli lo status di profeta, mormora Eskandar-Agha tra sé, tornando alla casa del giardiniere con la lanterna in mano.

Due settimane dopo che il film è stato proiettato all'università, una limousine arriva all'ingresso della casa di Rossane-Khanum. Un ufficiale con un'uniforme impeccabile bussa alla porta e chiede di parlare con le registe Nimtadj e Sahra.

La definizione di registe le diverte. Rossane e Eskandar-Agha, al contrario, hanno così tanta paura che si limitano a guardare l'ufficiale senza dire niente.

Sua Maestà, l'imperatrice Farah Diba, si è fatta portare il film. L'ha visto e ora desidera ricevere le due signore a palazzo, annuncia solennemente l'uomo in divisa.

Appena l'uomo riparte, Rossane alza gli occhi al cielo e cade svenuta tra le braccia di Agha-Farrokh, che riesce a sostenerla solo perché c'è Eskandar-Agha ad aiutarlo. Dopo essere tornata in sé, la prima cosa che dice è: svelti, dobbiamo fare i bagagli e lasciare il paese al più presto. Di certo nel film c'è qualcosa che ha scandalizzato la SAVAK e ora vogliono arrestarvi. E sapete bene cosa fanno alle ragazze nelle prigioni.

Mentre Eskandar-Agha spera che sua figlia Sahra, e magari anche lui, vengano coinvolti nel piano di fuga, Nimtadj e Sahra ridono delle paure dei loro genitori.

Forse ai vostri tempi era così: i servizi segreti mandavano un ufficiale della guardia del corpo reale in limousine, che vi invitava cortesemente a una visita a palazzo. In ogni caso, oggi le cose sono cambiate. Se i servizi segreti volessero mettere le mani su qualcuno, non glielo chiederebbero, se lo porterebbero via o per semplificare lo ucciderebbero all'istante.

Oltre a Nimtadj e Sahra, una manciata di altre studentesse siede nella sala delle udienze dell'imperatrice.

Com'è bella, sussurra Sahra un po' troppo forte.

Grazie, mia cara, risponde l'imperatrice rivolgendole un sorriso sincero.

Cameriere e camerieri in giacca e guanti bianchi portano tè e biscotti, limonata e anguria. Come ha insegnato loro il maestro di cerimonie, gli studenti prendono qualcosa dal piatto ma non lo mangiano. Del resto non si mangia in presenza di un'imperatrice, ha ammonito severamente il cerimoniere. E le studentesse hanno il permesso di parlare solo se interrogate. Le risposte delle giovani signore dovranno essere discrete e concise.

Vi ho pregato di venire qui, esordisce Farah Diba, perché vorrei sapere da voi giovani artiste, come io, imperatrice e madre della nazione, possa sostenere al meglio le arti e gli artisti del paese.

Mentre Nimtadj e Sahra riflettono ancora sulla risposta da dare, le altre studentesse parlano come se avessero preparato la risposta in precedenza.

Ci serve un sostegno economico, suggerisce una, stanze, magari un istituto, in cui possiamo lavorare, aggiunge la seconda. Più libertà per esprimere quello che ci ispira e quello che abbiamo nel cuore, spiega la terza.

Tutte trattengono il respiro. Il maestro di cerimonie dondola il suo corpo pesante avanti e indietro, facendo scricchiolare la suola delle scarpe. Le ragazze lo guardano e lui ricambia con uno sguardo di rimprovero.

Nimtadj impallidisce e già vede se stessa e le altre in manette, portate alla famigerata camera delle torture imperiale, torturate e violentate.

Ma l'imperatrice sorride tranquilla, annuisce comprensiva e alza la mano per calmare il maestro di cerimonie. Poi dice, con la sua caratteristica voce roca: temo che per l'ultima questione io abbia le mani legate. Si volta verso Nimtadj e Sahra e chiede: e voi, signore? Cosa vi sta a cuore?

Mentre Nimtadj deve fare ricorso a tutta la sua energia per non cadere dalla sedia, la più giovane Sahra parla risoluta e a testa alta. Vostra Altezza, non ho nemmeno vent'anni e, come ha notato nel nostro film, mio padre è un uomo anziano, che quando è nato era un servo della gleba. Ha visto con i suoi occhi il primo pozzo petrolifero di questo paese, c'era quando i padri della patria combattevano per la Costituzione e il *Madjless*, si è guadagnato il pane come fotografo, negoziante, impiegato, giardiniere, e per tutta la vita è stato un narratore. E così io che sono sua figlia ho potuto imparare molto da lui. Tra le altre cose, ho appreso che la stimata imperatrice del mio paese è una donna intelligente, che ha studiato all'estero, e che sa meglio di tutti come poter sostenere l'arte nella nostra amata patria e quali problemi e difficoltà ci impediscano di lavorare.

Nimtadj, le altre ragazze, persino il maestro di cerimonie e l'imperatrice stessa trattengono il respiro, mentre Sahra parla. Quando con un sorriso gentile termina il suo breve intervento, regna un silenzio di tomba, finché l'imperatrice si muove e beve un sorso di limonata. Si schiarisce la voce più volte, ma nonostante ciò la sua voce resta roca e dice: ragazza, tuo padre può essere fiero di te. Poi si alza, stringe la mano a tutte le giovani e lascia la sala delle udienze.

Dopo un giorno soltanto, il re Mohammad-Resa subisce un attentato, a cui sopravvive come a tutti i precedenti.

Senza annunciarsi, compaiono di nuovo degli stranieri a casa di Rossane-Khanum. Questa volta arrivano con più veicoli, in nove, e non c'è dubbio che appartengano alla temuta SAVAK. Si comportano proprio come Nimtadj e

Sahra avevano detto. Strattonano e spingono i domestici, perquisiscono la casa e portano via le ragazze. È solo per interrogarvi, rassicura il portavoce.

Eskandar-Agha non potrebbe essere più spaventato. Non può fare a meno di pensare al suo vecchio maestro Hodjat, che gli raccontava di come l'*arbab* si portasse via a cavallo le ragazze dei villaggi, mentre i loro padri si gettavano nella polvere davanti a lui.

Ora tocca a me gettarmi ai piedi di uno straniero per mia figlia, pensa Eskandar-Agha. Piange e si getta nella ghiaia, ai piedi del capobanda dei servizi segreti, ma riceve una pedata e un colpo sulla testa con il calcio di un fucile.

Rossane-Khanum cerca di corrompere l'uomo della SAVAK col denaro, ma l'unica cosa che ottiene è che uno degli uomini riveli il motivo del loro intervento: l'attentato allo scià. E aggiunge: stiamo verificando anche il minimo dubbio, perquisiamo le case in tutta la città e arrestiamo i possibili sospettati.

Dalla sua ultima visita alla madre affidataria, durante la quale Mahrokh-Khanum l'ha esclusa per sempre dalla sua vita, Rossane ha rinunciato a ogni tentativo di riallacciare i rapporti con lei. Ma se c'è qualcuno che potrebbe aiutarla in questa situazione, è proprio Mahrokh-Khanum. E così Rossane e Eskandar-Agha si mettono subito in cammino verso la sua casa.

Mahrokh-Khanum è ammalata e si trova all'estero da mesi, racconta un vecchio amministratore.

Dunque non rimane altro da fare che attraversare la città in lungo e in largo. Fanno il giro di tutte le stazioni di polizia e di tutti gli ospedali, si recano da giudici e avvocati per ottenere la liberazione di Nimtadj e Sahra. Solo dopo due giornate interminabili, in cui si sentono morire, scoprono che le figlie si trovano nel luogo più terribile di tutto il paese: la prigione di Evin. Si dice che chi vi entra non ne esca più, almeno non con le sue gambe.

Eskandar-Agha e Rossane-Khanum non credono ai loro occhi quando il terzo giorno le due ragazze tornano a casa e li rassicurano di star bene. Sono state picchiate, ma non torturate né violentate.

Ci hanno minacciate, abbiamo visto e sentito cose terribili, racconta Sahra triste, ma siamo state fortunate. Pare che l'imperatrice in persona si sia data da fare per noi.

L'uomo che ci ha interrogate ha detto che l'imperatrice ricordava il discorso appassionato di Sahra, aggiunge Nimtadj.

Sono diventata un'altra persona in questi giorni, afferma Sahra fissando stancamente davanti a sé. Devo raccontarlo a Alexander, dice. Si siede in terra davanti alla sua porta chiusa e inizia a raccontare. Parla così a lungo che alla fine la porta si apre e lui la lascia entrare.

Solo poche settimane più tardi Eskandar-Agha, Rossane-Khanum, Agha-Farrokh, Nimtadj, Sahra e persino Alexander siedono davanti al televisore e guardano, muti e tristi, i giovani che hanno commesso l'attentato al sovrano mentre vengono condannati in un inaudito processo-spettacolo.

Vi pentite della vostra azione?, chiede il giudice.

I giovani stanno in fila a capo chino. Alcuni hanno le lacrime agli occhi mentre sussurrano: mi pento.

Solo il capo, un ragazzo orgoglioso con un maglione a collo alto nero, alza la testa e parla forte e chiaro. Io non mi pento, esclama. Regna un silenzio di tomba, poi un mormorio attraversa la sala e infine l'immagine svanisce.

Finalmente quella sera, un po' alla volta, Nimtadj e Sahra raccontano ciò che hanno visto e sentito nei tre giorni della loro detenzione nell'ala femminile della prigione di Evin.

Dio mi è testimone. Non sono mai stata così interessata alla politica, dice Sahra, ma dopo essere stata a Evin, non mi resta altro da fare che impegnarmi contro lo scià e la sua dittatura sanguinaria. Lo devo alle donne e alle fanciulle di cui ho sentito le grida, mentre venivano strappati loro i capelli e le unghie, mentre la pelle veniva loro bruciata, mentre venivano picchiate a sangue nelle celle di isolamento, mentre le loro ossa venivano spezzate, mentre venivano brutalmente violentate, prima di essere giustiziate o massacrate.

Sahra inizia a leggere testi proibiti, si incontra con attivisti politici e distribuisce volantini, che mettono alla berlina le ingiustizie dello scià.

Quando nel 1971 – il 1350 secondo il calendario persiano – Mohammad-Resa prepara i festeggiamenti per i 2500 anni dalla fondazione del regno iraniano, Nimtadj e Sahra collaborano con il CISNU, l'organizzazione internazionale degli studenti che ha rappresentanti in molte nazioni. Vogliono convincere i capi di Stato stranieri a tenersi lontani dai festeggiamenti dell'imperatore di Persia e a dare così un segnale forte contro le brutali violazioni dei diritti umani in Iran.

Non abbiamo ottenuto niente, sussurra Sahra a Alexander attraverso la porta. Sono venuti tutti, dal presidente americano Nixon al cancelliere tedesco. Gli emiri arabi, la regina inglese e i capi di altri governi e case reali, continua Sahra.

Alexander apre la porta, le sorride e dice: andiamo, lo spettacolo sarà mostrato in televisione. Guardiamolo insieme.

Sahra guarda Alexander con gratitudine e insieme si uniscono al resto della famiglia, che è già davanti al televisore ad ascoltare incantata.

I festeggiamenti alle rovine di Takht-e Jamshid, o Persepoli, come i *farangi* chiamano l'antica sede dell'imperatore persiano nelle vicinanze di Shiraz, non potrebbero essere più sontuosi e magnifici, dice lo speaker.

E il popolo iraniano deve seguire il circo in televisione, commenta Agha-Farrokh tenendo il giornale davanti al viso in segno di protesta, ma nessuno gli dà ascolto.

Avete sentito anche voi?, chiede Rossane-Khanum. Tutti si voltano verso di lei e ascoltano interessati.

Corre voce, racconta ridendo divertita, che lo scià voglia abolire il calendario islamico e introdurre un nuovo calendario regio.

Dove l'ha sentito?, domanda Farrokh-Agha.

Rossane-Khanum risponde sorridendo: l'ultima volta che sono andata dal parrucchiere c'era una donna il cui marito lavora a palazzo. Ce l'ha raccontato lei.

Farrokh-Agha posa il giornale. Ma così il calcolo iraniano farà un salto di quasi docici secoli e ci ritroveremo nel 2500, replica irritato, perché deve ammettere ancora una volta che è stata Rossane a raccontare la novità più interessante.

I religiosi islamici gli rovineranno ancora la festa, dice Rossane-Khanum voltandosi di nuovo verso il televisore.

Anche se gli risulta difficile, Agha-Farrokh questa volta si trattiene e non le chiede se abbia avuto altre informazioni dalla donna nel salone del parrucchiere.

Un legame e una rottura

Ma lo scià si sta giocando anche il favore dei suoi amici stranieri, poiché, a soli due anni di distanza dalla loro visita, l'Iran e altri paesi dell'OPEC alzano i prezzi del petrolio così tanto da causare una crisi mondiale.

Nimtadj e Sahra mandano alle loro amiche del CISNU, due studentesse iraniane in Germania, foto che mostrano i loro stratagemmi per risparmiare sui costi e sul petrolio; altre immagini ritraggono autostrade completamente vuote.

Vedendo le foto, Eskandar-Agha commenta: il mondo non lo apprezzerà.

Ha ragione, concorda Alexander.

Tutti lo fissano, lui guarda davanti a sé e poi aggiunge: i potenti del mondo troveranno il modo di impiegare il prezioso oro nero come arma. Poi tace di nuovo.

Se si trattasse soltanto del re, potremmo farcela, interviene Sahra guardando solo Alexander. Ma visto che lo scià è sostenuto da nazioni ricche e potenti, senza armi non potremo mai vincere.

Armi?, esclama Eskandar-Agha quasi gridando. Ragazza, di che stai parlando? Sei diventata pazza? Anche se avessi un'arma e mettessi a rischio la tua vita sventatamente, cosa credi di poter fare contro i sessantamila *amrikai* dislocati in Iran? Sono soldati scelti, agenti e spie muniti delle armi più moderne.

Faremo una guerriglia...

Cosa? Una guerriglia? Ti illudi davvero che tu e i tuoi amici potreste torcere un capello agli *amrikai*?

E cosa dovrei fare secondo lei? Stare a guardare mentre il re e i suoi amici *amrikai* mi rubano la libertà e il futuro e li fanno a pezzi? Ho appena compiuto diciotto anni, ho tutta la vita davanti.

Eskandar-Agha prega e implora, finché la figlia gli promette di non esporsi al pericolo. Tuttavia, un paio di giorni più tardi, Sahra partecipa all'irruzione degli studenti in una caserma degli *amrikai*.

Eskandar-Agha le proibisce di allontanarsi da casa, le impedisce anche di andare a lezione all'università.

Padre e figlia litigano per giorni, per settimane, gridando, piangendo, tacendo, finché Eskandar-Agha scopre che Sahra non solo sta portando avanti l'attività politica alle sue spalle, ma a quanto pare ha anche una relazione con Alexander.

Così decide di chiederle spiegazioni.

Sahra confessa che lei e Alexander sono innamorati e vogliono sposarsi.

Allora Eskandar-Agha fa quello che fino ad allora aveva fatto soltanto una volta, quando sua figlia era una bambina, e che non avrebbe voluto ripetere mai più: le dà uno schiaffo.

La mattina seguente Sahra è scomparsa. Un messaggio è tutto quello che resta di lei a Eskandar-Agha.

Stimato padre, scrive Sahra, non stia in pena per me. Sono profondamente dispiaciuta di averla delusa, ma devo andare. Sono certa che, quando ci rifletterà a mente fredda, capirà. Come posso imparare a vivere se sono protetta da una campana di vetro e non ho nemmeno la possibilità di allontanarmi da casa? Come posso diventare una persona consapevole? Come posso comprendere i miei sentimenti, se non mi si concede di amare? Mi perdoni la domanda, stimato padre, ma qual è la differenza tra il suo modo di proteggermi e punirmi e il modo del re di trattare il popolo e gli oppositori? Sua figlia Sahra.

Povero me, cosa devo fare?, si lamenta Eskandar-Agha tra le lacrime. Per un paio di giorni Rossane-Khanum, Agha-Farrokh e Nimtadj cercano di consolarlo. Poi, per quanto non siano certi che sia il passo giusto da fare, decidono di chiedere l'aiuto di Alexander.

La sua stanza è vuota, dice Nimtadj. È pallida e le tremano le labbra. Ha a malapena il coraggio di leggere ad alta voce la lettera d'addio del fratello.

Stimata madre, per lei sono un estraneo, dunque non mi aspetto che capisca i motivi della mia fuga e per questo rinuncerò a troppe parole e spiegazioni. Gliene darò soltanto una: amo Sahra, e lei ama me. Le chiedo, in nome dell'amore, di non accusarci. Non rimproveri se stessa né Eskandar-Agha. Abbiamo riflettuto a lungo su questo passo, sappiamo quello che stiamo facendo. Suo figlio Alexander.

Per giorni Eskandar-Agha e Rossane-Khanum non si parlano. Ognuno dà la colpa all'altro e al rispettivo figlio. Eskandar-Agha pensa di andarsene dalla casa di Rossane-Khanum, lei pensa di buttarlo fuori.

Ma alla fine è proprio il comune dolore per la perdita subita a riconciliarli.

È solo dopo quattro lunghi e sofferti anni che i due hanno notizie dei due giovani.

Una mattina Eskandar-Agha legge i nomi di Sahra e Alexander sul giornale.

Corre alla casa principale più in fretta che può e già da lontano urla: khanum, Rossane, cara khanum, i ragazzi, i ragazzi!

Lei si precipita sulla veranda con i bigodini e in vestaglia.

I ragazzi?, grida Agha-Farrokh che ha seguito Rossane e si guarda intorno.

Sono diventati scrittori o poeti o artisti, qualcosa di simile, e hanno firmato una lettera aperta, grida Eskandar-Agha agitando il giornale. Si siede sui gradini senza fiato. Poi legge: i dirigenti del partito del Fronte Nazionale esortano pubblicamente lo scià a rispettare e osservare la prima Costituzione in vigore, quella del 1906. Io c'ero, aggiunge Eskandar-Agha.

È la stessa richiesta avanzata dallo stimato premier Mossadegh, a suo tempo, aggiunge Agha-Farrokh.

Allarmata dal chiasso, compare anche Nimtadj, che, sebbene abbia ormai più di trent'anni, non si è ancora sposata e vive a casa di sua madre. Che c'è? Cos'è successo?

Il giornale, i ragazzi sono in pericolo, una lettera aperta al re, grida Rossane sventolandosi e facendosi sostenere da Agha-Farrokh per non crollare.

Madre, prega Nimtadj, si calmi. Priva di sensi non aiuterà nessuno.

Khanum, le porto l'acqua di rose? Un bicchiere d'acqua fredda?, domanda Eskandar-Agha cortese, felice che Rossane rifiuti.

Mi faccia vedere, dice Nimtadj. Mentre legge l'articolo, le si illumina lo sguardo e sorride. Dunque ci sono riusciti. Congratulazioni, questo è coraggio, si lascia sfuggire Nimtadj. Ma per fortuna i tre più anziani sono troppo presi dalla loro agitazione per badare a lei.

Eskandar-Agha inforca la bicicletta e si precipita all'incrocio più vicino, per procurarsi altri tre giornali, in modo che ciascuno abbia la sua copia. Dalla sua Eskandar-Agha ritaglia meticolosamente l'articolo con una lametta, lo stira col suo vecchio ferro da stiro a carbone e lo incolla sul suo quaderno. Sotto l'articolo annota: miei amati ragazzi, sento la vostra mancanza con tutto il cuore, nonostante sia spezzato.

Quello stesso pomeriggio, con Rossane-Khanum e Agha-Farrokh chiama un taxi e si fanno portare alla redazione del giornale che ha pubblicato la lettera. Sperano che l'autore dell'articolo possa aiutarli a trovare Sahra e Alexander.

In un primo momento, però, nessuno sembra sapere chi abbia scritto l'articolo, poiché si sospetta che i tre siano agenti; poi qualcuno sussurra loro il nome dell'autore, che però non compare fino a sera. Il giorno seguente, Eskandar-Agha,

Rossane-Khanum e Agha-Farrokh ci riprovano. Siedono per ore nell'ingresso buio della redazione, finché finalmente qualcuno non rivela loro dove ha sede l'ufficio segreto del Fronte Nazionale.

Ci mettono un'ora per trovare un taxi. Il conducente li squadra con compassione, ma, anche dopo aver ascoltato la loro triste storia, si rifiuta di portarli dall'altra parte della città. È pericoloso, sostiene, andare in giro in quella zona al calar della notte. I generi di prima necessità scarseggiano, i prezzi salgono alle stelle e la gente non ha denaro. Hanno fame e non sanno cosa fare se non aggredirsi e derubarsi a vicenda.

Il conducente non accetta neppure quando Rossane-Khanum si offre di pagargli il doppio della corsa. Khanum, a cosa mi serve avere del denaro che mi verrà certo rubato? Ora la riporterò a casa.

L'uomo tuttavia promette di accompagnarli all'indirizzo desiderato la mattina seguente.

Il giorno dopo, già alle otto, mezz'ora prima dell'orario concordato, Eskandar-Agha, Rossane-Khanum e Agha-Farrokh stanno in piedi davanti al cancello ad aspettare il taxi.

Il traffico congestionato, i clacson e gli incidenti sfiorati sono una tortura. Rossane-Khanum continua a lanciare grida.

Non viene spesso in città, vero?, chiede l'autista sorridendo.

No, agha, la signora non esce spesso, risponde Eskandar-Agha che siede davanti, accanto a lui.

Quando infine hanno attraversato la città, scoprono che all'indirizzo che è stato dato loro non si trova nessun partito, ma un macellaio.

Non avrebbero potuto essere più chiari di così, sussurra Agha-Farrokh.

Non mi arrendo così facilmente, afferma Rossane-Khanum, dando al conducente un'altra banconota. Per favore, agha, voglio cercare questo maledetto partito finché non l'avrò trovato.

Cercano in tutte le strade del quartiere, ma non trovano la sede del Fronte Nazionale.

Khanum, cosa si aspettava? Agha-Farrokh cerca di calmare Rossane in lacrime. Del resto lo scià ha dichiarato fuori legge tutti i partiti da anni e ha autorizzato soltanto il suo, il Rastakhis.

Rossane piange tanto che neanche Eskandar-Agha riesce a trattenersi. Infine, persino Agha-Farrokh si lascia contagiare dalla tristezza dei suoi amici e piange anche lui.

Buon Dio, mormora l'autista del taxi, guarda quello che succede alla povera gente come noi. Quale delitto avranno mai commesso queste tre persone perché tu le punisca in questo modo?

Stimati fratelli, dice il conducente, se me lo permettete, è mezzogiorno e lì davanti c'è uno *tshelokababi*, vorrei andare a mangiare qualcosa. Se lo desiderate, potete unirvi a me, così riprenderemo a cercare i vostri figli riposati e rinvigoriti.

I quattro continuano la ricerca quel giorno e anche i seguenti. La mattina Agha-Saeed, l'autista del taxi, va a prenderli e perlustrano la città in lungo e in largo. A volte ricevono nuove segnalazioni su una possibile sede del Fronte Nazionale, a volte fanno il giro delle librerie, nella speranza che qualcuno abbia sentito parlare degli scrittori Sahra e Alexander. Si recano nelle sedi dei giornali per cercare di ottenere informazioni. Seguono ogni minima traccia che possa condurli dove si trovino studenti, scrittori, artisti e oppositori dello scià.

Almeno così vi tenete impegnati, incontrate gente, commenta Nimtadj una sera, mentre sono tutti riuniti attorno al *sofreh* e discutono i piani per il giorno successivo. Nimtadj guarda i tre anziani e ride allegramente, come non faceva più da molto tempo. Qualsiasi cosa è meglio che restare a casa con il morale a terra, sostiene. Il mio desiderio più grande è che ci perdoniamo a vicenda e che un giorno Sahra e Alexander tornino qui sani e salvi, felici e contenti, e che riprendiamo a vivere tutti insieme, in pace.

La mia povera Sahra aveva ragione, mormora Eskandar-

Agha. È da ipocriti biasimare la dittatura e l'oppressione dell'imperatore e allo stesso tempo alzare le mani sul sangue del proprio sangue, imprigionandolo e impedendogli di seguire il richiamo della ragione e del cuore.

Proprio quando il coraggio di cercare i ragazzi li sta abbandonando di nuovo, Eskandar-Agha, Rossane-Khanum, Agha-Farrokh e Nimtadj siedono davanti al televisore. Con loro grande stupore, il notiziario mostra immagini apparentemente non censurate dei disordini e delle proteste contro lo scià Mohammad-Resa-Pahlewi e la sua brutale dittatura. I carri armati rimbombano per le strade, i militari marciano contro la popolazione. Poliziotti e soldati picchiano i manifestanti, si sentono spari, e all'improvviso Rossane grida. Li ho visti! Erano Alexander e Sahra!

Domani chiederemo al nostro autista Saeed-Agha di portarci alla sede della televisione nazionale, annuncia Rossane-Khanum. Troveremo il reporter, lo interrogheremo e gli chiederemo di aiutarci.

Ma poi accade qualcosa di imprevisto. La mattina seguente, il cortese conducente Agha-Saeed, con cui non solo hanno trascorso i mesi passati, ma a cui si sono anche affezionati, non si presenta. Al suo posto c'è un altro autista, che dice: Agha-Saeed è malato e mi ha incaricato di sostituirlo. Dunque, dove desiderate andare?, chiede tenendo lo sportello aperto per i tre anziani signori.

Quest'uomo puzza di sudore ed è sporco, sussurra Rossane-Khanum schiacciata tra Eskandar-Agha e Agha-Farrokh.

Neanche a me piace, mormora Eskandar-Agha, quando si fermano a un chiosco e bevono succo di carote fresco, mentre l'autista fa una chiamata da una cabina telefonica.

Allora sono proprio l'unico a cui quell'uomo piaccia, dice Agha-Farrokh sorridendo contento. Vuota d'un fiato il suo bicchiere e ne ordina un secondo.

È un po' troppo curioso, aggiunge Eskandar-Agha. Fa troppe domande per i miei gusti.

Rossane-Khanum rimprovera Agha-Farrokh: e lei risponde dettagliatamente a ogni domanda. Non dobbiamo per forza raccontare a tutti che lei ha lavorato nell'ufficio dello stimato Mossadegh.

Non appena Nimtadj viene a sapere dei timori dei tre, proibisce loro di allontanarsi da casa e di parlare ancora con l'autista. E, come se i muri avessero orecchie collegate direttamente con i servizi segreti, sussurra: se il vostro sospetto risultasse fondato e quell'uomo fosse realmente della SAVAK, non mettereste in pericolo solo la vostra e la mia vita, ma anche quella di Sahra e Alexander.

Sempre che siano ancora vivi, replica Rossane scoppiando immediatamente in lacrime, e contagia anche gli altri con i suoi singhiozzi. Come spesso hanno fatto, i tre anziani siedono insieme a piangere.

Smettetela con questo *rozeh-khani*, li prega Nimtadj.

Ma Eskandar-Agha, Rossane-Khanum e Agha-Farrokh non riescono a calmarsi, tanto che alla fine anche a Nimtadj vengono gli occhi lucidi.

Sono ancora vivi. Non fate così. Sono vivi, rivela a quel punto Nimtadj.

All'improvviso tutti trattengono il respiro e fissano Nimtadj.

Nimtadj guarda i tre anziani, poi scoppia di nuovo in un pianto convulso e irrefrenabile. Solo dopo qualche minuto riesce a parlare di nuovo. Dice di essere dispiaciuta per aver custodito tanti segreti e bugie. Rivela agli anziani stupiti di essere stata in contatto con Sahra e Alexander fin dall'inizio, per tutti questi anni.

Cosa avrei dovuto fare?, chiede singhiozzando. Mi hanno costretta a non raccontarvi nulla, ne andava della vita di tutti coloro che amo.

Dio sia ringraziato, mormora Eskandar-Agha tra le lacrime. Me lo sentivo che stavano bene. Me lo sentivo.

Rossane-Khanum invece sta per dare un ceffone a Nimtadj, si trattiene appena in tempo e grida: come hai potuto farmi questo?

Mentre Nimtadj fissa il pavimento con aria colpevole e continua a piangere silenziosamente, Agha-Farrokh compie un gesto che non aveva mai fatto prima: abbraccia Nimtadj protettivo. Poi parla con voce ferma e tranquilla: Rossane-Khanum, questo non è giusto. Penso che la cara Nimtadj abbia trascurato i suoi stessi desideri e la sua vita per restare accanto a sua madre e non lasciarla sola col suo dolore. Solo per questo le dobbiamo tutti la nostra più profonda gratitudine. E per quanto riguarda Alexander, che scelta aveva sua figlia? Nimtadj doveva per forza pugnalare alle spalle lei o suo fratello. In ogni modo io sono contento che Nimtadj abbia mantenuto i contatti con Alexander.

E perché ci hai detto tutto ora?, domanda Rossane, ancora furiosa.

Per quello che Eskandar-Agha ha detto di recente, singhiozza Nimtadj. Perché ha ammesso che si pente del suo comportamento. Nimtadj scoppia di nuovo a piangere. Poi aggiunge: e perché voglio finalmente avere una vita mia, invece di continuare a tenere d'occhio mio fratello malato, sua moglie e la loro bambina, e prendermi cura di tre anziani.

Una bambina?, esclama Rossane-Khanum.

Sono nonno?, le fa eco Eskandar-Agha.

Sono nonna e non ne sapevo nulla? Che Dio mi aiuti, mormora Rossane-Khanum con la mano davanti alla bocca.

Ti prego, portami da mia figlia, cara Nimtadj. Abbi pietà di questo vecchio, supplica Eskandar-Agha.

Voglio andare da mio figlio, grida Rossane-Khanum aggrappandosi al braccio della figlia.

Avete resistito per tutti questi anni senza vederli, li frena Nimtadj. Ve ne prego, non rovinate tutto. Un paio di giorni in più non faranno differenza.

1977, una fredda notte di novembre

Sebbene in realtà Nimtadj non guidi volentieri, tantomeno quando è buio e tantomeno la vecchia e pesante limousine di sua madre, per ragioni di sicurezza insiste per non prendere un taxi.

Vi ricordate di quell'associazione di scrittori che Eskandar-Agha ha scoperto sul giornale un paio di mesi fa?, chiede Nimtadj mentre porta l'auto fuori dal cancello facendo manovra prudentemente. Tengono dei reading, che chiamano *Dah Shab*, Dieci notti, organizzati da un'associazione culturale *almani*. Alla fine di ogni reading scrittori, registi, intellettuali e studenti vanno in giro per la città a manifestare contro la censura.

E li incontreremo lì?, chiede Eskandar-Agha teso.

Li incontreremo lì, risponde Nimtadj.

Sebbene arrivino al Goethe Institut con più di un'ora di anticipo, la sala è già completamente piena. La gente si accalca persino lungo le pareti.

Mi dispiace ma non potete passare, dice una donna con accento tedesco sbarrando la strada a Nimtadj e ai tre anziani.

Rossane-Khanum impallidisce, è sul punto di gridare ed entrare a forza dentro la sala.

Madre, per favore, sussurra Nimtadj, accompagnando da parte sua madre e parlando con la tedesca che continua a sbarrare il passaggio. Quest'ultima ascolta Nimtadj con attenzione, annuisce, guarda Eskandar-Agha e Rossane-Khanum, dice qualcosa, annuisce, scuote la testa, sorride, scuote di nuovo la testa, finché alla fine fa cenno a un tedesco di avvicinarsi e cerca di convincerlo a sua volta.

Rossane-Khanum si sventola con la mano, si appoggia al suo Agha-Farrokh dando l'impressione di stare per svenire.

Madre, la prego, mormora Nimtadj. Se davvero vuole che ci lascino entrare, non deve assolutamente perdere i sensi, queste persone fanno sul serio. Ha capito?

Khanum, la prego, la cara Nimtadj ha ragione. Conosco i *farangi*, sussurra Eskandar-Agha. Non c'è da scherzare con loro.

Prego, dice infine l'*almani* con sguardo severo, lasciando entrare Nimtadj e i tre anziani.

Dove saranno?, chiede Eskandar-Agha dopo che si sono sistemati in ultima fila, nei posti lasciati liberi per loro.

Avresti dovuto chiedere dei posti in prima fila, sussurra Rossane-Khanum mentre si sporge per vedere il palcoscenico.

Nimtadj ignora l'osservazione e si asciuga il sudore con la mano.

Uomini e donne salgono sul palcoscenico e tengono discorsi, leggono, rispondono alle domande. Nella sala c'è un caldo soffocante. Le discussioni diventano sempre più accese, finché infine Sahra sale sul palcoscenico. Sta lì in piedi, sorride e si sistema gli occhiali.

Eskandar-Agha sussulta e si tiene il petto. Il mio cuore, mormora mentre le lacrime gli rigano il viso. Rossane-Khanum fa allora qualcosa che avrebbe fatto soltanto da bambina. Accarezza Eskandar sulla testa, lo prende sottobraccio, gli posa la testa sulla spalla e poi piange insieme a lui.

Per il mio prossimo testo vorrei chiamare sul palco il mio amato e stimato marito, dice Sahra sorridendo. Poi va su un lato del palcoscenico, tende la mano e torna di nuovo al centro insieme a Alexander.

Rossane-Khanum emette un piccolo grido, un paio di persone la guardano ma si girano subito dall'altra parte. Rossane trema. Con una mano si aggrappa al braccio di Eskandar-Agha, con l'altra a quello di Agha-Farrokh.

Dopo che Sahra e Alexander hanno letto il loro testo, una donna del pubblico prende la parola. Il governo non retribuisce più i mullah, dice. Dalle undicimila moschee del paese si levano slogan contro lo scià, studenti e intellettuali sono sempre in prima fila. Perché secondo voi tanto la CIA quanto la SAVAK ignorano così grandi agitazioni?, chiede la donna tornando a sedere.

Questa è una buona domanda, risponde Sahra con una sicurezza che Eskandar-Agha non riconosce. Sahra cerca tra gli astanti, poi dice: forse i rappresentanti di queste organizzazioni presenti tra il pubblico sarebbero così gentili da rispondere loro stessi a questa domanda. Il pubblico ride e la applaude.

Mia figlia, mormora Eskandar-Agha orgoglioso, raddrizzando la schiena. È diventata grande. Una vera donna.

Poiché per sette anni ha nutrito la speranza di rivederla, Eskandar-Agha ha pensato molto alle parole da dire a sua figlia, per scusarsi, perdonarla, inginocchiarsi davanti a lei, prenderla tra le braccia.

Ma quando alla fine della manifestazione si ritrovano uno davanti all'altra, nulla di tutto quello che aveva pensato sembra essere d'aiuto. Come se una parete invisibile li dividesse, da una parte stanno Eskandar-Agha e Rossane-Khanum, dall'altra Sahra e Alexander. Si guardano, nessuno si muove. Poi una bambina con le scarpe rosse e lucide si avvicina a Sahra, la guarda e seguendo il suo sguardo si accorge di Eskandar-Agha e le chiede: mamma, chi è quel signore?

Quello è il tuo stimato nonno, risponde Sahra mentre le vengono le lacrime agli occhi.

La bambina fissa ancora un po' Eskandar-Agha, poi gli dice: dunque sei tu il narratore.

Senza nemmeno rendersene conto, Eskandar-Agha cade in ginocchio, abbraccia sua nipote, piange e sorride e tra singhiozzi e risate le dice: sì, tesoro mio, sono io. E tu chi sei?

La bambina sorride, gli getta le braccia al collo e dice: mi chiamo Aftab.

Rossane-Khanum accarezza la piccola Aftab, poi si avvicina a Alexander, lo abbraccia e gli dice: perdonami, figlio mio. Perdonami, perdonami. Infine le gambe non le reggono più e crolla.

Quando si riprende e apre gli occhi sui sedili posteriori della limousine, vede Eskandar-Agha che siede davanti a lei. Stimato Eskandar-Agha, mormora, adesso anche il sangue ci unisce, attraverso i nostri figli e nostra nipote.

Naturalmente nessuno può dormire. Quella notte siedono tutti insieme come una vera famiglia. Nessun rimprovero, nessuna accusa, solo domande e risposte. Non abbiamo una casa, spiega Sahra sorridendo, e neanche una stanza nostra. Tutte le nostre cose si trovano in queste quattro o cinque borse. Guarda il suo Alexander e aggiunge: ma siamo felici. La nostra vita non potrebbe essere più ricca e gratificante. Abbiamo il nostro amore e la nostra amata figlia Aftab, abbiamo le nostre convinzioni e ci prendiamo la libertà di esprimerle.

Da noi c'è posto in abbondanza, dice Rossane-Khanum in tono prudente, sperando che Alexander e Sahra accettino l'offerta di vivere con loro.

E abbiamo anche libertà in abbondanza, si affretta ad aggiungere Eskandar-Agha, facendo ridere tutti.

Raccontami la storia della libertà, chiede la piccola Aftab raggiungendo il nonno sotto il *korsi*. E prima che Eskandar-Agha possa inventare una storia, Aftab dice: io so cos'è la libertà. È quando si va alle manifestazioni.

Se è così, risponde Eskandar-Agha sorridendo, io sono una delle persone più libere del paese, forse anche del mondo. Ho preso parte a talmente tante manifestazioni che basterebbero non solo per la mia libertà, ma anche per quella dei miei figli e dei loro figli, quindi anche per te.

Domani andrò a una manifestazione, afferma Aftab. Se vuoi, puoi venire anche tu.

Per un vecchio come me ormai è troppo freddo là fuori, e inoltre mi piacerebbe che tu restassi qui, invece di andare alla manifestazione, risponde lui. Sei appena arrivata e questa casa è calda e accogliente. Rimani con me, accenderemo la televisione e guarderemo tutte le manifestazioni comodamente seduti.

La piccola Aftab riflette con lo sguardo serio, poi guarda sua madre e chiede: posso?

Puoi, risponde Sahra. Aftab salta in piedi e accende subito il televisore.

Nelle settimane seguenti per Eskandar-Agha e sua nipote Aftab diventa un'abitudine sedere sotto il *korsi*, guardare la televisione e parlare tutto il giorno di quello che hanno visto.

Chi è quello?, chiede Aftab.

Quello è il presidente degli *amrikai*, si chiama Jimmy Carter. Lui e sua moglie sono ospiti nel nostro paese per festeggiare il nuovo anno *farangi* con il nostro re Mohammad-Resa, spiega Sahra.

Si potrebbe anche dire che è qui per salvare il salvabile e per togliere il cappio dal collo del re, interviene Alexander.

Carter sta dicendo al mondo: non c'è nessun altro capo di Stato a cui debba una tale gratitudine e a cui mi senta legato da una così profonda amicizia come lo scià. L'Iran è un'isola di tranquillità. Sahra traduce più velocemente dell'interprete in televisione.

Non sapevo che parlassi così bene l'*engelissi*, commenta Eskandar-Agha orgoglioso.

Ci sono molte cose che lei non sa di me, replica Sahra pentendosi subito della sua frecciata. Perciò aggiunge: ma ora avremo la possibilità di conoscerci meglio.

Voglio fare una scommessa, dice Alexander tirando fuori una banconota da due *toman*. Scommetto che entro due mesi Carter si allontanerà dal re e inizierà ad appoggiare Khomeini.

Non voglio sostenere il contrario, risponde Sahra. Del resto agli *amrikai* non importa chi sia alla guida del paese, quello che conta è che loro possano avere il controllo del petrolio.

Lo speaker del telegiornale sottolinea il ruolo e l'importanza dell'Iran. Decanta i giacimenti di metallo e quelli di uranio e la posizione strategica del Golfo Persico, poi aggiunge che il presidente americano si augura di poter impiegare l'Iran come base per l'accordo SALT II con l'Unione Sovietica.

Magari gli *amrikai* stanno pensando ad affari di tutt'altro genere, dice Nimtadj sogghignando. Ho appena scritto una storia. Il governo americano fa evacuare l'intera popolazione iraniana, tutti i trentacinque milioni di persone. Ci danno una nuova patria in qualche territorio della loro enorme America. In cambio, ricevono in regalo tutto quello che abbiamo qui: il petrolio, l'uranio, il metallo.

Come finisce la storia?, chiede la piccola Aftab con gli occhi che brillano.

Finisce che siamo finalmente liberi e viviamo in pace, risponde Nimtadj ridendo.

Pace, libertà, democrazia!, grida Aftab alzando le braccia.

Mia sorella, l'artista, esulta Alexander stringendo a sé Nimtadj.

Guardate un po', esclama Eskandar-Agha indicando il televisore. Quella è la moschea di Qom. Ci sono stato da bambino a pregare con i nazionalisti, quando abbiamo conquistato la città. L'abbiamo presa in un batter d'occhio, racconta Eskandar-Agha dando un buffetto amorevole sulle guance della nipote.

Nella città santa di Qom continuano le agitazioni, annuncia lo speaker del telegiornale. La sommossa ha causato morti e feriti.

Secondo il re il responsabile delle agitazioni è Khomeini, afferma Sahra. Come se fosse importante chi sarà a rovesciarlo. O sarà l'ayatollah a sobillare la gente o i *farangi* spodesteranno il re e instaureranno un nuovo regime.

Eskandar-Agha guarda sua figlia orgoglioso e conclude: hai assolutamente ragione, ragazza mia. In un modo o nell'altro, la monarchia ha i giorni contati.

Sono pronto a fare un'altra scommessa, torna alla carica Alexander, tirando di nuovo fuori dalla tasca la banconota da due *toman*. Scommetto che lo scià fuggirà all'estero anche stavolta. Ma sarà diverso dal 1953. Questa volta non se ne andrà a mani vuote: si porterà via una montagna di soldi e di ricchezze del paese.

Oltre duemila anni fa Alessandro Magno caricò i tesori dell'Iran su seimila cammelli e diecimila muli e se li portò via, racconta Eskandar-Agha. Ma lui era un nemico e ci aveva sottomessi. Di conseguenza il bottino di guerra era un suo diritto. Quale giustificazione può avere invece un sovrano che deruba il suo popolo?

Ben detto, approva Sahra sogghignando.

Ben detto, ripete Aftab con lo stesso tono e sogghignando come sua madre: denti stretti e bocca larga.

1978, un grande dolore

Eskandar-Agha è irriconoscibile. Se ne sta accasciato a piangere in un vestito molto più grande di lui. Solo quando si muove si capisce che dentro alla giacca c'è una persona.

Credeva di aver sofferto ogni tipo di dolore possibile, spiega Rossane-Khanum a una giovane donna che non conosce, come la maggior parte degli altri partecipanti al funerale. Ma nel pomeriggio in cui mia figlia Nimtadj e io ci siamo recate da lui per dargli la notizia dell'esecuzione di sua figlia, il suo strazio è stato così grande che ha rischiato di morire anche lui.

La mia amata cognata Sahra fa parte delle molte migliaia di persone vittime del regime di Mohammad-Resa-Pahlewi, afferma Nimtadj. È stata prima torturata nella prigione di Evin, poi violentata e uccisa. A Nimtadj trema la voce, mentre parla al funerale di Sahra.

Mia nuora era un fiore delicato, che non ha avuto il tempo di sbocciare completamente, dice Rossane-Khanum. Lascia una figlia piccola, che ora dovrà crescere senza l'amore di sua madre.

Siamo vestiti di nero per esprimere il nostro dolore, conclude il mullah. In tutto il paese innumerevoli genitori piangono i loro figli. In tutta la città la gente porta in strada lenzuola per farne fasciature per i feriti.

Alcuni dei partecipanti al funerale piangono, altri alzano il pugno e scandiscono slogan contro lo scià.

Eskandar-Agha siede in un angolo, guarda fisso davanti

a sé, piange e scuote la testa senza posa, come a dire: no, no, no.

Presto avrà ottant'anni. Alla sua età è difficile affrontare un colpo come questo, mormora Rossane-Khanum. A sessantanove anni neanche lei è più una ragazzina, ma ha molto da fare: si occupa di sua nipote Aftab e di suo figlio Alexander, che sembra più morto che vivo.

È un inverno straordinariamente freddo, gasolio e benzina scarseggiano. Persino in Iran, la terra del petrolio, le file davanti ai distributori sono lunghissime. Rossane-Khanum riesce a scaldare solo due stanze della sua grande dimora.

È tempo che stiamo vicini e viviamo finalmente insieme come una vera famiglia, dice facendo portare Eskandar-Agha e le sue cose nella casa principale.

Lui siede per terra tutto il giorno, sotto il *korsi* caldo, fissando la televisione anche quando è spenta.

1978, legge marziale e silenzio di tomba

In seguito all'esecuzione di Sahra, che per lei non era solo una cognata, ma un'amica, una compagna di lotta, una collega e una persona di famiglia, Nimtadj acquista coraggio e determinazione. Sente in sé più forza e più rabbia. Contro la volontà di sua madre, di Eskandar-Agha e Agha-Farrokh, da mattina a sera gira per le strade con la cinepresa, riprendendo e parlando con persone furiose, oppositori dello scià, studenti e operai, madri che piangono la morte dei figli, padri e fratelli che hanno perso i loro cari.

Perché lo fai?, le chiede sua nipote Aftab.

Perché non dimentichiamo niente di quello che sta succedendo, risponde Nimtadj accarezzandole la testa.

Al cimitero, nel sud della città, Nimtadj riprende una donna rannicchiata sulla tomba del figlio giustiziato. La madre fissa a lungo l'obiettivo nero, come se fosse uno specchio, poi dice: la morte è diventata parte della nostra vita. Noi iraniani ci siamo abituati alla sua presenza. Abbiamo bisogno della morte. Solo quando la morte è vicina ci sentiamo vivi e vicini gli uni agli altri.

Senza dire niente a sua madre e a Eskandar-Agha, in agosto Nimtadj prende un volo per Abadan, dove un cinema è stato dato alle fiamme.

Cos'è successo?, chiede a una donna che siede di fronte all'edificio bruciato con lo sguardo fisso davanti a sé.

Mia figlia è bruciata viva là dentro, risponde la donna.

Sembra che stia piangendo, ma non ha lacrime. Continuo a vedere le fiamme che avvolgono il corpo di mia figlia. Vedo la mia bambina che si contorce, la sento gridare, sento che mi chiama, dice la donna iniziando a gridare lei stessa e graffiandosi il viso fino a farlo sanguinare, per sentire meno il dolore del cuore.

Sono arse vive 477 persone, scandisce un'altra donna.

Hanno chiuso le porte del cinema da fuori, racconta un uomo.

Stavano proiettando *Gawashna*, un film contro lo scià. La storia di un uomo che lotta contro la dittatura.

Hanno appiccato il fuoco e le persone sono bruciate vive.

Hanno ucciso mio marito, interviene un'altra donna. Fino a oggi sono rimasta a casa a cucinare e a occuparmi dei miei figli. Ora uscirò, troverò gli assassini di mio marito e vendicherò la sua morte, afferma senza alcun odio.

All'inizio tutti suppongono che sia opera del re, poi si scopre che i responsabili sono fanatici religiosi, che volevano incolpare lo scià per screditarlo.

Nei giorni seguenti in tutto il paese i cinema bruciano. Per un mese intero ardono le fiamme. Per la seconda volta nella sua storia, l'Iran vive un venerdì nero. Le strade sono di nuovo intrise del sangue del popolo.

Nimtadj intitola il suo film *19 agosto 477*.

Da tempo non è più questione di salari e di spartizione dei proventi del petrolio, non è più questione di negoziati equi, di libertà di parola, sostiene Nimtadj commentando le immagini che ha girato nelle strade insanguinate della capitale. Ormai centinaia di migliaia di persone scendono in strada gridando tutt'altro.

Marg bar Shah, urlano all'unisono.

Vogliono soltanto la morte del dittatore sanguinario.

L'imperatore libera migliaia di prigionieri politici. Ma gli slogan scanditi nelle strade restano gli stessi.

Marg bar Shah – Iran qharqhe mossalsall-ha!

Morte allo scià – l'Iran sprofonda nel rombo delle mitragliatrici!

Iran qharqhe mossalsall-ha, canta Aftab come se fosse una filastrocca per bambini.

L'Iran sprofonda nel rombo delle mitragliatrici.

Alla fine di ottobre del 1978, pochi mesi dopo l'esecuzione di Sahra, la televisione mostra le immagini di manifestanti furiosi, che lanciano molotov contro i carri armati e i veicoli dell'esercito. I militari si difendono con il getto degli idranti e durante lo sciopero aprono il fuoco sugli operai delle industrie petrolifere che si riversano a migliaia per le strade di Abadan, alzando i pugni e gridando slogan.

Marg bar Shah.

Morte allo scià.

Ora l'assassino di mia figlia riceverà il colpo di grazia, dice Eskandar-Agha.

Guardate, grida Aftab mettendo sul tavolo una videocassetta. Qualcuno l'ha appena gettata oltre il muro.

Dammela, dice Nimtadj. Me lo aspettavo da tempo. Queste sono videocassette che i sostenitori dell'ayatollah lanciano nei giardini e nelle case della gente. Dal suo esilio a Parigi l'ayatollah Khomeini incita la gente con queste parole: fate scorrere fiumi di sangue.

Quanto altro sangue dovremo versare ancora?, chiede Eskandar-Agha piangendo, ma pentendosene subito, perché nella stanza c'è anche Aftab.

Lo scià ha ucciso mia madre, dice la piccola. Le ha tagliato le mani con la scure, perché smettesse di scrivere.

Che Dio mi fulmini, mormora Eskandar-Agha, così imparerò a tenere la bocca chiusa. La povera bambina ha solo sei anni.

Vieni qui, mio piccolo raggio di sole, la esorta Rossane-Khanum. Accendiamo la televisione, tra poco ci sono i programmi per bambini. Siediti vicino a tuo nonno e scaccia i brutti pensieri dalla sua e dalla tua testa.

Ma invece dei programmi per bambini la televisione

mostra immagini di donne furiose, che non portano più o non hanno mai portato il velo, ma che ora vedono in quel pezzo di stoffa il simbolo della loro resistenza.

Allah, Allah, Mohammad, Rahbare ma khosh amad!, gridano.

Dio, Dio, Maometto, nostra guida, che Tu sia il benvenuto!

Rahbare ma khosh amad, ripete la piccola Aftab alzando il pugno come quelle donne.

L'ayatollah Khomeini ha confermato che non rivendicherà diritti sul governo dell'Iran, annuncia lo speaker del telegiornale. Vuole soltanto che la situazione del paese migliori.

La gente che filmano nelle strade crede nell'ayatollah, dice Nimtadj. Si fidano di lui e sono certi che si occuperà dei bisognosi e della popolazione rurale impoverita. E credono che porterà libertà politica e sociale e libertà di stampa. Ha convinto a passare dalla sua parte persino le sinistre.

Parla la lingua che tutti capiscono in Iran, considera Rossane-Khanum. Chi di noi sa cosa siano la democrazia, il progresso e la parità dei diritti? Invece capiamo i discorsi dei mullah. Persino i bambini conoscono la storia delle sofferenze dell'imam Hossein.

Io ne so qualcosa, dice Eskandar-Agha.

Che Dio la preservi da qualsiasi tipo di sofferenza, mormora Rossane-Khanum continuando a guardare lo schermo, dove i manifestanti bruciano immagini dello scià e della sua famiglia ed esibiscono foto di Khomeini e dei suoi sostenitori morti o dispersi.

Siamo nel gennaio dell'anno 1979 e fa freddo, racconta Nimtadj nel microfono della cinepresa. Sono qui in strada insieme a migliaia di miei connazionali. La gente danza e festeggia, perché il re dei re, l'autoproclamato imperatore dell'Iran, Mohammad-Resa-Pahlewi, sta lasciando l'Iran.

La sera, quando sono di nuovo tutti insieme sotto il *korsi* caldo, Nimtadj mostra le immagini a Eskandar-Agha. Accende la cinepresa e gli chiede di raccontare della prima fuga dell'imperatore, venticinque anni prima. Ma invece di parlare, Eskandar-Agha si limita a guardare nell'obiettivo e a scuotere la testa.

Agha-Bozorg, nonno, lo esorta la piccola Aftab. La telecamera aspetta, devi dire qualcosa, altrimenti il film sarà noioso.

Eskandar-Agha scuote di nuovo la testa e continua a guardare davanti a sé.

Aftab grida: parla!

Eskandar-Agha sussulta, ma rimane sempre in silenzio.

Non voglio che anche tu muoia, mormora Aftab piano. Scoppia in lacrime e si ferma soltanto quando Eskandar-Agha la guarda e smette di scuotere la testa. Accarezza Aftab, guarda la telecamera e dice: alla sua fuga, come l'ultima volta, seguiranno i suoi amici *farangi.* Stavolta non si tratta di *engelissi*, ma di *amrikai.* Sessantamila consulenti militari, agenti segreti e impiegati dell'ambasciata.

Eskandar-Agha guarda Nimtadj e dice: dovresti uscire in strada e intervistare e riprendere la gente, prima che qualcuno si riappropri del potere e del controllo del paese, faccia nuove leggi e impedisca alla gente di parlare e a te di filmarli.

Lo farò, promette Nimtadj asciugando le lacrime alla nipote. La consola: non devi aver paura, piccola mia. Il nostro Eskandar-Agha non ti lascerà. Non lo farà finché tu sarai qui, dice Nimtadj guardando con insistenza il vecchio Eskandar-Agha. Sei un grande aiuto per lui. E sei la migliore assistente che io abbia mai avuto, conclude dandole un buffetto sulla guancia.

Che cos'è un'assistente?, domanda Aftab.

Chiedilo a tuo nonno. Te lo racconterà, risponde Nimtadj. Poi prepara la cinepresa, si mette un velo ed esce.

Filma giovani uomini armati, che montano la guardia in tutte le strade e gli incroci principali, fermando i passanti e le auto a propria discrezione. Finché c'è luce, riprende case e muri su cui sono incollati giornali e slogan di partiti e gruppi politici, che sembrano essere nati come funghi da un giorno all'altro.

Né est né ovest, Repubblica Islamica. Nimtadj filma e contemporaneamente parla nel microfono della telecamera: Eskandar-Agha e mia madre hanno ragione. In Iran nessuno ne sa molto di politica e di partiti. Solo i religiosi sopravviveranno in questo caos. I loro slogan sono semplici: né est né ovest, Repubblica Islamica! *Na sharqi, na qarbi, jomhourie-he eslami!* E promettono elettricità e acqua gratuite per tutti. Questo può capirlo chiunque.

Due settimane dopo aver filmato il popolo esultante che festeggiava la partenza dello scià, Nimtadj è nella Meydane Shahyad, la grande piazza a poca distanza dall'aeroporto. La gente festeggia di nuovo. Questa volta accolgono con gioia il ritorno in patria dell'ayatollah Khomeini, che giunge in Iran dopo tredici anni di esilio. A differenza dello scià, che è andato all'aeroporto in elicottero, l'ayatollah Khomeini si fa portare in auto attraverso la folla.

Dopo che il suo seguito è passato, Nimtadj si affretta a uscire dalla calca, per correre nella prima sala da tè che incontra, dove riprende alternativamente la televisione accesa e i volti degli uomini.

Mentre la televisione mostra Khomeini che stringe le mani della folla, un uomo nella sala da tè dice: Khomeini è contrario a qualsiasi tipo di libertà in senso occidentale, contrario all'immorale libertà per le donne introdotta dallo scià, contrario alla musica occidentale e non religiosa, contrario alle discipline occidentali come la fisica e la chimica, contrario alla scienza moderna e a molte altre cose.

Lei cosa ne pensa?, domanda Nimtadj a un altro uomo che guarda la televisione in silenzio.

Non capisco niente di politica, è la risposta. So solo che siamo scesi in piazza a milioni e migliaia di noi hanno versato il loro sangue.

Cosa intende dire?, insiste Nimtadj.

Niente, solo quello che ho detto, risponde l'uomo guardando la telecamera di Nimtadj. Poi prende il cappello ed esce dalla sala da tè.

Gli slogan dei manifestanti rimbombano come tuoni nelle strade della capitale e di altre città del paese.

Na sharqi, na qarbi, jomhouriehe eslami.

Né est né ovest, Repubblica Islamica.

Marg bar Amrika. Marg bar Esrail. Marg bar Bakhtiar, nokare biekhtiar.

A morte l'America, a morte Israele, a morte Bakhtiar, l'ultimo premier nominato dallo scià, che non è altro che un lacchè degli americani.

Un paio di settimane più tardi, è già buio quando Nimtadj sta tornando a casa e un gruppo di uomini le si para davanti. Portano camicie imbrattate di sangue.

Venga con noi, dicono. Stiamo andando agli alloggi dell'ayatollah Khomeini. Eravamo soldati e ufficiali, abbiamo disertato e ci siamo schierati dalla parte del popolo. Ci siamo tolti le uniformi e abbiamo affrontato i carri armati del re e degli *amrikai* a petto nudo. Ora vogliamo anche noi la nostra parte.

Nimtadj esita, ma poi si unisce al gruppo.

Perché non tornate alle vostre caserme e ai vostri posti?, chiede Nimtadj. Tutti i militari e i loro capi hanno annunciato la loro neutralità.

Non vogliamo essere neutrali, risponde uno degli uomini. Andiamo dallo stimato ayatollah per offrirgli il nostro aiuto.

Khomeini ha occupato una scuola femminile, asserisce un uomo con una ferita fresca sul viso. La scuola è allo stesso tempo la sua casa e la sua centrale operativa. Il *Komiteye-Emam* è il primo di innumerevoli comitati, spiega.

Le guardie autoproclamate in molti casi sono solo ragazzi e male equipaggiati, fa notare Nimtadj.

Sono le nostre guardie della rivoluzione, replica l'uomo con la cicatrice, e i comitati sono le nuove centrali operative del paese.

È vero che ogni giorno sul tetto della scuola delle persone giudicate colpevoli dall'ayatollah vengono uccise?, chiede Nimtadj.

Chi è colpevole deve pagare, risponde l'uomo con la cicatrice parlando alla telecamera di Nimtadj.

La storia si ripete, afferma Eskandar-Agha quando vede le foto dell'esecuzione di due uomini scattate da Nimtadj.

Assaltano persino le case private, dice Nimtadj a bassa voce. Persone come lei e me vengono linciate e impiccate pubblicamente, vengono uccise nelle loro stesse case e fatte a pezzi a colpi di scure.

La storia si ripete, afferma ancora Eskandar-Agha.

Andremo all'estero, dichiara Rossane-Khanum. Abbiamo avuto abbastanza sventure nella nostra famiglia.

Madre, la smetta di sognare e di alimentare false speranze, la esorta Nimtadj sottovoce, perché Aftab non senta. Il governo si è sciolto, negli uffici, nei ministeri, nell'amministrazione e nelle banche non lavora più nessuno. La dogana e le poste sono chiuse. Persino al bazar la maggior parte dei negozi e dei chioschi sono sbarrati. L'aeroporto e tutti i confini sono impraticabili. Nessuno può espatriare. A meno che non voglia attraversare il confine a piedi in segreto, sulle montagne.

La sera siedono tutti davanti al televisore, quando compaiono le immagini dell'ayatollah Khomeini che proclama la Repubblica Islamica. Aftab alza il pugno e grida: *na sharqi, na qarbi, jomhouriehe eslami!* Eskandar-Agha le dà uno schiaffo.

Rossane-Khanum consola la nipote: è vecchio, non prendertela, non sa quello che fa. Non voleva. Ma ti dico una cosa: se osi anche solo pensare alla politica dovrai vedertela con me. Te lo prometto e io, a differenza di Eskandar-Agha, ho ancora forza nelle mani.

L'Iran è una repubblica islamica da sei mesi, quando una fredda notte di novembre Alexander scompare di nuovo. Rossane-Khanum, Agha-Farrokh e a maggior ragione Eskandar-Agha non sono preoccupati. Si sono abituati al fatto che scivoli fuori dalla sua stanza senza dire niente e vada a dormire in giardino, sulle montagne o da qualche altra parte. Di solito ricompare il giorno seguente e si chiude di nuovo nella sua stanza.

Io so dov'è mio padre, annuncia però Aftab. Ha detto che voleva vendicare la morte di mia madre ed è andato all'ambasciata degli *amrikai.*

Quando la sera guardano il telegiornale, Rossane-Khanum si innervosisce. Quattrocento studenti hanno occupato l'ambasciata statunitense e hanno preso sessantasei ostaggi, tra cui l'ambasciatore.

Khanum, non possiamo andare in giro con la sua vistosa limousine nera, dice Eskandar-Agha. Prendiamo una vettura.

Cos'è una vettura?, chiede Aftab.

Qualcosa che non c'è più da molto tempo, risponde Rossane-Khanum. E ormai la mia limousine è buona soltanto per far dormire i polli.

È un vero peccato, mugugna Eskandar-Agha. Mi piaceva viaggiare sulla sua limousine. E ora come faremo ad andare da Mahrokh-Khanum? È l'unica che possa aiutarci.

Chi è Mahrokh-Khanum?, chiede Aftab.

È qualcuno che non c'è più da molto tempo, sospira Rossane-Khanum.

Quando il telegiornale finisce e un mullah recita versetti del Corano, Eskandar-Agha brontola: il suo arabo è orribile, fa male alle orecchie, dice mormorando le sure con la dizione corretta.

Avete sentito?, chiede Nimtadj. I rapitori chiedono che gli *amrikai* consegnino lo scià. Hanno paura che, come ai tempi di Mossadegh, gli *amrikai* vogliano rafforzare il re e farlo tornare sul trono.

Io ho lavorato per Mossadegh, dice Eskandar-Agha.

Che assurdità, ribatte Nimtadj. In fondo sono stati proprio gli *amrikai* a cacciare lo scià e ad aprire le porte a Khomeini.

Sssh, fa Rossane-Khanum. Non parlare così in presenza della bambina. Si lascerà sfuggire queste cose davanti a qualcuno e ci metterà tutti in pericolo.

Non mi lascerò sfuggire niente, ribatte Aftab.

Per favore, alzi il volume del televisore, grida Agha-Farrokh, appena ricompare sullo schermo la faccia dello speaker.

Il governo americano ha congelato qualsiasi proprietà iraniana negli Stati Uniti, annuncia lo speaker.

Hanno congelato anche il mio conto?, si allarma Rossane-Khanum.

Ha un conto in *Amrika*?, chiede sorpreso Agha-Farrokh.

Il governo statunitense ha mandato sei elicotteri a liberare i suoi ostaggi, continua lo speaker. I velivoli tuttavia sono precipitati durante una tempesta di sabbia.

Li hanno fatti precipitare loro stessi, afferma Eskandar-Agha. Non vogliono affatto liberare la loro gente. Hanno bisogno di un nemico come l'Iran.

L'ambasciata è occupata da un paio di settimane, quando Alexander ricompare. Bacia sua figlia sulla fronte, dicendo *salam Sahra-djan*, pace a te, Sahra, e scompare di nuovo nella sua stanza.

Baba-djan, papà, io sono Aftab, replica la bambina.

Dio è buono, dice Rossane-Khanum. Mi ha ridato mio figlio. Come segno della sua gratitudine, regala una delle sue vecchie pellicce al primo mendicante che bussa alla sua porta.

Khanum, se ogni volta che il ragazzo scompare e ritorna dovesse regalare uno dei suoi bei cappotti, le garantisco che presto avrà l'armadio vuoto, commenta Agha-Farrokh. E ha ragione.

Quando dopo 444 giorni gli ostaggi vengono liberati, Alexander è sparito e ricomparso talmente tante volte che dei preziosi cappotti che Rossane-Khanum possedeva non è rimasta neanche l'ombra.

Portami carta e penna, chiede Eskandar-Agha alla nipote.

Vuole che scriva io per lei, Agha-Bozorg?, si offre Aftab.

Sai scrivere?

Ho i voti più alti nel dettato.

Quanti anni hai?

Più o meno due settimane in più dell'ultima volta che me lo ha chiesto, ma sempre nove.

Hai letto i miei quaderni.

Sì, l'ho fatto, ammette Aftab senza giri di parole. E ora detti pure.

Lascio in eredità tutti i miei quaderni e le fotografie alla mia cara e amata nipote Aftab, detta Eskandar-Agha.

Tutto qui?

Tutto qui.

Manca ancora qualcosa, dice Aftab leggendo piano, mentre scrive: "Perché il ricordo non vada perduto".

Perché il ricordo non vada perduto, ripete Eskandar-Agha dando un buffetto affettuoso alla nipote. Attacca il foglio sul tuo quaderno, altrimenti lo perderai.

E ora dammi la penna e il mio quaderno, chiede Eskandar-Agha. Poi annota: mentre il mondo è felice che la prigionia degli ostaggi nell'ambasciata sia finita, il popolo dei curdi si lamenta che le promesse di libertà che gli sono state fatte non siano state mantenute.

Eskandar-Agha continua a scrivere, finché dice: sono stanco, non posso più tenere la penna in mano. Voglio dettare qualcosa.

Detti pure, lo esorta Nimtadj sedendosi accanto a lui.

Per favore, scrivi questo: da quando i confini del paese sono di nuovo aperti, il vecchio Eskandar-Agha non si stanca di ripetere alla sua stimata Rossane-Khanum di fare come tutti gli altri che dispongono di un visto e di denaro a sufficienza. Hai scritto?, chiede Eskandar-Agha.

Sì, risponde Nimtadj. Non può trattenere una risata, perché sa come prosegue il testo. Agha, sa bene che mia madre vuole restare in Iran.

Ma qui non siete al sicuro, dice Eskandar-Agha. Pensate almeno alla bambina, esclama indicando sua nipote.

E lei che farà, se noi ce ne andiamo?, chiede Aftab.

Se mai ce ne andassimo, naturalmente lui verrebbe con noi, risponde Rossane-Khanum.

Un vecchio albero come me non può essere trapiantato, dice Eskandar-Agha.

Chi lo sa, risponde Rossane-Khanum. Secondo me questo vecchio albero vivrà più a lungo di tutti noi.

Io non andrò da nessuna parte, interviene Agha-Farrokh. L'Iran è il mio paese, io resto. Abbiamo tutto quello che ci serve per vivere. Un parco per passeggiare, una grande casa, la casa del giardiniere, persino due padiglioni. La maggior parte degli abitanti del nostro paese deve accontentarsi di molto meno.

Potremmo invitare qualcuno a vivere con noi, propone Aftab con lo sguardo serio.

Forse dovremmo farlo, concorda Nimtadj. L'ayatollah Khomeini in ogni modo ha mantenuto la sua promessa e ha fondato un'organizzazione, la Bonyad-e Mosta-zafin, che si occuperà dei poveri.

E dove ha trovato il denaro?, chiede Agha-Farrokh.

Nelle proprietà nazionali, risponde Nimtadj. La famiglia reale l'ha portato via al popolo ed è giusto che al popolo venga restituito.

Prego Dio che l'imam e la sua Bonyad riescano a mettere fine alla fame, alle sofferenze, all'arretratezza e alla povertà del nostro paese, dice Eskandar-Agha con lo sguardo rivolto al cielo.

L'imperatore e la sua famiglia erano molto più ricchi e potenti di quanto si potesse immaginare. Avevano centinaia di fabbriche, imprese commerciali, allevamenti, residence, grandi magazzini, uffici. Avevano messo le mani persino sulle maggiori agenzie di stampa e sugli ospedali.

Agha-Farrokh alza le spalle. E tutto questo ora appartiene al popolo?

Stanno costruendo strade, afferma Eskandar-Agha. Ma nessuno bada a lui. Sono furbi, aggiunge, anche se nessuno lo ascolta. Non costruire abbastanza strade per rendere più semplice l'accesso ai villaggi è stato uno degli errori più grandi dell'imperatore, prosegue Eskandar-Agha trovando finalmente ascolto.

Ha ragione, conferma Nimtadj. Coloro che hanno fatto propaganda religiosa, tra cui anche una certa persona che conosciamo...

...ti riferisci a mio padre?, chiede Aftab.

Nimtadj la ignora e continua: i religiosi si sono trattenuti nei villaggi e nelle località minori per mesi e visto che non c'è nemmeno un sentiero che porti ai villaggi hanno potuto conquistare consensi indisturbati. E la SAVAK non si è accorta di nulla.

So che parli di mio padre, dice Aftab. L'ho letto tra gli appunti di Eskandar-Agha. Mio padre è stato tra quelli che hanno fatto propaganda nei villaggi per lo stimato ayatollah.

Stanno costruendo strade, ripete Eskandar-Agha, per avere il controllo su ogni angolo del nostro enorme paese.

Un'altra narratrice

Passa l'inverno e Eskandar-Agha si sposta dal *korsi* caldo al fresco della veranda. L'inverno successivo torna nella stanza sotto il suo *korsi*.

Con il passare degli anni sua nipote Aftab somiglia sempre di più a Sahra.

Alexander non esce quasi mai dalla sua stanza.

I mendicanti bussano alla porta.

Amici, parenti e perfetti sconosciuti sono ospiti nella casa del giardiniere o in una delle molte stanze dell'edificio principale.

Eskandar-Agha siede davanti alla radio e alla televisione e ascolta sempre le notizie con attenzione. Perché le donne portano ancora il velo?, chiede. I tempi cambiano e noi dobbiamo cambiare con loro.

Aftab convince suo nonno a uscire con lei in giardino e si fa insegnare a potare le rose e gli alberi da frutto.

Un giorno, tornando a casa da scuola, Aftab annuncia: hanno abolito le lezioni di educazione fisica per le ragazze. Ora perderò tutta la mia agilità.

Ma no, replica Eskandar-Agha. Puoi fare i tuoi esercizi in giardino.

Va bene, ma solo se li farà anche lei, conclude Aftab.

Dobbiamo ringraziare l'imam, dice Nimtadj a sua nipote, mentre riprende Eskandar-Agha che fa ginnastica. Se riuscirai a farlo tutti i giorni, ti darò una mancia.

Ma che meraviglia, esclama Rossane-Khanum, il nostro Eskandar-Agha è ringiovanito. Voglio farlo anch'io, dice. Partecipa agli esercizi quotidiani in giardino e costringe Agha-Farrokh a fare lo stesso.

Che fai?, chiede Eskandar-Agha mentre Nimtadj sta montando un film.

Un film sui lavoratori delle industrie petrolifere che scioperano.

Scioperano?

Vogliono che l'ayatollah Khomeini tenga fede alla promessa di aumentare i salari e di farli partecipare ai proventi del petrolio.

Se vuoi, posso darti le foto degli operai del tempo di Mossadegh, propone Eskandar-Agha. O i miei appunti sulle industrie petrolifere dei tempi di Resa-Khan.

Che succederà adesso?, chiede Nimtadj.

Adesso?, Eskandar-Agha riflette prima di rispondere: adesso scorrerà di nuovo del sangue.

E ha ragione.

Il governo manda soldati, carri armati e aerei sia contro gli operai che contro i curdi.

Nimtadj fa sistemare un nuovo ospite nella casa del giardiniere. È un giornalista e ha fotocopiato e distribuito un articolo di Amnesty International.

Che cosa dice l'articolo?, chiede Eskandar-Agha.

Che ogni giorno vengono giustiziate cinquanta e a volte persino più di cento persone.

Su cosa sarà il tuo prossimo film?

Non lo so ancora, mente Nimtadj.

Non dire bugie.

Ho più di quarant'anni. Credo di poter fare quello che voglio.

E cosa sarebbe?

Accendete la televisione, grida Rossane-Khanum agitata. C'è la guerra. L'ho appena sentito alla radio. Saddam ci ha attaccato. Dicono che gli americani gli abbiano dato il loro sostegno e abbia attaccato il sud del paese.

Viola ogni convenzione internazionale e gli americani e i paesi europei lo sostengono, annuncia lo speaker del telegiornale.

Ora i *farangi* hanno potenziato anche l'esercito iracheno e hanno reso Saddam un dittatore sanguinario, commenta Nimtadj. Riuscirà a ottenere quello che loro non sono riusciti a fare: metterci in ginocchio.

So a cosa stai pensando, dice Eskandar-Agha. Lascia stare. Non farà bene a nessuno che tu ti metta in pericolo. Pensa a tua madre, a tua nipote, a tuo fratello.

L'ho sempre fatto, risponde Nimtadj. Segue però il consiglio di Eskandar-Agha: rinuncia ad andare al sud per filmare gli eventi.

Verso la fine della guerra, Saddam Hussein fa usare armi chimiche contro il villaggio di Halabdja, dove vivono in prevalenza curdi. È un massacro. In poche ore, il gas uccide più di cinquemila bambini, donne e uomini. A questo punto né Eskandar-Agha né nessun altro possono impedire a Nimtadj di mettersi in viaggio verso il villaggio curdo. Oltrepassa il confine in segreto, seguendo una strada pericolosa.

Donne con i bambini in braccio, che stringono al petto i figli per proteggerli, persone in fuga, sono semplicemente cadute e giacciono una accanto all'altra, come se qualcuno le avesse messe in fila ordinatamente. Sembra che da un momento all'altro possano alzarsi e riprendere a fare quello che stavano facendo prima di morire.

A Nimtadj le parole con cui accompagnare le immagini vengono di getto: fiori colorati che qualcuno ha reciso e lasciato cadere nelle strade e sui marciapiedi.

Intitola il suo film *La chiave per il Paradiso* e lo fa proiettare all'università e persino in un vero e proprio cinema. Il documentario inizia con un'esplosione. Saddam bombarda il sud del paese. Gli stabilimenti petroliferi sono distrutti. Mostra anche immagini dei quartieri bombardati a Teheran e in altre città. Poi si vedono alcuni ragazzi che portano appesa al collo una chiave di plastica. Salgono sul pianale dei camion, viaggiano a lungo, poggiano la testa uno sull'altro e si addormentano sfiniti. Infine arrivano nel sud del paese e vanno nei campi minati.

La chiave che hanno appesa al collo apre i cancelli del Paradiso, spiega un ufficiale.

Per otto lunghi anni vengono uccisi milioni di persone di entrambi gli schieramenti.

Da tempo la gente si è abituata a ogni genere di ristrettezza, alla mancanza di elettricità, all'amministrazione che non funziona, alla fame e ai continui bombardamenti quotidiani.

Ma poi passa anche questo, e un giorno Aftab va da Eskandar-Agha di corsa. Agha-Bozorg, nonno, la guerra è finita!, grida. Ora possiamo iniziare a ricostruire il nostro paese.

Eskandar-Agha alza la testa da quello che stava scrivendo, accarezza la nipote e annuisce.

Aftab ha vissuto la maggior parte della sua vita scolastica durante la guerra. Ora è finita anche la scuola.

Che bei voti, commenta il nonno orgoglioso. E ora che cosa vuoi fare?

Voglio raccontare storie, come lei e zia Nimtadj, risponde Aftab.

È diventato un mestiere vero e proprio, per cui si guadagna denaro?

Penso proprio di sì.

Questo significa che potrai studiarlo anche all'università?, chiede Eskandar-Agha.

Penso proprio di sì.

Allora che aspetti?, chiede suo nonno. Iscriviti e inizia a imparare quello che ancora ti manca. Se hai qualche dubbio, vieni a chiedere a me. In fondo sono stato il primo narratore della famiglia.

Aftab legge gli appunti di suo nonno, riordina le fotografie, fa nuove copie delle foto che ormai sono ingiallite dal tempo, apre le buste, fotocopia i disegni e i fogli, in vista della censura statale divide il materiale in riservato e non riservato, filma e fotografa i cartoni, le scatole e il loro contenuto.

Cinque anni più tardi Aftab intitola la sua tesi di laurea: *Perché il ricordo non vada perduto. Il valore delle annotazioni personali per lo sviluppo della società.*

Con il suo attestato dell'università di Teheran presenta domanda presso giornali e case editrici, emittenti radio e infine alla televisione statale. Ottiene un posto: si occuperà di reportage e documentari.

L'anno seguente Aftab prende un volo per il sud con sua zia Nimtadj e girano il loro primo documentario: *Sulle tracce di mia madre. L'acqua e i serpenti del sud.*

Ancora prima che si veda l'immagine iniziale, si sente il lieve gorgoglio dell'acqua, poi lo schermo si illumina e compare la prima immagine. Per chilometri e chilometri non si vede altro che acqua. Poi si capisce che si tratta di un'inondazione, perché dall'acqua emergono case, arbusti, campi in cui c'è ancora il grano, e alberi.

Saddam Hussein devia il corso del fiume che dall'Iran scorre in Iraq, afferma la gente guardando nella telecamera. Così qui le strade, i prati, i campi fertili che ci forniscono il sostentamento, le case e le capanne vengono inondate. Tutta la nostra vita è finita sott'acqua, commenta un uomo anziano, sistemandosi gli occhiali e guardando Aftab in silenzio. L'acqua brilla al sole, sembra persino bella, ricorda le risaie che ci sono al nord.

Nell'inquadratura successiva si vedono in lontananza alberi spogli in mezzo alla distesa scintillante, a cui stanno appese lunghe e strane ghirlande. Quando lo zoom si avvicina ai rami spogli, si vede che le ghirlande in realtà sono serpenti.

Si rifugiano sugli alberi per mettersi in salvo, spiega un pescatore che accompagna con la sua barca Aftab e il cameraman nei campi inondati. Stanno appesi tutto il giorno come collane di diverse grandezze e colori, finché muoiono sfiniti, cadendo in acqua o rimanendo appesi ai rami, esanimi, conclude il pescatore.

Quando suo padre Alexander vede il film, scrive a Aftab un messaggio e glielo infila sotto la porta: tua madre sarebbe orgogliosa di te. Anch'io sono orgoglioso che tu sia mia figlia, per quanto sappia che non è merito mio se sei così in gamba.

Eskandar-Agha diventa famoso

Ora il mio Agha-Bozorg ha cento anni, o forse anche di più, scrive Aftab. Mio nonno è molto invecchiato, ma vive ancora ed è lucidissimo. A volte ho l'impressione che ragioni meglio di me che sono tanto più giovane.

Gli anni, i disordini, la guerra, le rivoluzioni, le spese, la corruzione e la malattia del mio amato padre hanno prosciugato le sostanze di mia nonna Rossane, cosicché siamo stati costretti a vendere la casa e il parco.

Mia nonna Rossane e il suo Farrokh-Agha sono felici di non stare più in quel rudere pieno di correnti. La cosa più importante è poter vivere insieme.

Il mio povero padre Alexander è ammalato e la sua mente vacilla sempre più, non lascia quasi mai la sua stanza e la casa, perché non sopporta la vicinanza delle persone. Vuole essere lasciato in pace a leggere i suoi libri e soprattutto a esaminare e commentare i nostri appunti, i film e le fotografie.

Mia zia Nimtadj mi fa pena e non riesco a crederle quando dice di stare bene. Temo che abbia sacrificato tutta la sua vita per mia nonna Rossane e suo fratello Alexander, mio padre.

A mio nonno Eskandar-Agha va bene tutto. Purché io, sua nipote, e gli altri che fanno parte della sua famiglia restiamo nei paraggi e abbia una radio e un televisore, che gli raccontino storie dalla mattina alla sera, che poi può raccontarci a sua volta. Anche se noi eravamo lì e abbiamo visto e sentito tutto.

E io? Mi mancano il grande parco, i vecchi alberi, le rose, ma la nuova casa mi piace. Cambiare aria farà bene a tutti. Per me l'importante è poter essere vicina alla mia famiglia e continuare a svolgere il mio lavoro. Amo entrambi, e a dire il vero non c'è poi una grande differenza tra la mia vita e il mio lavoro. Ogni membro della famiglia ha così tante storie da raccontare che potrebbero bastarmi per anni.

Sto girando un film sul tema della schizofrenia e della depressione, in cui rappresento la vita del mio amato padre. Così sentirà di aver avuto anche lui una parte nella mia vita.

La nostra nuova casa è più a nord dell'altra. Qui ci sono pecore e mucche, galli e galline, e sentieri non asfaltati. Eskandar-Agha racconta che questo posto somiglia al suo villaggio senza nome. Anche il ruscello e il grande albero gli ricordano la sua infanzia. Mi ha mostrato dei disegni che ha fatto tanti anni fa. In qualche modo userò anche quelli.

Mi piace questo luogo idilliaco e a volte mi sento come se vivessi nel passato di Eskandar-Agha e di mia nonna Rossane.

Naturalmente la nostra casa non rimarrà l'unica costruzione moderna del villaggio. Presto abitazioni ancora più grandi e moderne soppianteranno il mio piccolo idillio e la capitale si espanderà sempre più verso le montagne. Devo affrettarmi a filmare tutto, prima che questo accada.

Mio nonno Eskandar-Agha dice che non devo essere triste, che i tempi cambiano e noi dobbiamo cambiare con loro.

Tranne mio padre Alexander, tutti passiamo la maggior parte della giornata qui nel grande salone che ha enormi finestre rivolte sul giardino. Mangiamo qui, sediamo insieme, discutiamo e guardiamo la televisione, e sembra che ognuno di noi stia sempre lavorando a qualche storia nuova.

Cosa stai scrivendo?, chiede Eskandar-Agha alla nipote con voce flebile.

Scrivo che ce ne stiamo sempre in questa stanza, invece di uscire e sgranchirci le gambe, risponde Aftab.

Sgranchirci le gambe?, ripete Eskandar-Agha. Ho le membra arrugginite e la mia schiena è curva come quella di Morad il Gobbo, ma appoggiato a un bastone posso sempre arrivare fino al grande albero del villaggio.

Che Dio la conservi sempre così in salute, risponde Aftab.

Anche tu non sei più una ragazzina, hai più di trent'anni, dice Eskandar-Agha. Perché non ti sposi?

Perché dovrei?, domanda Aftab risoluta. Neanche zia Nimtadj si è mai sposata e dice che è felice lo stesso. Inoltre non ho ancora trent'anni.

Oh, mormora Eskandar-Agha, davvero Nimtadj dice questo? La verità è che, prende fiato, come se dovesse mettere in ordine le parole prima di tirarle fuori. La verità è che Nimtadj non ha potuto sposarsi. Erano tempi difficili.

E lei crede che ora sia più facile?

Non lo so, ammette Eskandar-Agha. Quando si è al mondo da un secolo intero, è difficile dare giudizi sui tempi che corrono.

Un secolo è un periodo lungo, osserva Aftab. Non ci sono molte persone che raggiungano questa età. Agha-Bozorg, che ne direbbe se facessi un reportage su di lei per la televisione? Potremmo andare al sud e cominciare col suo villaggio senza nome. E finire con la sua vita di adesso in questo meraviglioso villaggio.

Vuoi forse ammazzarmi?

Stare seduti qui o su un aereo, che differenza fa?, chiede Aftab sorridendo, poiché sa bene di poter convincere il nonno con l'idea del volo. Ci riusciremo, afferma. Le piace il titolo?

100 anni: Eskandar-Agha e il petrolio persiano.

Bene, bene, approva Eskandar-Agha ridendo piano tra sé e sé. Non ho niente in contrario a godermi un altro viaggio in aereo. Poi ti racconterò tutto. Di mia madre, che avrebbe voluto fuggire, di mio padre che fumava oppio, e del cavaliere Hodjat, che mi ha dato il nome che porto. Ti racconterò di Mesterr Richard e del suo segreto, di Palang-Khan, la grande Tigre, che era il marito di Mahrokh-Khanum, tua nonna, o meglio la tua nonna adottiva.

Aftab guarda Eskandar-Agha e scrive sul suo quaderno: e quando mi racconterà della mia vera nonna, Khadije-Khanum, la madre della mia defunta madre Sahra?

Che c'è?, chiede Eskandar-Agha. Cosa stai scrivendo?

Sto scrivendo che mi racconterà di Palang-Khan, il capo della tribù dei Bakhtiari, mente Aftab giocando imbarazzata con il *farvahar* che porta al collo.

Accendi la televisione, la interrompe Eskandar-Agha. Voglio vedere il notiziario.

Aftab usa il telecomando senza farsi notare e ride fra sé.

Come hai fatto?, si incuriosisce Eskandar-Agha. Prima dovevamo alzarci e premere un pulsante, per accendere il televisore.

Agha-Bozorg, lo sa che posso fare magie, risponde Aftab.

Chi è quello?, domanda Eskandar-Agha.

George Bush, spiega Aftab. Il presidente degli *amrikai*.

Cosa sta dicendo?

Dice che l'Iran, la Corea del Nord e l'Iraq sono paesi malvagi.

Ma mi hai detto che i terroristi erano arabi e che vivevano in *Alman* e in Afghanistan.

Non lo dico io, è la verità.

E perché il presidente degli *amrikai* non lo sa?

Agha-Bozorg, non faccia l'ingenuo, replica Aftab ridendo. Non può ingannarmi così facilmente.

Perché quei conducenti dell'autobus scioperano?, chiede Eskandar-Agha guardando il servizio successivo.

Perché il governo aveva promesso loro condizioni di vita migliori, dice Aftab.

Quando partiamo?, vuole sapere Eskandar-Agha.

Appena avrò preparato tutto.

Ti ci vuole sempre un'eternità per preparare un film, obietta Eskandar-Agha. Non aspettiamo troppo. Prima partiamo, meglio è. Le mie ossa non sono più tanto giovani, questo è certo, dice ridendo.

Non si preoccupi, mi metterò subito al lavoro, assicura Aftab.

Bene, bene, risponde Eskandar-Agha.

Ma prima che Aftab abbia ottenuto i permessi necessari e abbia organizzato tutto, passano quasi sei mesi. Infine si ritrovano davanti alla raffineria di Abadan. La telecamera è posizionata e Aftab ha preparato una sedia pieghevole per Eskandar-Agha. Ma lui vuole stare in piedi per rispondere alle prime domande.

Starò in piedi in onore dei veri eroi della patria, spiega parlando alla telecamera. I veri eroi sono gli operai delle industrie petrolifere e i conducenti degli autobus, che scioperano per ottenere condizioni di vita migliori. Lottano per i loro diritti. Corrono il rischio di essere arrestati e di essere portati nella famigerata ala 209 della prigione di Evin.

Agha-Bozorg, la prego, sa che non posso trasmettere nulla del genere, protesta Aftab ridendo. A meno che non voglia che tutti noi veniamo arrestati e portati dove ha appena detto.

Vedo già la notizia al telegiornale: un vecchio di cento anni arrestato per ragioni politiche, esclama Eskandar-Agha.

Agha-Bozorg, lo ammonisce Aftab smettendo di ridere.

Allora conserva le registrazioni. Nelle mie scatole c'è ancora tantissimo posto. In questo modo il ricordo non andrà perduto. E chissà. Magari un giorno nel nostro paese ci sarà libertà e potrai trasmetterle senza correre rischi.

Dopo che il cameraman ha sostituito la videocassetta, Aftab comincia: lei è una delle persone più anziane del paese...

E del mondo, la interrompe Eskandar-Agha.

E ha visto succedersi tutti i governanti e le persone possibili. Secondo lei, cosa significa essere un vero iraniano?

Ma tu sei mia nipote, siamo stati insieme a Persepoli, risponde Eskandar-Agha. Il cameraman lancia a Aftab uno sguardo innervosito.

Agha-Bozorg, per favore, risponda soltanto alle domande, non è necessario che il pubblico sappia che siamo parenti.

Dunque ci sei stata?

Sì, ci sono stata.

Laggiù si può capire che tipo di gente siano gli iraniani. In nessuna scultura, in nessun rilievo, in nessuna scena che puoi vedere laggiù troverai violenza, armi, odio. Al contrario, troverai persone di tutti i paesi unite, con la mano sulla spalla dello straniero, in amicizia e in pace.

Agha-Bozorg, da allora sono passati più di 2500 anni.

Vuoi la mia opinione o preferisci tenerti la tua?, replica Eskandar-Agha sedendosi. Il cameraman deve abbassare il treppiedi e risistemare la telecamera.

Ma Eskandar-Agha non aspetta e continua a raccontare. Alessandro Magno, da cui ho preso il nome, ha distrutto Takht-e Jamshid, o Persepoli, come la chiamano i *farangi*. È solo uno dei tanti che hanno invaso la nostra patria. Gli iraniani sono in guerra da tempo immemorabile, hanno dovuto adattarsi alle battaglie, agli invasori, a nuovi sovrani e alle loro culture, ai loro usi. Come credi che reagisca un popolo a tutto questo?, chiede Eskandar-Agha.

Me lo spieghi lei, lo incalza Aftab paziente.

Le persone diventano prudenti, flessibili e malleabili. Gengis-Khan, i mongoli, Alessandro, i musulmani, i britannici, i russi, gli americani: hanno invaso tutti il nostro paese e siamo sempre riusciti a adattarci, per non essere distrutti, per non scomparire.

Ma Alessandro Magno ha preso in moglie la principessa persiana Rossane, obietta Aftab. E ha ordinato ai suoi uomini di fare lo stesso e loro hanno sposato donne persiane in una grande cerimonia comune. Non siamo stati noi a adattarci alla sua cultura, ma il contrario.

Perché lui ha riconosciuto il valore della nostra cultura, risponde Eskandar-Agha sorridendo.

È così, Agha-Bozorg. Ma come abbiamo detto, 2500 anni sono moltissimo tempo. Dunque, lasciamo stare.

Sapevi che un tempo il regno persiano, l'Iran, era il regno più grande del mondo?, chiede Eskandar-Agha orgoglioso. Siamo stati la prima potenza mondiale a praticare la libertà religiosa e culturale. E il nostro re Ciro ha scritto la prima carta dei diritti umani e ha governato in base ai suoi principi. Non scatenerò mai una guerra per poter regnare, diceva.

E oggi?, chiede Aftab sempre paziente. Oggi le minoranze vengono perseguitate, c'è solo un partito e un solo uomo può diventare presidente.

Sei sicura di poter mandare in onda questa domanda?, chiede Eskandar-Agha.

Il cameraman interrompe le riprese infastidito e cambia la videocassetta. Questa volta Eskandar-Agha lo aspetta.

Immagina cosa sarebbe successo se i *farangi* ci avessero lasciato in pace e avessimo potuto instaurare la nostra democrazia.

Cosa sarebbe successo?, domanda Aftab.

Altri paesi ci avrebbero imitato e ognuno avrebbe potuto decidere del suo petrolio, delle sue risorse minerarie e della sua sorte. Né *engelissi* né *amrikai* avrebbero guadagnato tanto sfruttando le ricchezze di un altro paese. No, bambina mia, nel mondo in cui viviamo non c'è posto per la libertà, dice Eskandar-Agha.

Dunque è il petrolio a ostacolare la libertà?

Ti ho già raccontato che ero lì quando è zampillato dalla terra per la prima volta?, chiede Eskandar-Agha. Poi prende fiato e ammette: ma non me lo ricordo più. Dobbiamo andare a leggere nei miei appunti, ho scritto tutto.

Agha-Bozorg, già durante il governo dello scià non ci si poteva fidare di nessuno, perché la SAVAK aveva occhi e orecchie ovunque e gettava gli oppositori del re nella prigione di Evin.

Eskandar-Agha batte in terra con il bastone e si ricorda di Morad il Gobbo, che faceva la stessa cosa. Ride.

Come fa una persona che ha più di cento anni a tenersi informata?

Invece di rispondere alla domanda, Eskandar-Agha sorride alla telecamera e dice: vieni qui, bambina mia, voglio darti un bacio, sei una nipote meravigliosa.

Lo faremo dopo, mormora Aftab imbarazzata. Chiede: come ha fatto a non perdere mai la speranza?

Aiutami, insiste Eskandar-Agha. Voglio alzarmi in piedi. Aftab deve avvicinarsi a lui, che le dà un bacio sulla fronte. Poi racconta: fino a oggi ci sono sempre state persone coraggiose per cui la libertà era il valore più alto. Hanno combattuto, hanno dato la vita. Come mia figlia, tua madre Sahra, continua Eskandar-Agha con le lacrime agli occhi. Finché nel nostro paese e nel mondo ci saranno persone che possono vivere soltanto nella libertà, ci sarà speranza, conclude Eskandar-Agha sorridendo.

Le donne sono più coraggiose degli uomini?, chiede Aftab.

Sì, lo sono, risponde Eskandar-Agha. Le donne non si arrendono facilmente come gli uomini. E questo anche se sanno che le aspetta la prigione o la tortura.

Agha-Bozorg, per favore, ci racconti: qual è stata la prima parola *farangi* che ha imparato?, domanda Aftab.

Puoi mandarlo pure in onda, dice Eskandar-Agha. Gli occhi gli brillano come un tempo, mentre sorride e dice: *faack*.

Non la parola “fine”, ma la fine delle parole

Oggi mio nonno Eskandar-Agha è stato sepolto. Aveva più di cento anni. A causa della sua eccezionale longevità, la televisione nazionale, ma anche due o tre emittenti straniere, hanno mandato in onda un servizio sulla sua vita.

Ieri sera, quando l’ho accompagnato a letto, non ha detto come al solito: non dimenticate di svegliarmi presto domani mattina.

Ha detto: domani mattina non mi svegliate.

Stamattina, quando sono andata nella sua stanza, non respirava più.

Ringraziamenti

Alle donne e agli uomini dell'Iran, la mia patria. Mi mancate. Mi mancano le montagne, l'acqua, l'aria, il sole.

A Arian e Omid, che amo sempre con tutto l'amore che una sorella può dare; grazie anche a Karin e a Sandra.

A Tarek e Julian: da voi non smetto mai di imparare. Ogni giorno è un gioco e anche l'impossibile diventa possibile.

Ai miei genitori, che mi hanno insegnato che non è tutto oro quel che luccica e che bisogna guardare oltre le apparenze.

A Roland Roth, per il tuo amore e tutto il resto, e soprattutto per il *presente*.

A Bahram Beyzaii, non solo cugino, ma anche uno dei migliori registi in Iran e fonte di ispirazione costante.

Agli altri miei cugini persiani, agli zii e alle zie. Mi avete insegnato che ogni fine segna un nuovo inizio.

A Uli Swidler, per la strada percorsa insieme; del resto, fare le valigie non è poi così difficile.

A Giusi e Arnaldo, Silvia e Simona, Aurora e Ismaele, Meme e Adamo, per la pasta e la famiglia.

A Clemens e Alexander, per la fiducia e il sostegno.

A Ardeshir Habibi, che mi ha insegnato che i sogni possono diventare realtà.

A Farhad Pirouz, quasi un guru, oltre che un carissimo amico.

A Karin Nasse, la migliore.

A Birgit Virnich per la sua amicizia.

A Shirin Neshat, per l'amicizia, per l'aiuto e perché rendi New York una casa accogliente.

A Shoja Azari, per le domande.

A Azin Valy, per la fiducia, la spensieratezza e il guru invernale.

A Samia, la mia anima gemella di Dubai.

A Nayla al Khaja, per la compagnia a Dubai: un'esperienza da ripetere.

A Angelina Jolie e Brad Pitt per l'ispirazione.

A Julia Cameron per la sua presenza costante.

A Joachim Jessen, il miglior agente del mondo; nonché a Bastian Schlück e a tutti gli altri dell'agenzia Thomas Schlück.

Davvero a *tutti* coloro che lavorano alla Random House, nessuno escluso: la vostra presenza mi ha resa felice. In particolare grazie a Claudia Vidoni per la fiducia e il coraggio di aver intrapreso un progetto così ampio con me e per avermi indicato la strada. A Johannes Jacob e Christian Rohr della casa editrice Bertelsmann, per essere saliti a bordo nel mezzo di un viaggio così impegnativo e per averlo portato a termine con me.

A Sonia Ewers: sei stata la prima a leggere questo libro e ad avermi dato dei suggerimenti.

A Nina Zandjani, che ha assistito ai fatti.

A Barack Obama. Non avrei mai pensato di dover ringraziare un presidente, ma dopo il suo meraviglioso discorso per il capodanno persiano non posso fare altrimenti.

E grazie anche a tutti coloro che in Iran hanno reagito positivamente al suo discorso. Spero si possa finalmente arrivare a una convivenza pacifica.

Last but not least, grazie al vero Eskandar per gli appunti, le foto, le pellicole e i racconti. Non smetterò mai di ringraziare i tanti che non posso nominare qui, ma loro sanno: ognuno è parte del tutto.

Cronologia

3000 a.C. circa: i sumeri fondano la prima grande civiltà dell'antico Oriente e sviluppano la prima scrittura cuneiforme.

2500 a.C. circa: il popolo degli elamiti sceglie Susa (non lontano dal villaggio senza nome) come capitale.

2100 a.C. circa: tribù arie attraversano le montagne nel nord dell'attuale Iran e si spostano verso sud. Chiamano il territorio conquistato "Iran", ossia "terra degli Ari".

630 a.C. circa: a Balkh, nell'odierno Afghanistan, nasce il filosofo Zarathustra.

600 a.C. circa-1790 d.C. circa: per lunghi periodi della sua storia, quello iraniano è il regno più grande mai esistito. Ciro il Grande, Cambise, Dario, Dario II, Dario III, Alessandro Magno, i parti, i Sassanidi, Cosroe, gli arabi, e molti altri re e sovrani stranieri si succedono alla guida. Alcuni traggono ispirazione dall'Iran, tutti vi lasciano una traccia del loro passaggio.

1794-1925: dopo complesse lotte per la supremazia, per 130 anni il potere è in mano alla dinastia dei Qajar. Le potenze europee scoprono l'Iran, le sue ricchezze e le sue risorse minerarie, e cominciano gradualmente a imporre la loro influenza sul paese. Capitribù dispotici e mullah, che temono di perdere il proprio potere, ostacolano le riforme.

1796: Teheran diventa la capitale dell'Iran.

1825-1828: la Russia invade l'Iran e annette il Caucaso, Baku, parte dell'Azerbaigian e della Georgia.

1868: i russi conquistano il Turkestan, Bukhara e Samarcanda.

1872: il governo dello scià Nasir od-Din è in bancarotta e cede alla Gran Bretagna parte delle risorse minerarie nazionali, accontentandosi di una partecipazione ai proventi relativamente esigua.

1889: il governo persiano cede alla Gran Bretagna il diritto di sfruttare importanti giacimenti di metalli preziosi.

1890-1892: i nazionalisti iraniani e gli ayatollah fomentano una rivolta popolare, costringendo lo scià Nasir od-Din ad annullare il suo accordo con i britannici per il monopolio del tabacco.
Questa vittoria del popolo viene considerata come l'inizio dei movimenti democratici in Iran.

1896: lo scià Nasir od-Din viene ucciso da un nazionalista persiano.

1901: lo scià Mozaffar od-Din accorda ai britannici, per un prezzo irrisorio, la concessione per l'estrazione e la vendita del petrolio iraniano. L'accordo dura sessant'anni e riguarda quasi tutto il territorio nazionale.
In uno degli innumerevoli villaggi senza nome del sud del paese nasce Eskandar.

1905-1906: il popolo si oppone al re corrotto, cercando di ostacolare la svendita del paese. Le proteste culminano in una rivoluzione. I nazionalisti combattono per avere un Parlamento e una Costituzione. Lo scià Mozaffar od-Din deve concedere entrambi, trasformando il suo governo in una monarchia costituzionale.
Nel villaggio senza nome l'acqua scompare completamente. Sopravvivono in pochi. Eskandar si arrampica sulla montagna proibita e va dai britannici.

1908: lo scià Mohammad Ali scioglie il Parlamento e fa giustiziare chi ne è a capo. Con l'aiuto delle truppe russe, soffoca nel sangue la rivolta popolare che ne consegue. Vengono alla luce i primi giaciment. petroliferi.

1909: viene fondata la Anglo-Persian Oil Company. I nazionalisti costringono lo scià Ahmad a reinstaurare il Parlamento. La monarchia costituzionale dura fino al 1925.

1911: il Parlamento iraniano scioglie il ministero della giustizia, controllato dal clero. Viene elaborato un codice civile secondo il modello francese.

1918: dopo la fine della Prima guerra mondiale, l'influsso inglese aumenta. L'economia è controllata completamente dai britannici.

1919: nonostante le violente proteste del clero, il governo iraniano introduce le scuole femminili.

1921: Resa-Khan, un ufficiale cosacco, rovescia il governo di Teheran con un golpe militare. Ahmad rimane formalmente lo scià, ma in realtà a governare è Resa-Khan.

1923: Resa-Khan diventa primo ministro. Lo scià Ahmad si trattiene in Europa per "un soggiorno di cura" e non torna più in Iran.

1925: Resa-Khan spodesta ufficialmente lo scià Ahmad. È la fine della dinastia dei Qajar. Resa-Khan sale al trono con il nome di Resa-Pahlewi. Il Parlamento continua a esistere formalmente, ma non può esercitare alcun controllo democratico. Il calendario islamico, basato sui cicli lunari, viene ora incentrato sull'anno solare. Il punto di partenza resta comunque l'egira, ovvero la fuga di Maometto dalla Mecca a Medina (622 d.C. circa).

1934: lo scià dà disposizioni affinché l'università di Teheran accetti anche studentesse.

1935: Resa-Pahlewi fa sostituire la denominazione ufficiale "Persia" con "Iran". Il nome "Persia" era stato introdotto da Alessandro Magno e da allora usato dai paesi esteri.

1936: nonostante la violenta opposizione dei religiosi, lo scià vieta alle donne di velarsi. Di fatto, tale provvedimento impedisce a molte donne di mostrarsi in pubblico. Nel 1941 suo figlio Mohammad-Resa toglierà il divieto, a causa della pressione dei conservatori.

1941: la Gran Bretagna e l'Unione Sovietica occupano l'Iran. A causa della sua presa di posizione a favore della Germania durante la Seconda guerra mondiale, Resa-Pahlewi deve abdicare e lasciare il trono al figlio Mohammad-Resa-Pahlewi.

1949: la nuova Costituzione autorizza lo scià a sciogliere il Parlamento "in caso di necessità".

1951-1953: Mohammad Mossadegh è primo ministro e nazionalizza l'industria petrolifera. Non accettando la decisione del Parlamento, i britannici devono lasciare l'Iran.

1953: lo scià è costretto a fuggire, ma riesce a tornare in patria dopo che le truppe a lui fedeli hanno rovesciato il primo ministro Mossadegh, con l'aiuto dei servizi segreti americani, nell'operazione TP-Ajax (colpo di Stato del 28 *Mordad*, il 19 agosto). L'industria petrolifera resta nazionalizzata, l'influenza della Gran Bretagna è ora limitata, mentre gli Stati Uniti, attraverso aiuti economici mirati, ottengono un controllo diretto sul paese.

1957: viene creata la SAVAK (Oragnizzazione nazionale per la sicurezza e l'informazione), la polizia segreta dello scià, che diverrà tristemente nota per la brutalità e le torture praticate.

1962: lo scià realizza una nuova riforma agraria, insieme ad altri provvedimenti. La "Rivoluzione bianca" porta al definitivo impoverimento dei contadini. Studenti, religiosi, intellettuali e mercanti del bazar si oppongono.

1963: lo scià introduce il diritto di voto per le donne, suscitando nuovamente l'ostilità del clero. A giugno si verificano pesanti agitazioni, che lo scià reprime brutalmente.

1964: lo scià esilia Khomeini a causa della sua attività politica all'estero.

1971: a Persepoli, lo scià festeggia i 2500 anni della monarchia iraniana con capi di Stato provenienti da tutto il mondo.

1976: lo scià annuncia ufficialmente un "calendario persiano" che inizia con Ciro il Grande. Sommosse popolari in tutto il paese, guidate dal clero, costringono lo scià a ripristinare il calendario islamico.

1978: le agitazioni sono più violente che mai, soprattutto contro il brutale governo del re e la SAVAK.

1979: il 16 gennaio lo scià Mohammad-Resa-Pahlewi fugge dall'Iran. È la fine della dinastia dei Pahlewi. Il primo febbraio Khomeini torna in Iran. Dopo il referendum di marzo, ad aprile viene proclamata la "Repubblica Islamica dell'Iran".
A novembre gli studenti occupano l'ambasciata americana a Teheran, prendendo come ostaggi 66 funzionari. Temendo un secondo colpo di Stato, con cui gli americani possano rimettere sul trono il re, gli studenti chiedono l'estradizione dello scià. La detenzione degli ostaggi dura 444 giorni.
A dicembre un referendum convalida la legittimità della Costituzione della Repubblica Islamica. La linea politica viene ora determinata ufficialmente dai capi religiosi.

1980: Saddam Hussein attacca l'Iran; la guerra dura otto anni.

1982: Khomeini spodesta il suo maggiore avversario religioso, l'ayatollah Shariat-Madari. Ogni altra opposizione viene eliminata.

1983: l'Iraq bombarda obiettivi civili in Iran, in particolare a Teheran, prima con gli aerei, poi con i missili.

1990: in agosto Saddam Hussein occupa il Kuwait, dando inizio alla prima guerra del Golfo, che termina nel 1991 con la vittoria degli americani.

1992: le sommosse provocate dalla carestia scuotono una serie di città iraniane.

2002: il presidente americano Bush accusa Iran, Iraq e Corea del Nord di aver dato vita a un "asse del male".

2008: l'Iran festeggia il trentesimo anniversario della Rivoluzione.

Glossario

Il significato della maggior parte dei termini è spiegato nel testo, ma un elenco può in ogni caso essere utile.

agha: appellativo di cortesia e rispetto, usato per gli uomini.

Agha-Bozorg: nonno.

ahay: ehi, ciao.

akhund: nel linguaggio popolare, è l'equivalente di mullah.

arbab: proprietario di terre, villaggi, persone. Fino alla metà del Novecento il sistema della servitù della gleba, detta *ra'iati*, ha dato all'Iran una sorta di organizzazione feudale.

ashs: zuppa tradizionale persiana.

Ashura: festività religiosa che ricorda la morte dell'imam Hossein, caduto nella battaglia di Kerbala, nell'anno 680.

baradar: fratello.

batshe-harumzade: figlio illegittimo.

be-esme-Allah: in nome di Dio.

div: mostro.

djub: ruscello che scorre su entrambi i lati delle strade, portando l'acqua dalle montagne.

engelissi: inglese.

Eskandar: Alessandro.

faack: (inglese) *fuck*.

Farangestan: estero.

farangi: stranieri. Poiché i primi stranieri erano francesi, probabilmente il termine designava in origine i *faranssawi* (francesi).

faravahar: uno dei simboli più noti dello Zoroastrismo; rappresenta una sorta di sole alato, al centro del quale vi è un arciere piumato solitamente interpretato come Ashur.

gheymeh: spezzatino, perlopiù di agnello, con aromi vari.

giweh: scarpe con tomaia in tessuto; babbucce.

goshne: affamato.

hakim: guaritore.

harram: harem.

harumzade: bastardo, di nascita illegittima.

hedjab: velo islamico per le donne.

imam: in lingua farsi *emam*, *emame*; la grafia "imam" corrisponde alla pronuncia inglese. Gli imam sono paragonabili ai discepoli: erano dodici uomini santi al seguito del profeta Maometto. In seguito furono chiamati imam anche gli officianti e i religiosi di alto rango, per esempio l'imam Diomeh, l'officiante della preghiera del venerdì.

jinn: spiriti maligni.

kadkhoda: anziano del villaggio.

kafar: infedeli.

kaffan: sudario musulmano cosparso di acqua benedetta.

Khadija: prima moglie del profeta Maometto.

khan: titolo che in passato designava un uomo benestante di posizione elevata. Oggi è solo un titolo di cortesia che si accompagna al nome per valorizzare la persona.

khanum: appellativo di cortesia e rispetto, usato per le donne.

khob, ***khub***: bene, a posto, okay.

khoreshts: sugo, il più delle volte di carne e verdura, da mettere sul riso bianco.

korsi: tavolino basso ricoperto da una trapunta sotto il quale è posto un braciere; è un elemento centrale della casa iraniana.

Madjless: Parlamento.

mambar: pulpito collocato nella moschea.

mobasher: amministratore.

Morad-kadjeh: Morad il Gobbo.

moteardjem: traduttore.

naft: petrolio.

najess: impuro in senso islamico.

namuss: onore dell'uomo, definito in base al comportamento e allo status delle donne della sua famiglia.

Now-Ruz: capodanno iraniano (letteralmente: "nuovo giorno"), coincidente con l'equinozio di primavera.

pahlewan: eroi, o maestri del tipico addestramento iraniano alla lotta e alla forza. Tradizionalmente i *pahlewan* sono uomini d'onore che impiegano la loro forza per la protezione di vicini, amici e parenti.

purdah: tenda; usato anche nel senso di *hedjab*.

qessegu: narratore, cantastorie.

qibla: con questo termine arabo si indica la direzione della città della Mecca e del santuario islamico della Kaaba, a cui deve rivolgere il viso il devoto musulmano durante la preghiera.

ra'iati: servi della gleba.

rozeh-khani: cerimonia religiosa officiata da un mullah.

saheb: proprietario. Termine originario dell'India coloniale, che indicava i padroni stranieri di schiavi, lavoratori eccetera.

saifeh: donna.

sangak: tipo di pane molto sottile e croccante.

SAVAK: servizi segreti all'epoca dello scià Mohammad-Resa.

Shah-nameh: Libro dei Re persiano. L'autore è il poeta Firdusi (935-1020).

sofreh: tovaglia.

toman: valuta corrente in Iran fino al 1932; il termine è rimasto in uso anche in seguito per indicare un valore di 10 rial.

torshi: verdure sott'aceto.

Zartosht: Zarathustra.

zur-khaneh: letteralmente "casa della forza"; antica ginnastica persiana.

Indice

Stampa: Mondadori Printing Spa - Stabilimento NSM - Cles (TN)